इस्लाम का जन्म और विकास

इस्लाम का जन्म और विकास

असगर अली इंजीनियर

अनुवाद
नरेश 'नदीम'

राजकमल प्रकाशन

ISBN : 978-81-267-0605-1

मूल्य : ₹695

पहला संस्करण : 2002
चौथा संस्करण : 2024

प्रकाशक : राजकमल प्रकाशन प्रा.लि.
1-बी, नेताजी सुभाष मार्ग, दरियागंज
नई दिल्ली-110 002
शाखाएँ : अशोक राजपथ, साइंस कॉलेज के सामने, पटना-800 006
पहली मंजिल, दरबारी बिल्डिंग, महात्मा गांधी मार्ग, प्रयागराज-211 001
1, अनमोल सोराबजी संतुक लेन, धोबी तलाव, मरीन लाइंस, मुम्बई-400 002
वेबसाइट : www.rajkamalprakashan.com
ई-मेल : info@rajkamalprakashan.com

मुद्रक : बी.के. ऑफसेट
नवीन शाहदरा, दिल्ली-110 032

ISLAM KA JANMA AUR VIKAS
by Asghar Ali Engineer
Translated by Naresh 'Nadeem'

अपने पिता की
यादों
को समर्पित, जिन्होंने
सच्चाई की
तलाश में हमेशा
मेरा हौसला
बढ़ाया,
चाहे वह सच्चाई कितनी
भी तल्ख़ क्यों न हो

भूमिका

प्रस्तुत रचना वर्षों के अध्ययन और अनुसन्धान पर आधारित है। मैंने इसमें उन विभिन्न सामाजिक; आर्थिक और ऐतिहासिक शक्तियों को समझने की कोशिश की है जिन्होंने मज़हबे-इस्लाम को जन्म दिया। कोई नया धर्म निश्चित ही एक आध्यात्मिक विकासक्रम होता है जो मानवजाति को एक नई नैतिक दृष्टि प्रदान करता है। इस्लाम ने भी यही काम किया। लेकिन इतना कहने भर से उस घटनाक्रम की व्याख्या नहीं होती।

प्रस्तुत पुस्तक में मेरा मक़सद विभिन्न सामाजिक और आर्थिक तत्त्वों की रौशनी में इस्लाम के जन्म की छानबीन करना है। इसलिए कि मेरा पक्का विश्वास है कि कोई भी नया घटनाक्रम चाहे कितना भी बेमिसाल क्यों न हो, उसकी जड़ें उसी समाज में होती हैं जिसमें उसका जन्म होता है। प्रस्तुत पुस्तक इस्लामी दुनिया की हाल की महत्त्वपूर्ण घटनाओं से पहले लिखी गई थी। फिर भी जिस चीज़ को इस्लाम का नया पुनरुत्थान कहा जाता है, उसे बेहतर समझने के लिए यह पुस्तक एक उपयोगी पृष्ठभूमि का काम कर सकती है।

क्रम

1

अध्ययन का विषय क्षेत्र और उद्‌देश्य

प्रस्तुत पुस्तक इस्लाम की ठोस और विशिष्ट स्थिति में उसके युगान्तरकारी आन्दोलन को समझने का एक प्रयास है। इसमें जहाँ तक सम्भव हो सका, सभी प्रासंगिक—राजनीतिक, सामाजिक और ऐतिहासिक—तत्त्वों की और उस काल की सामाजिक-आर्थिक संरचनाओं की भी छानबीन तथा उनका विश्लेषण करने का प्रयास किया गया है, ताकि इस्लाम के जन्म के ठीक पहले कार्यरत पेचीदा कुव्वतों को समझा जा सके। एक पूरे समाज को, उसके ढाँचे, रुझानों, उसकी जीवन-मूल्यों की प्रणालियों, सांस्कृतिक अभिव्यक्तियों और संस्थाओं के साथ समझने की कोशिश करना, मुझे पता है कि एक मुश्किल काम है। यह काम तब और भी मुश्किल हो जाता है जब सम्बद्ध समाज अपने ही कठमुल्लेपनों, मूल्यों और रुझानों के बोझ से दबा एक धार्मिक समाज हो। इस्लाम एक धार्मिक विचारधारा है जिसने अपने को जन्म देनेवाले समाज को पूरी तरह बदलकर रख दिया और साथ ही उसकी उन बुनियादी विशेषताओं को बचाकर रखा जो इस्लाम की नई मूल्य-व्यवस्था से नहीं टकराती थीं।

इस्लाम के किसी भी छात्र को उसके जन्म के समय के समाज की सामाजिक-आर्थिक संरचनाओं का यह विश्लेषण ऐतिहासिक वास्तविकता से बिल्कुल कटा हुआ लगेगा। जैसाकि हम आगे चलकर देखेंगे, इस्लाम का जन्म मक्का के अत्यन्त व्यापारिक वातावरण में हुआ। मक्का तब व्यापार का और वित्तीय व्यवस्था का भी एक अन्तर्राष्ट्रीय केन्द्र था। **क़ुरआन** की बहुत सी आयतें इस ऐतिहासिक तथ्य की गवाही देती हैं, जिस पर दूसरे इतिहासकारों ने भी ध्यान दिया है। वास्तव में सामन्ती उत्पादन पद्धति का या सामन्ती सम्बन्धों का कोई निशान न तो अरब के रेगिस्तान के घुमक्कड़ क़बीलों में नज़र आता था और न ही मक्का जैसे व्यापारिक नगर में। यह कहना भी सही नहीं है कि क़बीले आपस में ज़मीन पर क़ब्ज़ा करने या अपने इलाक़े फैलाने के लिए जंग लड़ते रहते थे। अरब के बद्‌दू क़बीलों के बारे में जो बातें पूरे भरोसे के साथ ज्ञात हैं, उनकी रौशनी में इस कथन में कोई दम नहीं दिखाई देता। इस्लाम जिस क्षेत्र में पैदा हुआ उसमें और उसके आसपास खेतिहर उत्पादन पूरी तरह अज्ञात था। यहाँ तक कि चरागाहें भी कोई स्थायी विशेषता नहीं थीं क्योंकि यहाँ बारिश बहुत कम होती

थी। क़बीलों की आपसी जंगें अक्सर-बेशतर धावों या लूटमार की शक्ल ले लेती थीं। सोवियत इतिहासकारों के या तो तथ्य ग़लत रहे हैं या फिर उससे भी बुरी बात यह है कि वे एक यान्त्रिक और परा-ऐतिहासिक दृष्टिकोण के दोषी रहे हैं।

जहाँ तक सम्भव होगा, प्रस्तुत पुस्तक ऐसे रूढ़ विचारों से या किसी सिद्धान्त, विचारधारा या माडल के यान्त्रिक व्यवहार से बचने का प्रयास करेगी। वास्तविकता चाहे सामाजिक हो, राजनीतिक या वैचारिक हो, सतही दृष्टिकोण जितना उसे मानते हैं उससे कहीं बहुत अधिक जटिल होती है। यह रूढ़ विचारों में फँसने या कठमुल्लों जैसे दृष्टिकोण का व्यवहार करने से बचते हुए सावधानी-भरे विश्लेषण की माँग करती है। यह बात एक धार्मिक विचारधारा के बारे में और भी सच है क्योंकि दूसरी विचारधाराओं के मुक़ाबले यहाँ मुद्‌दे अधिक गड्ड-मड्ड होते हैं और लोग अपने विश्वासों से अधिक ज़ोरदार ढंग से और कठमुल्लेपन के साथ चिपके रहते हैं। कोई भी एक-अकेला सिद्धान्त, माडल या परिकल्पना, चाहे उसकी वैज्ञानिक सटीकता जितनी भी अधिक हो, किसी वास्तविकता के विभिन्न पक्षों की व्यापक ढंग से व्याख्या नहीं कर सकता—यही प्रस्तुत लेखक का पक्का विश्वास है।

अपने पद्धतिशास्त्रीय दृष्टिकोण को स्पष्ट करने के लिए मैं डब्ल्यू मांटगुमरी वाट के लेख 'द सोशियोलाजिस्ट एंड द प्राफेट : रिफ़्लेक्शंस आन द थ्योरी ऑफ इस्लाम' से एक उद्धरण देना चाहूँगा। वे कहते हैं :

> अपने जन्म और अपने विकास दोनों के एतबार से कोई धर्म एक सामाजिक संवृत्ति होता है। पैग़म्बर अपने ही एक विशेष ढाँचेवाले समाज के लोगों के आगे धर्म-प्रचार करता है। समाजशास्त्री उस समाज के वर्गों का अध्ययन करता है जिसकी पैग़म्बर फौरी तौर पर दुहाई देता है, उन वर्गों का करता है जिनको वह अपने धर्म-प्रचार के दौरान सम्बोधित करता है, और उसके धर्म-प्रचार के कारण उत्पन्न वर्गीय परिवर्तनों का अध्ययन करता है। जहाँ तक उसका ज्ञान के समाजशास्त्र से सरोकार होता है, वह पैग़म्बर द्वारा प्रस्तुत विचारों और हर वर्ग के विशेष हितों के आपसी सम्बन्ध का भी अध्ययन करता है। इन मुआमलों में, और दूसरे कुछ मुआमलों में भी जिनका जिक्र किया जा सकता है, अगर समाजशास्त्री सही ढंग से कार्यरत है तो वह पैग़म्बर के धर्म-प्रचार के बारे में सही वक्तव्य दे रहा होता है। अगर एक ऐसी मिसाल हम लेना चाहें जो पूरी तरह ऐतिहासिक नहीं है, तो उदाहरण के लिए, वह यह कह सकता है कि दौलत पर हमले करके पैग़म्बर ने अमीरों के ख़िलाफ़ अभावग्रस्त लोगों के हितों को आगे बढ़ाने की कोशिश की।[1]

समाजशास्त्री किसी आन्दोलन की जड़ें एक समाज के पूरे सामाजिक ढाँचे में ढूँढ़ता है। इससे भिन्न उसी वास्तविकता का वर्णन करने के लिए धर्मशास्त्री एक भिन्न

शब्दावली का उपयोग करता है जो बौद्धिक और वैचारिक स्तर की वस्तु होती है। मांटगुमरी वाट ने इसी को इस तरह व्यक्त किया है :

> इस तरह जहाँ, बुनियादी तौर पर धर्मशास्त्री का सरोकार वास्तविकता के पक्षों के बारे में मनुष्यों के विश्वासों और विचारों से होता है, वहीं समाजशास्त्री का सरोकार एक समष्टि से होता है जो किसी समाज में प्रचलित जीवनशैली से होता है, जिसके पास अपने ही मूल्य, रूढ़ियाँ, सामाजिक ढाँचे और विचार होते हैं और ये सब चीज़ें परस्पर निर्भर होती हैं। इस तरह समाजशास्त्री एक 'सुसंगति सिद्धान्त' जैसी किसी वस्तु के सहारे अपना काम करता है; बात बस यह है कि वह सिर्फ़ विचारों और विश्वासों की नहीं बल्कि विभिन्न सामाजिक तथ्यों की भी विवेचना करता है।[2]

प्रस्तुत पुस्तक में अगर आर्थिक तत्त्व पर ज़ोर दिया गया है तो अंशतः इसलिए कि इतिहास के सबसे शक्तिशाली आन्दोलनों में एक आन्दोलन को जन्म देनेवाली जटिल शक्तियों का अध्ययन करते समय पूरी तरह न सही अधिकतर इस तत्त्व की उपेक्षा की गई है। आर्थिक तत्त्व अन्तिम विश्लेषण में अकेला निर्धारक तत्त्व होता है—पाठकों को इसका विश्वास दिलाना मेरा मक़सद नहीं है, और प्रस्तुत पुस्तक में आगे बढ़ने पर यह बात स्पष्ट हो जाएगी। बात इससे बहुत भिन्न है। जहाँ तक मुझसे हो सका है, मैंने दूसरे तत्त्वों को भी ध्यान में रखा है, उनको भी जो धार्मिक और मनोवैज्ञानिक प्रकृति के हैं।

प्रस्तुत अध्ययन में जड़ीभूत, घालमेल जैसी धारणाओं का उपयोग नहीं किया गया है। इसमें गहन विश्लेषण का ही सहारा लिया गया है और मुद्दों के बारे में ऐसे अति-सामान्य निष्कर्ष निकालने का कोई प्रयास नहीं किया गया है जिनकी उपलब्ध तथ्यों से पुष्टि न हो सके। निश्चित ही अभी भी बहुत से अनजाने क्षेत्र बाक़ी हैं, उनके बारे में राय देने की जुरअत करते समय मैंने सावधानी बरतने की कोशिश की है। जैसाकि सार्त्र ने बहुत सही कहा है, अन्वेषण की समष्टि की जगह समष्टि सम्बन्धी पंडिताऊपन ने नहीं ली है। मानवीय स्तर पर सम्भव वस्तुनिष्ठता के अर्थ में अन्वेषण की वैज्ञानिक भावना (जिसमें कुछ निहित दार्शनिक मान्यताओं से बचा नहीं जा सकता) किसी भी गम्भीर अध्ययन की जीवनशक्ति होती है। फिर भी, वस्तुनिष्ठ अन्वेषण के हक़ में, कुछ क्षेत्रों में—आवश्यक तो नहीं, हाँ—वांछित यही है कि हम फ़िलहाल अपनी दार्शनिक पूर्वमान्यताओं को किनारे रखकर ऐसी पद्धतियाँ अपनाएँ जिनका सभी अन्वेषक अनुमोदन करेंगे, चाहे उनके दार्शनिक दृष्टिकोण कितने ही भिन्न-भिन्न क्यों न हों।

आख़िरी बात। मैं आरम्भ में ही यह बात स्पष्ट कर देना चाहूँगा कि प्रस्तुत पुस्तक सामाजिक-आर्थिक तत्त्वों की रौशनी में इस्लाम के जन्म और विकास की व्याख्या का एक विनम्र प्रयास है।

2

अरब समाज : इस्लाम से पहले

जैसाकि सभी जानते हैं, इस्लाम का जन्म अरब में हुआ, और भी सटीक कहें तो मक्का में। इसलिए आवश्यक यही है–ख़ासकर अगर हम उसे ऐतिहासिक भौतिकवाद की रौशनी में समझना चाहते हैं तो–कि भौगोलिक, ऐतिहासिक, राजनीतिक और आर्थिक जैसे अन्य तत्त्वों के साथ उसकी समाजशास्त्रीय पृष्ठभूमि में उसका अध्ययन किया जाए। 'अल-रब अल ख़ाली' के नाम से मशहूर, अरब के अन्यथा विशाल रेगिस्तान में मक्का एक अहम शहर था। मक्का वास्तव में पश्चिमी तट के पास, इस रेगिस्तान के उत्तर-पश्चिम में स्थित है। अल-रब अल ख़ाली वास्तव में लगभग अगम्य है और लोग इससे बेहद डरते हैं। इसे पहली बार 1931 में एक युवक अंग्रेज प्राच्यविद बरट्रम टामस ने पार किया था, और उसने दुनिया के नक़्शे पर ख़ाली छूट गए सबसे बड़े स्थानों में शामिल इस स्थान के रहस्यों पर से पर्दा उठाया था।[1] और भी हाल में विल्फ्रेड थेसीगर नामक एक अन्य ब्रिटिश नागरिक ने भी इसे पार किया। उसने अपनी पुस्तक **अरेबियन सैंड्स** में अपने दुस्साहस के कारनामों का वर्णन किया है।

इस्लाम के जन्मस्थान मक्का के आसपास का रेगिस्तान बेहद निर्मम है और उसने एक ऐसी जीवनशैली को जन्म दिया है जो कठोरताओं से भरी और आदिम है। अपनी मशहूर किताब **हिस्टरी ऑफ़ द अरब्स** में फिलिप के हित्ती ने बहुत सही कहा है: 'अरब की ज़मीन अधिकतर रेगिस्तानी है जहाँ किनारे-किनारे रहने के क़ाबिल ज़मीन का एक पतला सा हाशिया है। यह हाशिया समुद्र से घिरा है। जब आबादी इतनी बढ़ जाती है कि ज़मीन उसका बोझ न उठा सके तब फ़ालतू आबादी पाँव टिकाने की जगह ढूँढ़ती है। पर यह फ़ालतू आबादी रेगिस्तान के कारण अन्दर की ओर नहीं बढ़ सकती और न ही समुद्र के कारण बाहर की तरफ़ बढ़ सकती है–यह समुद्र एक ऐसी बाधा है जो उन (इस्लाम-पूर्व) दिनों में लगभग अलंघ्य था। तब फ़ालतू आबादी को अपने सामने एक ही रास्ता खुला दिखाई देता था–प्रायद्वीप के पश्चिमी तट पर उत्तर की ओर जानेवाला रास्ता जो सिनाई प्रायद्वीप में दो में बँट जाता था और एक रास्ता नील की उपजाऊ वादी की ओर चला जाता था।'[2] यहाँ यह बात कह दी जाए कि प्रोफेसर हित्ती ने जिस समुद्री रास्ते का ज़िक्र किया है वह इस्लाम के जन्म के समय तक 'लगभग

अलंघ्य' नहीं रह गया था। आरम्भ में जो थोड़े से मुसलमान मजबूरन भागकर पनाह लेने के लिए अबीसीनिया चले गए, उन्होंने इसी समुद्री मार्ग का इस्तेमाल किया था। व्यापार के विकास के कारण जहाज़रानी के विज्ञान में सुधार भी आवश्यक हो गया था। बाद में भी अरबों ने इस महत्त्वपूर्ण विज्ञान में भारी योगदान दिए और अपने जंगी बेड़े बनाए। क़ुरआन में जहाज़रानी का बार-बार हवाला आता है। अपनी पुस्तक **मुस्लिम सी-पावर इन द ईस्टर्न मेडिटेरेनियन** में अली मुहम्मद फ़हमी ने हमारा ध्यान इस तथ्य की ओर खींचा है कि 'कम से कम 40 आयतों में अल्लाह की रहमत की बात कही गई है जिसने समन्दर को इनसान की ख़िदमत में दिया।' इस बात का एक ख़ास सुबूत यह सच्चाई है कि अल्लाह ने इनसान को पानियों (सख़ार) पर क़ुदरत अता की है ताकि उसके जहाज़ इन पानियों पर चल सकें। लगता है जहाज़रानी ने (अरबों पर—अनुवादक) एक गहरी छाप छोड़ी : 'तुम्हारा अल्लाह वह है जो समन्दर में तुम्हारे जहाज़ों को चलाता है ताकि तुम उसकी रहमत की ख़्वाहिश करो। वह यक़ीनन तुम पर हमेशा मेह्रबान है।'

समन्दर में जहाज़ जिस मक़सद के लिए चलाए जाते थे और अरब जिस तरह के काम करते थे, उसे यूँ बयान किया गया है : 'और वही है जिसने समन्दर को तुम्हारी ख़िदमत में दिया है ताकि तुम उससे ताज़ा मांस पा सको और उससे वे ज़ेवरात पा सको जो तुम पहनते हो, और उसे चीरकर गुजरते जहाज़ों को देखो, और इसलिए कि तुम उसकी देन पा सको और उसका शुक्रिया अदा कर सको।'

'यह आयत बहुत साफ़ तौर पर संकेत देती है कि अरब मुख्यतः मछलियाँ पकड़ने, मोती-मूँगे जमा करने और एक से दूसरे देश के बीच मुनाफ़ाबख़्श व्यापार करने के लिए जहाज़रानी का सहारा लेते थे। परम्परा समन्दर की महिमा भी गाती है, उसके शहीदों की शान में क़सीदे पढ़ती और समुद्री व्यापार के लिए हर तरह का प्रोत्साहन देती है।'[3]

इस तरह हम देखते हैं कि इस्लाम की निगाहों में न सिर्फ़ यह कि समुद्र अलंघ्य नहीं था उसका वास्तव में खाद्य और व्यापार के लिए व्यापक उपयोग भी किया गया। व्यापार का विकास करने और नए-नए इलाक़े जीतने के सिलसिले में जहाज़रानी अरबों की महारत का हिस्सा बन गई।

इस्लाम का जन्म स्थान मक्का (जैसाकि कहा गया है) एक विशाल रेगिस्तान के हाशिए पर स्थित था। इस रेगिस्तान में बद्दू कहे जानेवाले थोड़े से लोग ही रहते थे। नस्ली एतबार से सामी ये बद्दू घुमक्कड़ क़बीले हैं जिनमें से कुछ लोग कभी-कभी नख़लिस्तानों के पास बस जाते हैं और एक स्थान पर जीवन बिताने लगते हैं। लेकिन घुमक्कड़ी अधिकांश बद्दुओं के लिए ज़िन्दगी का राग है। जिस तरह औद्योगिक समाज ने कुछ आदतों को, एक जीवनशैली को और सन्दर्भ-शब्दों को जन्म दिया है, ठीक उसी तरह घुमक्कड़ समाज भी अपनी खुद की संस्थाओं, आदतों और संस्कृति का विकास करता है। कोई बल्कि प्रोफेसर हित्ती की इस बात से भी सहमत हो सकता है कि वास्तविकता के बोध के अनुसार कार्यकलाप के मुआमले में अरब के रेगिस्तान में

घुमक्कड़-वृत्ति उसी क़दर 'वैज्ञानिक' है जितनी डेट्रायट या मैनचेस्टर में औद्योगिक वृत्ति है।

बद्दू सख़्तकोश लोग होते हैं। जूझने और सहने की क्षमता उनका प्रमुख गुण है, जबकि अनुशासन तथा सत्ता के प्रति आदर-भाव का अभाव उनका प्रमुख दुर्गुण है। जैसाकि हम आगे देखेंगे, इन दुर्गुणों ने नवजात इस्लामी राज्य के लिए बेपनाह मुसीबतें पैदा कीं। रेगिस्तान की जानलेवा दशाओं और संसाधनों के अभाव के कारण ऐतिहासिक रूप से बद्दू एक बेहद सादी ज़िन्दगी बिताने के आदी रहे हैं। वे एक कमरबन्दवाला लम्बा वस्त्र पहनते हैं जिसे सौब कहा जाता है; बदन के ऊपरी भाग में वे एक ढीला-ढाला वस्त्र (अबा) पहनते हैं। सर एक शाल (कूफ़िया) से ढका रहता है जो एक डोरी (इक़ल) से बँधी रहती है। पाजामें प्रचलन में नहीं हैं और पाँव में जूती-चप्पल शायद ही दिखाई दें। उनका भोजन भी उतना ही सादा होता है। आम तौर पर इसमें ख़जूर और आटे की बनी कोई चीज़ या भुनी मकई की बाली शामिल होती हैं। यह सब वे पानी या फिर ऊँटनी या बकरी के दूध के साथ लेते हैं। वे ख़ेमों में रहते हैं तथा अपने ऊँटों, बकरियों या भेड़ों के झुंड के साथ नई चरागाहों की तलाश में, बल्कि किसी दुश्मन क़बीले के मुमकिना हमले से बचने के लिए भी लगातार चलते रहते हैं। अपने अनुभवों के बल पर वे ऊँटों के पैरों के निशान या उनकी टट्टी देखकर ही बता सकते हैं कि उस राह पर उनसे पहले कौन सा क़बीला गुज़रा है।

ऊँट, भेड़ें और बकरियाँ पालने के अलावा दूसरे क़बीलों पर धावे बोलना भी उनके लिए एक आर्थिक आवश्यकता है : इस क़दर कि ग़ज़्वा (दुश्मन क़बीलों पर छापे मारना) एक राष्ट्रीय संस्था बन चुका है। जिस तरह जंगल में ज़िन्दगी मौत पर निर्भर होती है उसी तरह अरब के रेगिस्तान में भी एक क़बीला दूसरे पर छापा मारकर ज़िन्दगी बसर करता है। मदीना जाने के कुछ ही समय बाद पैग़म्बरे-इस्लाम ने अपने मक्का के दुश्मनों को नीचा दिखाने के लिए इसी संस्था का उपयोग किया था। दुर्भाग्य से, इन परम्पराओं के बारे में पश्चिमी विद्वानों के अज्ञान के कारण इससे काफ़ी ग़लतफ़हमियाँ पैदा हुई हैं; यहाँ तक कि एक लुटेरा कहकर पैग़म्बर तक की निन्दा की गई है। फिर भी नख़लिस्तानों या दूसरे शहरों की स्थावर आबादी इन छापों से ख़ौफ खाती थी जो स्वाभाविक था। 14वीं सदी के प्रतिभाशाली इतिहासकार इब्न-ख़ल्दून ने अपनी रचना **मुक़द्दमा** में इन बर्बर छापों के कारण बद्दुओं की निन्दा की थी और उन्हें सभ्यता के दुश्मन तक क़रार दिया था। लिखते हैं :

> बद्दू पूरी तरह जंगलीपन और उसे जन्म देनेवाली बातों के आदी एक हैवान क़ौम हैं। हैवानियत उनका चरित्र और स्वभाव बन गई हैं। वे इसमें आनन्द लेते हैं क्योंकि इसका मतलब सत्ता से स्वतन्त्रता और किसी भी नेतृत्व से स्वाधीनता है। स्वभाव का ऐसा झुकाव सभ्यता का निषेध और प्रतिवाद है। बद्दुओं के सारे परम्परागत कार्यकलाप घुमक्कड़ी और गतिशीलता को जन्म देते हैं। यह सभ्यता

को जन्म देनेवाली स्थिरता का प्रतिवाद है...उनके जीवन की प्रकृति ही निर्माण का निषेध है जो सभ्यता का आधार होता है।

इसके अलावा, लोगों के पास जो कुछ है उसे लूटना उनकी प्रकृति है। उनकी जीविका वहीं होती है जहाँ उनके भालों की छाया पड़ती है। दूसरों का माल छीनने के बारे में वे किसी सीमा को नहीं मानते। जब भी उनकी निगाह किसी सम्पत्ति, सजावट की चीज़ों या बरतनों पर पड़ती है, वे उन्हें छीन लेते हैं...[4]

इब्न-ख़ल्दून ने बद्दुओं की कुछ और विशेषताएँ बतलाई हैं जो हमारे दृष्टिकोण से महत्त्वपूर्ण है और हमारे विषय में सम्बन्ध रखती हैं। कहते हैं :

> इसके अलावा क़ानूनों से या लोगों को ग़लत कामों से रोकने से या दूसरे के मुक़ाबले किसी की हिफ़ाजत करने से बद्दुओं का सरोकार नहीं होता। उनका सरोकार सिर्फ़ उस मिल्कियत से होता है जिसे वे लूटमार या धोखाधड़ी के ज़रिए लोगों से छीन सकें...
>
> बद्दुओं के राज में प्रजा किसी क़ानून से वंचित, एक अराजक अवस्था में रहती है। अराजकता मानवजाति को नष्ट करती और सभ्यता को मिटा देती है क्योंकि, जैसाकि हमने कहा, शाही सत्ता का अस्तित्व मनुष्य का एक स्वाभाविक गुण है। सिर्फ़ यही उनके जीवन और सामाजिक संगठन की ज़मानत है।[5]

मैंने इब्न-ख़ल्दून से एक लम्बा उद्धरण सिर्फ़ यह दिखाने के लिए दिया है कि बद्दुओं को अनुशासित करने के लिए और उन्हें आगे चलकर जन्म लेनेवाली राजसत्ता के अधीन लाने के लिए पैग़म्बर मुहम्मद को किन भयानक मुसीबतों का सामना करना पड़ा होगा। इसके अलावा आगे के अध्यायों में अपराध और दंड सम्बन्धी जिन इस्लामी क़ानूनों की कुछ विस्तार से विवेचना की गई है उन्हें उनके समुचित ऐतिहासिक-समाजशास्त्रीय सन्दर्भ में समझने के लिए इसी रौशनी में देखा जाना चाहिए।

बद्दू मुख्यतः ऊँटों पर निर्भर होते हैं। इसलिए चरागाहों की तलाश में उन्हें और भी अधिक चलना व रेगिस्तान में काफ़ी अन्दर तक जाना पड़ता है क्योंकि पौधों और झाड़ियोंवाली पहाड़ी चरागाहें ऊँटों के लिए मुनासिब ख़ुराक नहीं दे सकतीं। ऊँट वास्तव में बद्दुओं के लिए इतनी अहमियत रखते हैं कि कहा जाता है कि ऊँटों की विभिन्न नस्लों और उनके विकास के विभिन्न चरणों के लिए अरबी भाषा में कोई एक हज़ार शब्द हैं। इतने अधिक शब्द सिर्फ़ एक और वस्तु के लिए हैं—तलवार के लिए। इस तरह अपने ऊँटों के वास्ते भोजन जुटाने की आवश्यकता मात्र ने बद्दुओं को वह दुर्लभ महारत दी जो अरब के विशाल रेगिस्तान को पार करने के लिए आवश्यक है। इसी ने उन्हें एकमात्र ऐसे लोग भी बनाया जो पश्चिमी अरब के रेगिस्तानों से गुजरनेवाले, लम्बी दूरी के व्यापारी कारवानों का संचालन करने के लिए उपयुक्त हैं।

इन क़बीलों के संचालन के ढाँचे पर ध्यान देने की भी आवश्यकता है। प्रोफ़ेसर आर. ए. निकल्सन के अनुसार : 'क़बीले की संरचना उसके गण्यमान्य व्यक्तियों द्वारा संचालित एक लोकतन्त्र थी जिनकी सत्ता के आधार उनका कुलीन वंश, उत्तम चरित्र, सम्पत्ति, बुद्धि और अनुभव थे। फिर भी ये सरदार अपने क़बीलेवालों को आदेश या दंड देने की जुरअत नहीं करते थे। हर शख़्स अपना राजा आप था और दूसरों के दावों को नकारने के लिए स्वतन्त्र था। 'अगर तुम हमारे मालिक हो (अर्थात्! वैसे ही विवेक से काम करो जैसे सैयद को करना चाहिए) तो तुम हम पर राज करोगे। लेकिन अगर तुम गुरूर के शिकार हो तो जाओ और मग़रूर बने रहो। (मतलब यह कि तब तुमसे हमारा कुछ भी लेना-देना नहीं रहेगा।)[6]

क़ाफिर अरब के लिए 'वफ़ादारी' शब्द का अर्थ अपने से बरतर लोगों की अधीनता नहीं बल्कि अपने बराबरवालों से वफ़ादारी होता था। नातेदारी (किनशिप) के विचार से भी उसका गहरा सम्बन्ध था। वैयक्तिक और सामूहिक रूप से परिवार और क़बीले की रक्षा करना एक पवित्र कर्त्तव्य माना जाता था; रक्षा के वचन के तहत क़बीले में रहनेवाले अजनबी लोग भी इसमें शामिल थे। इज़्ज़त का तक़ाज़ा यही था कि एक शख़्स हर सुख-दुख में अपने लोगों के साथ खड़ा रहे।[7] नातेदार अगर मदद माँगते तो बिना सोच-विचार फौरन मदद दी जाती थी। अगर वे ग़लती भी करते तो इज़्ज़त और वफ़ादारी के तक़ाज़ों के मुताबिक़ उसका ख़ामियाज़ा भुगत लिया जाता था।

औपचारिक रूप से कहें तो बद्दुओं का कोई मज़हब नहीं था। वे किसी देवी-देवता की पूजा या उससे प्रार्थना नहीं करते थे हालाँकि एक प्रकार से वे क़िस्मत में यक़ीन रखते थे। उनकी अपनी नैतिकता थी और अपने मूल्य थे। एक पशुपालक या घुमक्कड़ समाज में व्यक्तियों के बीच टकराव रोकने के लिए क़बीलाई सामूहिकता एक अलिखित आचरण-विधान होती है, मगर सख़्ती से उसका पालन किया जाता है, हालाँकि क़बीलों के बीच के टकराव उन्माद और जंग के एक लम्बे दौर को जन्म देते हैं। एक क़बीलाई समाज में व्यक्तिवाद का कोई मूल्य नहीं होता और सामूहिकता का राज होता है, और इस कारण क़बीले और व्यक्ति के बीच टकराव एकदम कम हो जाता है। इसलिए ऐसा कोई समाज महाकाव्यों या महान नाटकों को जन्म नहीं देता क्योंकि इन्हें पैदा करने के लिए आवश्यक व्यक्तियों के टकराव का अभाव होता है। इस्लाम से पहले के जाहिलिया दौर की शायरी में भी वैयक्तिक टकराव की नाटकीयता का अभाव है। इसकी बजाय उसमें क़बीलों का महिमागान किया गया है तथा शूरवीरता, दयालुता, सम्मान और वंश की श्रेष्ठता के लोकाचार की अभिव्यक्ति की गई है।

इस्लाम के एक प्रसिद्ध विद्वान डब्ल्यू मांटगुमरी वाट कहते हैं :

> अरब जिस मज़हब के सहारे वास्तव में जीते थे उसे क़बीलाई मानववाद कहा जा सकता है। इसके अनुसार जीवन का अर्थ मनुष्य के उत्कृष्ट गुणों को व्यक्त करना है, अर्थात् उन सभी गुणों को जो मर्दानगी या सहनशक्ति के अरब आदर्श

के तत्त्व हैं। इस उत्कृष्टता का वाहक व्यक्ति की बजाय क़बीला होता है। ये गुण अगर किसी व्यक्ति में देखे जाते हैं तो इसलिए कि वह एक क़बीले का सदस्य होता है जो इन गुणों से विभूषित होता है। व्यक्ति के मन में सबसे प्रमुख विचार क़बीले के सम्मान का ही होता है। जीवन उसके लिए तभी सार्थक होता है जब सम्मान से भरपूर हो; अपमान या निन्दा का कारण बननेवाली किसी भी बात से बचना होता है।[8]

बहादुरी, हिम्मत और इज़्ज़त जैसे गुणों को बद्दू कितनी अहमियत देते हैं, इसे दिखाने के लिए सबसे अच्छा उपाय यही है कि एक घटना बयान कर दी जाए जिसे ग्लब पाशा ने अपनी किताब **द लाइफ़ एंड टाइम्स ऑफ़ मुहम्मद** में पेश किया है :

दुरैद इब्न अल-सिमा एक मशहूर जंगबाज़ और शायर था जो मुस्लिम दौर में बहुत बूढ़ा हो चुका था। एक दिन, जब अभी वह जवान था, वह बनी किनान के ख़िलाफ़ एक छापामार दस्ते की अगुवाई कर रहा था। हिजाज़ की नंगी पहाड़ियों में एक दर्रे पर चढ़ने के बाद उसने अपने सामने की खुली वादी में एक घुड़सवार देखा। उसके हाथ में भाला था और वह एक ऊँट की नकेल थामे चला जा रहा था जिस पर एक स्त्री बैठी हुई थी।

दुरैद ने अपने लोगों में से एक को बुलाकर कहा कि उस अकेले घुड़सवार को जा पकड़े और उससे चिल्लाकर कहे कि औरत और ऊँट को छोड़कर अपनी ज़िन्दगी बचाने के लिए भाग खड़ा हो क्योंकि एक छापामार दस्ता दर्रे से नीचे आ रहा है। वह आदमी तेज़ी से घोड़ा दौड़ाकर नीचे मैदान में जा पहुँचा और जैसा उससे कहा गया था, वैसे ही चिल्लाया। लेकिन उस घुड़सवार ने ऊँट की नकेल ख़ामोशी के साथ उस औरत को थमा दी, घोड़े को एड़ लगाई और लपकता हुआ सीधा अपना पीछा करनेवाले के सर पर आ धमका। उसने अपना भाला उसके आरपार कर दिया और उसे ज़ीन से झटके से नीचे गिरा लिया। फिर घोड़े को धीरे-धीरे चलाता हुआ उस औरत के पास वापस जा पहुँचा, नकेल उसके हाथ से ले ली, और दोनों ख़ामोशी के साथ मन्द गति से आगे बढ़ते रहे, गोया कि कुछ हुआ ही नहीं था।

दुरैद जब बाक़ी छापामार दस्ते के साथ दर्रे से नीचे उतरा तो नीचे मैदान में साथ-साथ सवारी कर रहे स्त्री और पुरुष, दोनों उसकी निगाहों से ओझल थे। चूँकि उसका पयामी वापस नहीं लौटा था, उसने उसके पीछे एक और घुड़सवार भेजा जिसके साथ उस अकेले घुड़सवार ने वैसा ही सुलूक किया। दुरैद ने एक तीसरा शख़्स भेजा और उसका भी वही हाल हुआ, पर अबकी बार उस अकेले घुड़सवार का भाला उसी के हाथों में चलाने की कोशिश के दौरान टूट गया। हालाँकि अब वह निहत्था हो चुका

था, वह एक बार फिर उस स्त्री के पास जा पहुँचा और दोनों ख़ामोशी से साथ-साथ आगे बढ़ते रहे।

जब वे साथ-साथ आगे बढ़ रहे थे, घुड़सवार ने अपनी महबूबा को कुछ अशआर सुनाए जिनका अर्थ इस प्रकार था :

चलती चलो जाने-मन दिल में लेकर सुकूँ
खुद को महफ़ूज़ समझो, न घबराओ कुछ
हौसला भी रहे और ख़ुशी भी रहे
सारी फ़िक्रों से आज़ाद चलती चलो।
मैं न भागूँगा, दुश्मन जो आए कोई
अपने बाज़ू की ताक़त दिखाऊँ उसे
झेलना होगा उसको मिरा वार जो
तुमको दुख देने की कोई कोशिश करे।

अपने तीन हरकारों के लापता हो जाने पर हैरान रह जाने के बाद दुरैद खुद घोड़ा दौड़ाता मैदान में पहुँचा। पहले उसे पहले हरकारे की लाश नज़र आई, फिर दूसरे और फिर तीसरे की। उसने अपने सामने उस निहत्थे घुड़सवार को देखा जो ख़ामोशी से ख़रामाँ-ख़रामाँ, स्त्री के ऊँट की नकेल पकड़े आगे बढ़ा जा रहा था।

दुरैद इस तरह के बहादुर के लिए प्रशंसा के भाव से भर उठा भले ही वह उसका दुश्मन था। वह घोड़ा दौड़ाकर उसके पास पहुँचा और चिल्लायाः 'ऐ घुड़सवार, तेरे जैसा शख़्स मौत के लिए नहीं बना। लेकिन मेरे लोग पीछे ही आ रहे हैं और तू निहत्था है। मेरा भाला ले ले मेरे दोस्त, और मैं कुछ ऐसा करूँगा कि मेरे लोग तेरा पीछा न करें।'[9]

हम यहाँ जिस विश्लेषण का प्रयास कर रहे हैं उसके दृष्टिकोण से अरबों की मेहमाननवाज़ी और दरियादिली पर थोड़ी बहुत रौशनी डालना आवश्यक है। इसके लिए भी ग्लब पाशा का दर्ज किया हुआ एक वाक़िया पेश करना बेहतर होगा। लिखते हैं:

> इस्लाम से ठीक पहले की सबसे मशहूर बद्दू शख़्सियतों में एक था तई क़बीले का हातिम इब्न अब्दुल्लाह। हातिम एक यतीम था जिसे उसके दादा ने पाला-पोसा था। जैसे ही वह बालिग़ हुआ और उसे वालिद के जानवर विरासत में मिले, उसने अपने मेहमानों के लिए इतने जानवर ज़िबह करा दिए कि जल्द ही ग़रीब हो गया। एक दिन जब तीन लोग उसके घर आए तो उसने उनकी दावत के लिए तीन ऊँट ज़िबह करा दिए। हुआ यूँ कि ये तीनों मशहूर शायर थे। उनमें से एक था नाबिग़ अल-ज़ेबियानी जिसने अपने नौजवान मेज़बान और उसके क़बीले की शान में फ़ौरन कुछ अशआर कह डाले। हातिम बोलाः 'मेरा इरादा तो आपके साथ नेकी करने का था, पर आपकी नज़्म ने मुझे आपका

> क़र्ज़दार बना दिया।' फिर उसने ज़ोर दिया कि वे तीनों शायर तोहफ़े के तौर पर उसके सारे ऊँट क़ुबूल फ़रमाएँ।
>
> कुछ ही समय बाद उसका दादा वहाँ आन पहुँचा और उसने ख़फ़ा होकर पूछा कि उसके ऊँटों का क्या हुआ। हातिम ने जवाब दियाः 'मैंने उन्हें तोहफ़े में दे दिया। उन्हें मैं अपने पास रखता तो सारे बहुत हुआ तो बीस साल में मर जाते। लेकिन उनके बदले मैंने अपने ख़ानदान की तारीफ़ में एक नज़्म हासिल कर ली है जो एक से दूसरी ज़बान होते हुए क़यामत के रोज़ तक चलती चली जाएगी।[10]

हातिम की दरियादिली कोई बहुत आम नहीं थी, लेकिन इसकी मिसालें दुर्लभ भी नहीं थीं। यह कहना अधिक सही होगा कि यह एक प्रवृत्ति की सूचक थी जो बद्दू अरबों में प्रचलित थी और आज भी प्रचलित है। लेकिन इस्लाम के आगमन से ठीक पहले दरियादिली का रिवाज मक्का में बहुत कमज़ोर हो चुका था जो अन्तर्राष्ट्रीय व्यापार-मार्ग पर स्थित एक महत्त्वपूर्ण व्यापारिक नगर था। कारण कि एक पशुपालक और घुमक्कड़ समाज के रस्म-रिवाज और नीतिशास्त्र के विपरीत एक व्यापारिक समाज के अपने रस्म-रिवाज और नीतिशास्त्र होते हैं। इस्लाम को उसके सही समाजशास्त्रीय परिप्रेक्ष्य में समझने के लिए इस अन्तर को समझना आवश्यक है।

उत्तरी और मध्य अरब मुख्य रूप से घुमक्कड़ों से आबाद तथा किसी सभ्यता से वंचित थे; इसके मक्का, तैफ़ या मदीना जैसे कुछ ही अपवाद थे। इसके विपरीत, इस्लाम के उदय के समय तक खंडहर बन चुकने के बावजूद दक्षिणी अरब एक प्राचीन सभ्यता का महत्त्वपूर्ण केन्द्र था। इसकी कुछ अपनी खास विशेषताएँ थीं। सच तो यह है कि दक्षिण और उत्तर के अन्तर की जड़ें बहुत गहरी थीं। अपनी पुस्तक **द शेपिंग ऑफ द अरब्स** में जोएल कार्माइकेल कहते हैं : 'इस अन्तर की जड़ें उत्तर के लोगों की घुमक्कड़ी वृत्ति तथा दक्षिण की रिहाइशी और खेतिहर दशाओं की वास्तविक स्थितियों में हो सकती हैं। यह अन्तर इतनी तीव्रता से महसूस किया जाता था कि इसी ने 14वीं सदी के अरब इतिहासकार इब्न ख़ल्दून को विश्व-इतिहास के बारे में उसके पूरे दृष्टिकोण का ढाँचा प्रदान किया जिसे वे बद्दुओं और शहरवालों की आपसी अन्तःक्रिया का परिणाम समझते थे।'[11] उपरोक्त उद्धरण में जोएल कार्माइकेल इस तथ्य का हवाला देते हैं कि इब्न ख़ल्दून ने बद्दुओं और नगरवासियों के बुनियादी फ़र्क़ और उनकी आपसी अन्तःक्रिया को अपने इतिहास का आधार बनाया था, और सही बनाया था। इब्न ख़ल्दून वास्तव में इस अन्तर पर भारी ज़ोर देते हैं क्योंकि इस्लाम के उदय से पहले और उनके अपने ज़माने तक में, बसे-बसाए और घुमक्कड़ लोगों की इस आपसी अन्तःक्रिया ने बहुत सारी सामाजिक, आर्थिक और राजनीतिक समस्याओं को जन्म दिया, बल्कि अरब के कुछ इलाकों में आज तक यही हो रहा है। इस अन्तःक्रिया ने इस्लाम के जन्म और विकास पर अनेक प्रकार से भारी प्रभाव डाला है। इस अन्तर

पर ज़ोर देते हुए इब्न ख़ल्दून लिखते हैं :

> हमने कहा है कि बद्दू अपनी जीवन-शैली को बेहद मामूली ज़रूरतों तक सीमित रखते हैं और उनसे आगे बढ़ने में असमर्थ हैं जबकि बसे-बसाए लोगों का सरोकार उनके हालात और रस्म-रिवाज़ की सहूलतों और खुशियों से होता है। मामूली ज़रूरतें बेशक सहूलतों और खुशियों से पहले आती हैं। मामूली ज़रूरतें एक तरह से बुनियादी होती हैं और खुशियाँ गौण होती हैं। इस तरह बद्दू शहरों और बसे-बसाए लोगों के लिए आधार होते हैं और उनसे पहले अपना मुक़ाम रखते हैं।...रेगिस्तानी ज़िन्दगी की सख़्तकोशी बसी-बसाई ज़िन्दगी की आरामदेही से पहले आती है। इसीलिए नगरीकरण हमें वह लक्ष्य दिखाई देता है जिसके लिए बद्दू प्रयास करता है।[12]

मुसलमानों की मुकद्दस किताब **क़ुरआन** तक बद्दुओं और नगरवासियों के हवालों से भरी है तथा दोनों के अन्तर पर ज़ोर देती है। **क़ुरआन** में कहा गया है : 'रेगिस्तानी अरब कुफ्र और मुनाफ़िक़त (पाखंड) में नगरवासियों से आगे हैं और अल्लाह ने अपने रसूल पर जो क़ायदे-क़ानून वाज़ह (स्पष्ट) किए हैं उनसे उनके अनजान रहने का कहीं और भी बड़ा कारण है। लेकिन अल्लाह दाना है और सब कुछ जानता है। कुछ रेगिस्तानी अरब अल्लाह की राह में जो कुछ देते हैं उसे एक लाज़मी जुर्माना समझते हैं और मनाते हैं कि तुम पर कोई बदनसीबी टूटे। काश कि बदनसीबी उन्हीं पर टूटे! अल्लाह सब कुछ सुनता और सब कुछ जानता है।'[13] जैसाकि नगरवासियों का क़ायदा है, इन आयतों में घुमक्कड़ बद्दुओं की अपमान-भाव से निन्दा की गई है और उनके प्रति अविश्वास का भाव दिखाई देता है। पैग़म्बर मुहम्मद नगरवासी थे और स्वाभाविक रूप से बद्दुओं के प्रति कुछ पूर्वग्रह रखते थे। यह भी सही है कि रेगिस्तान की आज़ाद ज़िन्दगी के आदी ये बद्दू आसानी से उस अनुशासन को मानने को तैयार नहीं हुए जो पैगम्बर उन पर आरोपित करना चाहते थे। उनके प्रति इस ढकी-छिपी दुश्मनी की इस अभिव्यक्ति का यही कारण है। लेकिन पैग़म्बर उनसे पूरी तरह विमुख भी नहीं हुए और उन्होंने उन्हें इस्लाम के दायरे में लाने का निश्चय कर रखा था। इसीलिए क़ुरआन की अनेक आयतों में उनको सम्बोधित किया गया है, उन्हें हिदायतें दी गई हैं और अल्लाह की नेमतों की याद दिलाई गई है। बद्दुओं को सम्बोधित करते हुए **क़ुरआन** में कहा गया है : 'अल्लाह ने तुम्हें रहने के लिए मकान और ख़ैमों के लिए जानवरों की खालें दी हैं ताकि वे तुम्हें अपनी घुमक्कड़ी के दौरान हल्की महसूस हों और जब तुम कहीं ठहरना चाहो तो उन्हें आसानी से गाड़ा जा सके, जबकि उनके ऊन, रोएँ और बालों से उसने तुम्हें आराम की और घरेलू चीज़ें मयस्सर कराई हैं।'[14] एक अन्य स्थान पर कहा गया है : 'मवेशी भी तुम्हारे लिए एक उम्दा सबक़ हैं। हम तुम्हें पीने के लिए वह सब देते हैं जो उनके पेटों में, अँतड़ियों के बीच और ख़ून दौड़ानेवाली रगों में हैः

यानी कि ख़ालिस दूध जो पीनेवालों के लिए एक मज़ेदार चीज़ है। हम तुम्हें खजूर और अंगूर के फल देते हैं जिनसे तुम अपने पेय और उम्दा खुराक तैयार करते हो। बेशक इन सबमें अक़्लवालों के लिए एक इशारा मौजूद है।'[15]

इस तरह स्पष्ट है कि **क़ुरआन** में बद्दुओं और नगरवासियों के बीच एक अन्तर किया गया है, और उन दोनों को सम्बोधित किया गया है ताकि वे अल्लाह के बताए क़ायदे-क़ानून को मानें। इसके लिए उसमें प्रकृतिवादी तर्क भी दिए गए हैं। ये आयतें उस अर्थव्यवस्था का पता भी देती हैं जो बद्दुओं में पाई जाती थी। अब हम दक्षिणी अरब की ओर वापस आते हैं। यहाँ हमें यह बात ज़ेहन में रखनी होगी कि उस इलाक़े में खेती और मसालों के व्यापार पर आधारित बहुत विकसित सभ्यताएँ मौजूद हुआ करती थीं, जैसे साबाई (यमनी), मिनाई और क़तबनी और बाहरी दुनिया के साथ होनेवाले व्यापार ईस्वी संवत् से पहले कोई एक हज़ार साल तक यहाँ के लोगों की सुख-समृद्धि का कारण था। दक्षिण के अरब राजतन्त्रों ने नदियों पर बाँध बनाए थे, महलों और मन्दिरों का निर्माण किया था और अपने देश में खेती का उल्लेखनीय सीमा तक विकास किया था। हालाँकि ये दक्षिणी सभ्यताएँ कृषि पर आधारित थीं, पर उनमें यूरोप जैसे सामन्तवाद के निशान नहीं दिखाई देते। शासन करनेवाले राजे मिस्री बादशाहों से अधिक मिलते-जुलते थे जो एक प्रकार से आध्यात्मिक गुरु और पुरोहित होने के दावे करते थे। दक्षिण अरब की चर्चा करते हुए फ्रांसीसी इस्लामविद मैक्सिम रोदिंसन ने जीवन-वृतान्त **मुहम्मद** में लिखा है :

> सीरियावासियों के इलाक़ों से एक और अन्तर एक व्यापक धार्मिक विश्वास के अस्तित्व को लेकर था। यहाँ बहुत से समृद्ध मन्दिर थे जिनकी देखभाल समाज में एक अहम भूमिका निभानेवाला एक पुरोहित वर्ग करता था। इबादत धूप-बत्ती और जानवरों की कुरबानी के रूप में और प्रार्थनाओं व तीर्थयात्राओं के रूप में की जाती थी जिसके दौरान सहवास की मनाही थी। पवित्रता और अपवित्रता को लेकर मौजूद अनेक विधानों में किसी के हनन पर जुर्माना देना और खुले आम गुनाह क़ुबूल करना पड़ता था जो कांस्यपत्रों पर लिखकर मन्दिर में लगा दिया जाता था। मुर्दे बरतनों और घरेलू वस्तुओं के साथ दफ़्न किए जाते थे। स्तम्भों या स्मारकों में मरनेवाले के आलंकारिक चित्र मौजूद होते थे। हो सकता है उन्हें पिंडदान भी किए जाते हों।[16]

दक्षिण के अरब अनेक देवी-देवताओं की पूजा करते थे जिनमें सबसे महत्त्वपूर्ण अस्तर था। उसे शुक्र ग्रह का साकार रूप माना जाता था। ये लोग एक चन्द्रदेव की पूजा भी करते थे जिसे साबा में अलमक़ा, मिना में वाद ('प्रेम' ?), क़तबन में अम्म और हज़्रामवत में सिन कहते थे। शम्स देवी के रूप में सूरज की पूजा भी की जाती थी। (शम्स का अर्थ सूर्य ही होता है।) विभिन्न स्थानों पर अलग-अलग देवी-देवताओं

की पूजा की जाती थी, और हरेक के अपने भक्तगण थे। मन्दिर पत्थर के बने होते थे और उनकी वास्तुकला उम्दा होती थी। मआरिब नमि के साबाई नगर में ख़ुदाई के दौरान अमेरिकी पुरातत्वशास्त्रियों ने एक प्राचीन मन्दिर का पता लगाया है जो महान साबाई देवता अलमक़ा को समर्पित था। मन्दिर का नाम अव्वाम था और यह एक विशाल, मआरिब आकार का ढाँचा था जो सम्भवतः 30 फीट ऊँचा, लगभग 300 फीट लम्बा और 250 फीट चौड़ा था। कहा जाता है कि इसमें एक सुसज्जित बरामदा था और साथ में 8 खम्भों की क़तारवाली एक इमारत थी। साबा की समृद्ध सभ्यता के चमत्कारों के हवाले **क़ुरआन** में भी मिलते हैं। **क़ुरआन** के अनुसार शेबा की रानी बहुत अमीर थी और भारी शान-शौक़त के साथ हुकूमत करती थी। जब इसराइल का बादशाह सोलोमन (सुलैमान) उसपर हमला करनेवाला था तभी उसने समर्पण करने का फ़ैसला किया। उसने तोहफ़े देकर अपने दूत भेजे। इसी का हवाला देकर **क़ुरआन** में कहा गया है : 'और जब उसका दूत आया तो सुलैमान ने कहा—'तुम मुझे क्या सोना देना चाहते हो ? अल्लाह ने मुझे जो कुछ दिया है वह तुम्हारी दी हुई सारी दौलत से बढ़कर है। फिर भी तुम अपने तोहफ़ों पर नाज़ करते हो। जाओ अपने लोगों के पास। हम ऐसी फ़ौजें लेकर उनके ख़िलाफ़ कूच करेंगे जिनका वे सामना नहीं कर सकते, और उन्हें नीचा दिखाकर और बदहाल करके उनके इलाक़ों से खदेड़ देंगे।'[17] इस आयत से साफ़ पता चलता है कि दक्षिण और धुर उत्तर (उपजाऊ अर्धचन्द्र अर्थात् फ़र्टाइल क्रेसेंट), दोनों इलाक़ों में कुछ सभ्यताएँ रही हैं जो इतनी समृद्ध थीं कि उन्होंने वास्तुकला का विकास किया था और शानदार इमारतें बनाईं। यहाँ एक दिलचस्प बात यह भी है कि मध्य अरब के अरब राजतन्त्र को पसन्द नहीं करते थे। (उनके यहाँ राजतन्त्र जैसी कोई संस्था नहीं थी, बल्कि एक सुविकसित राजसत्ता की धारणा तक नहीं थी।) यह बात इसी सूरा की एक आयत से स्पष्ट है जिसमें कहा गया है : 'उसने कहा कि एक राजा जब किसी शहर पर हमला करता है तो उसे तबाह कर देता है और इज़्ज़तदार लोगों की हतक होती है, और वे लोग भी यही करेंगे।'[18] ये शब्द निश्चित ही शेबा की रानी के कहे हुए हैं, पर अहम बात राजाओं के बारे में पैग़म्बर मुहम्मद के रुख़ की है। यह बुनियादी तौर पर अरबों का ही रुख़ है।

दक्षिण अरब और ख़ासकर यमन प्राचीनकाल से ही अपने ख़ुशगवार मौसम, उपजाऊपन और धन-दौलत के लिए मशहूर रहा है (डायोनीसियस, **पेरिग्रीज,** पद 927 देखें) जिन्होंने हिन्दुस्तान की मुहिम से वापसी के दौरान सिकन्दरे-आज़म को इस इलाक़े को जीतने की तैयारी करने पर आमादा किया; यह और बात है कि जल्द ही उसकी मौत हो गई और वह यह हमला नहीं कर सका। यमन मक्का, उत्तरी अरब के व्यापारिक बन्दरगाहों और अन्त में पूर्वी बैंजवाइन साम्राज्य की राह में एक महत्त्वपूर्ण व्यापार-केन्द्र था। बहुत से लोग इस ग़लतफ़हमी के शिकार थे कि अरबों से वे जो माल ख़रीदते हैं, वे अरब में ही पैदा किए गए हैं। वास्तव में, जैसांकि इतिहास के छात्र जानते हैं, ये माल हिन्दुस्तान, चीन और तटीय अफ़्रीका से आते थे। अरब के दुर्गम रेगिस्तानों के

कारण यूनानी और रोमी उसके बारे में बहुत कम जानते थे। वास्तव में यमन के महत्त्व के कारण परस्पर विरोधी शक्तियों ने उस पर कब्ज़ा करने की बार-बार कोशिशें कीं। प्रोफ़ेसर हित्ती हमें बतलाते हैं कि 'दुनिया के मालिक वे ज़रूर थे पर फिर भी रोमी अरबों की गर्दनों पर जुआ रख नहीं सके। 24 ईसा पूर्व में, आगस्टस सीज़र के शासनकाल में मिस्र में उसके सूबेदार एलियस गैलस के नेतृत्व में, और अपने नबातियन (प्राचीन अरब) सहयोगियों की मदद से, मिस्र से ही चलाई गई 10,000 लोगों की मशहूर मुहिम एक सिरे से नाकाम रही। कहा गया था कि इसका मक़सद उन व्यापार-मार्गों पर कब्ज़ा करना था जो दक्षिणी अरबवालों के इजारे थे, और रोम के लाभ के लिए अल-यमन के संसाधनों का शोषण करना था।'[19] लेकिन रोमी फ़ौज अरब के भयानक रेगिस्तान में अन्दर न जा सकी और यह मुहिम घोर अपमान का कारण बनी। उसके बाद रोमियों ने ऐसी कोई कोशिश नहीं की। लेकिन आगे चलकर हिन्द महासागर में रोमी जहाज़ों के प्रवेश ने दक्षिण अरब की समृद्धि को नष्ट कर दिया और उसका आर्थिक पतन अपने पीछे उनका राजनीतिक विनाश लेकर आया।

यमन पर अबीसीनियावालों और फ़ारस के सासानियों की नज़रें भी गड़ी थीं। ईस्वी 340-78 के दौरान अबीसीनिया से उस पर एक हमला हुआ। लेकिन उसके बाद देसी हिम्याराइती (दक्षिणी अरब) शासकों ने अपना स्वतन्त्र शासन फिर स्थापित कर लिया। वास्तव में अगर एक दन्तकथा पर विश्वास किया जाए तो हिम्याराइतों में शमर याराश नाम का जो सबसे मशहूर बादशाह हुआ है उसके बारे में कहा जाता है कि उसने समरक़न्द को जीता था। इस दन्तकथा के अनुसार समरकन्द का यह नाम उसी के नाम पर पड़ा। लेकिन उपरोक्त पहले हमले के बाद भी अबीसीनिया ने अपनी महत्त्वाकांक्षा नहीं छोड़ी और आगे चलकर भी हमले किए। यमन में यहूदियत और ईसाइयत के आगमन ने राजनीतिक स्थिति को और पेचीदा बना दिया। जैसाकि प्रोफ़ेसर हित्ती ने कहा है, दक्षिण अरब का अपना देसी धर्म मूलतः 'ग्रह-उपग्रह रूपी कायाओं' की एक व्यवस्था पर आधारित था। चन्द्र देवता का सम्प्रदाय सबसे लम्बा-चौड़ा था। (इस्लामी पंचांग भी चन्द्रमा की ही गतियों पर आधारित है।) जैसाकि कहा गया है, चन्द्रमा को हज़्रामवत में सिन, मिना के बाद, साबा में अलमक़ा और क़तबन में 'अम्म' (चचा) कहा जाता था। अम्म वास्तव में पूरी देव-सभा का मुखिया था और उसे पुल्लिग माना जाता था। दिलचस्प बात यह है कि यह चन्द्र देवता देवी शम्स से अधिक महत्त्वपूर्ण माना जाता था जो उसकी अर्धांगिनी थी। अरबी भाषा में सूर्य स्त्रीलिंग है। इसकी पूरी न सही, आंशिक व्याख्या अरब के ऋतु-चक्र से की जा सकती है। यहाँ दिन बहुत गर्म होते हैं और इसलिए ठंडी, चाँदनी रातों का आकर्षण अधिक होता था। फलस्वरूप देवता के रूप में चन्द्रमा को सूर्य पर प्रधानता प्राप्त थी जिसकी झुलसानेवाली गर्मी से लोग डरते थे। मध्य अरब जैसे एक गैर-खेतिहर समाज में यह बात अहमियत नहीं रखती कि विशेष मौसम विशेष महीनों में पड़ते हैं, क्योंकि यहाँ बुआई या कटाई जैसे कार्यकलाप नहीं होते जिसके लिए एक नियमित ऋतु चक्र की आवश्यकता हो। यही

कारण है कि ऐसी नियमितता सुनिश्चित करनेवाला एक सौर पंचांग अरब में कभी विकसित नहीं हुआ। चन्द्रमा की गतियों को देखना-जानना आसान होने के कारण यहाँ चान्द्र पंचांग स्वीकार किया गया।

दक्षिण अरब में ईसाइयत और यहूदियत के आगमन के कुछ न कुछ राजनीतिक उद्‌देश्य थे। रोमी और फ़ारसी, दोनों साम्राज्य समुद्र को अपने प्रभाव-क्षेत्र में लाने में रुचि रखते थे। दक्षिण अरब में ईसाइयत कब पहुँची, यह हमें निश्चित नहीं पता। फिर भी इसके संकेत हैं कि वहाँ ईस्वी 356 के आसपास सम्राट कांस्टैंटियस ने पहला ईसाई धर्म-प्रचारक दल भेजा था। यह दल थियोफिलस इंडस के नेतृत्व में भेजा गया था जो एरियन में था लेकिन इस सम्भावना को भी अनदेखा नहीं किया जा सकता कि किसी अज्ञात काल में सीरिया से उत्पीड़ित मिशनरी वहाँ भागकर पहुँचे होंगे। रोम से गए ईसाई दल का उद्‌देश्य राजनीतिक था और कुछ समय बाद थियोफिलस अदन में एक चर्च क़ायम करने में कामयाब रहा। इब्न-हिशाम[20] और तबरी[21] भी एक संन्यासी की कहानी दर्ज करते हैं जो एकस्वभाववादी (मोनोफाइजाइट) सम्प्रदाय का था; उसे 500 ईस्वी के आसपास एक अरब कारवाँ पकड़कर नाजरन में ले आया था।

रही यहूदियत तो उसने इस इलाक़े में दूसरे हिम्याराइत राजा के दौर में पाँव जमाए। छठी सदी के आरम्भ में यहूदियत ने यमन में भारी ज़ोर पकड़ा। आख़िरी हिम्याराइत राजा ज़ू-नवास उसका पैरोकार बन गया। इन दो एकेश्वरवादी धर्मों की प्रतिद्वन्द्विता बहुत तीखी हो गई और उसको राजनीतिक सुर मिले। क़ौमपरस्ती की नुमाइन्दगी करनेवाला ज़ू-नवास यहूदी धर्म को संरक्षण देने लगा क्योंकि वह ईसाइयत से जुड़े, समझे जानेवाले अबीसीनियावालों से बेपनाह नफ़रत करता था। उसने ईसाइयों को उत्पीड़ित किया और अक्तूबर 523 ईस्वी में नाजरन में बहुतों को मौत के घाट उतार दिया। फिर लोगों ने रोम के सम्राट जस्टिन प्रथम से गुहार की जिसे हर जगह ईसाइयों का संरक्षक माना जाता था। उसने अबीसीनिया के शासक नेगुस को कार्रवाई की हिदायत दी। कहते हैं कि नेगुस ने लाल सागर के पार 70,000 अबीसीनियाइयों की फ़ौज भेजी थी। अन्तर्राष्ट्रीय राजनीति के सभी पक्ष इस झगड़े में शामिल थे। अबीसीनियाइयों के ज़रिए बैजन्ताइन ने अरब क़बीलों को बस में लाने और उन्हें फ़ारसी साम्राज्य के ख़िलाफ़ इस्तेमाल करने की कोशिश की। अबीसीनियावाले विजयी रहे और नेगुस के नायब अब्रहा ने ज़ू-नवास का पीछा किया जो कहते हैं कि अपने घोड़े के साथ लाल सागर में कूद गया।[22] इस प्रकार यमन में हिम्याराइत राजाओं के शानदार दौर का अन्त हो गया।

कुछ स्रोतों के अनुसार अब्रहा छठी सदी के अन्तिम भाग तक यमन पर राज करता रहा और उसने इसे अबीसीनिया का उपनिवेश बना दिया। उसने साना शह्र में एक गिरजाघर बनवाया जिसे उस दौर के सबसे शानदार गिरजाघरों में एक माना जाता था। यहाँ दिलचस्प बात यह है कि इस गिरजाघर को बनवाने का उद्‌देश्य धार्मिक-आर्थिक था, या शायद धार्मिक से अधिक आर्थिक था। मक्का, जिसकी और भी विस्तृत विवेचना

हम आगे करेंगे, अन्तर्राष्ट्रीय व्यापार का एक केन्द्र था और मूर्तिपूजक अरबों का एक धार्मिक केन्द्र भी था। अरबों की एक भारी तादाद व्यापार के लिए और अपने देवी-देवताओं की पूजा-अर्चना के लिए भी मक्का आती रहती थी। इस तरह यह भारी आमदनी का एक स्रोत था। अब्रहा चाहता था कि साना का गिरजाघर मूर्तिपूजकों के काबा से बढ़-चढ़कर रहे तथा साना व्यापार और धर्म, दोनों का एक प्रतियोगी केन्द्र बने। वह अपने मक़सद में एक हद तक कामयाब रहा। एक स्थानीय परम्परा के अनुसार इस धार्मिक-आर्थिक प्रतिद्वन्द्विता के कारण मक्का के दो अरबों ने, जो फ़ुक़ैम क़बीले से सम्बन्ध रखते थे, एक त्योहार के दौरान साना के गिरजाघर की बेहुरमती की। इस धर्मविरोधी कृत्य से अब्रहा इतना नाराज़ हुआ कि उसने मूर्तिपूजकों के मन्दिर को नष्ट करने और मक्कावालों को सबक़ सिखाने के लिए मक्का के ख़िलाफ़ एक मुहिम शुरू की। चूँकि उसके साथ हाथी भी थे, मक्का के इतिहास में उस साल को अम-अल-फ़ील (हाथियों का साल) भी कहा जाता है। लेकिन अब्रहा की फ़ौज में चेचक फैल गई और उसे दुश्मनों को कोई नुक़सान पहुँचाए बिना पीछे हटना पड़ा। (चेचक के लिए **क़ुरआन** में सिज्जील शब्द अर्थात् छोटी सूरा कंकरियों के रूपक का प्रयोग किया गया है।) **क़ुरआन** में इस घटना का हवाला 'अल-फ़ील' में दिया गया है जिसमें कहा गया हैः 'क्या तुमने नहीं देखा कि तुम्हारे अल्लाह ने हाथियों की फ़ौज के साथ क्या किया? क्या उसने उनके गन्दे मंसूबों को नाकाम नहीं किया और उनके ख़िलाफ़ परिन्दों की जमात नहीं भेजी जिन्होंने उन पर पकी मिट्टी की कंकरियों (सिज्जील) की बरसात की जिसके चलते वे मवेशियों के खाए हुए पौधों के समान हो गए?'[23] इस तरह **क़ुरआन** के अनुसार अब्रहा के मक़सद की नाकामी अल्लाह की मर्ज़ी थी जिसने अपने घर अर्थात् काबा की हिफ़ाज़त की। पैग़म्बरे-इस्लाम मुहम्मद साहब का जन्म उसी साल अर्थात् ईस्वी 570-71 में हुआ था।

हम यह भी देखते हैं कि यमन के रास्ते होनेवाले अन्तर्राष्ट्रीय व्यापार के अलावा दक्षिण अरब की समृद्धि एक बड़ी हद तक मआर्रिब के उस बाँध पर भी निर्भर थी जिससे काश्त के लिए पानी मिलता था। इस्लाम के उदय से पहले इस बाँध का इस्तेमाल बन्द हो चुका था और इसमें बहुत सी दरारें आ गई थीं। यह भी उन कारणों में एक था जिनके चलते यमन की समृद्धि नष्ट हो गई और लोग रोज़ी की तलाश में उत्तर की ओर जाने लगे। ऐतिहासिक काल में अरब अनेक समूहों में दक्षिण और मध्य अरब से ग़रीबी व भूख से पीड़ित होकर चले और उन्होंने 'उपजाऊ अर्धचन्द्र' (फर्टाइल क्रेसेंट) के बसे-बसाए इलाक़ों में पनाह ली। बस्तियाँ और नख़लिस्तान सीमित संख्या में ही लोगों का बोझ उठा सकते हैं, घास के मैदान सीमित संख्या में ही ऊँटों और मवेशियों को खुराक दे सकते हैं, और वह सीमा जब पार हो जाती है तो बस्तियों पर विजय के लिए युद्ध या सालाना छापे भुखमरी का एकमात्र विकल्प रह जाते हैं।

चलते-चलते यह बात कही जा सकती है कि रेगिस्तान के बद्दुओं की मदद से उत्तर-पूर्व और उत्तर-पश्चिम के देशों पर इस्लाम की विजय ज़मीन पर बढ़ते दबाव की

ऐसी ही प्रवृत्ति की सूचक है जिससे उत्तर की ओर लोगों ने बड़ी संख्या में पलायन किया। अरबों के इतिहास में बार-बार ऐसा हुआ है। दक्षिण में जब कभी कोई आफ़त आई, भोजन की तलाश में लोग उत्तर की ओर चल पड़े। मआरिब के विशाल बाँध का टूटना भी ऐसा ही एक अवसर था जिसे इस्लामी साहित्य में अमर बना दिया गया है। अल-इस्फ़हानी ने अपना वृत्तान्त 961 ईस्वी में पूरा किया था। इसकी आठवीं किताब हिम्याराइत राजाओं के बारे में है और इसमें इस घटना को इस्लाम से चार सदी पहले की कहा गया है। पर लगता है कि याक़ूत जब इसे अबीसीनिया वालों के दौर की घटना बताते हैं तो वे सत्य के कहीं अधिक क़रीब हैं। दरार लगता है तब तक बन्द की जा चुकी थी। (**क़ुरआन** में जहाँ आख़िरी तबाही का ज़िक्र आया है (सूरा 34, आयत 15), वहाँ कहा गया है: 'लेकिन उन्होंने कोई ध्यान नहीं दिया। इसलिए हमने उनके ख़िलाफ़ बाँधों का पानी छोड़ दिया और उनके बाग़ों के बदले दिए वो बाग़ जिनका मेवा कड़वा था, और दिए थोड़े से उनको बेर। इस तरह सज़ा दी हमने उनको, उनकी एहसान- फ़रामोशी की क्योंकि हम किसी को सज़ा नहीं देते एहसान फ़रामोशों के सिवा।) हित्ती के अनुसार यह घटना 542 ईस्वी के बाद और 570 ईस्वी से पहले हुई होगी। जैसाकि कहा गया है, इस दरार ने दक्षिण अरब की जंगम सभ्यता को भारी चोट पहुँचाई होगी। प्रोफ़ेसर आर.ए. निकल्सन कहते हैं, 'अक्सर मआरिब बाँध के टूटने का ज़िक्र किया गया है। जिसके कारण यमनवालों की एक भारी तादाद उत्तर की ओर चल पड़ी। ये हमलावर हिजाज़ में रुके और जूरहूमियों का लगभग पूरी तरह सफ़ाया करने के बाद फिर सफ़र पर निकल पड़े। लेकिन एक समूह, अर्थात् अपने सरदार लुहई के नेतृत्व में बनू खुज़आ का समूह, मक्का के पास बस गया।'[24] इस घटना पर एंगेल्स ने भी ध्यान दिया है :

> ज़मीन का यह कृत्रिम उपजाऊपन, जो सिंचाई व्यवस्था के नष्ट होने के बाद फ़ौरन समाप्त हो गया, इस अन्यथा अजीबोग़रीब तथ्य की व्याख्या करता है कि पूरे के पूरे इलाक़े, जहाँ कभी शानदार खेती होती थी, अब बंजर और ऊसर हैं (पमइरा, पेत्रा, यमन के खंडहर, मिस्र, फ़ारस और हिन्दुस्तान के इलाक़े); यह इस तथ्य की व्याख्या करता है कि अकेली तबाहकुन जंग किसी मुल्क को सदियों के लिए वीरान कर सकती है और उसे उसकी पूरी सभ्यता से वंचित कर सकती है। मेरा ख़याल है कि इसी में मुहम्मद से पहले दक्षिण अरबी व्यापार की तबाही भी शामिल है जिसे तुमने बहुत सही तौर पर मुहम्मदी इनक़लाब के प्रमुख कारणों में एक माना है।[25]

हिजाज़, मध्य अरब और उत्तर की ओर आबादी के इस विशाल स्थानान्तरण ने धार्मिक स्थिति पर अपने भी प्रभाव छोड़े। लेकिन कुछ दूसरे पेचीदा कारण भी थे जिन्होंने उस क्षेत्र की अर्थव्यवस्था के बँधे-बँधाए ढर्रे को संजीदा नुक़सान पहुँचाया।

बैजन्तीनी और फ़ारसी साम्राज्यों के आए दिन के टकरावों के कारण व्यापार के मार्गों पर उथल-पुथल मची थी। निःसन्देह, अन्ततः व्यापार-मार्गों के विकास ने ही अरबों के इतिहास में नाक़ाबिले-क़यास उतार-चढ़ाव पैदा किए थे। मिसाल के लिए छठी सदी ईस्वी के उत्तरार्ध में बैजन्तीनी और फ़ारसी साम्राज्यों के आए दिन के टकरावों ने उस फ़ुरात-फ़ारस व्यापार-मार्ग को घाटे का कारण और ख़तरनाक बना दिया जो भूमध्य सागर क्षेत्र और पूरब के देशों के बीच होनेवाले व्यापार से अभी तक लाभान्वित हो रहा था; इन्हीं टकरावों के कारण महसूल भी बढ़े, राजनीतिक दुश्मनियों का दौर-दौरा रहा और आम अराजकता फैली। मिस्र भी तबाही के आलम में था और इसलिए कोई वैकल्पिक मार्ग नहीं दे सकता था। इसीलिए व्यापारियों को एक अधिक मुश्किल, मगर पुरअमन, रास्ता अपनाना पड़ा जो सीरिया और उससे नीचे पश्चिमी अरब होता हुआ उन यमनी बन्दरगाहों तक जाता था जिसके साथ हिन्दुस्तान का व्यापार होता था। जैसाकि हम देख चुके हैं, इस्लाम के उदय से पहले यमन पर विदेशियों का कब्ज़ा रह चुका था तथा उत्तर में पमइरा और नबातिया एकदम ग़ायब हो चुके थे। यही मक्का के लिए गोया कि एक सामाजिक-आर्थिक शून्य को भरने का सही समय था।

मक्का का निर्माण और महत्त्व

दक्षिण से उत्तर अरब जानेवाले मसाला मार्ग पर स्थित होने के कारण ही निःसन्देह मक्का का उदय हुआ। यह सम्भवतः एक पड़ाव था जिसे भूमध्यसागर क्षेत्र, फ़ारस की खाड़ी, जद्दा के रास्ते लाल सागर और समुद्र-पार अफ़्रीका जानेवाले मार्गों पर होने के कारण वरीयता दी जाती थी। यहाँ यह बात अहम है कि अरब को दो भागों में बाँटा जा सकता है : (अ) नगरीय और (ब) बद्दू। मक्का उन सबसे महत्त्वपूर्ण नगरीय केन्द्रों में एक था जहाँ पेचीदा व्यापारिक गतिविधियाँ चलती रहती थीं। इन नगरीय क्षेत्रों में रहनेवाले लोग मूलतः बद्दू नस्ल के थे। बद्दुओं के नगरीकरण का भी एक लम्बा इतिहास रहा है। एक तीखे आर्थिक संकट या एक लम्बे सूखे का सामना होने पर वे पलायन करते और उत्तर के उपजाऊ क्षेत्रों पर हमले करते थे। एक पत्र में एंगेल्स ने इसकी तरफ़ इशारा किया है। कहते हैं : 'पहले हम जिस महान अरब आक्रमण की बात कर चुके हैं। उसके बारे में कुछ कहूँ – ठीक मंगोलों की तरह बद्दू वक़्त-वक़्त पर हमले करते रहते हैं। असीरियाई साम्राज्य और बेबिलोन साम्राज्य की स्थापना भी बद्दू क़बीलों ने की थी : ठीक उसी जगह जहाँ आगे चलकर बग़दाद की ख़िलाफ़त का उदय हुआ। बेबिलोन साम्राज्य के संस्थापक कैल्डियाई आज भी उसी इलाक़े में उसी बनी क़ालिद (बनी ख़ालिद) नाम से जाने जाते हैं।'[26]

मक्का एक महत्त्वपूर्ण धार्मिक केन्द्र था, और आर्थिक केन्द्र भी। उसे मुख्यतः उसके अन्तर्राष्ट्रीय व्यापार के कारण भारी महत्त्व प्राप्त हुआ। यही कारण है कि दक्षिण यमन का अबीसीनियाई शासक अब्रहा मक्का का दर्जा घटाते हुए सना को प्रमुख व्यापार-केन्द्र बनाना चाहता था। लेकिन ऐसा नहीं हुआ और मक्का व्यापार व मूर्तिपूजक अरब धर्म

का सबसे महत्त्वपूर्ण केन्द्र बना रहा। मक्का उन पर्वत-शृंखलाओं के बीच एक वादी में स्थित है जो समुद्रतट के समानान्तर चलती जाती हैं। ये पहाड़ियाँ काली और पीली, नंगी, चट्टानी हैं जिन पर मिट्टी की कोई तह नहीं मिलती। ये घुमावदार और सिलवट भरी हैं। यह वादी उन ख़ासतौर पर ज़ोरदार तूफ़ानी बरसातों से बनी है जो कभी-कभी भारी बाढ़ लाती हैं। लेकिन ये तूफ़ानी बरसातें अनियमित होती हैं और थोड़े ही समय तक चलती हैं। अरब में बहुत सी जगहों की तरह यहाँ भी खेती सम्भव नहीं है। मक्का की वादी ख़ुश्क और बंजर है। ईस्वी संवत् से बहुत पहले यहाँ दो अच्छे-ख़ासे व्यापारिक केन्द्र विकसित हो चुके थे – मकोराबा (मक्का) और कुछ उत्तर में स्थित यस्रिप्पा (यशरब)। जैसाकि कहा गया है, मक्का बहुत पहले से एक शरणस्थल बना हुआ था, सम्भवतः ज़मज़म के मशहूर कुएँ के कारण, जो बस्ती को पानी मुहैया करता था। उत्तर से दक्षिण की तरफ़, फ़िलिस्तीन से यमन की तरफ़ जानेवाले मार्गों पर तथा लालसागर के तट और इथियोपिया के मार्ग को फ़ारस की खाड़ी से जोड़नेवाले दूसरे पूर्व-पश्चिम मार्गों पर अपनी प्रशंसनीय स्थिति के कारण मक्का एक व्यापार-केन्द्र बन चुका था। यह व्यापार-केन्द्र विभिन्न क़बीलों के बीच चलनेवाली तबाहकुन ख़ूनी झड़पों से सुरक्षा का एक केन्द्र भी था क्योंकि परम्परा इस जगह किसी को नुक़सान पहुँचाने से रोकती थी। इस तरह यहाँ सौदागरों को बद्दुओं की लूटमार और धावों से सुरक्षा प्राप्त होती थी।

मक्का, जिसे बक्का भी कहते हैं, निश्चित ही दुनिया के प्राचीनतम नगरों में एक है; कुछ लोग तो इसे बाइबिल का मिसा नगर भी मानते हैं।[27] दक्षिण से उत्तर दिशा में यह दो मील लम्बा है और अजयद पहाड़ी की तलहटी से कोइकान नाम की एक और पहाड़ी की चोटी तक इसकी चौड़ाई लगभग एक मील है। इसी इलाक़े के बीच में शहर बसा है जो पास की पहाड़ियों से उखाड़े गए पत्थरों से बना है। मिट्टी लगभग बंजर है और इसलिए कोई खेती सम्भव नहीं है। इसलिए मक्का के लोग मजबूरन दूसरी जगहों से अनाज लेते रहे हैं। पैग़म्बर के परदादा और अपने क़बीले के सरदार हाशिम ने मक्कावालों के वास्ते अनाज लाने के लिए दो कारवाँ बना रखे थे जो इसी मक़सद से साल में दो बार बाहर निकलते थे—एक तो गर्मियों में और एक जाड़ों में। इसका ज़िक्र **क़ुरआन** (सूरा 106) में भी मिलता है। जिसमें भूखों को भोजन और भय से सुरक्षा दिए जाने का ज़िक्र भी मिलता है। 5वीं सदी ईस्वी के अन्त तक क़ुसैय नाम के एक ताक़तवर व्यक्ति ने इस नगर और मन्दिर पर नियन्त्रण स्थापित कर लिया था। वह क़ुरैश क़बीले का था जो विभिन्न ख़ानदानों का समूह था। इन्हीं ख़ानदानों ने उसके माध्यम से ख़ज़्वा को विस्थापित किया।

मक्का का सामाजिक और पारिवारिक ढाँचा

यहाँ समाजशास्त्रीय दृष्टि से अरबों के सामाजिक ढाँचे के बारे में और वे जिन इकाइयों में रहते थे उनके बारे में कुछ शब्द कहना दिलचस्पी से ख़ाली नहीं होगा। हमें यहाँ भी

बद्दुओं और नगरवासियों के अन्तर को ध्यान में रखना होगा। बद्दू रेगिस्तान में तम्बुओं और अपने ख़ेमों में रहते थे। वंश (क्लान) संगठन बद्दू समाज का आधार है। एक परिवार के सदस्य एक तम्बू में रहते हैं; तम्बुओं का एक समूह (एक ख़ेमा) हई कहलाता है और इस हई के सदस्य एक वंश में आते हैं जिसे उनकी भाषा में कौम कहा जाता है। आपस में जुड़े वंश मिलकर एक क़बीला का निर्माण करते हैं। वंश के सभी सदस्य आपस में एक-दूसरे को रक्त-सम्बन्धी मानते हैं और अपना सरदार चुनते हैं। वह शेख़ कहलाता है और बराबरीवालों में पहला माना जाता है। वे एक ही युद्धघोष करते हैं और 'बनू' कहलाते हैं; इस शब्द को वे अपने संयुक्त नाम से पहले लगाते हैं। कुछ वंशों के नामों के मूल स्त्रीलिंगी हैं, और इस तथ्य से कुछ विद्वान यह निष्कर्ष निकालते हैं कि इस्लाम के उदय के ठीक पहले तक मातृसत्ता की व्यवस्था वहाँ मौजूद थी। लेकिन छानबीन से यह विचार शायद ही पुष्ट हो। मैक्सिम रोदिंसन—मांटगुमरी वाट के इस विचार से असहमत हैं कि इन इक्का-दुक्का चिह्नों की व्याख्या से यह संकेत मिलता है कि अरब समाज, जो पहले मातृसत्तावादी था, पैग़म्बर के दौर में पितृसत्तावादी व्यवस्था में बदल रहा था और इस तरह संक्रमण के उस चरण में था जिसे व्यक्तिवाद की ओर होनेवाले सामान्य विकास से जोड़ा जाता है। रोदिंसन कहते हैं : 'जो बात अवश्य सही दिखाई देती है, यह है कि मदीना जैसे कुछ क्षेत्रों में यह व्यवस्था बहुपति-विवाही परम्परा के कुछ प्रकारों के साथ अस्तित्व में थी, और स्त्रियों के लिए एक अच्छी-ख़ासी भूमिका सुस्वीकृत थी (कुछ स्रोत एक दूर के काल का संकेत देते हैं जिसमें अरब रानियाँ रही हैं); कुछ मुआमलों में पति पत्नी के घर रहता था और सम्पत्ति का हस्तान्तरण स्त्री से स्त्री को होता था।'[28]

ये घुमक्कड़ बहुत गतिशील थे और एक जगह नहीं रहते थे। वे जल और अपने मवेशियों के लिए चरागाहों की तलाश में, और दूसरे क़बीलों पर धावे बोलने के लिए भी, जगह-जगह भटकते रहते थे। इसलिए उनके बीच भूसम्पत्ति की कोई धारणा नहीं थी। मदीना तक में, जो एक उपजाऊ नख़लिस्तान था, खेती का इतना विकास नहीं हुआ था कि वैयक्तिक सम्पत्ति जन्म लेती। काश्त की जमीनें सामूहिक सम्पत्ति होती थीं। मक्का में भी शायद ही ऐसी कोई चीज़ रही हो जिसे भूसम्पत्ति कहा जा सके; वैसे मकान थे जो परिवारों की मिल्कियत थे। सम्पत्ति के स्वामित्व के सुविकसित नियम नहीं थे, हालाँकि कुछ संविदाएँ (कनवेंशंस) अवश्य थीं। कुछ मक्कावालों के पास पड़ोस के तैफ़ नख़लिस्तान में अपनी ज़मीनें अवश्य थीं। लेकिन वहाँ के काफ़ी बेहतर मौसम के कारण यह उनका गर्मी का ठिकाना अधिक था। मक्का के सौदागरों ने वहाँ गर्मी में रहने के लिए हवेलियाँ बनवा रखी थीं। तैफ़ में बनू सफ़ीक़ ख़ानदान रहता था और उनकी विशेषता यह थी कि वे अनाज खाते थे जबकि दूसरे अरब खजूरों और दूध पर गुज़ारा करते थे। किसी भूसम्पत्ति या कृषि-कार्यों के लिए भूमि के निजी स्वामित्व के अभाव में प्रारम्भिक इस्लाम को एक सामन्ती परिवेश में देखना ग़लत होगा, जैसाकि अक्सर किया गया है। इस्लाम के उदय के समय सामन्तीकरण की कोई प्रक्रिया जारी

नहीं थी, जैसाकि कुछ (सोवियत) विद्वानों का विश्वास है;[29] उस आधार पर अरब क़बीलों का एकीकरण तो और भी कम हो रहा था। हम पुस्तक में आगे इसकी विस्तृत विवेचना करेंगे।

अब हम नगरीय क्षेत्रों में परिवारों के ढाँचे पर आते हैं; इन क्षेत्रों में प्रमुख स्थान मक्का नगर का था। जैसाकि हम देखेंगे, मक्का में क़बीलाई ढाँचे का विघटन हो रहा था और वैयक्तीकरण की प्रक्रिया शुरू हो चुकी थी। क़बीलाई एकजुटता का महत्त्व कम हो चुका था। नए सम्पत्ति-सम्बन्धों के विकास के साथ वंश टूट चुके थे या छोटी पारिवारिक इकाइयों में टूट रहे थे, हालाँकि समाज को वंश और क़बीले की निष्ठा की अभी भी आवश्यकता थी। राज्य जैसी किसी संस्था के अभाव में व्यवस्था बनाए रखने और क़बीलाई क़ानूनों को लागू करने के लिए वंशों और क़बीलों की वफ़ादारियाँ आवश्यक थीं। इस तरह समाज में वैरभावी अन्तर्विरोध पैदा हो रहे थे : एक तरफ़ तो क़ानून लागू करनेवाले किसी और तन्त्र के अभाव में क़बीलाई वफ़ादारी की बुरी तरह आवश्यकता थी तो दूसरी तरफ़ क़बीलाई ढाँचे का विघटन हो रहा था। उपलब्ध साक्ष्यों पर सावधानी से विचार करें तो संकेत मिलता है कि ईसा की छठी सदी में मक्कावाले छोटी-छोटी पारिवारिक इकाइयों में रह रहे थे हालाँकि ये सम्भवतः नाभिकीय परिवार नहीं थे। क़ुरआन की एक आयत ठीक इसी बात के संकेत देती है। इसमें कहा गया है : 'नहीं है अन्धे पर कुछ तकलीफ़ और न लँगड़े पर कुछ तकलीफ़, और न बीमार पर कुछ तकलीफ़। और नहीं तकलीफ़ तुम लोगों पर कि खाओ अपने घरों से, या अपने बाप के घर से, या अपनी माँ के घर से, या अपने भाई के घर से, या अपनी बहन के घर से, या अपने चचा या अपनी फूफी के घर से, या अपने मामू या अपनी ख़ाला के घर से, या जिस घर की कुंजियों के तुम मालिक हो। नहीं गुनाह तुम पर कि खाओ आपस में मिलकर या जुदा होकर।'[30] विभिन्न सम्बन्धियों के घरों के यहाँ अलग-अलग ज़िक्र मिलते हैं जिससे साफ़ संकेत मिलता है कि पैग़म्बरे-इस्लाम के समय तक मक्कावाले छोटी-छोटी पारिवारिक इकाइयों में रहना शुरू कर चुके थे। इसी आयत से यह भी मालूम होता है कि बच्चे बालिग़ होकर अलग रहने लगते थे या अलग परिवार बना लेते थे, और लड़कियाँ शादी के बाद अपने पतियों के घर चली जाती थीं। इस सन्दर्भ में दिलचस्प बात यह है कि पैग़म्बर मुहम्मद के आरम्भिक अनुयायियों में, दूसरों के अलावा, मक्का के सबसे प्रभावशाली वंशों के अग्रणी लोगों के घनिष्ठ सम्बन्धी भी शामिल थे। सबसे अमीर इजारादारों के घनिष्ठ सम्बन्धी होते हुए भी ये लोग सबसे अधिक लाभदायक उद्यमों से दूर रखे गए थे। यह नतीजा निकालना कुछ बहुत ग़लत नहीं होगा कि मक्का के अग्रणी वंशों की इजारादार नीतियों पर पैग़म्बर मुहम्मद के हमलों के ही कारण ये लोग उनकी ओर आकृष्ट हुए थे। या फिर वे इन इजारादारों के अन्तर्गत अपने जीवन के ढर्रे से सन्तुष्ट नहीं थे।[31] उनके असन्तोष से साफ़ संकेत मिलता है कि किसी की सम्पत्ति में उसके बच्चों को छोड़ घनिष्ठ सम्बन्धियों का कोई भाग नहीं होता था जैसाकि एक क़बीलाई समाज में था जहाँ सम्पत्ति का स्वामित्व सामूहिक होता था। इस तरह तमाम

उपलब्ध साक्ष्यों से स्पष्ट है कि परिवार नाम की इकाई माता-पिता और उनके बच्चों पर आधारित होती थी और उसमें कभी-कभी कुछ ग़ुलाम और चाकर भी होते थे।

मक्कावासियों का धर्म

मक्कावासियों के पारिवारिक ढाँचे की चर्चा के बाद अब हम उनके धर्म पर ध्यान देंगे। जैसाकि हमने देखा, रेगिस्तान के बद्दुओं का कोई औपचारिक या मताग्रही धर्म नहीं था। वे उस चीज़ को मानते थे जिसे 'क़बीलाई मानववाद' कहा जा सकता है। इसमें पूरा ज़ोर इंसान की उम्दगी और क़बीले की शान पर होता था। पर मक्का के नगरवासियों की बात कुछ और थी। एक नगर में बसने और विभिन्न पेशे अपनाने के बाद, जिनमें सबसे प्रमुख पेशा व्यापार का था, उन्हें किसी औपचारिक धर्म की आवश्यकता थी; ख़ासकर इसलिए कि मक्का की आबादी के निचले वर्ग भारी भौतिक कठिनाइयों से दो-चार थे क्योंकि वहाँ धन के वितरण में भारी असमानताएँ पाई जाती थीं। इसलिए उन्हें किसी न किसी तरह की रूहानी राहत की ज़रूरत थी। यूनान के नगर-राज्यों की तरह यहाँ भी धर्म भविष्य बतलाने आदि के काम भी आता था।*

जैसाकि सुविदित है, एक खेतिहर समाज उपजाऊपन से जुड़े अपने पन्थों और कर्मकांडों का विकास करता है। ये पन्थ धीरे-धीरे विकास करके एक अस्पष्ट की जगह एक ठोस रूप ग्रहण कर लेते हैं। लेकिन, जैसाकि हमें पता है, मक्का में कोई खेती नहीं होती थी क्योंकि वह एक बंजर इलाक़े में स्थित था। इसलिए यहाँ ऐसा कोई पन्थ विकसित नहीं हो सका। लेकिन जब पैग़म्बरे-इस्लाम ने धर्म-प्रचार शुरू किया, मक्का की धर्मस्थली में और उसके आसपास के क्षेत्रों में अनेक देवी-देवताओं की पूजा होती थी जिनका पैग़म्बर को सामना करना पड़ा। तो फिर इन देवी-देवताओं का मूल क्या था? उपलब्ध साक्ष्यों से स्पष्ट है कि वे देसी मूल के नहीं थे। इब्न-हिशाम इस्लाम के आरम्भिक इतिहासकारों में एक थे। बतलाते हैं कि पैग़म्बर मुहम्मद के जीवनकाल में बुतपरस्ती का, अर्थात् इंसानी शबीहवाली पत्थर की मूर्तियों की पूजा का रिवाज मक्का में सीरिया से आया था। यह भी ध्यान रहे कि मुस्लिम इतिहासकार अल्लाह में विश्वास न करनेवाले अरबों को बुतपरस्त नहीं कहते, उन्हें 'शिर्क' का दोषी बताते हैं। जो अल्लाह की ज़ात में स्थानीय देवी-देवताओं को 'शरीक' करते थे। सीरिया उत्तर के उपजाऊ क्षेत्र में स्थित था और वहाँ कृषि का आधार था। सुप्रसिद्ध मुस्लिम इतिहासकार अल-शहरितानी कहते हैं कि काबा में 360 बुत थे जिनमें प्रमुख बुत हूबल का था; इसे सीरिया में स्थित बेल्का से आमरू इब्न-लोहाई द्वारा अरब लाया गया था और उसका

*मेरे कहने का निश्चित ही यह अर्थ नहीं है कि यह किसी धर्म या आध्यात्मिक आन्दोलन के विकास की एकमात्र सम्भव व्याख्या है। इतना तय है कि आध्यात्मिकता कुछ उच्चतर भावात्मक और बौद्धिक आवश्यकताएँ पूरी करती है। लेकिन कोई एकमात्र व्याख्या काम नहीं आएगी, वह चाहे कितनी भी गहन हो। मैं बस यह कहने की कोशिश कर रहा हूँ कि एक धार्मिक या आध्यात्मिक आन्दोलन ऐसे रूप ग्रहण कर लेता है जिनका तात्कालिक वातावरण से एक सुनिश्चित—हालाँकि जटिल—सम्बन्ध होता है।

दावा था कि जब भी ज़रूरत होगी, यह बुत वर्षा कराएगा। दिलचस्प बात यह है कि हूबल से वर्षा कराने की आशा की जाती थी जो एक खेतिहर क्षेत्र के देवता की एक मिसाली विशेषता है।

प्रसिद्ध मुस्लिम इतिहासकार तबरी कहते हैं कि हूबल का बुत काबे के ठीक बीच में एक कुंड पर रखा हुआ था। उसे मक्का में सबसे महत्त्वपूर्ण देवता माना जाता था। उसे चढ़ाया जानेवाला सारा चढ़ावा कुएँ में डाल दिया जाता था। हूबल एक भविष्यवक्ता का काम भी करता था। उसके पास सात पाँसे रखे रहते थे जिनमें से हरेक पर कोई इबारत दर्ज थी। एक पाँसे पर शब्द 'देयत' (ख़ूंबहा, रक्त-मूल्य) लिखा था। अगर क़ुरैश के बीच कभी कोई विवाद होता कि ख़ूंबहा कौन देगा, तो वे पाँसा फेकते और जिसकी ओर इशारा होता वही ख़ूंबहा अदा करता। एक पाँसे पर 'हाँ' और दूसरे पर 'नहीं' लिखा था। जब वे कोई काम करना चाहते तो ये पाँसे फेंकते थे। 'हाँ' आता तो वह काम करते और 'नहीं' आता तो नहीं करते। एक पाँसे पर 'पानी' शब्द लिखा था। अगर उन्हें कोई कुआँ खोदना होता तो ये पाँसे एकसाथ फेंकते; अगर पाँसे पर 'पानी' दिखाई देता तो काम आगे बढ़ाते।[32] इस तरह हम देखते हैं कि एक खेतिहर क्षेत्र से एक देवता जब मक्का में लाया गया तो उसके बुनियादी कार्यों में एक तब्दीली आ गई। यहाँ मक्का में कृषि की उत्पादकता से जुड़े किसी काम की अपेक्षा भविष्यवाणी के काम अधिक महत्त्वपूर्ण थे।

मक्का के तीन और प्रमुख देवी-देवता मनात, अल-लात और अल-उज़्ज़ा थे। तोर आन्द्रेई कहते हैं कि 'उनका पन्थ सबसे अधिक प्राचीन था। नाम के आधार पर सोचें तो मनात, जिसे मक्का के दक्षिण में बसा लड़ाकू और शायर क़बीला हुज़ैल ख़ासतौर पर पूजता था, भाग्य-सौभाग्य की ऐसी देवी दिखाई देती है जिसका पन्थ बहुत प्रचलित होता है। वह यूनान की ताइच सोटेरिया से मिलती-जुलती है जो भाग्य की देवियों में एक तथा समुद्र, युद्ध और जनसभाओं में मनुष्य के मुक्तिदाता व सहायक ज़ीयस की बेटी है।'[33] दूसरी अल-लात थी जो बहुत पहले हेरोदोतस तक को ज्ञात थी; उसने उसे आलीलात लिखा है। अल-लात का अर्थ वास्तव में 'देवी' है। नबातियन शिलालेखों में 'देवताओं की माता' को भी अल-लात कहा गया है। इस तरह हम मान सकते हैं कि अरबी हलक़ों में अल-लात मातृत्व, सन्तानोत्पत्ति और स्वर्ग की महान सामी देवी की प्रतिरूप थी, ख़ासकर उस रूप में जिसमें वह पश्चिमी सामी क्षेत्रों में दिखाई देती थी। इस तरह स्पष्ट है कि यह देवी मक्का की जन्मी नहीं थी बल्कि उत्तर से लाई गई थी। तीसरी देवी अल-उज़्ज़ा पैग़म्बर मुहम्मद के समय में इन तीनों देवियों में सबसे अधिक पूजी जाती थी। इस शब्द का अर्थ 'शक्तिशालिनी' या 'सम्मानित' है। अल-उज़्ज़ा का गर्भगृह मक्का से कुछ मील उत्तर नख़ला में था। वदीदी बतलाते हैं कि हिजरत के बाद आठवें साल में पैग़म्बर मुहम्मद ने ख़ालिदे-जाँबाज़ (सूरमा ख़ालिद) को तीस घुड़सवारों के साथ इस मन्दिर को नष्ट करने के लिए भेजा था। जब वह इस देवी के कीकर के पेड़ों में आख़िरी पेड़ को गिरा रहा था तो बिखरे बालोंवाली एक नंगी हब्शी औरत उसके

पास आई और उसका पुजारी, जो पास ही में था, चिल्लाया : 'हिम्मत कर अल-उज़्ज़ा और अपने को बचा।' ख़ालिद पहले तो ख़ौफ़ से काँप गया, पर फिर उसने हिम्मत बटोरी और तलवार के एक ही वार से उसका सर काट डाला।[34]

उपरोक्त विवेचना से स्पष्ट है कि ऊपर दर्ज तीनों प्रमुख बुत देवियों के थे जो किसी न किसी रूप में उत्तर में और भूमध्यसागरीय देशों में प्रचलित सन्तानोत्पत्ति के कर्मकांडों से या मातृदेवी के पन्थों से जुड़ी थीं। दूसरी ओर मक्का का समाज, जैसाकि हमने देखा, पितृसत्ता-प्रधान था और इसलिए मातृदेवियों के पन्थ समाज के ढाँचे से एकीकृत नहीं थे। **क़ुरआन** में पितृसत्ता की व्यवस्था को वैध माना गया है और बार-बार इन देवियों की आलोचना की गई है: 'क्या ? तुम्हें नर औलाद और स्त्री अल्लाह चाहिए? यह तो सचमुच एक अनुचित स्थिति होगी।' जैसाकि हमने देखा, कम-से-कम मक्का में किसी अज्ञात काल से पुरुष-प्रधान व्यवस्था चली आ रही थी। ऐसे समाज में जहाँ पुरुष की प्रधानता हो, सन्तानोत्पत्ति सम्बन्धी कर्मकांडों के तामझामवाली देवियों का विकास नहीं हो सकता था। इसलिए इससे बस यही निष्कर्ष निकाला जा सकता है कि ये देवियाँ वहाँ से लाई गई होंगी जहाँ कृषि की प्रधानता थी, अर्थात् उत्तर के उपजाऊ अर्धचन्द्र से।

मनात नामक एक मातृदेवी की पूजा भी की जाती थी। उसे धन-धान्य की देवी माना जाता था और वह बद्दुओं की गृहदेवी होती थी। रेगिस्तान के बद्दू, जैसाकि उनके हालात में एकदम स्वाभाविक है, समय को महान विनाशक मानते थे, और यह विचार अरबों के साहित्य में भरा पड़ा है। अरब समझते थे कि इनसान चाहे जितनी कोशिश करे, वक़्त ही उसका मुक़द्दर तय करेगा। धन-धान्य की देवी मनात का महत्त्व इसी कारण था। मनात की कोई ख़ास शक्ल नहीं थी। कभी-कभी बड़े-बड़े अनगढ़ पत्थर गाड़कर पूजे जाते थे जिसे कुछ विद्वान किसी पिछले ज़माने की चट्टानों के ढाँचे मानते हैं। अलफ्रेड ग्विलोम कहते हैं: 'अरबों की आदिम उपासना उस देवता या आत्मा को समर्पित होती थी जिसे पत्थर के टुकड़ों, चट्टानों, पेड़ों या कुओं का वासी माना जाता था। ये पत्थर वेदियों के काम करते थे और बलि के जीवों का ख़ून उन पर पोता या टपकाया जाता था जबकि क़बीले के लोग पत्थर के चारों ओर नृत्य करते थे। हेरोदोतस ने बहुत विश्वासोत्पादक ढंग से कहा है कि ख़ून का भाईचारा इसी प्रकार से स्थापित हुआ। उपासक ख़ून चाटते या उसमें अपने हाथ डुबो लेते थे, और इस तरह का दोतरफ़ा सम्बन्ध उन्हें एक-दूसरे से जोड़ता था और उस देवी या देवता से भी जिसका वह पत्थर होता था। ईसाई लेखक नाइलस अल-उज़्ज़ा के आगे दी गई ऐसे ही एक क़ुर्बानी का ख़ासा भरपूर विवरण देता है। हालाँकि **क़ुरआन** में इनसान की क़ुर्बानी का कोई संकेत नहीं मिलता, पर अभी-अभी उद्धृत लेखक के वक्तव्य से और प्राचीन अरब स्रोतों से भी स्पष्ट है कि दुमा और हिरा में इन देवी-देवताओं के आगे इंसान की क़ुर्बानी दी जाती थी।'[35] लेकिन अगर इंसान की क़ुर्बानी दी भी जाती रही होगी, जैसाकि यहाँ ग्विलोम कहते हैं, नियम नहीं, अपवाद रही होगी। कारण कि दूसरे

स्रोत और ख़ासकर मुस्लिम विद्वानों और इतिहासकारों के आरम्भिक वृत्तान्त इसका ज़िक्र नहीं करते। वैसे भी एक ऐसे समाज में जो कृषि पर आधारित हो ही नहीं, लम्बे-चौड़े कर्मकांड और मानव-बलि असम्भाव्य दिखाई देते हैं। किसी और कारण से अधिक रेगिस्तानी हालात के चलते अरब बड़े यथार्थवादी और सीधे-सादे लोग थे। इसके अलावा ऐसे किसी पुरोहित वर्ग को पालने के लिए बेपनाह ज़ायद (सरप्लस) की आवश्यकता होती है जो कोई उत्पादक श्रम नहीं करता बल्कि लम्बे-चौड़े कर्मकांडों के विकास और निष्पादन में लगा रहता है।

तो एक बार फिर यही कारण है कि यूनानी, मिस्री या हिन्दुस्तानी समाजों के विपरीत आरम्भिक अरब समाज रंगारंग कल्पनाओं से या पौराणिकता से एक सिरे से वंचित था। **क़ुरआन** के मिथक भी देसी अरब मिथक नहीं बल्कि उपजाऊ उत्तरी क्षेत्रों में जन्म लेनेवाले यहूदी और ईसाई धर्मों से व्युत्पन्न हैं। **न्यू लैरोस इनसाइक्लोपेडिया ऑफ़ माइथोलोजी** में न तो अरब और न इस्लामी मिथकों पर अलग से कोई अंश है। उसे 'प्राचीन फ़ारस की पौराणिकता' वाले भाग में समेट लिया गया है। यह उपभाग भी एक पृष्ठ से अधिक का नहीं है और इसका अधिकांश अंश मुफ़र्रस (फ़ारसीकृत) इस्लाम पर है। इस विश्वकोश में कहा गया हैः 'शायद ही कोई ऐसा धर्म हो जो पौराणिकाता के विकास के लिए इस्लाम से कम अनुकूल हो। विधान के बारे में उसकी शुष्क और औपचारिक धारणा, कम-से-कम सिद्धान्त के स्तर पर, व्यक्तिगत फ़न्तासी ही नहीं बल्कि लोक-कल्पना की उड़ानों की भी सम्भावना नहीं रहने देती।'[36] इस विश्वकोश के अनुसार अरब 'एक प्रकृतिवादी और जीववादी धर्म को मानते तथा पत्थरों व पेड़ों की पूजा करते थे। उनकी कायनात कल्याणकारी और हानिकारक दानवों से, जिन्नों से, ताक़तवर ख़बीसों से और इफ़रीत से भरी पड़ी थी जो इंसान को नुक़सान पहुँचाने के लिए मज़े ले-लेकर भाँति-भाँति के रूप भरते थे। इस पन्थ ने ऐसे बुतों को जन्म दिया जो अमूमन पत्थर के टुकड़ों से अधिक कुछ भी नहीं होते थे, जैसेकि देवी मनात के बुत थे।' **क़ुरआन** में भी जिन्नों की बात एक भिन्न श्रेणी के प्राणियों के रूप में की गई है जो इंसान के मन में गन्दी बातें भरते हैं। मिसाल के लिए **क़ुरआन** में कहा गया हैः 'तो कह, मैं पनाह में आया लोगों के रब की, लोगों के बादशाह की, लोगों के माबूद की, बदी से उसकी जो फुसलाए और छुप जाए, वो जो ख़याल डालता है लोगों के दिल में, जिन्नों की और आदमियों की।'[37]

क़ुरआन में आद और समूद जनगणों की कथा बार-बार आती है जो अरब मूल की है। आद की कथा का सम्बन्ध उपजाऊ दक्षिण से है। कहा जाता है कि क़बीला आद **बाइबिल** के पैग़म्बर नूह का वंशज था जो कहते हैं कि ज़बानों के गड्डमड्ड हो जाने के बाद सूबा हज़्रामवत में अल-अहक़ाफ़ में बस गए थे जहाँ उनका वंश बहुत फला-फूला। उनका पहला बादशाह शद्दाद था जिसका ज़िक्र **क़ुरआन** में आता है। वह आद का बेटा था और कहानी के अनुसार उसने एक सुन्दर नगर बसाया था। इस नगर में उसने एक शानदार महल बनवाया था जिसके चारों ओर ख़ूबसूरत बाग़ थे। महल

और बाग़ों की सजावट में उसने न पैसे की परवा की, न मज़दूरों की। **क़ुरआन** की कथा के अनुसार वह अपने घमंड में अपने को अनश्वर मानता था। बेशक उसे सज़ा मिली और उसका शहर तबाह कर दिया गया। **क़ुरआन** में कहा गया है: 'तूने नहीं देखा कैसा किया तेरे रब ने आद के साथ, वे जो इरम में थे, बड़े-बड़े खम्भोंवाले इरम में, कि नहीं बने ऐसे सारे शहरों में !'[38] यह कथा साफ़तौर पर दक्षिण के एक समृद्ध काल का संकेत देती है जहाँ एक समृद्ध खेतिहर आधार था।

समूद अरब की दन्तकथाओं के एक और जनगण थे जिनका ज़िक्र **क़ुरआन** में आया है। कहते हैं कि ये लोग उत्तरी अरब में हिजाज़ और सीरिया के बीच रहते थे। लगता है वे चट्टानों से काटे गए बसेरों में रहते थे। नबातियन शिलालेखों से संकेत मिलता है कि चट्टानों से काटे गए ये बसेरे सम्भवतः मक़बरा-स्मारक थे जिनको ग़लती से उनका निवासस्थान मान लिया गया है। **क़ुरआन** के अनुसार, उन्होंने भी आद की तरह गुनाह किए, अपने पैग़म्बर सालिह की अवज्ञा की और फलस्वरूप एक ज़लज़ले में मारे गए। **क़ुरआन** में कहा गया है: 'उसके बाद आया एक ज़लज़ला, एक गरज के साथ, और सुबह के वक़्त वे सभी अपने-अपने घरों में, अपनी छातियों के बल गिरे हुए, मरे पड़े थे।'[39] यह भी मुमकिन है कि ये चट्टानी बसेरे पत्थरों के ढाँचे (पत्थरों के बड़े मक़बरे) हों जो आज भी देखे जा सकते हैं। इस्लाम में पौराणिकता का अभाव संकेत देता है कि मध्य अरब, जहाँ इस्लाम का जन्म हुआ, तब तक एक पर्याप्त ऊँचे और जटिल स्तर पर एक भौतिक सभ्यता का विकास नहीं हुआ था।

3

मक्का में इस्लाम का जन्म

पैग़म्बरे-इस्लाम मुहम्मद साहब ने अपने नए धर्म का प्रचार मक्का से शुरू किया। इसलिए जब उन्होंने धर्मप्रचार शुरू किया उस समय की मक्का की स्थिति को समझना आवश्यक है। जैसाकि कहा गया है, मक्का अन्तर्राष्ट्रीय व्यापार-मार्ग पर आधारित था और ख़ुद भी व्यापार का एक अहम केन्द्र था। निश्चित ही मक्का की समृद्धि का कारण दक्षिण से उत्तर अरब जानेवाले मसाला मार्ग पर उसकी स्थिति थी; यह सम्भवतः एक पड़ाव था जिसे भूमध्यसागर क्षेत्र, फ़ारस की खाड़ी, जद्दा होकर लालसागर और समुद्र पार अफ्रीका जानेवाले मार्गों के मिलनस्थल के रूप में वरीयता दी जाती थी।[1] मक्का उन सबसे अहम नगरीय केन्द्रों में था जहाँ पेचीदा व्यापारिक गतिविधियाँ चलाई जाती थीं। इन क्षेत्रों में रहनेवाले लोग मूलतः बद्दू नस्ल के थे। जैसाकि हम पिछले अध्याय में देख चुके हैं, जीविका की तीखी समस्या से दो-चार होने पर बद्दू या तो महज अरब में मक्का जैसे किसी विकासशील नगरीय केन्द्र में बस जाते थे या फिर उपजाऊ इलाक़ों की खोज में उत्तर की ओर बढ़ जाते थे। यह सिलसिला विभिन्न क्षेत्रों में इस्लामी साम्राज्यों के उदय के बाद भी लम्बे अरसे तक जारी रहा और, जैसाकि इब्न-ख़ल्दून कहते हैं, इन साम्राज्यों के उदय और अस्त का एक महत्त्वपूर्ण निर्धारक तत्त्व था। बद्दू नस्ल के ये लोग जब किसी नगरीय केन्द्र में बसते तो अपने साथ अपने पूर्वग्रह और अपनी क़बीलाई वफ़ादारी भी लेकर आते थे (इसी को इब्न-ख़ल्दून ने 'असबिया' कहा है) और यही सामूहिक वफ़ादारी एक सुगठित राजनीतिक समूह के निर्माण में उनका प्रमुख सहारा बन गया। इस सामूहिक भावना की बातें करते हुए इब्न-ख़ल्दून कहते हैं:

> एक बार सामूहिक भावना उन लोगों पर अपना अधिकार जमा लेती है तो उसकी प्रकृति ही ऐसी है कि वह उन लोगों पर अधिकार जमाए जिनकी सामूहिक भावना का पहले समूह से कोई सम्बन्ध नहीं है। अगर एक (सामूहिक भावना) दूसरे के बराबर होती है या उसकी (चुनौती को) झेलने में समर्थ है तो (परस्पर विरोधी लोग) एक-दूसरे के बराबर होते हैं। हर सामूहिक भावना अपने क्षेत्र और अपने लोगों पर अधिकार जमाकर रखती है जैसाकि दुनिया-भर के क़बीलों और कौमों के साथ है।[2]

ये विभिन्न सामूहिक भावनाएँ मक्का में अपनी भूमिकाएँ निभा रही थीं और इन्होंने विभिन्न संयोगों को जन्म दिया था, जैसे शूरता पुरस्कार को जिसे हिल्फ़ुल-फ़ुदूल कहते हैं। (इसका वर्णन इसी अध्याय में आगे किया गया है।) एक या दूसरे समूह द्वारा वर्चस्व के लिए लड़े जानेवाले संघर्ष समाज में तनाव पैदा करते रहे। जैसाकि हम देखेंगे, यह संघर्ष राजनीतिक वर्चस्व के लिए नहीं बल्कि व्यापार और वाणिज्य पर प्रभुत्व पाने के लिए लड़ा जाता था। इस्लाम के जन्म के समय मक्का तेज़ी से विकास करता हुआ सबसे अहम व्यापार केन्द्र बनता जा रहा था। साथ ही वह पश्चिमी अरब का बौद्धिक और सांस्कृतिक अगुवा भी बन चुका था। एच.ए.आर. गिब लिखते हैं: 'हिन्द महासागर से भूमध्य सागर तक के व्यापार पर लगभग इजारा क़ायम कर चुका यह व्यस्त और समृद्ध व्यापारिक नगर यूनानी चमक-दमक से रहित पामइरा की याद दिलाता है। अपने तौर-तरीक़ों और अपनी संस्थाओं में एक ख़ास देसी अरब सादगी बनाए रखकर भी उसके नागरिक अरब क़बीलाइयों और रोमन अधिकारियों के साथ अपने व्यापारिक और कूटनीतिक संसर्ग के दौरान मनुष्यों और नगरों का व्यापक ज्ञान प्राप्त कर चुके थे।'[3] नई व्यापारिक जीवन-पद्धति के दबाव के तहत बद्दू क़बीलाई ढाँचा टूट रहा था और क़बीलाई बाधाओं को पार करता हुआ एक नया सम्बन्ध विकसित हो रहा था। इस संवृत्ति की एक समझ उस आन्दोलन के महत्त्व को जानने के लिए अनिवार्य है जो इस्लाम की शक्ल में पैदा हुआ।

उस समय मक्का पर क़ुरैश नामक क़बीले का प्रभुत्व था। यह विभिन्न वंशों का समूह था, जैसाकि कोई क़बीला आमतौर पर होता था। परम्परागत कथा के अनुसार अब्द मनफ़ क़ुसैय के बेटों में एक थे (जो क़ुरैश क़बीले के थे) और अब्द मनफ़ के चार बेटों ने उन क्षेत्रों को आपस में बाँट रखा था, जहाँ व्यापार का विकास हो सकता था। उनमें एक फ़ारस गया, दूसरा इथियोपिया, तीसरा यमन और चौथा बैजन्तीनी सीरिया गया। क़ुरैश क़बीले ने मक्का के विकास के लिए सब कुछ किया और आगे चलकर सबसे महत्त्वपूर्ण क़बीला बन बैठा, यहाँ तक कि पैग़म्बर की मृत्यु के बाद शासन करना इसी क़बीले का विशेषाधिकार माना गया; इसके लिए यह परम्परा शुरू की गई कि ख़लीफ़ा सिर्फ़ क़ुरैश का ही कोई व्यक्ति होगा, हालाँकि यह बात क़बीलाई सम्बद्धताओं को परे रखकर सभी मुसलमानों को समान अधिकार देने की धारणा के ख़िलाफ़ थी। जैसाकि आगे चलकर एक अध्याय में हम देखेंगे, ख़ारिजी आन्दोलन अन्य बातों के अलावा बद्दुओं के समतावादी आदर्शों से प्रेरित था। यह आन्दोलन आमतौर पर शहरवालों और ख़ासतौर पर क़ुरैश के शक्ति सम्बन्धी एकाधिकार के ख़िलाफ़ एक विद्रोह था। इस तरह लगभग छठी सदी तक क़ुरैश क़बीला कामयाबी के साथ अपना व्यापारिक वर्चस्व स्थापित कर चुका था। उसके कारवाँ दूर-दूर, अन्तर्राष्ट्रीय व्यापार के प्रमुख केन्द्रों तक जाते थे।

मक्का के महत्त्वपूर्ण व्यापारी बेहद अमीर बन चुके थे, और सौदागरी अर्थव्यवस्था की ऊँचाइयों पर उनका नियन्त्रण था। मक्का नगर अन्तर्राष्ट्रीय व्यापार का एक

महत्त्वपूर्ण केन्द्र बन चुका था। विभिन्न देशों के सौदागर नए उद्यम शुरू करने के लिए मक्का में जमा होते थे। वहाँ दस्तकारों का एक बड़ा समूह भी जमा हो चुका था जो जीविका के लिए मक्का के धनी व्यापारियों पर निर्भर हो चुके थे। जहीज़ के अनुसार, उन दिनों मक्का में अनेक प्रकार की दस्तकारियाँ प्रचलित थीं। इनमें बढ़ई, लुहार, तलवार बनानेवाले, कलाल (शराब के व्यापारी), तेल के सौदागर, खाल और चमड़े के सौदागर, दर्ज़ी, बुनकर, तीरसाज़, क़लम-दवात आदि के व्यापारी और सूदख़ोर शामिल थे।[4] वास्तव में वाणिज्य का इतना अधिक वर्चस्व था कि निर्यात से प्राप्त मुनाफे दूसरे स्रोतों से प्राप्त आय से बहुत अधिक होते थे, और लगातार बढ़ता समुदाय अपनी रोटी के लिए उसी पर निर्भर था। (प्रसंगवश यह रोटी पूर्वोत्तर में स्थित यमाम से आनेवाले अनाज से बनाई जाती थी।) जो भी व्यक्ति मक्का को अपनी दया पर निर्भर बनाना चाहता—उसके लिए सिर्फ़ उसके कारवानों को रोक लेना काफ़ी होता था। (पैग़म्बर मुहम्मद ने मक्का के व्यापार को ठप करने के लिए आगे चलकर यही किया।)[5] यही कारण है कि **क़ुरआन** में हम ऐसी उपमाएँ और रूपक देखते हैं जो व्यापारिक भाषा से व्युत्पन्न हैं। **क़ुरआन** में बार-बार कहा गया है : 'अल्लाह खातादारी में माहिर है।' या फिर, 'ईमानवालों का कारोबार अच्छा चल रहा है और ईमान न लानेवालों को नुक़सान हो रहा है। जो लोग ग़लतियों को रहनुमा बनाते हैं, घाटे का सौदा करते हैं।' इमाम हंबल की रचना **मसनद** में कहा गया है कि पैग़म्बर जब मदीना में राजसत्ता के प्रमुख थे। तब भी वे थोक में माल ख़रीदकर और उसे फुटकर बेचकर मुनाफ़ा कमाने के ख़िलाफ़ नहीं थे।[6] मांटगुमरी वाट भी कहते हैं: 'मक्का मात्र एक व्यापार-केन्द्र से अधिक, एक वित्तीय केन्द्र भी था...लेकिन यह बात स्पष्ट है कि मक्का में ख़ासे पेचीदा वित्तीय कामकाज किए जाते थे। पैग़म्बर मुहम्मद के वक़्त में मक्का के सभी गण्यमान्य व्यक्ति वित्तपति थे—लेनदेन के कामों में माहिर, अपनी सट्टेबाज़ियों में होशियार तथा अदन से ग़ाज़ा या दमिश्क़ तक लाभदायक निवेश की सम्भावनाओं में दिलचस्पी रखनेवाले। उन्होंने जो वित्तीय जाल बुन रखा था उसमें न सिर्फ़ मक्का के सारे बाशिन्दे बल्कि आसपास के (क्षेत्रों के) सभी प्रमुख व्यक्ति भी गिरफ़्तार थे। **क़ुरआन** रेगिस्तान के माहौल में नहीं बल्कि भारी वित्तीय कामकाज के माहौल में नाज़िल हुआ।'[7]

मक्का की स्थितियों को समझने के लिए यह जानना भी ज़रूरी है कि व्यापार और ख़ासकर अधिक मुनाफ़ाबख़्श क़िस्मों के व्यापार का प्रसार मुख्यतः ईस्वी 610 से पहले की दहाइयों में हुआ। इस तरह पैग़म्बर मुहम्मद के समकालीन पशुपालन पर कम-से-कम आर्थिक निर्भरतावाले दौर से एक पीढ़ी से अधिक दूर नहीं रहे होंगे। अब्रहा के साथ समझौते के लिए पैग़म्बर मुहम्मद के दादा की रखी हुई शर्तों से हमें पता है कि उनके पास ऊँटों का बहुत बड़ा रेवड़ था। यह बात भी लगभग तय है कि पैग़म्बर मुहम्मद के वक़्त तक मक्का के बहुत से बाशिन्दे मुख्यतः व्यापारिक कामकाज से रोज़ी कमाने लगे थे। इस तरह एक या दो ही पीढ़ी के दौरान बद्दू पशुपालन की जगह व्यापार पर निर्भरता पैदा हो गई। जैसाकि हम देखेंगे बुनियादी आर्थिक ढाँचे का यह रूपान्तरण

मक्का के समाज में काफ़ी उथल-पुथल पैदा करने लगा था क्योंकि नई सामाजिक-आर्थिक संरचनाएँ जन्म ले रही थीं। सम्पत्ति के नए सम्बन्ध विकसित हुए। बदुदुओं के घुमक्कड़ समाज में सामूहिक स्वामित्व का बोलबाला था, लेकिन एक व्यापारिक समाज के उदय के चलते मक्का में वैयक्तिक स्वामित्व ने सामूहिक स्वामित्व को विस्थापित कर दिया था हालाँकि कानून का एक संगत ऊपरी ढाँचा मौजूद न था। जैसाकि हम देखेंगे, इस्लाम ने इसी अहम ज़रूरत को पूरा किया। इसीलिए डी.एस. मार्गोलियोथ ने कहा है कि 'मक्का में निजी सम्पत्ति नामक संस्था लगता है जन्म ले चुकी थी, बल्कि काफ़ी विकसित हो चुकी थी, बावजूद इसके कि वह रक्त-सम्बन्ध के सिद्धान्त से साफ़तौर पर टकराती थी। इसीलिए मक्का के परिवारों के मुखियों के लिए कहा गया है कि उन्होंने विदेशी व्यापार के लिए गोया एक ज्वाइंट स्टॉक कम्पनी बना रखी थी और उसका मुनाफ़ा हर अवसर पर निवेशकों के बीच मुनासिब अनुपात में बँट जाता था जो उसे बढ़ाते या उसकी ज़ख़ीराबाज़ी करते थे या नए सट्टों में लगा देते थे।'[8] तबरी भी मक्का में निजी सम्पत्ति के वजूद की गवाही देते हैं। उन्होंने (पैग़म्बर के दादा) अब्दुल मुत्तलिब और उनके चचा नौफ़ाल के बीच सम्पत्ति सम्बन्धी एक विवाद की बात दर्ज की है; इसमें एक कुआँ भी शामिल था।[9] कुसैय जब मक्का पर अपनी पकड़ को मज़बूत बना रहे थे तब वहाँ सम्पत्ति के जो सौदे हुए, तबरी ने उनके ब्यौरे भी दिए हैं।[10]

अब हम मक्का के समाज का एक और पहलू देखेंगे। यहाँ हालाँकि बहुत ही पेचीदा व्यापारिक कार्यकलाप जारी थे पर फिर भी न कोई संगठित राजसत्ता थी, न नौकरशाही और न कोई स्थायी सेना थी। चूँकि मक्का में कृषि सम्भव न थी, सामन्तवाद का या राजतन्त्र जैसी संस्था का विकास नहीं हो सका। वास्तव में मक्का में या घुमक्कड़ लोगों के बीच बोली जा रही अरबी भाषा में राजा के लिए कोई शब्द भी नहीं था। शब्द मलिक (राजा) का व्यवहार विदेशी शासकों के लिए किया जाता था। मुस्लिम इतिहासकार इब्न-खुर्दादबेह ने 'दुनिया के हुक्मरानों के लक़ब' के बारे में लिखते हुए फ़ारस, रोम, तुर्की, तिब्बत, चीन, हिन्दुस्तान, अबीसीनिया आदि समेत दुनिया के विभिन्न शासकों की उपाधियाँ गिनवाई हैं। लेकिन इनमें अरब का ज़िक्र नहीं है क्योंकि यहाँ कोई शासक था भी नहीं।[11] निश्चित ही हम इसमें दक्षिण अरब या बैजन्तीन और फ़ारस की सीमाओं पर स्थित उत्तरी तटस्थ राज्यों को शामिल नहीं करते। मक्का में शासन का एकमात्र माध्यम मलाअ (सेनेट) था। यह सेनेट मुख्यतः विभिन्न वंशों के प्रतिनिधियों पर आधारित थी। एक और अहम बात यह है कि यह परिषद सिर्फ़ विचार-विमर्श की जगह थी और इसकी कोई कार्यपालिका नहीं थी। इसके अलावा हर सदस्य वंश सिद्धान्त रूप में स्वतन्त्र था और इसलिए उसके किसी फ़ैसले से बँधा हुआ नहीं था। एकमत के फ़ैसले ही एकमात्र कारगर फ़ैसले होते थे। राज्य के राजनीतिक या प्रशासनिक कार्यों के लिए कोई कर लगाया या वसूला नहीं जाता था। लेकिन कहा जाता है कि काबा की देखभाल और तीर्थयात्रियों के खानपान के लिए कभी-कभी चन्दे वसूले जाते थे। पैग़म्बर के अहम कारनामों में एक कारनामा यह भी है कि उन्होंने एक राजसत्ता का विकास किया जो

उनके जीवनकाल में निश्चित ही एक आदिम अवस्था में बनी रही। यह बात भी अहम है कि, जैसाकि हमें **क़ुरआन** से पता है, मक्कावाले दौर में ज़कात की धारणा सरकारी वसूलीवाली नहीं थी (क्योंकि तब तक कोई राजसत्ता अस्तित्व में नहीं आई थी), बल्कि यह एक शुद्धता पाने के लिए दिया जानेवाला दान होती थी।

जैसाकि कहा गया है, मक्का जैसे प्रमुखतः व्यापारिक नगर तक में, अंशतः ही सही, अरब कुछ क़बीलाई संस्थाओं के प्रभाव में थे। व्यापारिक अल्पतन्त्र अधिक से अधिक मलाअ जैसी संस्थाओं को बर्दाश्त करता था। वह राजतन्त्र जैसी संस्था के एकदम ख़िलाफ़ था, जैसाकि कोई भी व्यापारिक समाज होता। मक्का के अरब सौदागर एक शक्तिशाली व्यक्ति के शासन के किस क़दर ख़िलाफ़ थे, इसका पता एक और मिसाल से चलता है। उस्मान बिन हुवारिस की यह कथा, जो लैमेंस ने बयान की है, ख़ासी दिलचस्प है। सौदागर उस्मान की यह महत्त्वाकांक्षा थी कि वह किसी विदेशी शक्ति, इस मुआमले में बैजन्तीन, की मदद से प्रमुखता की स्थिति प्राप्त करे। उसने ईसाइयत अपना ली और उसे कुछ समर्थन भी मिला। यह सम्भवतः दक्षिण में फ़ारसवालों की विजय पर बैजन्तीनी प्रतिक्रिया का एक अंग था। लेकिन मक्का के अमीर सौदागर जल्द ही शंकाओं से भर उठे। लगता है जिस खुली कार्रवाई ने उस्मान की योजना मिट्टी में मिला दी वह यह थी कि उसी के अपने वंश असद अल-असवद बिन अल-मुत्तलिब के एक व्यक्ति ने उसे राजत्व पाने का आकांक्षी बताकर उसकी निन्दा की। उस्मान आख़िरकार अपने मकसद में नाकाम रहा।

यह बात भी अहम है कि बैजन्ताइन में भारी माँगवाली वस्तुओं की आपूर्ति करनेवालों के रूप में अरब अपनी मज़बूत स्थिति के प्रति पूरी तरह सजग थे। ऊँचे दर्जे की राजनीति के इसी माहौल में पलकर पैग़म्बर मुहम्मद बड़े हुए और अपने दुश्मनों को उन्हीं के खेल में नीचा दिखाने के लिए उन्होंने बड़ी सावधानी से अपनी चालें चलीं। पैग़म्बर मुहम्मद की राजनीतिक तीक्ष्णबुद्धि ने वहाँ उन्हें विजय दिलाई जहाँ उनके मामूली दुश्मन नाकाम रहे। यह भी उन अनेक कारणों में एक था कि आमतौर पर धर्म के प्रति उदासीन रहनेवाले मक्का के व्यापारी पैग़म्बर मुहम्मद के जानी दुश्मन बन बैठे।

जैसाकि हमने पिछले अध्याय में देखा है, मक्का में और उसके आसपास पूजे जानेवाले बुत मक्का के समाज के अभिन्न अंग न थे क्योंकि वे अभी हाल में सीरिया के खेतिहर समाज से लाए गए थे। इससे हम समझ सकते हैं कि एक खेतिहर सभ्यता के प्रजनन सम्बन्धी पन्थों में जड़ें न होने के कारण मक्का के सौदागर पूँजीपतियों का इन देवी-देवताओं से कोई ख़ास लगाव न था। वे औपचारिक रूप से उनकी पूजा तो करते थे पर कभी किसी गहरे आध्यात्मिक अनुभव की बात नहीं मानते थे। जैसाकि हम देख चुके हैं, बद्दू अरब भी इन बुतपरस्त पन्थों के प्रति कुछ ख़ास समर्पित न थे क्योंकि उनका जज़्बाती लगाव क़बीलाई मानववाद से था। तो फिर जब पैग़म्बर मुहम्मद ने अपने नए धर्म का प्रचार शुरू किया तो उनका इतना भारी विरोध क्यों हुआ ? अपनी पुस्तक **अल-फ़ित्नतुल-कुबरा** (महाविप्लव) में यशस्वी मिस्री विद्वान डॉ. ताहा हुसैन ने

इस पहलू पर रौशनी डालते हुए कहा है: 'मैं भरोसे के साथ कह सकता हूँ कि अगर सामाजिक और आर्थिक व्यवस्था पर हमला किए बिना, कमज़ोर और ताक़तवर, अमीर और ग़रीब, गुलाम और आक़ा के फ़र्क को ज्यों का त्यों छोड़कर अगर उन्होंने (पैग़म्बर ने) सिर्फ़ अल्लाह की वहदत (एकत्व) का प्रचार किया होता, अगर उन्होंने सूदख़ोरी पर पाबन्दी नहीं लगाई होती (यह बात थोड़ी सन्दिग्ध है क्योंकि कुछ विद्वानों के अनुसार पैग़म्बर ने हिजरत करके मदीना जाने के बाद सूदख़ोरी पर पाबन्दी लगाई) और अगर उन्होंने अमीरों का इसके लिए आह्वान न किया होता कि वे अपनी दौलत का एक हिस्सा ज़रूरतमन्दों और कमज़ोरों को दें तो क़ुरैश क़बीले के एक विशाल बहुमत ने उनके मज़हब को क़ुबूल किया होता क्योंकि ज़्यादातर क़ुरैश दिल से अपने बुतों को नहीं मानते थे और उनसे कोई जज्बाती लगाव नहीं रखते थे। वे उनको लेकर सन्दिग्ध थे और मज़े के लिए उनकी इबादत करते थे। वास्तव में अरब जनता पर अपनी पकड़ बनाए रखने और उसका शोषण करने के लिए वे इन बुतों का इस्तेमाल करते थे।'[12] प्रख्यात इस्लामविद एच.ए.आर. गिब भी इस मूल्यांकन से सहमत हैं। कहते हैं: 'लगता है मक्कावालों का विरोध उनके रूढ़िवाद के कारण, बल्कि उनके धार्मिक अविश्वास के कारण भी उतना नहीं था (हालाँकि वे पैग़म्बर मुहम्मद के पुनरुत्थान के सिद्धान्त का मज़ाक़ उड़ाते थे) जितना राजनीतिक और आर्थिक कारणों से था। वे डरते थे उन प्रभावों से जो उनकी आर्थिक समृद्धि पर पैग़म्बर के प्रचार से पड़ सकते थे, और ख़ासकर इससे कि पैग़ंबर का शुद्ध एकेश्वरवाद उनके मन्दिरों की आर्थिक परिसम्पत्तियों को हानि पहुँचाएगा। इसके अलावा उन्होंने खुद पैग़म्बर मुहम्मद से भी कम वक़्त में यह महसूस किया कि उनकी शिक्षा को स्वीकार करने से उनके अल्पतन्त्र वाले समुदाय में एक नई और शक्तिशाली प्रकार की राजनीतिक सत्ता पैदा हो जाएगी।'[13]

जैसाकि हम अरब का शासक बनने के बारे में उस्मान की कोशिश की मिसाल में देख चुके हैं, कोई भी व्यापारिक समाज आमतौर पर किसी व्यक्ति की प्रधानता की बात और उसे असीमित अधिकार प्राप्त करने की छूट देने की बात स्वीकार नहीं करना चाहता। अगर मक्का के ताकतवर सौदागरों ने पैग़म्बर मुहम्मद को स्वीकार किया होता तो उन्हें पैग़म्बर को निरपेक्ष शक्ति की स्थिति प्रदान करनी पड़ती। उनकी पैग़म्बरी को क़ुबूल करने के बाद वे उनके निर्देशों को मानने से भला कैसे इनकार कर पाते? शक्ति का समतामूलक वितरण सम्भव बनाने के लिए सौदागरों के पास मलाअ सबसे अच्छा सम्भावित संगठन था। मक्का के अल्पतन्त्रवादी किसी भी तरह मुहम्मद को ऐसी स्थिति देने पर राज़ी नहीं होते। तबरी[14] कहते हैं कि एक बार जब नया मज़हब अपनानेवालों का दमन अपनी ऊँचाई पर था, पैग़म्बर ने अल-लात और अल-उज़्ज़ा को अल्लाह के नायब स्वीकार करके मक्का के सरदारों के साथ समझौता करने की बात सोची थी। लेकिन शायद दोबारा ग़ौर करने के बाद उन्हें लगा कि ऐसा कोई समझौता उनके नए मज़हब की जड़ों पर ही चोट करेगा और उन्हें अपनी बात फैलाने की इजाज़त नहीं देगा। इसलिए वे पीछे हट गए। क़ुरआन में भी इस वाक़िये का हवाला दिया गया है। अल्लाह

की वही (रेवेलेशन) थी :

भला तुमने देखा लात और उज़्ज़ा को
और मनात, तीसरी, पिछली को? (क़ुरआन, सूरा 53, आयत 19-20)

और इसमें पैग़म्बर मुहम्मद ने यह बात जोड़ने की सोची थी :

हैं वे यक़ीनन नेक परिन्दे,
और तवरस्तु (मध्यस्थता) उनकी है दरकार।

बाद में कहा गया कि यह दूसरीवाली आयत शैतान की भेजी हुई थी जो इस नए दीन को नष्ट करना चाहता था। लेकिन इस घटना के पीछे जो भी दूसरे कारण रहे हों, इससे साफ़ पता चलता है कि पैग़म्बर मुहम्मद अपने लोगों की एकता को अहमियत देते थे और उन्होंने उनके देवी-देवताओं को भी मानने की बात सोची थी, बशर्ते उनका यह मक़सद पूरा हो सकता। वे अरबों को एकजुट करना चाहते थे ताकि वे दुनिया के दूसरे जनगणों, अर्थात् रोमियों और फ़ारसवालों, के मुक़ाबले खड़े हो सकें। मक्का के बड़े सौदागरों की नीति थी कि इन दोनों साम्राज्यों से बचकर जितनी शान्ति के साथ हो सके, अपना कारोबार चलाते रहें। लेकिन अन्तर्राष्ट्रीय स्थिति के कारण और रोमी व फ़ारसी साम्राज्यों की आए दिन की जंगों के कारण उनके लिए यह नाजुक सन्तुलन बनाए रखना मुश्किल होता जा रहा था। एक ऐसी अरब शक्ति का उदय वक़्त की माँग था जो अपने पाँवों पर खड़ी रह सके और मक्का के बड़े सौदागरों के व्यापारिक हितों को आगे बढ़ा सके।

फ़ारसवालों के ख़िलाफ़ ज़ू क़ार की लड़ाई में मिली अपनी पहली जीत को अरब कितना महत्त्व देते थे, इस सन्दर्भ में इसे जानना भी दिलचस्पी से ख़ाली नहीं है। वास्तव में यह कूफ़ा के पास स्थित एक जगह का नाम था। यह जगह वसीत[15] की दिशा में थी जहाँ अरबों के सबसे मशहूर अय्याम में एक घटित हुआ। अरब क़बीलों के बीच होनेवाले अधिकांश दूसरे टकरावों के विपरीत, इस टकराव का एक ऐतिहासिक महत्त्व था क्योंकि इसमें क़बीला बक्र बिन वईल भी शामिल था जिसमें अहम बात यह है कि नियमित फ़ारसी फ़ौजी भी शामिल थे। (यह क़बीला बनू हनीफ़ा को छोड़ अपने शेष सभी वंशों का गठजोड़ था।) भले ही यह लड़ाई एक झड़प से अधिक कुछ भी न रही हो (हालाँकि स्रोतों में कई हज़ार जंगबाज़ों की बात कही गई है), पर इससे अरबों को पता चला कि फ़ारसवाले अविजेय नहीं थे जैसाकि उनको माना जाता है। काइतानी के अनुसार यह कोई संयोग नहीं था कि अनेक बरसों के बाद अल-मुसन्ना बिन हारिस के नेतृत्व में इसी बक्र बिन वईल क़बीले ने इराक़ में पहली घुसपैठ की पहल की, उसे एक अरब गँठजोड़ का सामना होने पर फ़ारसवालों की कमज़ोरी का बख़ूबी पता चल

चुका था। टकराव का कारण ख़ुसरौ परवेज़ द्वारा आख़िरी लख़्मी अगुवा अल-नुमान बिन अल-मुंज़ीर की गिरफ़्तारी को कहा जा सकता है। इसके बाद की घटनाओं के क्रम की आसानी से पुनर्रचना की जा सकती है : प्रत्यक्ष शासन की एक व्यवस्था से लख़्मी राजतन्त्र को विस्थापित करके सासानियों ने निर्णय सम्बन्धी ग़लती की। बक्र बिन वईल क़बीला या तो अल-नुमान की गिरफ्तारी और फिर जल्द ही उसकी मौत से उत्तेजित हुआ या फिर सीमाओं के इस रक्षक के भय से एकाएक मुक्ति पाकर लूटपाट में लग गया जिसके बाद सासानियों ने उसे सज़ा देने का फ़ैसला किया। लेकिन उनकी फ़ौजें हार गईं और सवाद तक उनका पीछा किया गया, और अनेक परिस्थितियों के मेल के कारण प्रत्याशित प्रतिशोध से वे बचे रहे। उस लड़ाई को 604 और 611 ईस्वी के बीच भी माना जा सकता है। इस जीत की ख़बर पाकर पैग़म्बर मुहम्मद बेहद ख़ुश हुए। इस फ़ौजी कामयाबी को पैग़म्बर और अरबों ने जो भारी महत्त्व दिया उसकी पुष्टि एक हदीस से होती है। कहा जाता है कि पैग़म्बर ने ये शब्द कहे थेः 'यह पहला मौक़ा है जब अरबों ने फ़ारसवालों पर फ़तह पाई है और अल्लाह ने उसकी मदद मेरे ही ज़रिए की है।'[16]

इस घटना से और सासानियों के ख़िलाफ़ जंग में अरबों को मिली जीत पर पैग़म्बर की टिप्पणी से साफ़ पता चलता है कि, अन्तर्राष्ट्रीय व्यापार में अरबों की राजनीतिक स्थिति के प्रति सजग होने के कारण, वे चाहते थे कि अरब एक ऐसी एकजुट ताक़त बनकर उभरें जो अपने बल पर खड़ी हो सके और अपनी हिफ़ाज़त आप कर सके। पैग़म्बर अरबों के लिए एक सुरक्षा व्यवस्था तैयार करना चाहते थे ताकि वे अपना व्यापार जारी रख सकें। प्रोफ़ेसर मुहम्मद हबीब भी इस विचार से सहमत हैं :

> मौलाना शिबली, जो हमारे मुल्क में पैग़म्बर के सबसे बड़े जीवनी-लेखक हैं, पैग़ंबर को इस आधार पर एक मुख्यतः 'व्यावहारिक मनुष्य' नहीं मानते कि वे बुनियादी तौर पर एक आध्यात्मिक और नैतिक उपदेशक थे। यह बात सही है और पैग़म्बर का कोई भी जीवनचरित, चाहे वह कितना ही संक्षिप्त हो, उनकी धार्मिक शिक्षाओं को अनदेखा नहीं कर सकता। फिर भी, राजनीतिक संस्थाओं ने विकास के दृष्टिकोण से पैग़म्बर का ख़ास कारनामा बैजन्ताइन और फ़ारस के अधीन आनेवाले क्षेत्रों को छोड़ पूरे अरब के लिए एक **सुरक्षा व्यवस्था** की स्थापना करना था। यही बुनियाद थी जिस पर उनके उत्तराधिकारियों ने एक इमारत खड़ी की।[17] (ज़ोर हमारा)

इस तरह स्पष्ट है कि पैग़म्बर मुहम्मद इस परियोजना में पूरी तरह लगे हुए थे और ऐन मुमकिन है कि अपने आन्दोलन के आरम्भिक चरणों में उन्होंने इस एकता की स्थापना के लिए बुतपरस्त अरबों के साथ एक समझौते की बात सोची हो। लेकिन लगता है कि जैसे ही उनके मन में यह बात आई कि ऐसा कोई भी समझौता उनके

आन्दोलन की बुनियादी धारणा के ही ख़िलाफ़ होगा। उन्होंने इरादा बदल दिया और इस आयत को शैतान से मंसूद कर दिया। पैग़म्बर मुहम्मद अरबों में एकता क़ायम करने में कामयाब ज़रूर रहे पर उन्होंने यह काम, मक्का के अल्पतन्त्रवादियों से समझौता किए बग़ैर, अपनी ही शर्तों पर किया। इसके लिए उन्हें मक्का छोड़कर (उससे 300 मील उत्तर में स्थित मदीना जाना पड़ा और ऐसे कुछ क़दमों का सहारा लेना पड़ा जिनसे मक्का की अर्थव्यवस्था ठप हो जाए; साथ ही उन्होंने कुछ दूसरे कूटनीतिक क़दम भी उठाए और एक हथियारबन्द हमले की धमकी भी दी। इस पर मक्का ने समर्पण कर दिया।

अब हम अपनी बात पर वापस आते हैं। सभी उपलब्ध स्रोतों से यह बात स्पष्ट है कि मक्का में एक कार्यपालिका, न्यायपालिका या विधायिका और राजसत्ता के आम अंगों में कोई भी मौजूद नहीं था। (मलाअ एक विचार-विमर्श का माध्यम था पर वह न तो कानून बना और न उसे लागू कर सकता था।) एक नौकरशाही और एक स्थायी सेना का सवाल ही नहीं उठता था। चूँकि बेपनाह ख़तरों और वस्तुओं के यातायात की मुश्किलों के बावजूद अन्तर्राष्ट्रीय व्यापार चलाया जा रहा था, इसलिए यह बात मानी जा सकती है कि इस व्यापार से भारी फ़ायदा होता था। लेकिन राजस्व का कोई दस्तावेज़ उपलब्ध नहीं है क्योंकि एक राजसत्ता के अभाव में करों की कोई व्यवस्था नहीं थी; इस व्यापार से प्राप्त आय के बावजूद मक्का के समाज ने एक राजसत्ता के अंगों का और एक दमनतन्त्र का विकास नहीं किया था। लेकिन इसका मतलब यह नहीं है कि समाज इसका (अर्थात् राज्य नामक संस्था का) इच्छुक नहीं था। वह इसका बहुत अधिक इच्छुक था और शक्तिशाली क़बीलाई संस्थाओं के बावजूद उधर उन्मुख एक प्रवृत्ति जन्म ले चुकी थी। लेकिन उस समाज को अपने अग्रमुखी अभियान के लिए जो कुछ चाहिए था वह उसे देने के लिए पैग़म्बर मुहम्मद जैसी प्रतिभावाले एक यशस्वी विचारक, संगठनकर्त्ता और कर्मपुरुष की आवश्यकता थी। समाज में जो नई शक्तियाँ जन्म ले रही थीं उन्हें आगे की दिशा में धकेलने के लिए उन्हें संस्थागत रूप देना आवश्यक था। क़बीलों के अन्दर और उनके बीच एकता, भर्ती पर आधारित एक नियमित सेना तथा समाज को दिशा देनेवाली एक राजसत्ता के बिना एक अपेक्षाकृत पिछड़े और आदिम क्षेत्र से उभर रहे अरब और भी उत्तर की तरफ़ भला लम्बे-चौड़े इलाक़े कैसे जीत पाते और कैसे वे दुनिया के दो सबसे ताक़तवर साम्राज्यों को झकझोर पाते?

इस तरह इतिहास में मनुष्य की भूमिका को कम करके नहीं पेश किया जा सकता हालाँकि मनुष्य विशेष ऐतिहासिक परिस्थितियों में तथा कुछ विशेष भौतिक और आध्यात्मिक शक्तियों के संयोग के बाद ही अपनी भूमिका निभाता है; वह उन्हीं से मार्गदर्शित और प्रेरित होता है। किसी खंडन के डर के बिना यह कहा जा सकता है कि उस समय मौजूद अरब समाज में समाज की बुरी तरह महसूस की जा रही ज़रूरत को पूरा करके पैग़म्बर मुहम्मद ने एक बहुत निर्णायक भूमिका निभाई। अपनी पुस्तक

मुहम्मद में मांटगुमरी वाट कहते हैं: 'भौतिक वातावरण के परिवर्तनों से समाज व्यवस्था के तालमेल बिठाने में विचारों और ख़ासकर धार्मिक विचारों की एक अहम भूमिका होती है। जैसाकि कहा गया है, भौतिक परिवर्तन का तात्कालिक परिणाम सामाजिक असामंजस्य होता है, और इससे समाज के सदस्यों में विरोध और असन्तोष पनपता है। लेकिन ये चीज़ें नकारात्मक होती हैं, इस अर्थ में कि ये किसी वस्तु से दूर हो जाती हैं। वे तब तक कारगर आन्दोलन नहीं बनतीं जब तक उनका एक सकारात्मक लक्ष्य न हो, और समाज के अनेक सदस्य सचेतन रूप से इस लक्ष्य को स्वीकार करें इसके लिए उसे विचारों में व्यक्त करना होता है।'[18] इस्लाम के किसी छात्र को इसमें कोई सन्देह नहीं कि पैग़म्बर मुहम्मद ने इन विचारों को धार्मिक और आध्यात्मिक माध्यमों से बहुत ज़ोरदार व कारगर ढंग से व्यक्त किया।

इस्लाम के जन्म को समझने के लिए हमें मक्का के समाज की बुनियादी समस्याओं को समझने का प्रयास करना चाहिए। एक राजसत्ता के अभाव में समाज में क़ानून-व्यवस्था लागू करने का एकमात्र ढंग यह था कि मलाअ के एकमत फ़ैसलों को लागू करने के लिए क़बीलों के आपसी सहयोग पर भरोसा किया जाए। लेकिन मजबूरी यह थी कि एक पशुपालक से व्यापारिक अर्थव्यवस्था में रूपान्तरण के कारण यही क़बीलाई व्यवस्था बिखर रही थी। व्यापारिक कार्यकलाप क़बीलाई सीमाओं का अतिक्रमण करते थे और क़बीलों के बीच निगम बन चुके थे। इन व्यापारिक उद्यमों से प्राप्त मुनाफ़े क़बीलों के बीच नहीं बल्कि उन व्यक्तियों के बीच बाँटे जाते थे जो तमाम ज़रूरी जोखिम उठाकर और मुनाफ़े की इच्छा से ये उद्यम चलाते थे। इस तरह कुछेक व्यक्ति अमीर बन रहे थे जबकि उसी क़बीले के दूसरे लोग आर्थिक कठिनाइयों का, बल्कि बदहाली तक का अनुभव कर रहे थे। ये व्यक्ति अपने क़बीलों के दूसरे सदस्यों के साथ अपनी दौलत बाँटने को तैयार न थे जो क़बीलाई नैतिकता का तक़ाज़ा था। इससे क़बीले के कमज़ोर तबक़ों में भारी असन्तोष पैदा हुआ और उन क़बीलों में भी जो या तो इन लाभदायी उद्यमों के दायरे से बाहर रह गए थे या अधिक से अधिक उनकी परिधि पर खड़े थे। इस तरह एक सीमा तक वर्गीय एकजुटता क़बीलाई एकजुटता का स्थान ले रही थी। जब ताक़तवर सौदागरों ने अपना अन्तःक़बीला निगम बना लिया तो वंचित व्यक्तियों ने भी ऐसे संगठन बनाने की कोशिश की जो क़बीलों की सीमाओं से परे जाते थे। ऐसा ही एक संगठन हिल्फ़ुल-फ़ुदूल था। मुहम्मद हमीदुल्लाह कहते हैं: 'पैग़म्बर के सबसे बड़े चचा और परिवार के मुखिया अल-ज़ुबैर ने पेशक़दमी करके सम्मानित और धनी बुज़ुर्ग अब्दुल्लाह बिन जुदआन के घर में एक बैठक बुलाई जहाँ हिल्फ़ुल-फ़ुदूल नाम से एक शूरता संघ बनाने का फ़ैसला किया गया जिसके सदस्यों ने नगर के हर पीड़ित व्यक्ति की मदद करने की क़सम खाई। हलफ़ लेने की इस रस्म में युवा पैग़म्बर मुहम्मद ने भी जोश के साथ हिस्सा लिया। बाद में जबकि पूरे देश ने उन्हें अल्लाह का रसूल क़ुबूल कर लिया, तब भी वे कहा करते थे, 'मैं हिल्फ़ुल-फ़ुदूल के क़याम की बैठक में शामिल हुआ : मैं लाल ऊँटों के पूरे एक

रेवड़ के बदले भी इस (सम्मान) को गँवाने को तैयार नहीं हूँ, और आज भी अगर मुझे कोई उस संघ के नाम पर मदद के लिए बुलाए तो मैं दौड़कर मदद दूँगा।' दान सम्बन्धी इस गँठजोड़ में हाशिम, मुत्तलिब, जुहूर और तालिम के क़बीलों ने हिस्सा लिया।'[19] इस संगठन के उद्देश्य के बारे में डब्ल्यू मॉंटगुमरी वाट की राय ज़रा सी भिन्न है। कहते हैं :

> उन्होंने उन वंशों का एक गँठजोड़ क़ायम किया जिसे हम सद्गुणियों का संगठन कह सकते हैं हालाँकि इस नाम की और व्याख्याएँ भी की जा सकती हैं। पैग़म्बर मुहम्मद उस बैठक में मौजूद थे जिसमें यह संगठन बनाया गया, और वे आगे भी उसकी प्रशंसा करते रहे। उसका मक़सद व्यापारिक ईमानदारी को बनाए रखना था, पर उससे परे उसकी दिलचस्पी सम्भवतः मक्का के बाज़ार से यमनी सौदागरों का निष्कासन रोकने में थी, और जिन वंशों ने उसका गठन किया वे लगता है वे थे जो ख़ुद यमन तक कारवाँ भेजने में असमर्थ थे, या जो मक्का और सीरिया के बीच होनेवाले व्यापार में ख़ास महारत रखते थे।[20]

लेकिन हिल्फ़ुल-फ़ुदूल के गठन की आवश्यकता पर व्याख्या के इस ज़रा से अन्तर के बावजूद एक बात साफ़ है — इसका मक़सद कमज़ोरों और मज़लूमों को इंसाफ़ दिलाना था या उन क़बीलों और व्यक्तियों को जो समाज के ऊँचे और ताक़तवर लोगों के सामने नहीं ठहर सकते थे। मॉंटगुमरी वाट ने जो कुछ कहा है, वो सही हो तो भी ज़ाहिर है कि जो क़बीले या व्यक्ति बड़े व्यापारिक उद्यम शुरू कर नहीं सकते थे उन्हें अपने हितों की रक्षा के लिए ऐसा गँठजोड़ बनाना ही पड़ता। ये व्यापारी मझोले स्तर के व्यापारी रहे होंगे जिन्होंने यह संगठन बनाकर समाज के इजारादार सौदागरों के हमले से अपने हितों की रक्षा करने की कोशिश की। या अगर जो कुछ हमीदुल्लाह कहते हैं वह ठीक हो तो इससे संकेत मिलता है कि मक्का के समाज में ऐसे अनेक व्यक्ति थे जो बेहद दुखी थे और जिन्हें अपने भौतिक हितों की रक्षा के लिए किसी न किसी प्रकार के संगठन की आवश्यकता थी। इससे यह भी पता चलता है कि जवानी के दिनों में भी पैग़म्बर मक्का के समाज के इस सामाजिक रोग के बारे में कुछ करना चाहते थे। इस संगठन में सक्रिय भाग लेनेवाले बनू हाशिम का वंश क़बीलाई सोपान में ऊँचे दर्जे पर स्थित था, पर फिर भी वह आर्थिक रूप से पिछड़ा हुआ था और इस तरह अपने पिछले महत्त्व से वंचित होता जा रहा था इसलिए उसने स्वाभाविक रूप से इस परिवर्तन का विरोध किया। इब्न-हिशाम कहते हैं कि हिल्फ़ के गठन ने कुछ मुआमलों में स्वाभाविक क़बीलाई सम्बन्धों को बदल दिया या उन कर्त्तव्यों में इज़ाफ़ा किया जो प्राकृतिक क़बीलाई समुदायों या दूसरों से सम्बन्धित थे जो अब तक एक-दूसरे के लिए अजनबी थे, और यह गठन एक बहुत सौम्य ढंग से सम्पन्न हुआ। परम्परागत रस्मो-रिवाज के साथ लिए गए हलफ़ का मक़सद, गँठजोड़ की शक्लों और हालात की

यादों के सहारे, स्वीकार किए गए कर्त्तव्यों को निभाने में मदद देना था। ऐसे मौक़ों पर दर्ज रस्मो-रिवाज आमतौर पर हलफ़ लेते समय की जानेवाली क्रियाओं की याद दिलाते हैं; दूसरे अर्ध-आदिम जनगणों के सिलसिले में भी ऐसे रस्मो-रिवाज देखे गए हैं। इन सबका मक़सद मक्का के इजारादारों की चुनौतियों के मुक़ाबले संगठन के सदस्यों की एकजुटता सुनिश्चित करना था; इन इजारादारों ने अपना अहलाफ़ नाम का संगठन बना रखा था।

मक्का में व्यापार के प्रसार के कारण व्यक्तिवाद की एक स्पष्ट प्रवृत्ति पैदा हुई जो एक क़बीलाई समाज की सामूहिक जीवनशैली के ख़िलाफ़ थी। हर व्यक्ति अपने क़बीले के सामूहिक हित की बजाय अपने खुद के हित के लिए कार्यरत था। यूँ तो सार्वजनिक व्यवस्था वंश-प्रणाली पर निर्भर थी (मलाअ के फ़ैसले तभी लागू होते थे जब सम्बन्धित ख़ानदान या क़बीले उसे अपनाकर लागू करते थे), पर फिर भी एक अकेला वंश, बल्कि अपने बाल-बच्चों समेत एक व्यक्ति भी, एक कारगर इकाई हो सकता था। इसीलिए अक्सर हम अपने वंश के ख़िलाफ़ खड़े व्यक्तियों के दर्शन करते हैं। पैग़म्बर मुहम्मद के बारे में बाक़ी हाशिम वंश का जो रवैया था, अबू लहब का रवैया उससे भिन्न था। पैग़म्बर मुहम्मद के आरम्भिक अनुयायी अपने-अपने वंश बल्कि अपने माता-पिता की मर्जी के ख़िलाफ़ मुसलमान बने। यह एक अहम बात है कि कारोबारी सम्बन्ध कभी-कभी वंश-सम्बन्धों को काटते दिखाई देते हैं। दो या दो से अधिक व्यक्तियों के बीच भी कारोबारी भागीदारियाँ होती थीं, और बड़े निगमों के बीच भी। स्त्रियों तक को वैयक्तिक सम्पत्ति का अधिकार प्राप्त था। यह बात सभी जानते हैं कि ख़दीजा, जिनसे पैग़म्बर ने बाद में शादी की, एक धनी कारोबारी महिला थीं जो कारवानों के लिए पैसे देती थीं और इस तरह भारी मुनाफ़े कमाती थीं। उन्होंने पैग़म्बर मुहम्मद को एक ईमानदार शख़्स पाया और अपना कारोबार उन्हें सौंप दिया। **क़ुरआन** भी बार-बार व्यक्तिवाद पर ज़ोर देता है। वह निजी कार्यों के लिए क़बीलों या ख़ानदानों को नहीं, व्यक्तियों को ज़िम्मेदार ठहराता है। इस्लाम के जन्म से पहले के क़बीलाई समाज में किसी व्यक्ति के भले-बुरे कामों के लिए उस व्यक्ति को नहीं, उसके क़बीले को ज़िम्मेदार ठहराया जाता था। एक व्यक्ति कोई क़त्ल करता तो ज़िम्मेदारी उसके ख़ानदान या क़बीले की होती थी। **क़ुरआन** में साफ़ कहा गया है: 'और न उठाएगा उठानेवाला बोझ दूसरे का, और अगर पुकारेगा और कोई बोझल अपना बोझ बँटाने को, कोई न उठाएगा उसमें से ज़रा सा भी भले ही हो क़रीबी।'[21] इस तरह स्पष्ट है कि पैग़म्बर मुहम्मद ने जब अपने नए मज़हब का प्रचार शुरू किया तब मक्का में क़बीलाई सामूहिकता के विरोध में व्यक्तिवाद पैदा हो चुका था और समाज में टकरावों को जन्म देने लगा था। **क़ुरआन** के आरम्भिक, मक्कावाले सूरों में साफ़ कहा गया है कि हर व्यक्ति अपने किए के लिए पूरी तरह ज़िम्मेदार होगा, और दूसरा कोई भी उस ज़िम्मेदारी में शरीक नहीं होगा, कोई घनिष्ठ सम्बन्धी भी नहीं। इस तरह का वैयक्तिक दायित्व क़बीलों के सामूहिक दायित्व की धारणा के एकदम ख़िलाफ़ था। **क़ुरआन** ने क़बीलाई नैतिकता को

समाप्त करने की कोशिश नहीं की; उसने सिर्फ़ उसी बात पर ज़ोर दिया जो एक सामाजिक प्रवृत्ति के रूप में पहले ही जन्म ले चुकी थी और जिससे वापस पलटना सम्भव नहीं था क्योंकि वापस पलटने का अर्थ इतिहास के चक्र को पीछे मोड़ना होता। इस अर्थ में इस्लाम मक्का में मौजूद समाज की प्रगतिशील प्रवृत्तियों को बल पहुँचा रहा था।

लेकिन इस नवोदित धर्म को क़बीलाई नैतिकता के विघटन से पैदा तनावों से जूझना पड़ा। यह काम किस तरह किया गया ? ज़ाहिर है कि क़बीलाई सामूहिकता की ओर पलटने का सवाल ही नहीं था क्योंकि इससे व्यापार का ढाँचा चरमरा जाता और ऐसे नए तनाव पैदा होते जिनसे मुक़ाबला करना मुश्किल होता। एक प्रकार की अर्थव्यवस्था से दूसरी में ऐसे ऐतिहासिक संक्रमणों के दौरान समाज जिन टकरावों का कुरुक्षेत्र बन जाता है उनसे बचने के लिए पैग़म्बर मुहम्मद ने संसार से विरक्ति और इच्छाओं के दमन पर आधारित एक श्रमणवादी दृष्टिकोण भी नहीं अपनाया, जैसाकि भारत में छठी सदी ईसा-पूर्व में इसी तरह की एक स्थिति में बुद्ध ने किया था।[22] इसकी बजाय पैग़म्बर मुहम्मद ने किया यह—और इसी में उनके धर्म का क्रान्तिकारी चरित्र निहित है—कि उन्होंने समाज के नए प्रगतिशील परिवर्तन का स्वागत किया, जबकि इस नए परिवर्तन से पैदा तनावों को दूर करने के लिए उन्होंने क़बीलाई समाज के उन जीवनमूल्यों को चुना जो इस ऐतिहासिक परिवर्तन से टकराए बग़ैर व्यक्तिवाद और सामूहिकता के बीच तालमेल बिठाते थे। इस तरह मक्कावाले सूरों में, जो दोटूक और ज़ोरदार हैं, उन्होंने मक्का के अमीरों से कहा कि वे ग़रीबों, बीमारों और ज़रूरतमन्दों पर, यतीमों और बेवाओं पर ध्यान दें।

वहाँ कारीगरों की एक बड़े तादाद भी रहती थी जिनकी ज़रूरत समृद्ध सौदागरों को पड़ती रहती थी। क़बीलों के ग़रीबों और (अधिकतर विदेशी मूल के) ग़ुलामों पर नई और अकथनीय आर्थिक विपत्तियाँ टूट पड़ी थीं और वे वर्चस्ववाले क़बीलों के ख़िलाफ़ नफ़रत से भरे हुए थे। एच.ए.आर. गिब कहते हैं: 'लेकिन मक्का की समृद्धि का एक अँधेरा पक्ष भी था। वहाँ एक समृद्ध व्यावसायिक समाज के लिए परिचित बुराइयाँ नज़र आ रही थीं—जैसे अमीरी और गरीबी के छोर, गुलामों और चाकरों का पाताल-लोक और सामाजिक वर्ग के बन्धन। सामाजिक अन्याय और धोखाधड़ी के बारे में पैग़म्बर मुहम्मद की ज़ोरदार निन्दाओं से स्पष्ट है कि यह उनके पलायन के गहन आन्तरिक कारणों में एक था। लेकिन उनके अन्दर का उबाल सामाजिक क्रान्ति के प्रचार के रूप में सामने नहीं आया, वह बल्कि एक धार्मिक धारा में फूटा और इस गहरी और अदम्य आस्था के रूप में व्यक्त हुआ कि उन्हें अल्लाह ने अपने साथवालों को सामी पैग़म्बरों की पुरानी चेतावनी याद दिलाने के लिए भेजा था कि अपने किए पर पछताओ क्योंकि क़यामत का रोज़ क़रीब आ रहा है।'[23] **क़ुरआन** में ऐसी बहुत सी आयतें हैं जिनमें दौलत की बुराइयों की निन्दा की गई है। 'अल्लाह की नेमतों को ज़ख़ीरों में बन्द करनेवाला कोई बख़ील (कंजूस) यह न सोचे कि उसका लालच उसके लिए अच्छा है; यह बदी के सिवा

कुछ भी नहीं। उन्होंने जो दौलतें जमा की हैं वे ही क़यामत के रोज़ उनके लिए बन्धन बन जाएँगी। जन्नतों और ज़मीनों का मालिक अल्लाह ही होगा। वह तुम्हारे कामों का लेखा-जोखा रखता है।'[24] एक और आयत में अल्लाह ने यह चेतावनी दी है, 'रहे ईमान न लानेवाले तो उसके ग़ज़ब से उनकी ज़रा सी भी हिफ़ाज़त न तो उनकी दौलत कर सकेगी' न उनकी औलाद। ये ही दोज़ख़ के वारिस हैं, और वहीं वे हमेशा-हमेशा रहेंगे। इस दुनिया में जो दौलत वे ख़र्च करते हैं वह बर्फ़ीली हवा के समान है जो ग़लत काम करनेवाले लोगों की खेतियों को पाला मारकर उन्हें बरबाद कर देती है। अल्लाह उनके साथ नाइंसाफ़ी नहीं करता; वे खुद अपनी रूहों के साथ नाइंसाफ़ी करते हैं।'[25]

यह आयत यह संकेत भी देती है कि मक्का के अमीर सौदागर बहुत मग़रूर हो चुके थे तथा दौलत, दुनियावी आराम और अपने बच्चों को अपनी ज़िन्दगी के मक़सद समझते थे। यह जीवन के प्रति एक सुखवादी दृष्टिकोण था जो समाज के कमनसीबों पर या जीवन के रचनात्मक, आध्यात्मिक पक्ष पर कुछ ख़ास ध्यान नहीं देता था। जैसाकि कहा गया है, वे अपने पूर्वजों के मूर्तिपूजक धर्म से भी कोई ख़ास लगाव नहीं रखते थे, और इसलिए उनकी दौलत ने उनके सरों को चकराकर रख दिया। इसलिए आध्यात्मिक पक्ष पर ज़ोर देकर उनके जीवन में दोबारा सन्तुलन लाना पैग़म्बर मुहम्मद को ज़रूरी लगा। लेकिन यक़ीनन उन्होंने यह काम नए हालात के तक़ाज़ों के मुताबिक़ किया, उन्हें ख़ारिज करके नहीं। एक तरफ़ तो पैग़म्बर मुहम्मद ने क़ुरआन में अपने अनुयायियों को व्यापार के लिए प्रेरित किया, 'ऐ ईमानवालो, न खाओ माल एक-दूसरे के आपस में नाहक़, बल्कि हो तिजारत आपस की खुशी से।'[26] दूसरी तरफ़ उन्होंने उन लोगों की तारीफ़ की जो व्यापार और मुनाफ़ों में इतना नहीं खो जाते कि अल्लाह को भूल जाएँ: 'याद करते हैं उसकी वहाँ सुबह और शाम वो मर्द कि नहीं ग़ाफ़िल होते सौदा करने में और बेचने में अल्लाह की याद से।'[27] दिखावों में दौलत को बरबाद करने की बजाय व्यापार में लगाने के बारे में ऊपर दर्ज आयत से संकेत मिलता है कि समाज में क़बीलाई जीवनशैली के अवशेष अभी भी बाक़ी थे। जैसाकि पहले अध्याय में कहा जा चुका है, दरियादिली को बद्दू समाज के महत्त्वपूर्ण सद्गुणों में एक माना जाता था, और कभी-कभी तो उसे बेपनाह खींच दिया जाता था जैसाकि हातिमताई की कहानी से स्पष्ट है (अध्याय 2 देखें) जिसने अपने मेहमान शायरों से अपने क़बीले का क़सीदा कहलवाने के लिए अपने सारे ऊँट ज़िब्ह करा दिए थे। ज़ाहिर है कि ऐसे तौर-तरीक़े एक व्यापारिक समाज के तक़ाज़ों के ख़िलाफ़ पड़ते थे जिसको निवेश के वास्ते बहुमूल्य पूँजी की आवश्यकता पड़ती रहती थी। जर्मन समाजशास्त्री मैक्स वेबर ने यूरोप में औद्योगिक क्रान्ति के आरम्भ में पैदा होनेवाले प्रोटेस्टेंट धर्म में कड़ी मेहनत और बचत की पैरवी पर ज़ोर दिया दिया है। वेबर ने इस प्रस्थापना को स्थापित करने का प्रयास किया है कि विभिन्न समाजों में मनुष्यों का व्यवहार केवल उनकी अस्तित्व सम्बन्धी सामान्य धारणा के सन्दर्भ में बोधगम्य है, लेकिन धार्मिक आग्रह और उनकी व्याख्याएँ उन विश्वदृष्टियों के अभिन्न अंग होते हैं, जो व्यक्तियों और समूहों के आर्थिक व्यवहार

समेत उनके पूरे व्यवहार को बोधगम्य बनाते हैं। लेकिन उन्होंने यह भी कहा—और यह बात उनकी पहली प्रस्थापना के थोड़ा-बहुत ख़िलाफ़ पड़ती है—कि धार्मिक धारणाएँ वास्तव में आर्थिक व्यवहार का एक निर्धारक होती हैं और इस कारण आर्थिक परिवर्तन के कारणों में एक होती हैं।[28]

यह भी एक दिलचस्प बात है कि मैक्स वेबर ने मक्का के इस्लामी समाज का लगभग सही विश्लेषण प्रस्तुत किया है। कहते हैं: 'सूरमाओं का जंगबाज़ तबक़ा, किसान, कारोबारी वर्ग और साहित्यिक शिक्षा से सम्पन्न बुद्धिजीवी स्वाभाविक रूप से अलग-अलग धार्मिक प्रवृत्तियों के समर्थक थे...जंगबाज़ और किसान वर्गों तथा बुद्धिजीवी और कारोबारी वर्गों के बीच का अन्तर विशेष महत्त्वपूर्ण होता है। इन समूहों में बुद्धिजीवी हमेशा एक ऐसे बुद्धिवाद के समर्थक रहे हैं जो उनके सिलसिले में अपेक्षाकृत सैद्धान्तिक रहा है। कारोबारी तबक़े (सौदागर और दस्तकार) एक अधिक व्यावहारिक क़िस्म के बुद्धिवाद के सम्भावित समर्थक तो कम-से-कम रहे ही हैं। इनमें से किसी भी प्रकार के बुद्धिवाद पर बहुत अलग-अलग छाप लगी रही है, पर उसने धार्मिक रुझान पर प्रभाव अवश्य डाला है।'[29] सावधानी के साथ क़ुरआन का अध्ययन करने पर पूरी तरह स्पष्ट हो जाता है कि उसका पूरा ज़ोर इस व्यावहारिक प्रकार के बुद्धिवाद पर रहा है। उसमें बार-बार मानवजाति के लाभ के लिए प्रकृति पर विजय पाने की बात कही गई है। क़ुरआन का ऐलान है: 'जो कुछ है आसमानों में और धरती पर, है सब वह तुम्हारे बस में।' प्रकृति से मिसालें देते हुए क़ुरआन में बार-बार पूछा गया है, क्या तुम इनके बारे में नहीं सोचते ? क्या तुम इनको नहीं समझते ? इसमें कहा गया है: 'तूने नहीं देखा कि अल्लाह ने उतारा आसमान से पानी, फिर चलाया वो पानी चश्मों में ज़मीन के, फिर निकालता है उससे खेती, कई-कई रंग बदलते उस पर। फिर आए तैयारी पर तो तू देखे उसका रंग ज़र्द। फिर कर डालता है उसका चूरा-चूरा। बेशक इसमें नसीहत है अक़्लमन्दों के वास्ते।'[30] आगे, 'इस बात में पते (संकेत) हैं उन लोगों के लिए जो ध्यान दें।'[31] उसकी व्यावहारिक बुद्धिवादिता उसके इस कथन से स्पष्ट है : 'हमने उतारी है तुम पर किताब, लोगों के वास्ते, सच्चे दीन के साथ। फिर जो कोई राह पर आया, अपने भले की, और जो कोई बहका, सो यही बात है कि बहका अपने बुरे को, और तू उनका जिम्मेदार नहीं।'[32]

इस तरह जैसाकि मैक्स वेबर ने कहा है, क़ुरआन सैद्धान्तिक की बजाय व्यावहारिक बुद्धिवाद पर ज़ोर देता है क्योंकि वह एक व्यापारिक समाज की उपज है। मैक्स वेबर आगे कहते हैं: 'आचरण में एक व्यावहारिक बुद्धिवाद की यह प्रवृत्ति सभी सभ्य वर्गों में साझी होती है; इसकी रूपरेखा उस जीवनशैली के निर्माताओं द्वारा निर्धारित होती है जो प्रकृति के साथ के आर्थिक सम्बन्धों से काफ़ी कटी हुई होती है। उनका पूरा अस्तित्व प्रकृति और मानव पर अधिकार पर आधारित रहा है, चाहे उनके पास मौजूद साधन कितने ही आदिम रहे हों।'[33] यह बात इस्लाम के आरम्भिक, मक्का और मदीना वाले काल के लिए बहुत सही है। इसके अलावा, चूँकि इस्लाम एक नगर-आधारित धर्म

था, ई. गेलनर द्वारा बताई गई विशेषताओं का समूह इसके सिलसिले में भी वैध दिखाई देता है। ये विशेषताएँ हैं शुद्ध एकेश्वरवाद, शुद्ध आचरण, आप्त वचन पर और इसलिए साक्षरता पर ज़ोर, अनुयायियों के बीच समानता का सिद्धान्त और फलस्वरूप विशेष ध्यानवृत्ति का अभाव (जिसके दुनियावी पक्ष में निश्चित ही असमानता शामिल होती है), कर्मकांडी या रहस्यवादी अतियों में कमी, उसी के अनुसार सादगी और गम्भीरता की भावना और भावात्मक स्थितियों की बजाय नियमों के पालन पर ज़ोर। यह सब इस्लाम के बारे में एकदम सच है। जहाँ तक इस्लाम का सम्बन्ध है, इसमें कर्मकांडों और भावात्मक स्थितियों पर कोई ज़ोर नहीं दिया जाता और इसलिए किसी पुरोहित वर्ग की आवश्यकता भी नहीं है। आरम्भिक अरबी इस्लाम में आध्यात्मिक या रहस्यवादी अतियाँ भी नहीं थीं। (लेकिन आगे चलकर फ़ारस, मध्य एशिया, हिन्दुस्तान आदि के ग़ैर-अरब कृषक समाजों में इस तरह की अतियों का विकास अवश्य हुआ।) और समतावाद पर तथा सोपान के अभाव पर भी निश्चित ही भारी ज़ोर दिया जाता रहा है, कम-से-कम आरम्भिक इस्लाम में। अरब समाज में सोपानमुखी प्रवृत्ति के विकास के ख़िलाफ़ तथा गम्भीरता और सादगी की जगह कर्मकांडी और रहस्यवादी तौर-तरीक़ों के प्रचार-प्रसार के ख़िलाफ़ समय-समय पर विद्रोह भी होते रहे हैं। इनमें सबसे हाल का विद्रोह इस्लाम के जन्म स्थान अर्थात् सऊदी अरब में ही अब्दुल वहाब का विद्रोह था।

इस तरह मक्का में इस्लाम के जन्म को सही-सही समझने के लिए हमें व्यापारिक समाज की इन विशेषताओं को भी ध्यान में रखना होगा। क़ुरआन जिन सद्गुणों पर ज़ोर देता है वे हैं उपभोग में बरबादी से बचना, अपने कामकाज में ईमानदारी बरतना, शराब और जुए की लत न पालना, विवाहेतर यौन सम्बन्धों की लत से बचना और इस तरह परिवार नामक संस्था की पवित्रता को सुरक्षित रखना, लिखित व्यापारिक समझौते करना, ग़रीबों को ख़ैरात देना आदि। कहने की ज़रूरत नहीं कि ये सद्गुण आमतौर पर व्यापारिक समुदायों में पाए जाते हैं तथा श्रमणवाद और घोर सांसारिकता के बीच एक मध्यमार्ग के समान हैं। व्यापारिक पूँजीवाद के विकास में सहायता और उसे बढ़ावा देने के लिए यह मार्ग मक्का के समाज की एक ऐतिहासिक आवश्यकता थी। दौलत के भोंडे प्रदर्शन से क़ीमती संसाधन बरबाद होते हैं जबकि मुकम्मल त्याग या संन्यास पूरे व्यापार-कर्म को निरर्थक बनाकर रख देता है। इसलिए दोनों के बीच एक सन्तुलन क़ायम करना ही व्यापार के समुचित विकास की अकेली ज़मानत था। पैग़म्बर मुहम्मद की प्रतिभा इसी बात में थी कि उन्होंने इस सन्तुलन पर ठीक-ठीक ज़ोर दिया और यह नैतिकता एक बड़ी हद तक आम जनता को भी क़ुबूल थी क्योंकि यह समाज की आवश्यकता के सबसे अधिक अनुकूल थी। इसके अलावा इसने समाज में तनाव कम करने में भी मदद पहुँचाई। जैसाकि पहले संकेत दिया गया है, मक्का में ग़रीबों और मज़लूमों की एक बड़ी तादाद थी जो असन्तोष पाल रही थी। पैग़म्बर मुहम्मद ऐसी स्थिति से बेहद चिन्तित थे और समाज में तनावों को कम करना चाहते थे। समाज के ग़रीबों के बारे में पैग़म्बर मुहम्मद की चिन्ता को धर्म के रूप में अभिव्यक्ति का माध्यम

मिला। यही कारण है कि मक्कावाले सूरा कठोर व ज़ोरदार हैं तथा ज़ख़ीराबाज़ी करनेवालों के लिए धमकियों से भरे पड़े हैं जबकि मदीनावाले सूरा, वहाँ स्थिति बिल्कुल भिन्न होने के कारण, गम्भीर, विनम्र और नियम-क़ायदों से भरे हुए हैं। (मदीना में पैग़म्बर का सरोकार एक राजसत्ता के कार्यकलापों से जो था।)

इस मक़सद को पाने और समाज के शीराज़े को बिखरने से बचाने के लिए पैग़म्बर ने दानवृत्ति पर, ग़रीबों और ज़रूरतमन्दों की मदद पर, बेवाओं और यतीमों की देखभाल और उनके अधिकारों को हड़पे जाने से बचाने पर, ग़ुलामों के साथ हमदर्दाना सुलूक करने और जहाँ तक मुमकिन हो उन्हें आज़ाद कराने पर, अर्थात् सामान्य ढंग से कहें तो समाज के कमज़ोर तबक़ों के कल्याण की चिन्ता करने पर ज़ोर दिया। एक क़बीलाई समाज में ऐसे लोगों की आप ही आप देखभाल होती रहती थी क्योंकि उस समाज में वैयक्तिक सम्पत्ति की कोई धारणा नहीं थी। लेकिन, जैसाकि कहा गया है, मक्का के समाज में बुराइयाँ इसीलिए पैदा हुईं कि परम्परागत क़बीलाई समाज का विघटन हो गया और निजी व्यापारिक उद्यमों का विकास हुआ। इसके अलावा व्यक्ति के क़रीबी रिश्तेदार जैसे उसके भाई, चाचा आदि भी खुद को वंचित महसूस करने लगे क्योंकि व्यक्ति के लाभदायी उद्यम में उनका कोई हिस्सा नहीं होता था। मसलन तबरी पैग़म्बर के दादा अब्दुल मुत्तलिब और उनके चचा नौफ़ाल के बीच एक विवाद की बात दर्ज करते हैं जिसका सम्बन्ध पैतृक सम्पत्ति से था; इसमें एक कुआँ भी शामिल था। नौफ़ाल हालाँकि अपेक्षाकृत अधिक खुशहाल थे पर वे कुएँ पर अपना अधिकार छोड़ने के लिए तैयार नहीं थे और इस तरह उन्होंने अब्दुल मुत्तलिब के लिए कुछ मुश्किलें पैदा कर दीं।[34] यह भी पता है कि पैग़ंबर का एक चचा अबू जेहल एक अमीर शख़्स थे और मक्का के कुछ धनी व्यापारियों के साथ व्यापार में साझीदार थे। दूसरी तरफ़ पैग़म्बर के एक और चचा अबू तालिब, जिन्होंने पैग़म्बर के पिता के मरने के बाद उनका पालन-पोषण किया था, वित्तीय दृष्टि से ख़स्ताहाल थे। मक्का की अमीर बेवा ख़दीजा से शादी के बाद पैग़म्बर मुहम्मद ने अपने चचा अबू तालिब का बोझ हल्का करने के लिए उनके एक बेटे अली की देखभाल की ज़िम्मेदारी अपने ऊपर ले ली और अपने सबसे छोटे चचा अल-अब्बास को भी एक और बेटे को गोद लेने के लिए तैयार किया। **क़ुरआन** में इस बात पर ज़ोर दिया गया है कि अगर किसी व्यक्ति के रिश्तेदार मुश्किल हालात में हों (सीलतुर्रह्म) तो उसे उनकी देखभाल करनी चाहिए।

पैग़म्बर अपने इर्द-गिर्द फैली बेचैनी और तनावों से बहुत दुखी थे। शायद उन्हें अहसास था कि ये सब बुरे संकेत हैं जो एक सामाजिक उथल-पुथल को जन्म दे सकते हैं। इसीलिए उन्होंने मक्कावाले अधिकांश सूरों में, जो 90 के आसपास हैं, मक्का के अमीरों को लताड़ा है। **क़ुरआन** में कहा गया है :

> ख़राबी है हर ताना देनेवाले और ऐब चुननेवाले की जिसने समेटा माल और गिन-गिनकर रखा अपने पास। ख़याल करता है वह कि उसका माल सदा को

रहेगा उसके साथ। कोई नहीं, वही फेंका जाएगा उस रौंदनेवाली में। और तू क्या समझा कौन है वह रौंदनेवाली ? एक आग है अल्लाह की सुलगाई हुई। वह झाँक लेती है दिल को उनको उसमें मूँद दिया है लम्बे-लम्बे सुतूनों (खम्भों) में।[35]

इसी तरह एक और सूरा में कहा गया है :

तूने देखा उसको जो झुठलाता है इंसाफ़ के होने को ? सो ये वही है जो धक्के देता है यतीम को और नहीं ताकीद करता औरों को मुहताज को खिलाने की। बरबादी है उन नमाजियों की जो अपनी नमाज़ में बेख़बर हैं, जो दिखावा करते हैं और नहीं देते ख़ैरात किसी मुहताज-हाल को।[36]

इसी तरह मक्कावाले दूसरे अधिकांश सूरे मक्का के अमीरों की लोभी वृत्ति और ज़ख़ीराबाज़ी की प्रवृत्ति की निन्दा करते हैं। मिसाल के लिए **क़ुरआन** के सूरा 104 में साफ़ कहा गया है कि वे लोग जो धन जमा करते और उसे सपरिश्रम जमा करते हैं, वे समझते हैं कि उनकी दौलत उन्हें अमर बना देगी। लेकिन अफ़सोस कि वे बुरी तरह ग़लती पर हैं। इसलिए उन्हें दोज़ख़ की आग में फेंक दिया जाएगा जिसे उनके लिए अल्लाह ने जला रखा है। यहाँ यह बात दिलचस्प है कि **क़ुरआन** में इस आग के लिए प्रयुक्त शब्द होतामा है जो अल-मंजीद के अनुसार वह भयानक आग है जो हर वस्तु को जलाकर राख कर देती है। अल-कमूस अल-अस्री के अनुसार इसका अर्थ 'टुकड़े करना, पुर्ज़े-पुर्ज़े करना, फाड़कर फेंक देना' है।[37] इससे यह निष्कर्ष निकाला जा सकता है कि ग़रीबों और अमीरों के बीच मौजूद भारी असमानताओं के कारण और उनके बीच बढ़ती खाई के कारण पैग़म्बर मुहम्मद यह महसूस कर रहे थे कि अगर इस ख़तरे को रोकने के लिए कुछ नहीं किया गया तो समाज जल्द ही टुकड़े-टुकड़े हो जाएगा और लोगों का जो ग़ुस्सा आग की तरह बढ़ रहा है वह उसे राख कर देगा। निश्चित ही पैग़म्बर मुहम्मद ने, जो बेहद दीनदार थे, यह चेतावनी देने के लिए धार्मिक भाषा का उपयोग किया, और हमारे पास यह विश्वास करने के अनेक कारण हैं कि उन्हें ख़ुदाई इन्तक़ाम का पूरा-पूरा भरोसा था। यह बात भरोसे के साथ कही जा सकती है कि उन्हें वक़्त रहते हालात के दुरुस्त न किए जाने पर आनेवाले ख़तरे का दिली अहसास था। ख़ुद एक अनुभवी व्यापारी होने के नाते उन्हें ख़ूब पता था कि कुछेक व्यक्तियों के त्याग से कुछ होने-जानेवाला नहीं है। हनीफ़ कहलानेवाले कुछ लोगों ने इस रास्ते का सहारा लिया था लेकिन उनकी शख़्सी 'निजरत' समाज में मौजूद बुराइयों को दूर नहीं कर सकी। न ही वे बद्दू जीवन शैली की ओर पलटना चाहते थे जो क़बीले के अन्दर भौतिक और अन्य प्रकार की समानता सुनिश्चित करती थी, क्योंकि इससे व्यापार से प्राप्त समृद्धि नष्ट होती और उथल-पुथल मचती। इस तरह समाज में सामंजस्य स्थापित करने का सबसे अच्छा उपाय अमीरों को यह अहसास दिलाना था कि उन्हें समाज के

ग़रीबों और कमज़ोरों के प्रति दरियादिली दिखानी हो होगी।

इसके लिए पैग़म्बर ने ज़कात की धारणा प्रतिपादित की। पहली बात तो यह कि यह कोई राजकीय कर नहीं था क्योंकि उन दिनों कोई राजसत्ता थी ही नहीं। (राजसत्ता अगर होती तो कम-से-कम राहत के कामचलाऊ उपाय करने के लिए वह अमीरों पर कुछ कर अवश्य लगाती।) मक्का में ज़कात का अर्थ धन का एक भाग दान में देकर उसका शुद्धीकरण करना था। मक्कावाले दौर में ज़कात अनिवार्य बिल्कुल नहीं थी। यह मुख्यतः ख़ैरात थी जिसे पैग़म्बर सामाजिक तनावों में कमी लाने के लिए आवश्यक समझते थे। उनकी कुछ हदीसें इस बात को स्पष्ट कर देती हैं। एक हदीस के अनुसार उन्होंने कहा था, 'अपनी मिल्कियत से ज़कात दो; यह तुम्हें शुद्ध बनाएगी और तुम्हें उनके बारे में अपने फ़र्ज़ पूरे करने में मदद देगी जो तुमसे सम्बन्धित हैं। भिखारी, पड़ोसी और बीमार के हक़ों का ध्यान रखो और फ़िज़ूलख़र्ची से बचो।' इसके अलावा : 'जिस क़ौम ने ज़कात नहीं दी, अपनी बदहाली और कमज़ोरी मोल ली।' और 'ज़कात के बिना न तो ईमान अल्लाह को क़ुबूल होता है और न नमाज़ होती है।'[38] एक राजकीय कर के रूप में ज़कात अनिवार्य हुआ तो काफ़ी आगे चलकर मदीना में हुआ क्योंकि तब तक वहाँ सभी मुस्लिम और ग़ैर-मुस्लिम क़बीलों के एक तरह के महासंघ के रूप में एक राजसत्ता स्थापित की जा चुकी थी। तबरी के अनुसार ज़कात वास्तव में हिजरत के आठवें साल में ही अनिवार्य बनी और नवें साल में इसकी वसूली के लिए कुछ हाकिम अरब के विभिन्न भागों में भेजे गए।[39] तब तक मक्का भी जीता जा चुका था और पूरी तरह विकसित न होते हुए भी नवगठित राजसत्ता नियमित रूप से काम करने लगी थी। इस तरह ज़कात से सम्बन्धित आयत सन् 8 हिजरी के आसपास ही नाज़िल हुई। इसमें कहा गया था, 'ज़कात का इस्तेमाल होगा सिर्फ़ अल्लाह की मंशा पूरी करने के लिए, ग़ुलामों और कर्ज़दारों को आज़ाद कराने के लिए, और ग़रीबों, बेसहारों और राहगीरों में तक़सीम के लिए, उनके लिए जो ज़कात जमा करने के लिए भेजे जाते हैं, और उनके लिए जो अल्लाह पर ईमान ला चुके हैं।[40] यह फ़र्ज़ ख़ुद अल्लाह का आयद किया हुआ है। बेशक वह दाना और सबकुछ जाननेवाला है।'[41] इस तरह जो चीज़ मक्का में महज़ एक ख़ैरात थी वह एक अनिवार्य कर **क़ुरआन** के शब्दों में या 'अल्लाह का आयद किया हुआ फ़र्ज़' बन गई। मदीना में पैग़म्बर के प्रवेश के कुछ साल बाद इस्लाम महज़ कुछ लोगों का समूह नहीं रह गया जो वह मक्का में था; यह बल्कि ऐसा धर्म बन गया जो नवोदित राजसत्ता को एक विचारधारा तथा उसके कर्त्तव्यों के निर्वाह सम्बन्धी मार्गदर्शन प्रदान करता था।

क़ुरआन में ज़कात के जो-जो इस्तेमाल बताए गए हैं उन पर भी ध्यान देना अहम है। पहली बात तो इसमें यह कही गई है कि इस रक़म का इस्तेमाल अल्लाह की मंशा पूरी करने के लिए किया जाएगा। यह अपेक्षाकृत अस्पष्ट है और इसकी व्याख्या किसी भी ऐसे सामान्य व्यय के रूप में की जा सकती है जो समय-समय पर पैग़म्बर द्वारा तय किया जाए जो उस राजसत्ता के प्रमुख भी थे। उसके बाद ग़ुलामों और कर्ज़दारों

की आज़ादी की बात कही गई है। दुश्मनों से होनेवाले टकरावों या मक्कावालों के ख़िलाफ़ लड़ी गई विभिन्न लड़ाइयों में बहुत से लोग पकड़े गए थे। यह बात अभूतपूर्व थी और हर कोई हैरान था कि इनका क्या किया जाए। अभी तक राजसत्ता के पास कोई दमनतन्त्र नहीं था क्योंकि वह अभी धीरे-धीरे अस्तित्व में आ ही रही थी। इन युद्धबन्दियों को रखने के लिए कोई क़ैदख़ाना तक नहीं था। हिन्दुस्तान के यशस्वी इस्लामविद शिबली नुमानी कहते हैं कि इन लोगों के साथ क्या किया जाए, इस बारे में पैग़म्बर ने अपने सहाबा (साथियों) से बातचीत की। इनमें से बहुत से क़ैदी मक्का के गण्यमान्य लोग थे और मुसलमानों के क़रीबी रिश्तेदार थे। उमर फ़ारूक़ की राय थी कि इस्लाम में रिश्तेदारों का कोई ख़याल नहीं किया जाना चाहिए, कि युद्धबन्दियों को मार डाला जाए और यह कि उनमें (मुसलमानों में) से हरेक अपने रिश्तेदार को मौत के घाट उतारे। लेकिन पैग़म्बर ने इस राय को अस्वीकार कर दिया और उन्होंने अबू बक्र की यह राय मान ली कि उन्हें धन लेकर छोड़ दिया जाए। जिनका कोई रिश्तेदार या क़बीला धन देकर उन्हें न छुड़ाए उनके लिए रक़म सरकारी ख़ज़ाने से अर्थात् ज़कात की जमा रक़म से दी जाए। इसके अलावा मुसलमानों में ऐसे लोग भी थे जिन्होंने कर्ज़ ले रखे थे क्योंकि मक्का से हिजरत के बाद उनके पास जीवनयापन का कोई साधन नहीं बचा था, और उनके पास ऐसा कोई माल भी न था कि अपने लेनदारों को कर्ज़ वापस कर सकें। इसीलिए **क़ुरआन** ने हिदायत दी कि ज़कात का एक हिस्सा ऐसे कर्ज़ों की अदायगी के लिए इस्मेमाल किया जाए। आवश्यकता मुहाजिर मुसलमानों की ज़रूरतों को पूरा करने और समाज में तनाव कम करने की थी। कर्ज़दारों पर ज़कात का एक हिस्सा ख़र्च करने की **क़ुरआन** की हिदायत का यही सबब था।[42]

समाज के ग़रीबों और बदहालों पर ध्यान देना भी इसी क़दर आवश्यक था क्योंकि इन कमज़ोर तबक़ों की उपेक्षा ने मक्का में तनाव पैदा कर दिए थे, और पैग़म्बर मुहम्मद को बार-बार मक्का के अमीरों की तम्बीह करनी पड़ी कि वे उनके कल्याण पर अपनी दौलत का एक हिस्सा ख़र्च करें। इसीलिए इस बात पर मदीना में ध्यान दिया गया क्योंकि वहाँ भी ग़रीब और बदहाल बहरहाल मौजूद थे। इसके अलावा मक्का के अनुभवों से पैग़म्बर मुहम्मद को पता था कि कुछेक हाथों में दौलत के जमा होने से एक विस्फोटक स्थिति पैदा होती है। इसीलिए समाज में स्थायित्व बनाए रखने के लिए उसके उपयुक्त वितरण की व्यवस्था आवश्यक थी—वैयक्तिक सम्पत्ति की जड़ों पर चोट करके न सही तो ज़कात के ज़रिए ही सही। कारण कि पहलावाला उपाय उस अवस्था में भौतिक साधनों के और आगे विकास के लिए शायद ही उपयुक्त होता और इसलिए कुल मिलाकर वह समाज को स्वीकार नहीं होता। इसीलिए **क़ुरआन** में बदहालों और ग़रीबों पर ज़कात का एक हिस्सा ख़र्च करना लाज़मी क़रार दिया गया है। **क़ुरआन** में यह हिदायत भी है कि ज़कात का एक हिस्सा राहगीरों पर ख़र्च किया जाए। जैसाकि हमने बार-बार कहा है, मक्का की अर्थव्यवस्था पूरी तरह और मदीने की अर्थव्यवस्था अंशतः अन्तर्राष्ट्रीय व्यापार पर निर्भर थी जो कारवानों के ज़रिए चलता था। इसीलिए

राहगीरों के सुख-आराम के लिए कुछ रक़म अलग रखने की आवश्यकता थी क्योंकि उन्हें अक्सर मुश्किलों का सामना करना पड़ता था, हालाँकि पैग़म्बर मुहम्मद के मन में लोककार्यों की धारणा रही हो, ऐसा नहीं लगता। लेकिन सम्भवतः एक व्यापारी के रूप में अपने अनुभवों से उन्होंने राहगीरों के सुख-आराम के लिए सरकारी ख़ज़ाने से कुछ व्यवस्था करना आवश्यक समझा।

फिर ज़कात की रक़म का एक हिस्सा उनके लिए रखा गया है जो उसे जमा करने के काम पर लगाए जाते हैं। साफ़तौर पर इसका अर्थ एक प्रकार की नौकरशाही का आरम्भ था, हालाँकि इसका अर्थ अभी भी हाकिमों के एक नियमित दस्ते का गठन नहीं था। लेकिन उस दिशा में एक आरम्भ असन्दिग्ध है। नौकरशाही नाम की एक संस्था को पूरी तरह विकसित होने में पैग़म्बर मुहम्मद की वफ़ात के बाद भी कुछ वर्षों का समय लग गया। पैग़म्बर मुहम्मद के जीवनकाल में सेवाएँ, इस्लामी विचारधारा से प्रतिबद्धता के साथ, स्वैच्छिक प्रकृति की होती थीं। इसलिए पैग़म्बर मुहम्मद के जीवनकाल में इस्लामी राजसत्ता का चरित्र उसके बाद के काल की अपेक्षा उत्पीड़न या दमन पर कम आधारित था। पैग़म्बर के जीवनकाल में न कोई पुलिस थी, न फ़ौज। मक्का के क़ुरैशों या रेगिस्तानी बद्दुओं के ख़िलाफ़ लड़ाइयाँ पेशेवर फ़ौजियों ने नहीं, प्रतिबद्ध अनुयायियों ने लड़ी थीं। शुरू में विदेशों में विजय भी नियमित रोज़गारवाले पेशेवर फ़ौजियों नहीं, इस्लाम के अनुयायियों से बनी एक फ़ौज के कारण सम्भव हुई थी। फ़ौज तो बहुत बाद में जाकर पेशेवर बनी। इस दिशा में शुरुआत दूसरे ख़लीफ़ा उमर फ़ारुक़ ने की जिन्होंने नियमित रूप से मुहिमों में भाग लेनेवालों का एक बाक़ायदा रजिस्टर रखना शुरू किया। एक पुलिसबल का गठन, जो राज्य के दमनमूलक चरित्र के विकास का एक और क़दम था, और भी बाद में उठाया गया—सम्भवतः उमैयों के दौर में। अपने इतिहास के चौथे खंड में तबरी हमें बताते हैं कि 'जब उमरु बिन सईद मदीना आए तो उन्होंने उमरु बिन ज़ुबैर को पुलिस का मुखिया (रईस शर्त) नियुक्त किया क्योंकि उन्हें पता था कि अब्दुल्लाह बिन ज़ुबैर और उमरू बिन ज़ुबैर के बीच दुश्मनी चल रही थी। (वास्तव में ये दोनों भाई थे।) इस दृष्टिकोण से अशदक़ ने उमरू बिन ज़ुबैर को मदीना में कुछ लोगों के पास भेजा जिनको उन्होंने पीटा। उन्होंने उन तमाम लोगों को बेरहमी से पीटा जिन्हें वे अब्दुल्लाह बिन ज़ुबैर के शुभचिन्तक मानते थे। कुछ लोगों को उन्होंने 40 कोड़े लगाए, दूसरों को 50 या 60...जब उमरू बिन सईद ने (जो मदीना के सूबेदार थे) उनसे पूछा कि उनके भाई का मुक़ाबला करने कौन जाएगा तो उन्होंने जवाब दिया कि यह काम खुद उनके अलावा और कोई नहीं कर सकेगा।'[43]

यह घटना मुआविया की मौत के बाद की है जिसने चौथे ख़लीफ़ा अली के बेटे हसन से सत्ता छीनी थी। मुआबिया वास्तव में इस्लाम में राजतन्त्र और ख़ानदानी हुकूमत का संस्थापक था। अपने शासन को स्थायी बनाने के लिए उसने दमन के उपायों का सहारा लिया। ऐन मुमकिन है कि पुलिस जैसी संस्था की बुनियाद उसी ने डाली हो क्योंकि हमारे स्रोतों में उसके दौर से पहले ऐसी किसी संस्था का हवाला नहीं मिलता। दूसरे

ख़लीफ़ा उमर और चौथे ख़लीफ़ा अली, जैसाकि आरम्भिक इतिहासकार बतलाते हैं, खुद हाथ में कोड़े लेकर इस्लामी शरीअत को लागू कराने के लिए जाया करते थे। जिन्हें वे शरीअत के ख़िलाफ़ जाता देखते, उन्हें सरेआम वे कोड़े लगाते थे। इस्लाम के आरम्भिक काल में नौकरशाही के विकास की चर्चा करते समय हम इसकी और आगे विवेचना करेंगे। ख़िलाफ़त के पहले 30 वर्षों में हमें उपलब्ध स्रोतों में एक पुलिस बल का कोई वर्णन नहीं मिलता, हालाँकि दूसरे बहुत से प्रशासनिक और सरकारी अधिकारियों का ज़िक्र आया है। इसके विपरीत हम देखते हैं कि या तो खुद ख़लीफ़ा या सूबों के सूबेदार शारीरिक दंड दिया करते थे अर्थात् कोड़े लगाते थे।

क़ुरआन में ज़कात के व्यय की जो आख़िरी मद बताई गई है वह है उन पर ख़र्च जो अल्लाह पर ईमान ले आए हैं। इस्लामी शब्दावली में इन्हें मुअल्ला-फ़ुतूहुल-क़ुलूब कहा गया है—ऐसे लोग जिनके हृदय बदल गए हों। जैसाकि किसी भी संगठित वैचारिक आन्दोलन के सिलसिले में अक्सर होता है, मक्का और मदीना में ऐसे बहुत से लोग थे जिन्हें लालच देकर इस्लाम अपनाने के लिए प्रेरित किया जा सकता था। उन्हें तटस्थ बनाने या कुछ मुआमलों में उनका सक्रिय समर्थन पाने के लिए उन्हें इस तरह की प्रेरणा देना आवश्यक भी था। इस तरह हम देखते हैं कि ज़कात मक्का के आरम्भिक काल में, जबकि इस्लामी आन्दोलन अभी अपने शैशव में था और एक स्थापित परम्परा का ठोस रूप ग्रहण नहीं कर सका था, ज़कात एक ख़ैरात या शुद्धीकरण के काम से अधिक कुछ भी नहीं था, लेकिन मदीनावाले काल में जब इस्लाम ने एक तन्त्र का विकास किया तो वही एक अनिवार्य कर बन गई तो राज्य के कुछ ख़ास कार्यों पर ख़र्च की जाती थी।

जैसाकि हमने कहा, आरम्भिक काल में इस्लामी आन्दोलन समाज के कमज़ोर और पीड़ित व्यक्तियों की आकांक्षाओं को व्यक्त करता था। इसलिए यह जाँच परख दिलचस्पी से ख़ाली नहीं होगी कि उसके आरम्भिक समर्थक कौन से लोग थे। अब्दुल-मुतअल-अस्सईदी नाम के एक मिस्री लेखक ने इस पर शोधकार्य किया है। वे कहते हैं कि नवस्थापित इस्लाम मूलतः युवकों का आन्दोलन था। जिन लोगों की उम्रें दर्ज मिलती हैं उनमें एक बड़ा बहुमत हिजरत के समय 40 से कम उम्र का था। इन लोगों ने उससे कम-से-कम 8 या 10 साल पहले इस्लाम अपनाया था। पैग़म्बर मुहम्मद ने मक्का के अमीरों की जो तम्बीह की थी कि वे ज़ख़ीराबाज़ी न करें और अपनी दौलत पर न इठलाएँ, वह कुचले हुए लोगों, ग़ुलामों और यतीमों आदि को आकर्षक लगती थी। फिर भी उनके समर्थक सिर्फ़ इन्हीं वर्गों से नहीं आए। वे सभी ख़ाली-हाथ लोग या ज़ोरदार क़बीलाई सम्बद्धताओं से वंचित तलछटिए लोग नहीं थे। वास्तव में उनमें से बहुत से लोग अग्रणी क़बीलों के थे। जिस तरह हमारे अपने वक़्त में सामाजिक और राजनीतिक प्रक्रियाओं के प्रति जागरूक मगर वंचित होने के अहसास से भरे मध्यवर्गीय बुद्धिजीवी सामाजिक रूपान्तरण में एक महत्त्वपूर्ण भूमिका निभाते हैं, उसी तरह पैग़म्बर मुहम्मद के अनुयायियों ने भी निभाई। ये लोग भी मक्का के समाज के मध्यवर्ती स्तरों

से ताल्लुक़ रखते थे जहाँ एक ख़ासी बड़ी सीमा तक शत्रुतापूर्ण वर्गीय सम्बन्ध पैदा हो चुके थे।

जिन समूहों से पैग़म्बर को अनुयायी मिले उनके उद्‌देश्यों की छानबीन की एक कोशिश मांटगुमरी वाट ने भी की है।[44] पहले तो ऐसे बहुत से, अधिकतर नौजवान, लोग थे जो सबसे अधिक प्रभावशाली ख़ानदानों के अग्रणी लोगों के घनिष्ठ सम्बन्धी थे। ये लोग पैग़म्बर मुहम्मद और उनकी इजारादार-विरोधी नीति की ओर शायद इसलिए आकर्षित हुए कि अत्यन्त धनी इजारादारों के घनिष्ठ सम्बन्धी होते हुए भी वे अत्यन्त सन्तुष्ट नहीं थे। दौलत जमा करते जाना शायद उनके लिए निरर्थक था।

दूसरे, मक्का के दूसरे ख़ानदानों और परिवारों के भी लोग थे, मसलन हिल्फ़ुल-फ़ुदूल में शामिल ख़ानदानों के। ये लोग भी अधिकतर नौजवान थे, लेकिन इनमें सबसे कमज़ोर वर्ग के कुछेक बुज़ुर्ग लोग भी थे। इस समूह के सिलसिले में ऐसा लगता है गोया पैग़म्बर मुहम्मद की ओर उनके आकर्षित होने का मुख्य कारण निर्धनता थी, चाहे वह निरपेक्ष रही हो या सापेक्ष। (अनुमान किया गया है कि इस समूह में कोई सौ लोग या उनमें से अधिकांश थे।)

तीसरे, मक्का में पैग़म्बर मुहम्मद के अनुयायियों की एक अपेक्षाकृत छोटी संख्या को कमज़ोर बताया गया है। इसका मतलब सम्भवतः यह नहीं है कि वे ग़रीब थे (इसलिए कि कुछ तो थोड़े-बहुत खुशहाल भी रहे होंगे), बल्कि यह था कि उन्हें कोई कारगर सुरक्षा प्राप्त नहीं थी। वे क़ुरैश क़बीले के सदस्य नहीं, मक्का में अजनबी थे।[45] आगे हम देखेंगे कि ख़ासकर कूफ़ा में ग़ैर-अरब आबादी की समस्या ने आरम्भिक इस्लामी इतिहास में काफ़ी तनाव पैदा किया, बल्कि यही उमैया राजवंश के पतन का कारण तक बनी। इस्लामी आन्दोलन जब शुरू हुआ तब ग़ैर-अरबों की ठीक-ठीक संख्या का अनुमान लगाना कठिन है। फिर भी उपलब्ध स्रोतों के बल पर कुछ निश्चय के साथ कहा जा सकता है कि उनकी संख्या कोई मामूली भी नहीं थी। पैग़म्बर उनका समर्थन पाना और उन्हें अरबों के बराबर दर्जा दिलाना चाहते थे। इसीलिए क़ुरआन ने ऐलान किया कि 'तुममें अल्लाह को सबसे अज़ीज़ वह है जो अल्लाह का सबसे ज़्यादा ख़ौफ़ खाता है।' इस तरह अरब और ग़ैर-अरब के फ़र्क़ को बेअसर किया गया। ऐसा करना समाज में तनाव कम करने के लिए बहुत आवश्यक था। लेकिन अहम बात यह है कि क़ौम का ध्यान रखे बिना मनुष्य और मनुष्य के बीच समानता पर इस्लाम के ज़ोर देने के बावजूद अरबों और ग़ैर-अरबों के फ़र्क़ को समाप्त नहीं किया जा सका और उससे अनेकों समस्याएँ पैदा होती रहीं। जैसाकि हम जानते हैं, शूबय्या आन्दोलन इसी प्रवृत्ति की एक अभिव्यक्ति था। इस आन्दोलन ने समाज में कुछ असन्तुलन पैदा किए जिनको दूर करना आसान साबित नहीं हुआ।

मांटगुमरी वाट ने अपनी उपरोक्त पुस्तक में कुछ ही आगे इब्न-हिशाम की राय चार लोगों के बारे में उद्‌धृत की है जो मक्का की काफ़िराना क़ुरबानियों से परहेज़ करने और इब्राहीम के शुद्ध धर्म को अपनाने को तैयार थे।[46] फिर वे यह सवाल उठाते हैं

कि अरब मुस्लिम ही क्यों बना, ईसाई या यहूदी क्यों नहीं बना। वाट कहते हैं: 'लगता है इसका जवाब यह है कि ईसाइयत और यहूदियत दोनों ने राजनीतिक भागीदारियों को जन्म दिया होता, जो अनेक प्रभावशाली अरबों को पसन्द न थीं। अरबों के दृष्टिकोण से ईसाइयत मुख्य रूप से बैजन्ताइन साम्राज्य के क्षेत्र और अबीसीनिया का धर्म था जबकि यहूदियत का फ़ारसी साम्राज्य से गहरा सम्बन्ध था।'[47] वाट जो कुछ कहते हैं वह सही है पर वह इन सामी धर्मों के प्रति अरबों की वितृष्णा की पूरी-पूरी व्याख्या नहीं करता जिनका सम्बन्ध अरब मन में दूसरे देशों से था। वे यह कहकर रुक जाते हैं कि इनके कारण उन साम्राज्यों की राजनीति से उन्हें जुड़ना पड़ता। इसकी और गहरी छानबीन भी रोचक और प्रासंगिक होगी क्योंकि यह भी इस्लाम के जन्म पर रोशनी डालती है।

इसके लिए हमें उन दिनों की अन्तर्राष्ट्रीय राजनीति की छानबीन करनी होगी और ईसाइयत की प्रकृति पर भी कुछ रौशनी डालनी होगी। पहले हम ईसाइयत की प्रकृति को समझने का प्रयास करेंगे। यह बैजन्ताइन साम्राज्य का आधिकारिक धर्म था–इस्लाम का सामना जिन सबसे अहम ताक़तों से था उनमें से एक का। ईसाइयत जो आगे चलकर रोमी साम्राज्य का धर्म बन गई, आरम्भ में उन लोगों का धर्म थी जो रोम के सम्राटों के हाथों बुरी तरह दमन और निर्मम शोषण के शिकार थे। जैसाकि एंगेल्स ने सही तौर पर कहा है: 'धर्मों की स्थापना उन लोगों द्वारा की जाती है जो खुद धर्म की ज़रूरत महसूस करते हैं और जनता की धार्मिक आवश्यकताओं को महसूस करते हैं।'[48] (जैसाकि हम आगे देखेंगे, यह बात इस्लामी आन्दोलन पर भी लागू होती है।) रोम के सूबे में सबसे बुरी हालत आज़ाद ग़रीबों की थी और उन गुलामों की भी जो खुद कभी आज़ाद या आज़ाद लोगों की औलादें रह चुके थे। उनके लिए स्थिति आशाहीन थी। रोमी ज़ालिमों की लोहे जैसी पकड़ से खुद को आज़ाद कराने की कोई गुंजाइश उन्हें नज़र नहीं आती थी। उनके लिए निर्मम बाहरी दुनिया से आन्तरिक दुनिया में पलायन अपरिहार्य था। उनमे मन में अपनी ज़िन्दगी के हालात के बारे में नफ़रत कूट-कूटकर भरी हुई थी। इसी सामान्य आर्थिक, राजनीतिक, बौद्धिक और नैतिक पतन के वातावरण में ईसाइयत रंगमंच पर प्रकट हुई। उसने रोमी क़ब्ज़ेवाले इलाक़ों के दुखी और निराशामग्न इंसानों को सान्त्वना दी। ईसाइयत ने रोमी ज़ालिमों के ख़िलाफ़ किसी बग़ावत को जन्म नहीं दिया। इसकी बजाय उसने असह्य बाहरी दशाओं के मुक़ाबले सान्त्वना प्रदान करके, दुखी आत्माओं पर मरहम लगाने की कोशिश की। आनेवाले समय में उसने पूरब के धार्मिक विचारों, यूनानी बुद्धिवाद और स्तोइक सिद्धान्तों पर आधारित समन्वयवादी मतों का विकास किया।

अपने इस समन्वयवादी रूप में ईसाइयत खुद रोम को भी प्यारी लगने लगी जिसका उसने मूलतः विरोध किया था। सम्राट कांस्टैंटाइन की निगाहों में इस धर्म को स्वीकार करना खुद को ऊपर उठाकर रोमी दुनिया का एकछत्र स्वामी बनाने का सबसे अच्छा उपाय था। इस तरह अपनी सामराजी व्यवस्था का अंग बनाकर रोमी सम्राट ने एक

धार्मिक चुनौती की धार को आसानी से कुन्द कर दिया। पूरब में यूनानी (हेलेनी) प्रभुत्व के ख़िलाफ़ वह पूरी तरह नाकारा साबित हुआ। इसके विपरीत इस्लाम मक्का के प्रभुत्वशाली और शक्तिशाली सौदागर पूँजीपतियों का धर्म था।* मक्का के सौदागरों की अपनी महत्त्वाकांक्षाएँ थीं और वे दोनों प्रमुख शक्तियों, अर्थात् बैजन्तीनी और सासानी साम्राज्यों से बचकर निकलना चाहते थे। उनका मुख्य उद्देश्य अपनी स्वतन्त्रता बनाए रखकर अपना व्यापार ज़ारी रखना था। अपनी स्वतन्त्र स्थिति बनाए रखने में वे बड़ी हद तक कामयाब रहे जिसमें उन्हें बेशक उस दुर्गम रेगिस्तान से मदद मिली जिससे विदेशी ताक़तें ख़ौफ़ खाती थीं। इसके अलावा बैजन्तीनी विलासिता की वस्तुओं के लिए बुरी तरह मक्का के सौदागरों पर निर्भर थे। 'पूर्व से पश्चिम की ओर होनेवाले व्यापार की वस्तुएँ हिन्दुस्तानी और चीनी सामान, ईरान और इराक़ की वस्तुएँ तथा यमन और हज़्रामवत की वस्तुएँ थीं। पहली श्रेणी में (अजूबों के रूप में) ज़िन्दा जानवर और परिन्दे, खालें और चमड़ा, कश्मीरी शॉल, कस्तूरी, हाथीदाँत (अधिकतर अबीसीनिया का), मोती, मुक्ता सीपें, क़ीमती और कुछ कम क़ीमती जवाहरात, लाख (लाल रंग का) और इससे बढ़कर रेशम शामिल थे। पौधों से प्राप्त वस्तुओं में काली मिर्च (बहुत महत्त्वपूर्ण), अदरक, इलायची, दालचीनी, लौंग, जटामांस, जायफल, नील, थोड़ा सा कपास और क़ीमती लकड़ियाँ (आबनूस, शीशम, चन्दन) शामिल थे। ये सभी ऊँची क़ीमतवाली विलासिता की वस्तुएँ थीं जिनके यातायात पर भारी ख़र्च आता था और भारी महसूल लगते थे।'[49]

मक्का के सौदागर अपनी अहम भूमिका के बारे में पूरी तरह सजग थे और उनमें एक ऐसी विचारधारा नीचे-नीचे मौजूद थी जो इन सौदागरों की आकांक्षाओं को पूरा करने के लिए सुरक्षा की ऐसी कारगर व्यवस्था बना सकती थी कि वे शान्ति के साथ अपना व्यापार करते रहें। इस तरह ईसाइयत के विपरीत उनकी विचारधारा दबे-कुचले लोगों की ऐसी विचारधारा नहीं हो सकती थी जो उन्हें जीवन की असह्य दशाओं के बीच सान्त्वना पाने में मदद दे सकें। इसीलिए एकदम स्वाभाविक रूप से, जहाँ यूनानियत (हेलेनिज़्म) की प्रतिक्रिया के रूप में ईसाइयत नाकाम रही वहीं इस्लाम कामयाब साबित हुआ। विश्वप्रसिद्ध इतिहासकार प्रोफेसर टायनबी बहुत सही फ़रमाते हैं : 'फिर सिकन्दरे-आज़म के पीछे-पीछे सीरियाई जगत् में यूनानियत की दख़लअन्दाज़ी ने सीरियाई

*यहाँ यह स्पष्ट करना आवश्यक है कि मक्का के शक्तिशाली सौदागरों द्वारा आरम्भ में इस्लाम का विरोध, जिसका हवाला डॉ. ताहा हुसैन ने भी दिया है (पृ. 47 देखें), उसका यह मतलब नहीं कि यह लाज़मी तौर पर उनके हितों के ख़िलाफ़ था। लाज़मी तौर पर तो नहीं पर अक्सर-बेशतर विचार और विचारधाराएँ मानसिक भ्रम की सूचक होती हैं। उनके मानसिक प्रतिनिधानों में, जो एक विचारधारा के तत्त्व होते हैं, व्यक्ति अपने यथार्थ को 'सर नीचे, पाँव ऊपर' देखते हैं। इस्लाम ने मक्का के सौदागरों का आह्वान किया कि ग़रीबों और बदहालों की भलाई पर कुछ रक़म ख़र्च करें क्योंकि यही सामाजिक असन्तोष की लहर को रोकने और नए सामजिक-आर्थिक सम्बन्धों के उदय का मार्ग प्रशस्त करने का अकेला उपाय था। जैसाकि इस और आगे के अध्यायों के विश्लेषण से पता चलेगा, इस्लाम सौदागर वर्ग के हितों का विरोधी कभी नहीं रहा। वास्तव में वह एक अर्थ में इसी वर्ग के लिए जो कुछ वांछित था, उसी की पैदावार था।

जगत के सामने एक स्थायी चुनौती पैदा वह इस दख़लअन्दाज़ सभ्यता के ख़िलाफ़ उठ खड़े होकर इसे बाहर निकाले या न निकाले ? इस चुनौती से दो-चार होकर सीरियाई समाज ने जवाब देने की अनेक कोशिशें कीं, और इन सभी कोशिशों की एक साझी विशेषता थी। हर मुआमले में यूनान-विरोधी प्रतिक्रिया के बीच एक बुनियादी अन्तर था। ज़रतुस्त्री, यहूदी नेस्तोरी और एकस्वभाववादी (मोनोफाइजाइट) प्रतिक्रियाएँ नाकाम रहीं; इस्लामी प्रतिक्रिया ने एक धार्मिक आन्दोलन को अपना वाहक बनाया। फिर भी इनमें से पहले की चार प्रतिक्रियाएँ और अन्तिम प्रतिक्रिया कामयाब रहीं।' (ज़ोर हमारा)[50] वे आगे कहते हैं : 'खुद सम्राट हेराक्लाइट्स का यही नसीबा था कि वह तब तक मौत का मुँह न देखे जब तक कि वह पैग़म्बर मुहम्मद के वारिस उमर को अपने साम्राज्य में आकर सिकन्दर के बाद सीरियाई इलाक़ों में सभी यूनानीकरण करनेवालों के कारनामों को पूरी तरह और हमेशा-हमेशा के लिए तहस-नहस करते न देख ले। इसलिए कि इस्लाम वहाँ कामयाब रहा जहाँ उसके पहले के आन्दोलन नाकाम रहे थे। उसने सीरियाई जगत् से यूनानियत के सफ़ाए को पूरा कर दिया। उसने अरबों की ख़िलाफ़त में सीरिया के सार्वभौम राज्य का फिर से एकीकरण किया जिसे उसका ध्येय पूरा होने से पहले ही सिकन्दर ने तब निर्ममता से मिटा दिया जब उसने फ़ारस के एकियामिन्दी का तख़्ता पलटा था। आख़िरी बात। इस्लाम ने आख़िरकार सीरियाई समाज को एक देसी सार्वभौम चर्च प्रदान किया और इस तरह उसे सदियों के अधमरेपन के बाद इस क़ाबिल बनाया कि वह इस भरोसे के साथ अपनी जान निकल जाने दे कि सन्तान छोड़े बिना वह इस दुनिया से नहीं जा रहा है। कारण कि इस्लामी चर्च ही वह प्यूपा बना जिसे कालान्तर में नई अरब और ईरानी सभ्यताएँ पैदा हुई।'[51]

प्रोफ़ेसर टायनबी ने तीक्ष्ण दृष्टि के साथ ये वक्तव्य दिए हैं पर वे इस अभूतपूर्व क्रान्ति के कारण बताने में नाकाम रहे हैं या उससे परहेज़ कर गए हैं। वे सिर्फ़ इस (संवृत्ति को देखकर ही सन्तुष्ट हैं, और उससे परे जाकर उसके पीछे मौजूद भौतिक कारणों का विश्लेषण नहीं करते) जैसाकि हमने देखा, माँटगुमरी वाट भी बहुत गहराई में नहीं गए हालाँकि उन्होंने सामाजिक और आर्थिक कारणों का पता लगाने की बात कही थी। इसलिए अब हम उन कारणों का पता लगाने की कोशिश करेंगे जिन्होंने इस क्रान्ति को जन्म दिया।

जैसाकि पहले ही स्पष्ट किया गया है, रोम के पूर्वी सूबों में उत्पीड़ित जनता का धार्मिक विरोध आन्दोलन होकर भी ईसाइयत आगे चलकर खुद यूनानी रंग में रँग गई और यूनानी बुद्धिवाद स्तोइक दर्शन के सिद्धान्तों और पूरब के देसी घुमक्कड़ों या पशुपालकों के पन्थों का घालमेल बन गई। उसे इस रूप में खुद रोमी सम्राट कांस्टैंटाइन ने अपनाया ताकि वह उन गुलामों की विशाल संख्या में पनपते असन्तोष को ठंडा कर सके जिनके लिए यह धर्म बेपनाह आकर्षण रखता था। अब ईसाइयत खुद उत्पीड़क शासकों की पहचान बन गई थी और जो भी शोषण-विरोधी धार थी, जाती रही। वह अब सिर्फ़ 'स्वर्ग के साम्राज्य' की बात कर सकती थी जो दूर कभी भविष्य में साकार

होगा। अब तो ईमानवालों के लिए यही बचा था कि अपनी गुनाहों की ज़िन्दगी से निजात पाने के लिए कष्ट उठाएँ। उसके विपरीत इस्लाम उन व्यापारियों और जंगबाज़ों के शक्तिशाली और महत्त्वाकांक्षी उदीयमान वर्ग की विचारधारा था जो चाहते थे कि उनकी मेहनत का फल अभी, ऐतिहासिक व्यवहार के ढाँचे में मिले।*

इसके अलावा क़बीलाई सम्बन्धों को काटते हुए इस्लाम नगरवासी और घुमक्कड़, सभी अरबों को एक मंच पर ले आया। अपनी पुस्तक **द शेपिंग ऑफ़ द अ़रब्स** में कार्माइकेल बहुत सटीक टिप्पणी करते हैं : 'इस तरह यह इस्लाम ही था जिसने बहुत भिन्न-भिन्न कारणों से जन्म लेनेवाले उस **तह-दर-तह** पलायन को जन्म दिया जिसने उन्हें इस्लाम के अन्तर्गत एकजुट किया। मुस्लिम अरबों का प्रसार एक लम्बे विकासक्रम का चरमबिन्दु था। इस्लाम ने जिस चीज़ को बदला वह सिर्फ़ वह नारा था जिसके तहत आम लड़ाई लड़ी जाती थी; उसने बल्कि इस सामान्य आन्दोलन को ऐसा सीधा-सादा नारा प्रदान किया जो बड़े-बड़े साम्राज्यों के मुक़ाबले सभी अरबों को एकसाथ ला सके। इस तरह ग़ासानियों और लख़्मियों के छोटे-छोटे तटस्थ राज्यों पर अविश्वास करने के बाद इन साम्राज्यों ने ख़ुद को अरब क़बीलों के कहीं बहुत अधिक विशाल महासंघ से दो-चार पाया जो आदिम इस्लाम के सीधे-सादे सिद्धान्तों के अन्तर्गत अस्थायी रूप से एकजुट हो गए थे।'[52]

इस सन्दर्भ में इन दोनों साम्राज्यों के हितों की रक्षा करने में ग़ासान और लख़्म नाम के दो तटस्थ राज्यों की भूमिका भी ग़ौरतलब है; इन राज्यों की सीमाएँ उपरोक्त में से एक-एक साम्राज्य की सीमाओं से मिलती थीं। तीसरी सदी ईस्वी के लगभग मध्य में अरब उत्तर और उत्तर-पूर्व में रोम और फ़ारस के परस्पर विरोधी साम्राज्यों से घिरा हुआ था और प्रायद्वीप के आरपार फैला हुआ सीरियाई रेगिस्तान उनकी स्वाभाविक सीमा थी। अपने सरहदी इलाक़ों पर धावा बोलनेवाले और जो कुछ फ़ौरी तौर पर हाथ लेकर उसे लेकर जिस तेज़ी से आए थे उसी तेज़ी से फ़रार हो जानेवाले हमलावर बद्दुओं से अपनी रक्षा करने के लिए इन दोनों ताक़तों ने रेगिस्तान के किनारे-किनारे छावनियों की क़तार बनाने की ज़रूरत महसूस की। इस तरह क़बीलाइयों को क़ाबू में रखा गया। लेकिन चूँकि सिर्फ़ ताक़त एक महँगा और नाकाफ़ी इलाज साबित हुआ, इसलिए 'बाँटो और राज करो' की सुप्रसिद्ध उक्ति के अनुसार अनेक हमलावर क़बीलों को शाही मुलाज़िमत में लेने का फ़ैसला किया गया। नियमित तनख़्वाह और फ़ौरी लूट की सम्भावना—इसलिए कि उन दिनों रोम और फ़ारस लगभग हमेशा जंग में उलझे रहते थे—ये ऐसे प्रलोभन थे जिनको कोई सच्चा बद्दू ठुकरा नहीं सकता था। अरब का

*लेकिन इसका यह मतलब नहीं है कि इस आन्दोलन का कोई आध्यात्मिक आयाम नहीं था। इसके विपरीत यह मुख्यतः एक धार्मिक आन्दोलन था। यहाँ हम सिर्फ़ सामाजिक गतिशास्त्र का पता लगाने की कोशिश कर रहे हैं क्योंकि आध्यात्मिक प्रेरणा अपने आपमें किसी पेचीदा सामाजिक संवृत्ति की सुपर्याप्त व्याख्या नहीं हो सकती। प्रभुत्वशाली सामाजिक समूहों की आवश्यकताएँ एक वैचारिक आन्दोलन को शक़्ल देने में निर्णायक भूमिका निभाती हैं और इस्लाम भी इस नियम का अपवाद नहीं है।

बेरहम रेगिस्तान (अमीर व्यापारी कारवानों और शहरी केन्द्रों के निवासियों को लूटने के अलावा) जीविका का शायद ही कोई और उल्लेखनीय साधन प्रदान करता था। ग़ज़्वा (धावा) के नाम से विख्यात यह लूट अपनी शुद्ध आर्थिक आवश्यकता के कारण एक संस्था बन चुकी थी। जैसाकि सभी जानते हैं, अपने हठधर्मी दुश्मनों को झुकाने के लिए पैग़म्बर मुहम्मद तक ने इसका सहारा लिया था।

जनवरी 624 ईस्वी में उन्होंने यमन से लौट रहे एक मक्का के कारवाँ पर हमला बोला। पैग़म्बर मुहम्मद के विरोधियों ने इस धावे और बाद के धावों की काफ़ी कुत्साएँ की हैं। कुछ पश्चिमी लेखकों ने भी यहाँ तक कि उन्हें पैग़म्बर होने का दिखावा करनेवाला मात्र एक लुटेरा क़रार दिया है। वे वास्तव में पैग़म्बर मुहम्मद को ईसा मसीह के रहस्यवादी चरित्र के मुक़ाबले रखकर समझने की कोशिश करते हैं; ईसा ने अपने आपको रोमी ज़ालिमों के हवाले कर दिया था और सलीब पर प्राण त्याग दिए थे। इस बात को बारीकी से समझा जाना चाहिए कि पैग़म्बर मुहम्मद सिर्फ़ एक पैग़म्बर नहीं बल्कि एक राजनयिक भी थे जो अरब की क़बीलाई वीरानगी के अन्दर से एक राज्य स्थापित करने की कोशिश कर रहे थे। उन्होंने एक तिजारती कारवाँ पर धावे की रणनीति अपनाई (जो जैसाकि स्पष्ट किया जा चुका है, उन दिनों कुछ असामान्य नहीं था) ताकि मक्का के सौदागरों की जड़ों पर चोट की जा सके, इस तरह मिलनेवाले माले-ग़नीमत से मक्का से हिजरत करनेवालों की जीविका चलाई जा सके, और मदीना के समाज में पैग़म्बर की स्थिति भी मज़बूत हो। इस धावे से भी सभी मक़सद शानदार ढंग से पूरे हुए और पैग़म्बर मुहम्मद को एक कुशल रणनीतिज्ञ माना जाने लगा। यही एक इस्लामी राजसत्ता की स्थापना का आरम्भ था जिसका चरमबिन्दु यह था कि पैग़म्बर मुहम्मद को एक निर्विवाद शासक का सबसे यशस्वी पद प्राप्त हुआ। ऐसी बात उन दिनों अरब में सुनी तक नहीं गई थी।

अब हम अन्तर्राष्ट्रीय परिदृश्य पर वापस आते हैं। हमने देखा कि उन दिनों की दोनों बड़ी ताक़तें बद्दुओं के बेहद ख़ौफ़नाक धावों से अपने-अपने साम्राज्यों की सीमाओं की रक्षा के लिए कुछ घुमक्कड़ बद्दू क़बीलों को अपनी ओर लाने की कोशिश कर रही थीं। अरबों को अधीन बनाने के लिए रेगिस्तान के दिल तक पहुँचना उनके ख़्वाबों में भी नहीं आ सकता था। दोनों साम्राज्यों ने तरीक़ा यह अपनाया कि रेगिस्तान और हरियाली की सीमा पर किसी शासक को समर्थन दिया जाए और उसे इतना मज़बूत बना दिया जाए कि वह बसे-बसाए इलाक़ों पर बद्दुओं को हमले करने से रोक सके। बैजन्तीन की सीमा पर स्थित और उससे मदद पानेवाले ग़सान ने ईसाइयत को अपनाया। लेकिन अहम बात यह है कि उन्होंने आर्थोडाक्स ईसाइयत को नहीं अपनाया जो बैजन्तीनी शासकों का धर्म था। उन्होंने बल्कि एकस्वभाववाद नामक देसी क़िस्म को तरजीह दी। आर्थोडाक्स ईसाइयत ने एकस्वभाववाद के प्रति एक अस्पष्ट रुख अपनाया अर्थात कभी एक स्वभाववादी अपधर्मियों के साथ समझौता किया और कभी उनका दमन किया। अगर शासक की वफ़ादारी पर शक होता तो यह दमन और तेज़

कर दिया जाता। इस तरह राजनीति से धर्म का घनिष्ठ सम्बन्ध था और इसकी अहमियत मक्का के चालाक अरबों से छिपी नहीं रही जो बैजन्तीनी शासकों की अधिराजी से अपनी दूरी बनाए रखना चाहते थे। लख़्मी राजे बैजन्तीन के सख़्त दुश्मन थे और इसलिए उन्होंने ईसाइयत का ऐसा रूप अपनाया जो आर्थोडाक्स (अर्थात् नेस्तोरी या पूर्वी सीरियाई) ईसाइयों को एक सिरे से नापसन्द था। अपनी राजनीतिक श्रेष्ठता का दावा करने के लिए एक ओर बैजन्तीनी अधिराज और दूसरी तरफ़ सासानी तटस्थ राज्यों के शासक अरबों का दमन करते और इस तरह अपने दुश्मन आप पैदा करते थे। अल्फ्रेड ग्विलोम लिखते हैं: 'छठी सदी के बाद अरबी पश्चिम का इतिहास आर्थोडाक्सी के नाम पर दमन की एक लम्बी शृंखला का इतिहास रहा जिसका समापन सीरिया में अरबों की बेगानगी और यूनानी साम्राज्य के पतन के साथ हुआ। एकस्वभाववादियों के रूप में अरबों ने ईसा की दो प्रकृतियों के सिद्धान्त को मानने से बराबर इनकार किया। इन दुखी लोगों ने जो दमन झेला वह कभी-कभी बाद के बरसों में उनके साथ मुसलमानों के सुलूक से बदतर होता था।'[53] जब 563 ईस्वी में एक मशहूर अरब सरदार बैजन्तीन के सम्राट से मिलने गया तो वह उसकी आस्था की घोषणा करनेवाला एक पत्र भी साथ ले गया। इसका एक वाक्य अरबों की विद्रोही वृत्ति की विशेषता दिखाता है और इस्लाम के आरम्भ का संकेत देता है। उस वाक्य में कहा गया था: 'त्रिदेव एक ही ईश्वर, एक ही प्रकृति, एक ही सारतत्त्व हैं। जो इस सिद्धान्त को स्वीकार नहीं करेगा, कलंक का भागी बनेगा।' उसकी आस्था के ऐलान पर जब दो बिशपों ने दस्तख़त करने से मना कर दिया तो उसने इन अशुभ शब्दों में उत्तर दिया, 'अब मुझे पता चला कि तुम अपधर्मी हो। हम और हमारे फ़ौजी इसी सिद्धान्त को मानते हैं, जैसाकि पूरब वाले मानते हैं।' ग्विलोम की टिप्पणी है: 'यह साफ़-साफ दावा था एक देसी अरब ईसाइयत का जो यूनानी धर्मशास्त्रियों के सूक्ष्म परिष्कारों से मुक्त थी, और खुला दावा था तलवार के बल पर इस आस्था को सुरक्षित करने का।'[54] इस तरह हम देखते हैं कि ईसाइयत या तो अरबों को क़ुबूल नहीं थी या फिर उन्होंने इसे बैजन्तीनी आर्थोडाक्स चर्च से भिन्न किसी रूप में स्वीकार किया। यह सीधे-सीधे नतीजा था राजनीतिक टकराव का और उस फ़ख़्र का जो अरब अपनी देसी बातों को लेकर महसूस करते थे, हालाँकि वे बैजन्तीनी शासकों के अधीन थे। इसके अपने-अपने देसी एकस्वभाववादी या नेस्तोरी रूप तक में ईसाइयत यहाँ कुछ ख़ास न पनप सकी, सिवाय उन इलाक़ों के जो इन दो साम्राज्यों के प्रभाव क्षेत्रों में आते थे। अपने लम्बे-चौड़े कर्मकांडों के साथ ईसाइयत का जन्म एक दास-प्रथावाले खेतिहर समाज में हुआ था और इसलिए इसका शायद ही कोई आकर्षण अरबों के लिए था जिनके लिए उनकी आज़ादी सबसे बढ़कर थी।

ऊपर की विवेचना से स्पष्ट है कि अरबों में ईसाइयत जड़ें क्यों नहीं जमा सकी। संक्षेप में कहें तो प्रमुख कारण यूँ थे : (1) जहाँ तक मक्का के अरबों का सवाल है, ईसाइयत रोमी शासकों से जुड़ी हुई थी और वे अच्छे सौदागरों के रूप में उनसे कोई

नाता जोड़ने से बचे रहकर अपनी स्वतन्त्रता बनाए रखना चाहते थे। इसलिए उन्होंने ईसाइयत को भी हाथ भर दूरी पर रखा। (2) बद्दू अरब इतने अराजक थे कि ऐसे लम्बे-चौड़े कर्मकांडों, मतों और सिद्धान्तोंवाली ईसाइयत जैसे किसी भी धर्म को नहीं अपनाते, जो उत्तर के आबाद खेतिहर लोगों के लिए अधिक उपयुक्त थे। (3) ग़सानियों और लख़्मियों ने क्रमशः रोमी और सासानी साम्राज्यों की सीमाओं पर तटस्थ राज्य बना रखे थे और राजनीतिक कारणों से ईसाइयत को अपनाया था। लेकिन उनकी ईसाइयत उनके सामराजी अधिराजों से भिन्न थी, क्योंकि उनके पास सामराजी अधिराजों के मुक़ाबले अपने क़ौमी गुरूर और अपनी चिढ़ को व्यक्त करने का यही एक रास्ता था। (4) आमतौर पर अरब अपनी नस्ल के बारे में इतने मग़रूर होते थे कि वे आसानी से किसी विदेशी विचारधारा के आगे समर्पण नहीं करते थे, चाहे वह कितनी ही सुस्थापित क्यों न रही हो। उनका झुकाव अपने देसी धर्म की ओर अधिक था, और इस्लाम उनके लिए ऐसा ही एक धर्म बनकर आया। यह बात इस तथ्य से भी साबित होती है कि शुरू में ज़रा से प्रतिरोध के बाद ग़सानी और लख़्मी शासकों ने ख़ुशी-ख़ुशी इस्लाम अपना लिया और अपने पिछले मालिकों पर हमले करने के लिए अपने अरब भाइयों से हाथ मिला लिया। कमोबेश ये ही कारण यहूदियत पर भी लागू होते हैं। ऊपर की विवेचना से हम यह नतीजा निकाल सकते हैं कि अरब सौदागर पूँजीपति अपनी खुद की एक विचारधारा और अपनी एक राजसत्ता चाहते थे जो देश-विदेश में व्यापार के प्रसार की ज़मानत बन सके। वे किसी दूसरी ताक़त के अधीन बनना नहीं चाहते थे क्योंकि इसके चलते लगनेवाले महसूलों और दूसरे कारणों से इसी प्रसार में बाधा पैदा होती। इसके अलावा, ऊपर दर्ज कारणों से, ईसाइयत संसार के त्याग पर ज़ोर देती थी जबकि अरब जीवन के प्रति कोई नकारात्मक रुख़ नहीं अपनाते क्योंकि उनका व्यापार बढ़ रहा था और वे और भी उत्तर के इलाक़े जीतने की महत्त्वाकांक्षा पाले हुए थे ताकि उनके व्यापार का क्षेत्र सुरक्षित हो सके।

एक पशुपालक से व्यापारिक अर्थव्यवस्था में जो रूपान्तरण मक्का में हो रहा था और उसके साथ क़बीले जिस तरह विघटित हो रहे थे, उनके कारण ऊपरी ढाँचे में भी संगत परिवर्तन आवश्यक हो गए। संगत परिवर्तनों से हमारी मुराद किसी प्रकार की यान्त्रिक संगति से नहीं हैं; मानव-मन में बेपनाह रचनात्मक समताएँ और समन्वय की शक्तियाँ होती हैं। किसी नई विचारधारा का कोई भी प्रतिपादक अपने फ़ौरी माहौल के अलावा दूसरे कारणों से भी प्रभावित होता है जिनमें उसकी परम्परागत धरोहर भी शामिल है। इस्लाम के आरम्भिक इतिहासकार हमें बतलाते हैं कि मक्का के कुछ व्यक्ति वहाँ के हालात से बेहद असन्तुष्ट थे और उन्होंने 'नवीन सत्य' की तलाश शुरू कर दी थी। उन्हें हनीफ़ (बहुवचन : हुनफ़ा) कहा जाता था। हुनफ़ा इसलिए कहा जाता है कि वे ईश्वर की एकता के विचार की ओर आकृष्ट थे। समाज का क़बीलाई विभाजन शायद नई स्थिति में समस्याएँ पैदा कर रहा था और समाज में एकता की आवश्यकता अपने को संज्ञान और चेतना के स्तर पर ईश्वर की एकता के रूप में व्यक्त कर रही

थी। आख़िरकार नवीन सत्य की यह तलाश इस्लाम के रूप में अपने चरम पर पहुँची। यही समाज की बुनियादी ज़रूरत भी थी। ऐतिहासिक दृष्टि से कहें तो (भले ही इसकी अभिव्यक्ति एक धार्मिक माध्यम से हुई हो) ईश्वर की एकता मक्का के समाज के लिए उतनी ही आवश्यक थी जितनी मध्यकालीन यूरोप के सामन्ती दौर से जन्म लेनेवाले औद्योगिक समाज के लिए राष्ट्र-राज्य थे। पैग़म्बर मुहम्मद की प्रतिभा इसमें निहित थी कि उन्होंने इसे सबसे सटीक और शक्तिशाली अभिव्यक्ति दी। आर्थिक रूपान्तरण के साथ सांस्कृतिक परिवर्तन अपरिहार्य थे। एक क़बीलाई समाज में अर्थव्यवस्था की तरह संस्कृति भी आमतौर पर एक आदिम शक्ल में पाई जाती है। जब क़बीलाई से व्यापारिक अर्थव्यवस्था में बुनियादी ढाँचे का परिवर्तन हुआ तो सांस्कृतिक और वैचारिक ऊपरी ढाँचे में परिवर्तन की ज़रूरत भी तीखे ढंग से महसूस की गई।

मंच पर इस्लाम के आने से पहले आर्थिक, सामाजिक या नैतिक क्षेत्र में आदिम क़बीलाई नियमों का पालन किया जाता था। लिखित क़ानूनों के अभाव में क़बीलाई परम्पराएँ लोगों का मार्गदर्शन करती थीं। इस्लाम ने, जो मक्का में आर्थिक रूपान्तरण के बाद मंच पर आया, उस समाज को सामाजिक और आर्थिक, विभिन्न क्षेत्रों में लिखित और सूत्रबद्ध नियम दिए। उसने उसे एक फ़ौजदारी क़ानून तक दिया जो अनेक अर्थों में एक क़बीलाई समाज के फ़ौजदारी क़ानून से मेल खाता था। लेकिन—और यह बात अहम है—पिछले तौर-तरीक़ों के विपरीत यह मात्र प्रतिशोध का रिवाज नहीं था बल्कि ऐसा फ़ौजदारी क़ानून बन गया जिसका तक़ाज़ा था कि या तो परिस्थितिजन्य साक्ष्यों से या चश्मदीद गवाहों के सहारे जुर्म को साबित किया जाए। इस बात पर **क़ुरआन** में ज़ोर दिया गया है कि व्यापारिक समझौते लिखित किए जाएँ। **क़ुरआन** ने विरासत, तलाक़, निकाह आदि के बारे में विस्तृत नियम भी प्रस्तुत किए। **क़ुरआन** ने अरबों को बताया कि वे किसी घर में कब और कैसे जाएँ, इस तथ्य से पता चलता है कि वे तब तक सांस्कृतिक रूप से कितने पिछड़े हुए थे। **क़ुरआन** में कहा गया हैः 'ऐ ईमानवालो, मत जाया करो किसी के घरों में अपने घरों के सिवाय, जब तक पूछ न लो और सलाम न कर लो उन घरवालों पर। यही बेहतर है तुम्हारे हक़ में ताकि तुम याद रखो। फिर अगर न पाओ उसमें किसी को तो उसमें न जाओ, जब तक कि इजाज़त न मिले तुमको। और अगर तुमको जवाब मिले कि फिर जाओ (वापस चले जाओ) तो फिर जाओ। इसी में ख़ूब सुथराई है तुम्हारे लिए। और अल्लाह जो कुछ तुम करते हो जानता है। नहीं गुनाह तुम पर इसमें कि जाओ उन घरों में जहाँ कोई नहीं बसता।...और अल्लाह को मालूम है जो कुछ तुम ज़ाहिर करते हो और जो छिपाते हो।'[55]

ऊपर दर्ज आयतों से ज़ाहिर है कि **क़ुरआन** को व्यवहार की मामूली से मामूली बातों तक पर ध्यान देना पड़ा। दूसरे शब्दों में, अरबों को एक विचारधारा और एक विश्वदृष्टि प्रदान करने के अलावा, इस्लाम ने एक सभ्यताकारी भूमिका भी निभाई जिसका एक ऐतिहासिक महत्त्व था। क़बीलाई संस्कृति से धरोहर में मिले अधिक मुक्त यौन-व्यवहार पर अंकुश लगाया गया और स्त्रियों से कहा गया कि वे कैसे लिबास पहनें कि उनकी

इस्मत सुरक्षित रहे। अगले अध्याय में हम इनमें से कुछ पक्षों की विवेचना करेंगे क्योंकि इनसे सम्बन्धित विस्तृत नियम मदीना में नाज़िल हुए सूरों (अध्यायों) में मिलते हैं। यहाँ हम सिर्फ़ उन समस्याओं और पक्षों की विवेचना करेंगे जो मक्का में उठाए गए। मक्का के जीवन के पहलुओं में एक पहलू दास-प्रथा का था जिसका मक्का के समाज में मौजूद बुराइयों में योगदान था। ध्यान रहे कि लगभग ये सारे गुलाम विदेशी मूल के थे, हालाँकि कुछ तो कमज़ोर या पराजित क़बीलों के अरब भी रहे होंगे। इस्लाम से पहले मक्का के समाज से प्राप्त दस्तावेज़ों से पता चलता है कि इन गुलामों के साथ अच्छा सुलूक नहीं किया जाता था, ख़ासकर इसलिए कि वे विदेशों के थे। गुलामों में मौजूद असन्तोष भी शान्ति भंग कर रहा था और उन दिनों मौजूद ऐतिहासिक परिस्थितियों में जितना भी सम्भव था, उनकी हालत को सुधारना आवश्यक था। अहम बात यह है कि इस्लाम के आरम्भिक अनुयायियों में विदेशी मूल के कुछ गुलाम भी थे। इनमें से एक बिलाल थे जो पैग़म्बर मुहम्मद के निजी ख़िदमतगार थे। उन्हें एक निश्चित ढंग से नमाज़ के लिए अज़ान देने की इज़्ज़त बख़्शी गई थी।

यहाँ अहम सवाल यह है : पैग़म्बर के वक़्त में अरब समाज के लिए दास-प्रथा कहाँ तक आवश्यक थी ? यह मक्का की अर्थव्यवस्था से कहाँ तक जुड़ी थी ? मक्का की अर्थव्यवस्था अन्तर्राष्ट्रीय व्यापार पर निर्भर थी और कृषि लगभग अज्ञात थी, यहाँ तक कि पैग़म्बर के मक्का के कुछ साथियों ने मदीना पहुँचने के बाद ही खेतिहर कार्यकलाप पहली बार देखे। मसलन अम्मार बिन यासिर को उद्धृत करते हुए तबरी बतलाते हैं: 'ज़ात अल-अशीर पर इस धावे के दौरान मैं और अली अल्लाह के रसूल (शान्ति हो उन पर) के साथ थे और हमने एक जगह ख़ैमा डाला। वहाँ हमने बनी मद्‌सज के कुछ लोगों को एक नख़लिस्तान में खेती के कामों में व्यस्त देखा। तब मैंने कहा, 'अली, आओ, देखें कि वे लोग खेती के काम कैसे कर रहे हैं।'[56]

व्यापारिक अर्थव्यवस्था को दास-प्रथा की अपने-आपमें ज़रूरत नहीं पड़ती। यह आर्थिक संरचना क़बीलाई जीवन-पद्धति से पैदा होनेवाले आदिम खेतिहर समाज की उपज है। मक्का ने कृषि या सामन्तवाद के मध्यवर्ती चरण से गुज़रे बिना क़बीलाई समाज से व्यापारिक समाज में सीधे छलाँग लगाई। मदीना तक में जहाँ खेती मुमकिन थी, काश्त के क़ाबिल ज़मीनों पर अधिकांश दृष्टान्तों में सामूहिक स्वामित्व था। इस तरह दास-प्रथा मक्का के, या उसी कारण मदीना के समाज की सामाजिक-आर्थिक संरचना नहीं थी। ऐन मुमकिन है कि वह उधार ली गई एक संस्था थी। मक्का के व्यापारी ज़रूरतन पूर्वोत्तर और पश्चिमोत्तर अरब के, अर्थात् सासानी और रोमी साम्राज्यों के जनगणों के सम्पर्क में बराबर आते रहते थे। रोमी साम्राज्य में दास-प्रथा निश्चित ही एक प्राचीन संस्था थी। हम रोमी सूबों में गुलामों के ग़ैर-इंसानी हालात पहले ही देख चुके हैं। इस तरह ऐन मुमकिन है कि दास-प्रथा की संस्था इन्हीं सूबों से ली गई हो। फिलीप हित्ती भी कहते हैं: 'इस्लाम ने दास-प्रथा की प्राचीन सामी संस्था को बरक़रार रखा जिसकी वैधता को पूर्व विधान (ओल्ड टेस्टामेंट) ने स्वीकार किया है,

लेकिन उसने दासों की हालत में उल्लेखनीय सुधार किया। **क़ुरआनी** क़ानून मुस्लिम को अपने सहधर्मी को गुलाम बनाने से रोकता था, पर इस्लाम स्वीकार करनेवाले किसी विदेशी ग़ुलाम को आज़ादी का वचन नहीं देता था। आरम्भिक इस्लाम में ग़ुलाम युद्धबन्दियों में से भर्ती किए जाते थे, जिनमें स्त्रियाँ और बच्चे भी शामिल होते थे, बशर्ते उन्हें धन देकर छुड़ा न लिया जाए, या फिर वे ख़रीदारी और धावों से प्राप्त किए जाते थे। जल्द ही दासों का व्यापार सभी मुस्लिम इलाक़ों में बहुत ज़ोरों का और मुनाफ़ाबख़्श कारोबार हो गया।'[57]

इस तरह हम देखते हैं कि दास-प्रथा मक्का के समाज की अर्थव्यवस्था का अभिन्न अंग नहीं थी बल्कि ऐन मुमकिन है कि प्राचीन रोम से ली गई हो। लेकिन यह बात तय दिखाई देती है कि इस्लाम के उदय से पहले मक्का में विदेशी मूल के बहुत से दास थे जो समाज का सबसे निचला हिस्सा थे, और यह कि उनमें असन्तोष मौजूद था। इस्लाम ने हालाँकि दासप्रथा का उन्मूलन नहीं किया, पर उसने दासों को शान्त करने के लिए उनकी हालत सुधारने की कोशिश ज़रूर की। पैग़म्बर ने भी एक धार्मिक कर्त्तव्य के रूप में उनकी मुक्ति को प्रोत्साहित किया। उन्हें यहाँ तक कहते बताया गया है (बुख़ारी, **किताबुल-बूयुअ**) कि 'मैं क़यामत के रोज़ हर उस शख़्स के ख़िलाफ़ गवाह रहूँगा जो एक आज़ाद इंसान को पकड़ता और उसकी तिजारत करता है।' **क़ुरआन** के अनुसार गुलामों को आज़ाद करने से बहुत से गुनाह, जैसे इत्तफ़ाक़िया क़त्ल (सूरा 10, आयत 11), किसी ऐसे वचन को न निभाना जिसे एक शख़्स निभाना नहीं चाहता (5 : 89), या ऐसे किसी तलाक़ को वापस लेना जिसमें एक शख़्स ने अपनी बीवी को अपनी माँ कह दिया हो (58 : 3), मुआफ़ हो जाते हैं। इसके अलावा, जैसाकि कहा जा चुका है, **क़ुरआन** ने जक़ात का एक हिस्सा गुलामों की रिहाई के लिए (9 : 60) रखा है। प्राचीनकाल से ही युद्ध दास-प्रथा का एक और स्रोत था। लेकिन **क़ुरआन** इस स्रोत से भी दास-प्रथा को प्रोत्साहन नहीं देता। उसमें कहा गया है: 'सो जब तुम मुक़ाबिल हो मुनकिरों के तो मारो गर्दनें, और जब तुम पस्त कर चुको उन्हें तो मज़बूत बाँध लो क़ैद में उन्हें। फिर आज़ाद कर दो उन्हें या लो मुआवज़ा, जब तक कि लड़ाई डाल न दे अपने हथियार। इसी तरह का होगा तुम्हारा सुलूक।'[58] लेकिन एक और आयत (33 : 50) में **क़ुरआन** ने माले-ग़नीमत (युद्ध में मिला दुश्मन का माल) के रूप में गुलाम लड़कियाँ हासिल करने की इजाज़त दी है। इस आयत में कहा गया है : 'ऐ नबी,* हमने हलाल रखीं तुझको तेरी औरतें जिनके मेह्र तू दे चुका है, और जो माल हो तेरे हाथ का** जो अल्लाह ने तेरे हाथों में सौंपा है...।' इन दोनों आयतों में तालमेल देखने के लिए यह बात माननी होगी कि 47:4 में दी गई हिदायत अपवर्जक (एक्सक्लूसिव) नहीं, वैकल्पिक है, और निराकारी (एब्रोगेटिव) तो उससे भी कम है, हालाँकि इब्न-रुश्द ने युद्धबन्दियों को गुलाम न बनाने पर पैग़म्बर के सहाबा (साथियों)

* पैग़म्बर—अनुवादक। ** गुलाम लड़कियाँ—अनुवादक।

के बीच मतैक्य की बात कही है।[59] यह बात सुज्ञात है कि खुद पैग़म्बर ने न सिर्फ़ हिजरी साल 5 में बनू-अल-मुस्तलीक़[60] और हिजरी 8 में हवाज़ीन[61] बल्कि आगे चलकर हिजरी 9 तक में बनू अम्बर[62] को गुलाम बनाया था, हालाँकि कहा गया है कि ये गुलाम बनाए गए लोग बाद में रिहा कर दिए गए थे।

क़ुरआन की इन तमाम हिदायतों के बावजूद मुस्लिम देशों में गुलामी बड़े पैमाने पर जारी रही जब तक कि हमारे अपने दौर में इसका उन्मूलन नहीं कर दिया गया। मुस्लिम स्रोतों से हमें दुनिया-ए-इस्लाम में मौजूद गुलामों की तादाद का अन्दाज़ हो सकता है। मूसा बिन नुसैर अफ्रीका से कोई 3,00,000 गुलाम ले आए जिनके पाँचवें भाग को उन्होंने अल-वलीद के हवाले कर दिया।[63] स्पेन के गोथिक कुलीनों के यहाँ से उन्होंने 30,000 क्वाँरियों को गिरफ़्तार किया।[64] सिर्फ़ सोग्दियाना से क़तय्यबा को मिले गुलामों की तादाद 1,00,000 थी।[65] अल-ज़ुबैर बिन अल-अव्वाम ने अपने पीछे दूसरी वस्तुओं के अलावा एक हज़ार दास-दासियों को छोड़ा।[66] मक्का के मशहूर इश्क़िया शायर उमर बिन अबी-राबिया के पास 70 से अधिक गुलाम थे। प्रोफ़ेसर हित्ती कहते हैं कि 'किसी उमैया शाहज़ादे के लिए कोई एक हज़ार गुलामों का दस्ता रखना असाधारण काम नहीं था। सिफ़्फ़ीन की लड़ाई में सीरियाई फ़ौज के आम फ़ौजी तक की ख़िदमत में एक से दस गुलाम रहते थे।'[67] इस तरह हम देखते हैं कि दास-प्रथा को कम करने का मात्र धार्मिक निर्देश कुछ ख़ास कारगर नहीं हुआ क्योंकि उसे समाप्त या कम करने के लिए आवश्यक ठोस परिस्थितियाँ थीं ही नहीं। इस्लाम ने निश्चित ही गुलामी का उन्मूलन नहीं किया; उसने सिर्फ़ उसे कम करने की कोशिश की। अगर इस्लाम ऐसा करता भी, जैसा कि उसने सूदख़ोरी के सिलसिले में किया, तो भी सूदख़ोरी की ही तरह उसका वजूद बना रहता। कमज़ोर क़बीलों के या विदेशी मूल के कुछ गुलामों ने पैग़म्बर की मृत्यु के बाद प्रतिष्ठान के लिए भारी मुसीबतें खड़ी कीं। फ़ारसी मूल के एक गुलाम फ़ीरोज़ ने दूसरे ख़लीफ़ा उमर को क़त्ल किया। क़त्ल का कारण इस प्रकार था – एक दिन फ़ीरोज़ ने ख़लीफ़ा उमर से शिकायत की कि उसका मालिक मुग़ीर बिन शुअबा उससे भारी कर वसूल रहा था, और यह कर कम किया जाना चाहिए। ख़लीफ़ा ने पूछा कि उससे कितनी वसूली की जा रही थी। गुलाम ने जवाब दिया कि उससे रोज़ाना दो दिरहम लिया जा रहा था। इस पर ख़लीफ़ा ने पूछा कि उसका काम (पेशा) क्या था। गुलाम ने जवाब दिया, बढ़ईगीरी, लुहारी और छापा बनाना। तब उमर ने कहा कि उस हालत में वह जो कुछ दे रहा था, बहुत अधिक नहीं था।[68] फ़ीरोज़ इस फ़ैसले से बहुत विचलित हो उठा और अगले दिन फ़ाजर (सुबह) की नमाज़ के वक़्त उसने ख़लीफ़ा उमर को चाकू मार दिया जो कुछ समय बाद अपने ज़ख़्मों के कारण मर गए। ध्यान देने की बात यह है कि उस गुलाम के असन्तोष का कारण यह था कि उसका उसकी हैसियत से अधिक शोषण किया जा रहा था। इसे एक अलग-थलग मिसाल नहीं माना जा सकता।

दूसरी मिसालें भी मौजूद हैं। अम्मार बिन यासिर, जो एक गुलाम स्त्री के बेटे थे,

स्वभाव से विनम्र होते हुए भी तीसरे ख़लीफ़ा उस्मान के ख़िलाफ़ एक आन्दोलन की अगली क़तार में थे। अम्मार बिन यासिर ने एक बार उस्मान की आलोचना की कि वे सरकारी ख़ज़ाने से अपने हक़ से अधिक रक़म ले रहे हैं। उस्मल का सर फिर गया और उन्होंने कहाः 'ऐ गुलाम औरत की औलाद ? मेरे ख़िलाफ़ ऐसा कहने की जुरअत कैसे की ?' फिर उस्मान के कहने पर अम्मार को पकड़ लिया गया। उस्मान ने उन्हें इतना पीटा कि वे बेहोश हो गए।[69] जैसाकि हम आगे देखेंगे, कूफ़ा इस विद्रोह का केन्द्र था क्योंकि वहाँ की आबादी अधिकतर विदेशी मूल के गुलामों और दूसरे लोगों की थी। अब्बासी दौर में जंज़ की मशहूर बग़ावत थी, जिसने साम्राज्य की जड़ें तक हिला दीं, अफ्रीकी गुलामों के नेतृत्व में चली। ये सभी बातें विश्वासोत्पादक ढंग से दिखाती हैं कि गुलामों के साथ नेक व्यवहार की धार्मिक हिदायत के बावजूद कुछ ख़ास बदलाव नहीं आया तथा गुलामों और समाज के दूसरे शोषित समूहों को अपनी लड़ाइयाँ ख़ुद लड़नी पड़ीं।

एक पशुपालक से व्यापारिक अर्थव्यवस्था में हो रहे रूपान्तरण के कारण अरब समाज अपनी नवविकसित आवश्यकताएँ पूरी करने के लिए अपना ख़ुद का वैचारिक ऊपरी ढाँचा विकसित करने के प्रयास कर रहा था जिसमें विधिशास्त्र भी शामिल था। अरबों के क़ौमी गुरुर और उनके अधीन होने के डर ने उन्हें ईसाइयत या यहूदियत को अपनाने नहीं दिया। इसके अलावा, जैसाकि हम देख चुके हैं, बिल्कुल भिन्न परिस्थितियों में पैदा होनेवाले ये धर्म उनकी स्थिति में काम नहीं आते। मक्कावाले दौर की कुछ आरम्भिक आयतें भी यही दिखाती हैं कि मक्का के सौदागर मुहावरतन 'दूध और शहद' से भरपूर समाज की इच्छा रखते थे। ये आयतें इसकी दृष्टान्त हैं, 'और सिला (पुरस्कार) दिया' उनको उनके सब्र पर—जन्मत का बाग़ और पोशाक रेशमी। तकिया लगाए बैठे हैं वहाँ तख़्तों के ऊपर, नहीं झेलते वहाँ तपती धूप, न कड़ाके की ठंड। और झुक रहे हैं उन पर पेड़, उनको छाँव करने के लिए, और पस्त कर रखे हैं उनके गुच्छे लटकाकर। और लोग लिये फिरते हैं उनके पास बर्तन चाँदी के, और कुल्हड़ जो हो रहे हैं शीशे के, शीशे हैं चाँदी के, और माप रखा है उनका माप, और उनको वहाँ पिलाते हैं प्याले जिनमें मिली हुई है सोंठ। एक चश्मा है उसमें, उसका नाम रखा है सल्बसील। और फिरते हैं उनके पास ग़िलमान (ख़ूबसूरत लड़के), सदाबहार रहनेवाले। जब तू उनको देखेगा, ख़याल करेगा कि मोती हैं बिखरे हुए। और जब तू देखेगा वहाँ तो देखेगा नेमत और सल्तनत बड़ी। ऊपर की पोशाक उनकी कपड़े हैं रेशम के, सब्ज़ और गाढ़े, और उनको पहनाए जाएँगे कंगन चाँदी के। और पिलाएगा उनको उनका रब शराब जो पाक करेगी दिल को। यह है तुम्हारा सिला, और कमाई तुम्हारी ठिकाने लगी।'[70]

इन आयतों में मौजूद वर्णन से स्पष्ट है कि मक्का के कम-से-कम कुछ लोग तमाम सम्भव विलासिताओं के सपने ज़रूर देखते थे। कहीं ऐसा तो नहीं कि पैग़म्बर की कल्पना-शक्ति मक्का के सौदागरों के सामने वह सब सपने रखना चाहती थी जिन्हें वे

देखना चाहते थे ? इसलिए कि मक्का में नाज़िल हुए सूरों में ऐसी ही बातें बार-बार कही गई हैं। एक और सूरा में कहा गया है :

> बेशक नेक लोग हैं आराम में; तख़्तों पर बैठे देखते होंगे। पहचान देख उनके मुँह पर ताज़गी और आराम की। उनको पिलाई जाती है शराब ख़ालिस, मुहूर लगी हुई, जिसकी मुहूर जमती है मश्क पर, और उस पर चाहिए कि पिए पीनेवाला और उसमें मिलाया जाता है पानी तस्नीम का जो एक चश्मा है, जिससे पीते हैं वे लोग जो नज़दीक हैं अल्लाह की ज़ात के। (**क़ुरआन**, सूरा 83, आयत 22-28)

मक्का में नाज़िल एक और सूरा में कहा गया है :

> तकिया लगाए बैठे हैं बिछौनों पर जिनके अस्तर हैं ताफ़्ते (सोने की कढ़ाईवाले रेशम) के, और मेवा उन दो बाग़ों का झुक रहा है उन पर। फिर क्या-क्या नेमतें तुम अपने रब की झुठलाओगे ? उनमें औरतें हैं नीची निगाहवालियाँ, नहीं नज़दीकी की जिनसे किसी आदमी ने इससे पहले, और न किसी जिन्न ने। फिर क्या-क्या नेमतें तुम अपने रब की झुठलाओगे ? वे कैसी हैं, जैसीकि लाल और मूँगे। फिर क्या-क्या नेमतें तुम अपने रब की झुठलाओगे ?...(**क़ुरआन**, सूरा 55, आयत 54-59)

क़ुरआन से ऐसी ही बहुत सी दूसरी आयतें भी उद्धृत की जा सकती हैं। यह बात भी अहम है कि ऐसे सुख-आराम के जीवन के वर्णन मक्कावाले सूरों में सबसे अधिक ज़ोरदार हैं। दूसरी ओर मदीनावाले सूरे, भले ही वे जन्नत और उसके सुख-आराम की बातें करते हों, इस सुख-आराम की रंगारंगी और समृद्धि पर कम ज़ोर देते हैं। ज़ोर में यह तब्दीली क्यों आई ? अगर हम मक्का और मदीना के अलग-अलग हालात पर नज़र रखें तो इसकी व्याख्या करना बहुत मुश्किल नहीं होगा। मदीना में पैग़म्बर धनी सौदागरों से मुख़ातिब नहीं थे, जैसे कि मक्का में थे। वहाँ उनका सरोकार अपने पक्के इरादों वाले अनुयायियों के एक दल से था, और यहूदियों से भी था। मदीना में उनके अनुयायी दुर्लभता के कारण एक सादा जीवन जीने के लिए मजबूर थे। दूसरी ओर मक्का के सौदागर विलासिता की वस्तुओं की ख़रीद-फ़रोख़्त करते थे और जीवन के सभी सोचे जा सकनेवाले आरामों के लिए लालायित थे। रोमी और सासानी साम्राज्यों के शासकों के साथ और उनकी सीमाओं पर स्थित तटस्थ राज्यों के शासकों के साथ भी उनका गहरा सम्पर्क था। इतना ही नहीं, वे इन राज्यों को बारीक रेशम, कस्तूरी, धूप-बत्ती आदि विलासिता की वस्तुओं की आपूर्ति भी करते थे। जैसाकि इन सूरों में बयान किया गया है, वे अपने साथियों और चाकरों के साथ इन वस्तुओं का आनन्द भी लेते रहे होंगे।

पैग़म्बर मुहम्मद खुद एक व्यापारी थे और व्यापारी दौरों पर उत्तर की ओर जाते रहते थे। उन्होंने अपनी आँखों ऐसी अय्याशियाँ देखी होंगी, और अपने मक्का के साथी सौदागरों की इच्छाओं से वे परिचित रहे होंगे। ऊपर दर्ज आयतों से लगता है कि वे नेकचलन लोगों के लिए स्वर्ग के जीवन की एक तस्वीर पेश करती हैं, पर वास्तव में वे एक सुसंस्कृत जीवन और उससे जुड़ी तमाम नज़ाकतों के प्रति मक्का के उन सौदागरों की आकांक्षाओं को प्रतिबिम्बित करती हैं जिनको ये आयतें सम्बोधित थीं। इनमें जो मनोरम दृश्य पेश किया गया है उसका ख़याल सिर्फ़ उसी के मन में आ सकता है जिसने एक समृद्ध समाज को देखा हो। खुश्क रेगिस्तानों में ऐसे बिम्ब जन्म नहीं लेते। जैसाकि हमने देखा, पैग़म्बर के दौर में मक्का नगर में एक ओर बेपनाह दौलत थी तो दूसरी ओर घोर ग़रीबी थी। इसलिए इन क़ुरआनी आयतों ने मक्का के साधनहीनों से परलोक में उन चीज़ों का वादा करके जिनसे उन्हें यहाँ वंचित रखा गया था, उनकी कुचली हुई भावनाओं को भी सहलाया होगा।

हिरा पहाड़ी की एक खोह में बरसों तक ध्यान-मनन करने के बाद पैग़म्बर मुहम्मद कुछ ऐसे नतीजों पर पहुँचे कि अगर उन पर अमल किया जाता तो मक्का का समाज पूरी तरह बदल गया होता। (धनी विधवा ख़दीजा से विवाह के बाद पैग़म्बर के पास जीवनयापन के पर्याप्त साधन थे और इतनी फ़ुर्सत भी थी कि वे ध्यान-मनन कर सकें।) ज़ाहिर है उन्हें इस बात का विश्वास था कि यह सब उन पर अल्लाह की तरफ से फ़रिश्तों में सर्वश्रेष्ठ फ़रिश्ता जिब्रील के माध्यम से नाज़िल हुआ है। पैग़म्बर मुहम्मद की वहियों (ईश्वरीय सन्देशों) का आरम्भ इन लफ़्ज़ों से होता है (**क़ुरआन**, सूरा 96, आयत 1-5) : 'पढ़ अपने रब के नाम से जो सबका बनानेवाला है, जिसने बचाया आदमी को जमे हुए लहू से। पढ़ उस रब के नाम से जो बड़ा ही करीम है, जिसने इल्म सिखाया क़लम से, सिखलाया आदमी को वह सब जो वह नहीं जानता था।' इन आयतों के महत्त्व को तभी समझा जा सकता है जब हम इस तथ्य पर ग़ौर करें कि मक्का में भले ही अन्तर्राष्ट्रीय व्यापार का विकास हो चुका था, पर वहाँ निरक्षरता इतनी अधिक थी कि इस्लाम के आरम्भिक दिनों में क़ुरैश क़बीले के कुल 17 लोग पढ़-लिख सकते थे।[71] (मुसलमानों का विश्वास है कि पैग़म्बर खुद एक उम्मी थे अर्थात् पढ़ना और लिखना नहीं जानते थे।) इस तरह पहली वही (ईश्वरीय सन्देश) पढ़ाई और लिखाई पर सही तौर पर ज़ोर देती है। वह रब जो करीम है, क़लम का इस्तेमाल उसी ने सिखाया! मक्का के समाज में क़लम के इस्तेमाल से ज़्यादा फ़ायदे की चीज़ और क्या हो सकती थी ?

पैग़म्बर मुहम्मद, जिन्होंने उत्तर के प्रगतिशील समाज और उसकी सभ्यता को देखा था, मक्का के हालात से बहुत दुखी महसूस करते होंगे जो उत्तर के उन्नत समाजों के साथ होनेवाले व्यापार से हासिल दौलत के बावजूद, अभी भी क़बीलाई ज़िन्दगी के गड्ढे में फँसा हुआ था। क़बीलों के आपसी गँठजोड़ों और व्यापारिक निगमों के बावजूद मक्का के लोगों का दृष्टिकोण अभी भी क़बीलाई था। ईसाइयत या यहूदियत के विपरीत

अरबों का अपना कोई धर्म, कोई ग्रन्थ, कोई लिखित विधान या क़ानून लागू करनेवाला तन्त्र नहीं था। उनके पास कुछ था तो ऐसे क़बीलाई पन्थों की एक खिचड़ी थी जो विभाजक प्रवृत्तियों को बल पहुँचा रहे थे और कुछ सदियों पुरानी परम्पराएँ थीं जो पुरानी पड़ती जा रही थीं और नए हालात में सीधे-सीधे रोड़े अटकाने लगी थीं। महान सन्तों और पैग़म्बरों की परम्परा के ऐन अनुसार पैग़म्बर मुहम्मद ने हिरा पहाड़ी की गुफा में मनन का रास्ता अपनाया। जिस सबसे अहम नतीजे पर वे पहुँचे वह था मक्का के लोगों को सूत्रबद्ध कानूनों से तथा उनकी नई ज़रूरतों को पूरा कर सकनेवाले एक संगठन-तन्त्र से लैस करके उन्हें पतन के गड्ढे से बाहर लाने तथा प्रगति के राजमार्ग पर ले आने की ज़रूरत का अहसास। पैग़म्बर मुहम्मद ने तो प्रस्ताव रखा वह पुरानी क़बीलाई रीति-रिवाजों पर यहाँ-वहाँ क़लई करने नहीं बल्कि एक दूरगामी परिवर्तन लाने का साधन था। 'ला इलाहा इल्लिल्लाह' (कोई देता नहीं है अल्लाह के सिवा) के एक सीधे-सादे सूत्र के सहारे उन्होंने तमाम क़बीलाई सीमाओं से परे जाकर ईमानवालों की मुकम्मल एकता स्थापित करने का काम शुरू किया।

इस तरह उन्होंने जब अल्लाह का पैग़ाम लोगों को सुनाया तो ईमानवालों का एक नया समुदाय अस्तित्व में आया। इस समुदाय में शामिल होनेवाले अनुयायी किसी क़बीलाई हित का प्रतिनिधित्व नहीं करते थे बल्कि वहाँ व्यक्ति मात्र थे। बहुतों ने अपने बुज़ुर्गों की मर्ज़ी के ख़िलाफ़ जाकर इस नए आन्दोलन का दामन पकड़ा—क़बीलाई समाज में यह बात सोची भी नहीं जा सकती थी। **क़ुरआन** ने साफ़तौर पर ऐलान किया कि 'तुम किसी और का बोझ नहीं ढो रहे।' **क़ुरआन** ने इस बात पर भी ज़ोर दिया कि क़यामत के रोज़ कोई तुम्हारी मदद के लिए नहीं आएगा, तुम्हारा क़रीबी से क़रीबी रिश्तेदार भी नहीं। यह बात व्यक्तिवाद की उस प्रवृत्ति से मेल खाती थी, जो समाज में जारी आर्थिक रूपान्तरण के कारण विकसित हो रही थी। सुस्पष्ट कारणों से यह आन्दोलन कुछ समय तक 'भूमिगत' रहा। खुद पैग़म्बर मुहम्मद समेत इसके अनुयायियों का दमन किया जाता रहा। जिन्हें क़बीलों की सुरक्षा प्राप्त थी उन्हें कम नुक़सान पहुँचा पर, ग़ुलामों या **मवालियों** जैसे लोग जो ऐसी सुरक्षा से वंचित थे, बेरहमी से सताए गए। मुहम्मद हमीदुल्लाह लिखते हैं :

> न सिर्फ़ परिवारों के नौजवान सदस्य और गुलाम बल्कि गाहक या पालक भाई (मौल) भी अपने बुतपरस्त मालिकों के ज़ुल्म के शिकार हुए। यमनी मूल के तथा मख़ज़ूम क़बीले से सम्बन्धित (जिससे अबू-जेहल भी सम्बन्धित थे) अम्मार इब्न-यासिर एक मिसाल हैं। उन्हें इतनी तकलीफ़ें दी गईं कि वे अपने होश खो-खो बैठते थे और नाक़ाबिले-बरदाश्त ज़ुल्म से बचने के लिए कहलवाने पर कुछ भी बोल देते थे। ऐसे ही एक मौक़े पर वे रोते हुए पैग़म्बर के पास आए और बोले कि उनको दीन के ख़िलाफ़ बोलने पर मजबूर किया गया। पैग़म्बर ने जवाब दियाः 'जब तक तुम्हारा अन्दरूनी ईमान सलामत है, कोई बात नहीं।'

अम्मार की बूढ़ी माँ पामिख़ (उर्फ़ सुमैया) स्वाभाविक था कि अपने बेटे पर होनेवाले ज़ुल्म को बरदाश्त नहीं कर सकीं। उन्होंने अबू-जेहल को बद्दुआ दी और उसकी तौहीन की जिसने गुस्से में आकर अपना भाला बेचारी ख़ातून के पेट में भोंक दिया और उन्हें मार डाला।[72]

इस तरह हम देखते हैं कि किसी भी समाज की तरह यहाँ भी गुलामों और अरक्षित विदेशियों जैसे कमज़ोर लोगों को अधिक दमन झेलने पड़े। उन्होंने सब्र और हौसले के साथ अपनी बदनसीबी को झेला और पैग़म्बर मुहम्मद का साथ नहीं छोड़ा, इस बात से उनकी गहरी आस्था का पता चलता है। इसमें भी शक नहीं कि यह नया धर्म सामाजिक न्याय लाना चाहता था तथा फ़ौरी तौर पर टकराव के गहरे बैठे कारणों को ख़त्म करना चाहता था; यहाँ वह ईसाइयत जैसे दूसरे धर्मों से भिन्न था जो परलोक में इस बात का वादा करते थे। इस्लाम का ज़ोर निष्क्रिय समर्पण नहीं, ऐतिहासिक कर्म पर था। यह भी अरब की उन दिनों की ऐतिहासिक और भौतिक परिस्थितियों के कारण था। ठीक यही इस्लाम—और यह बात हमारे दृष्टिकोण को अच्छी तरह स्पष्ट करती है—जब दूसरे देशों के पतनशील सामन्ती वातावरण में आरोपित किया गया तो बदलकर एक ऐसा धर्म बन गया जो भाग्य, निष्क्रिय समर्पण, परलोक में जज़ा (पुरस्कार) की आशा वग़ैरह पर ज़ोर देता था। उसका पहलेवाला गतिशील चरित्र और तेज-बल जाता रहा और उन सामन्ती समाजों में इस्लाम वह ऐतिहासिक भूमिका न निभा सका जो उसने अरब समाज के रूपान्तरण में निभाया था। तमाम ज़मानों के मुस्लिम धर्मशास्त्रियों ने यह अनैतिहासिक दृष्टिकोण अपनाया है, और कुछ मुस्लिम बुद्धिजीवी आज भी अपना रहे हैं, कि मुसलमान इस्लाम की तालीमात पर क़ायम नहीं रहे और इसलिए अपना कस-बल खो बैठे। यह बात वे नहीं समझते कि एक बदले हुए ऐतिहासिक सन्दर्भ में इस्लाम की शिक्षाएँ उस शक्ति और उत्साह का संचार नहीं कर सकतीं, जब तक कि नए ऐतिहासिक सन्दर्भ के मुताबिक़ उनकी रचनात्मक पुनर्व्याख्या न की जाए।

अब हम इसकी पड़ताल करेंगे कि बुराइयों को दूर करने और एक न्यायपूर्ण समाज स्थापित करने के लिए पैग़म्बर ने मक्का की स्थिति को कैसे सुधारना शुरू किया। पहली बात, उन्होंने क़बीलाई रिश्तों से हटकर एकता पर ज़ोर दिया। समाज की और आगे प्रगति के लिए यह पूरी तरह अनिवार्य था। हमारे अपने दौर विभिन्न भाषाई, सांस्कृतिक और धार्मिक समूहों के बीच एक साझी राष्ट्रीयता पर ज़ोर इस बात को अच्छी तरह स्पष्ट करता है। मक्का में हुए शक्तिशाली विरोध के कारण पैग़म्बर वहाँ ऐसा एक समाज निश्चित ही नहीं बना सके। दूसरी बात, मक्कावाले दौर में पैग़म्बर मुहम्मद ने अपने अनुयायियों की सामाजिक स्थिति या नस्ली मूल से परे, उनकी समानता पर मुकम्मल ज़ोर दिया। समानता का यह दर्जा कमोबेश गुलामों को भी हासिल था। जैसाकि हम देखेंगे, मदीना में एक राज्य की स्थापना में पैगंबर की कामयाबी के बाद स्थिति निश्चित ही थोड़ी सी बदली। समानता की धारणा उन सभी लोगों के लिए एक

शक्तिशाली चुम्बक बन गई जो मक्का के समाज के सुस्थापित हितों द्वारा किसी-न-किसी रूप में हीन ठहराए गए थे। पैग़म्बर ने उन लोगों के हितों की बात भी की जो थे तो मालदार सौदागरों के क़बीले या ख़ानदान के पर उनकी तरह कामयाब नहीं रहे या जो उनके द्वारा उपेक्षित किए जा रहे थे। उन्होंने इस बात पर भी ज़ोर दिया कि कारोबारी सौदे इंसाफ़ पर आधारित और छलकपट से मुक्त होने चाहिए। इंसान को तोलने और बेचने में भी अपना ज़मीर बनाए रखना चाहिए। **क़ुरआन** में कहा गया है (सूरा 83, आयत 1-6): 'लानत है उन बेइंसाफों पर कि जब मापकर लें लोगों से तो पूरा भर लें और जब मापकर या तोलकर दें उनको तो घटाकर दें; उनसे धोखा करें ! क्या यह ख़याल नहीं रखते ये लोग कि उनको उठना है उस क़यामत के रोज़, उस दिन जब तमाम इंसान खड़े होंगे कायनात के मालिक के सामने ?' इन क़ुरआनी आयतों से ज़ाहिर है कि बेईमानी के सौदों, कम तोल आदि का प्रचलन था, और चूँकि उन दिनों ऐसी धोखा-धड़ी के ख़िलाफ़ क़दम उठाने के लिए कोई राजसत्ता नहीं थी, पैग़म्बर मुहम्मद को अनैतिक कहकर इनकी निन्दा करनी पड़ी तथा धोखेबाज़ों के दिलों में रोज़े-क़यामत का डर पैदा करना पड़ा।

इन ताक़तवर सौदागरों को जब पूरा-पूरा अहसास हुआ कि पैग़म्बर मुहम्मद द्वारा प्रचारित यह नया धर्म बहरहाल हानिरहित नहीं था तो उन्होंने पैग़म्बर का ज़ोरदार विरोध किया। इसलिए कि यह धर्म समाज में उनकी विशेष स्थिति पर चोट करता था, (निश्चित ही दास-प्रथा का पूरी तरह उन्मूलन किए बिना) ग़ुलामों को, उनके क़बीलों के कम प्रतिभाशाली और कम सफल लोगों को, तथा दूसरे लोगों को जिन्हें वे समाज की तलछट मानते थे, उनके बराबर का दर्जा देता था। इसके अलावा पैग़म्बर मुहम्मद के नए धर्म को मानने पर उन्हें उनको अल्लाह के रसूल के रूप में सबसे ऊपर का दर्जा देना पड़ता—यह एक विचार था जिसे मक्का के ताक़तवर सौदागर पचा नहीं पा रहे थे। यहाँ एक सवाल खड़ा होता है : ऐसा कैसे हुआ कि मक्का के ताक़तवर सौदागर वर्ग ने इस्लाम को अस्वीकार किया जबकि यह एक विकासशील व्यापारिक अर्थव्यवस्था की नई वास्तविकताओं के अधिक अनुकूल था, बनिस्बत उन पुराने क़बीलाई पन्थों के जो अपनी उपयोगिता खो चुके थे ? इसके कारण ढूँढ़ने हमें दूर नहीं जाना होगा। परिवर्तन का विरोध और अज्ञात व न आज़माए हुए का डर सबसे आम कारण है। फिर पैग़म्बर मुहम्मद मक्का के अमीरों और ताक़तवरों की अथाह लालच पर ज़ोरदार हमले भी कर रहे थे। वे उन्हें उनकी दौलत और ताक़त के कारण कोई विशेष स्थिति देने को तैयार नहीं थे। कमज़ोर लोगों—उनकी दृष्टि में नाकारों—के बराबर ठहराए जाने का ख़याल ही उनके लिए उनके वर्गीय पूर्वग्रहों के कारण घृणित था। (यह एक सुज्ञात तथ्य है कि किसी भी इस्लामी समाज में वास्तविक भौतिक समानता स्थापित नहीं की जा सकी और इसलिए समानता की धारणा केवल धार्मिक / आध्यात्मिक क्षेत्र में ही कार्यरत रही, जैसे कि बाजमात नमाज़ों में जहाँ बादशाह और ग़ुलाम, अमीर और ग़रीब अपनी सामाजिक स्थिति से क़ता-नज़र एक क़तार में खड़े होते हैं। लेकिन इस्लामी समाजों में

वास्तविक जीवन में वर्गीय भेद उतने ही कठोर रहे जितने किसी और समाज में होते हैं। उत्पादन के साधनों के सामूहिक स्वामित्व के बिना वास्तविक समानता स्थापित नहीं की जा सकती, और यह बात इस्लाम की समानता की धारणा पर एक स्वाभाविक सीमा लगाती है।) पैग़म्बर मुहम्मद को सतह से नीचे मौजूद असन्तोष का अहसास था जो चिन्ताजनक बनता जा रहा था और जल्द ही किसी विस्फोटक स्थिति को जन्म दे सकता था। पैग़म्बर एक न्यायपूर्ण समाज स्थापित करके, उत्पीड़ितों को कुछ रियायतें देकर ऐसी किसी स्थिति को टालना चाहते थे। यह बात मक्का के धनी सौदागरों से कुछ क़ुर्बानी की माँग करती थी और उनके धार्मिक हितों पर भी चोट करती थी क्योंकि तब वे निर्मम शोषण में समर्थ नहीं रह जाते। कुछेक दूरदर्शी लोग ही ऐसे एक मार्ग के दीर्घकालिक लाभों को समझ सके। मक्का के सौदागर (जैसाकि आमतौर पर कहीं भी होता है) अपने दीर्घकालिक हित को समझने में नाकाम रहे। दुनिया में किसी भी स्थान के मुनाफ़ाख़ोरों की तरह वे अपनी असीमित शोषण करने की स्वतन्त्रता पर कोई अंकुश या अनुशासन स्वीकार करने को तैयार नहीं थे। दूसरी ओर विधान निर्माता के लिए—जो पैग़म्बर मुहम्मद निश्चित रूप से थे—समाज के सामान्य हित को नज़र में रखना ज़रूरी था ताकि उसके विधान समाज के विशाल बहुमत को स्वीकार्य हों। मक्का के सौदागर यह भी समझने में नाकाम रहे कि अगर वे एक बार ऐसे राज्य के रूप में संगठित हो जाते हैं जिस पर आसानी से उनके वर्ग का प्रभुत्व स्थापित हो जाएगा, तो कहीं और अधिक तेज़ी से प्रगति कर सकते हैं। (आख़िरकार उन्होंने ऐसी प्रगति की भी, और इस तरह इतनी दौलत पैदा की जो उन्होंने सपने में भी नहीं सोची थी।) रहे क़बीलाई पन्थ तो ये ताक़तवर सौदागर उनसे पूरी तरह उदासीन रहे और उनके देवी-देवताओं की ज़बानी भक्ति करते रहे। वे इतने ताक़तवर ज़रूर थे कि किसी क़ानून लागू करनेवाले तन्त्र के अभाव में तमाम नैतिक विधानों को धता बता सकते थे। यही कारण कि मक्कवी और मदीनवी, दोनों तरह के सूरों में क़ुरआन ने उन्हें बार-बार चेतावनी दी है कि आख़िरकार उनकी दौलत उनके किसी काम नहीं आएगी और उनका गुरूर आख़िरकार उन्हें ले डूबेगा। सिर्फ़ उनके नेक काम ही उनके काम आएँगे। (इनमें दूसरी बातों के अलावा ग़रीबों की भलाई और दिली इंसाफ़पसन्दी भी शामिल थीं।)

मसलन क़ुरआन (सूरा 5, आयत 7-9) में कहा गया है: 'ऐ ईमानवालो, खड़े हो जाया करो अल्लाह के वास्ते गवाही देने इंसाफ़ की, और किसी क़ौम की दुश्मनी के सबब न छोड़ो इंसाफ़ को यही बात ज़्यादा क़रीबी है दीनदारी के। और डरते रहो अल्लाह से। अल्लाह को ख़ूब ख़बर है उसकी जो कुछ तुम करते हो। वादा किया है अल्लाह ने ईमानवालों से और जो नेक अमल करते हैं उनसे कि उनके वास्ते बख़्शिश और बड़ा सवाब है।' यह बात भी सही है कि मक्कावालों का एक हिस्सा इसलिए पैग़म्बर मुहम्मद और उनके नए धर्म का विरोध करता था कि वे अपने पैतृक धर्म को पवित्र मानते थे और उसे छोड़ नहीं सकते थे। यह एक हक़ीक़त है कि अपनी ऐतिहासिक भूमिका निभा चुकने के बाद भी एक लम्बे अरसे तक किसी धर्म या किसी विचारधारा का लोग

दिल से, बल्कि ज़ोरदार ढंग से भी, अनुसरण करते रहते हैं। मक्कावालों ने और ख़ासकर दौलतमन्द व्यापारियों ने इन्हीं कारणों से पैग़म्बर मुहम्मद द्वारा प्रचारित नए धर्म का विरोध किया। इस दमन में रफ़्ता-रफ़्ता तेज़ी आई। सामाजिक और आर्थिक बहिष्कार सार्वजनिक उपहास, गाली-गलौज, पत्थरबाज़ी—सबकुछ ही आज़माया गया। लेकिन शारीरिक यन्त्रणा से पैग़म्बर मुहम्मद को इसलिए बख़्श दिया गया कि उनके चचा अबू तालिब ने कभी अपने भतीजे को संरक्षण देने से मुँह नहीं मोड़ा, हालाँकि उन्होंने इस धर्म को नहीं अपनाया, और क़बीलाई क़ानूनों के तहत जब तक ख़ानदान के मुखिया का संरक्षण उन्हें प्राप्त था कोई उन्हें नुक़सान पहुँचाने की जुरअत नहीं कर सकता था। उनके कुछ अनुयायियों को जो ऐसे संरक्षण से वंचित थे, जैसाकि कहा गया है, भयानक शारीरिक यन्त्रणा का शिकार बनाया गया। पैग़म्बर मुहम्मद लाचार देखते और अल्लाह से दुआएँ माँगते रहे। अपने चचा अबू तालिब की वफ़ात के बाद पैग़म्बर मुहम्मद की यह विशेष स्थिति जाती रही, जबकि उनका पक्का दुश्मन अबू लहब ख़ानदान का नया मुखिया बना। इसलिए उन्होंने तैफ़ में अपनी क़िस्मत आज़माने का फ़ैसला किया।

पैग़म्बर मुहम्मद अपने बीवी-बच्चों को पीछे छोड़, अपने वफ़ादार ख़ादिम ज़ैद बिन हारिस के साथ तैफ़ चले गए। पैग़म्बर ने शायद यही सोचा होगा कि इस ठंडे, हरे-भरे पहाड़ी नगर के लोगों का रवैया भिन्न होगा और वे वहाँ कम-से-कम कुछेक लोगों को अपना धर्म स्वीकार करने पर राज़ी कर लेंगे। कहते हैं कि वे वहाँ दस दिन रहे। लेकिन पैग़म्बर मुहम्मद की उम्मीदें जल्द ही चूर हो गईं। तैफ़ में मक्का के अमीर सौदागरों की ज़मीनें और दूसरी मिल्कियतें थीं जिनकी देखभाल सक़ीफ़ क़बीला करता था। इस तरह उनके हित साझे थे। पैग़म्बर मुहम्मद को वहाँ तौहीन और मख़ौल से दो-चार होना पड़ा। कुछ सड़क-छाप लफ़ंगों ने उन पर पत्थर बरसाए और वे घायल हो गए। एक ईसाई ग़ुलाम ने उन्हें एक बाग़ में पनाह दी जो अब्द शम्स ख़ानदान के दो क़ुरैशियों की मिल्कियत था। लोगों का गुस्सा कुछ कम हुआ तो वे शहर से चल पड़े। वापस मक्का आए पर अपनी मरहूम बीवी ख़दीजा के एक रिश्तेदार का संरक्षण लेकर ही इस नगर में घुस सके; इस संरक्षण के न होने पर कोई भी उन पर जानलेवा हमला कर सकता था। इस तल्ख़ तजरबे के बाद पैग़म्बर मुहम्मद ने महसूस किया कि अब उनका अपने पूर्वजों के नगर में रहना असम्भव हो गया है। वे सचमुच दुखी थे कि उनके लोग यह बात समझ नहीं पा रहे थे कि उनके धर्म को स्वीकार कर लेने से उन्हें क्या-क्या नेमतें हासिल हो सकती हैं। इब्न-हिशाम जो कुछ कहते हैं उससे एक बात बिल्कुल स्पष्ट है—पैग़म्बर मुहम्मद बहुत अच्छी तरह समझ रहे थे कि उनका धर्म अरबों को इस क़ाबिल बनाएगा कि वे संगठित हों और दूसरों पर हुकूमत करें। अबू तालिब जब मृत्युशैया पर थे तब उन्होंने पैग़म्बर मुहम्मद और मक्कावालों के बीच समझौता कराने की एक आख़िरी कोशिश की। उनके चचा अबू तालिब ने कहाः 'भतीजे, यहाँ तुम्हारे सबब तुम्हारे क़बीले के अगुवा एक जगह जमा हैं। तुम अगर उन्हें कुछ रिआयतें दो तो वे भी तुम्हें कुछ रिआयतें देंगे।' 'चचाजान ! वे मुझसे सिर्फ़ एक लफ़्ज़ कहें और

उसी के बाद आप अरबों पर हुकूमत करेंगे और अजनबी लोग आपका हुक्म बजा लाएँगे।' अबू जेहल चीखाः 'क़सम है तुम्हारे वालिद की, दस लफ़्ज़ भी बुलवा लो !' इस पर पैग़म्बर ने कहाः 'सिर्फ़ यह कहिए कि ला इलाहा इल्लिल्लाह और उन सबको छोड़ दीजिए जिनको आप अल्लाह के बराबर रखकर उनकी इबादत करते हैं।' तब उन्होंने तालियाँ बजाईं: 'वाह मुहम्मद, सभी देवी-देवताओं को मिलाकर एक बनाओगे ? वल्लाह, क्या ख़याल पाया है !' फिर वे निराश होकर चले गए।[73]

मक्कावालों ने पैग़म्बर मुहम्मद के इस नए मज़हब की अहमियत को नहीं समझे जो उनके क़बीलाई बन्धनों को काटकर उन्हें एक भयानक ताकत बना सकते थे। वे उनका विरोध और उनके अनुयायियों का दमन करते ही रहे। आख़िरकार उन्होंने मक्का के बाहर कहीं पनाह लेने की बात सोचनी शुरू कर दी। तैफ़ में ठुकरा दिए जाने के बाद मदीना ही एकमात्र पनाहगाह बचा था।

4

इस्लाम और मदीना के घटनाक्रम

जैसाकि हमने पिछले अध्याय में देखा, दमन जब बरदाश्त से बाहर हो गया तो पैग़म्बर मुहम्मद ने किसी सुरक्षित स्थान पर जाने की बात सोची जहाँ वे आसानी से और सुरक्षा के साथ अपना काम कर सकें। उन्होंने मदीना को चुना जिसे पहले यसरब कहा जाता था। आख़िरी तौर पर मदीना का चुनाव करने से पहले उन्होंने अपने कुछ अनुयायियों को अबीसीनिया भेजा था। तबरी के अनुसार इस समूह में कोई 11 मर्द थे और 4 स्त्रियाँ थीं।[1] उनमें एक खाते-पीते सौदागर उस्मान बिन अफ़्फ़ान भी थे और उनकी पत्नी रुक़य्या भी थीं जो पैग़म्बर की बेटी थीं। अबीसीनिया एक ईसाई मुल्क था जो रोम के प्रभाव क्षेत्र में था। (यहाँ एकस्वभाववादी पन्थ की ईसाइयत प्रचलित थी।) पैग़म्बर मुहम्मद ने अपने कुछ अनुयायियों को अबीसीनिया भेजा तो इसके अनेक कारण हो सकते हैं। हो सकता है कि वो मक्का की ताक़त को चूर करने के लिए रोमियों से सम्पर्क बनाने की कोशिश कर रहे हों। लेकिन यह रास्ता आत्मघाती होता क्योंकि अरबों को अपने अधीन लाने के लिए रोमी इस अवसर का इस्तेमाल करते। हो सकता है पैग़म्बर मुहम्मद ने पहले ऐसा मन बनाया हो पर बाद में, इसके नतीजों की सोचकर, इस विचार को त्याग दिया हो। यह हो सकता है कि दूसरी तरफ़ से कोई अनुकूल प्रत्युत्तर न मिला हो क्योंकि रोमियों और ग़सानी अरब राजवंश के सम्बन्धों में पहले से तनाव मौजूद था। लेकिन पैग़म्बर मुहम्मद के अनुयायियों के एक दस्ते के अबीसीनिया जाने का कोई ख़ास नतीजा नहीं निकला। दूसरे कारण भी हो सकते हैं। क्या उन्होंने मक्का के व्यापार पर हमले करने की कोशिश की होगी, जैसाकि आगे चलकर उन्होंने मदीना से किए ? या मक्का के व्यापारियों का इजारा तोड़ने के लिए क्या वे दक्षिण से बैजन्तीनी साम्राज्य तक एक वैकल्पिक व्यापार-मार्ग विकसित करने का प्रयास कर रहे थे जो मक्का के व्यापारियों की पहुँच से बाहर हो ? (जैसाकि हम जानते हैं, वे ख़ुद एक अनुभवी व्यापारी थे।) या वे अपने कुछ अवांछित अनुयायियों से पीछा छुड़ाने की कोशिश कर रहे थे, मिसाल के लिए उस्मान बिन मज़ऊन से जो अतिवादी विचारों के थे और हमेशा पैग़म्बर से उनकी नहीं बनती थी। इस घटना के बारे में तबरी का वर्णन इस प्रकार है :

'जब मुसलमानों के बीच ऐसा हुआ (अर्थात् मक्कावालों के दमन के कारण कुछ मुसलमान साथ छोड़ गए) तो रसूलल्लाह ने उन्हें अबीसीनिया जाने का हुक्म दिया। अबीसीनिया में तब नजशी नाम का एक नेकदिल राजा था। उसके मुल्क में किसी को सताया नहीं जाता था और उसके चलते वहाँ खुशहाली का दौर-दौरा था। इसके अलावा अबीसीनिया क़ुरैशियों के लिए एक बाज़ार था जो वहाँ व्यापार करते थे क्योंकि वहाँ उन्हें भरपूर ख़ूराक, हिफ़ाज़त और अच्छा कारोबार मिलते थे। रसूलल्लाह ने उन्हें ऐसा करने का हुक्म दिया और जब वे मक्का में सताए जाते थे तो ज़्यादातर वहीं चले जाते थे। उन्हें (पैग़म्बर को) डर था कि ये लोग भटका दिए जाएँगे। लेकिन वे (पैग़म्बर) हमेशा मक्का में ही रहे।'[2] इस तरह तबरी के ग्रन्थ से भी पता चलता है कि पैग़म्बर को उनके भटकने का कुछ डर ज़रूर था। अहम बात यह है कि इस्लाम के इतिहास में इस पलायन को कोई ख़ास महत्त्व नहीं दिया गया। अबीसीनिया जानेवालों को उतनी अहमियत नहीं मिली जितनी बाद में मदीना जानेवालों को मिली। क्यों ? इसका कारण यह मालूम होता है कि अबीसीनिया बहरहाल एक ग़ैर-अरब मुल्क था और ईसाइयत उसका सरकारी मज़हब थी। उस मुल्क में पैग़म्बर मुहम्मद का और उनके नए धर्म का वर्चस्व न होता जो खुद बदलते हुए अरब समाज की पैदावार था। पैग़म्बर मुहम्मद अपनी पैग़म्बरी के अनुरूप पूर्ण या लगभग पूर्ण वर्चस्व से कम पर सब्र करना नहीं चाहते थे। इसके अलावा वे चाहते थे कि अरब एकजुट हों और एक ताक़त बनकर उभरें। स्वाभाविक है कि अबीसीनिया जाने से ये सब मक़सद पूरे नहीं होते। इसलिए यह सिर्फ़ एक खोजी मुहिम बनकर रह गई। इस मुहिम का कारण शायद उस मुल्क के साथ उम्दा सम्बन्ध बनाना और इस्लाम को ईसाई धर्म के सहोदर धर्म के रूप में पेश करना रहा होगा। (वास्तव में नजशी को इस बात का भरोसा दिलाने के लिए **क़ुरआन** से कुछ आयतें पढ़ी भी गईं।) यह उस समय की बात है जबकि रोम का ईसाई साम्राज्य ख़तरे में था। या फिर इसका मक़सद सम्भवतः मक्का के सौदागरों को झुकाने के लिए वैकल्पिक व्यापारिक मार्गों के विकास की सम्भावना तलाश करता रहा हो।

लेकिन मदीना के लिए हिजरत का मुआमला बिल्कुल अलग था। मक्कावालों को अपने साथ लाने में नाकाम रहने के बाद पैग़म्बर मुहम्मद अरब में किसी अन्य स्थान पर एक ऐसा आधार बनाने की बात सोचने लगे जहाँ से वे अपने मज़हब का प्रचार कर सकें और मक्कावालों को राह पर लाने की रणनीति तय कर सकें। तीर्थयात्रा के दिनों में जब पूरे अरब से लोग मक्का आए हुए थे, उन्होंने इन लोगों से सम्पर्क करके इस सम्भावना का पता लगाने लगे। मुहम्मद हमीदुल्लाह कहते हैंः 'तीर्थयात्रा के दिनों में हम पैग़म्बर को मिना में देखते हैं जो एक क़बीलाई दस्ते से दूसरे दस्ते के खेमे में जा रहे थे, हरेक से अपने रसूलल्लाह होने पर ईमान लाने को कह रहे थे, उनसे अपने संरक्षण में इस्लाम के प्रचार में मदद माँग रहे थे, और शक्की लोगों से वादा कर रहे थे कि बहुत जल्द वे अपने दौर की दोनों बड़ी हुकूमतों, अर्थात् बैजन्तीनी और सासानी साम्राज्यों के मालिक बन बैठेंगे। उनके पीछे-पीछे हमेशा ही उनका पक्का दुश्मन और

चचा अबू लहब लगा रहता था तो पैग़म्बर की बात सुननेवालों को इससे उन्हें होनेवाले जोखिम से आगाह करता रहता था और पैग़म्बर पर निन्दाओं की बारिश करता रहता था।[3] इबन-हिशाम हमें बतलाते हैं कि पैग़म्बर इस बारे में कोई 15 क़बीलों के लोगों से मिले। लेकिन उन्हें कोई कामयाबी नहीं मिली। लेकिन मदीना के तीर्थयात्रियों से उनका सम्पर्क फलदायी रहा। वे ख़ज़रज क़बीले के 6 लोगों से मिले, जिनमें से दो उनसे मिलने के लिए बहुत बेचैन थे। पैग़म्बर और ख़ज़रज के 6 लोगों की इस मुलाक़ात का इबन-हिशाम ने यूँ वर्णन किया है :

> उन्होंने (पैग़म्बर ने) उनसे कहा 'आप आराम से बैठकर मुझे आपसे ये बात क्या कहने नहीं देंगे ?' वे बोले, 'यक़ीनन', और उनके साथ बैठ गए। उन्होंने उनसे अल्लाह (पर ईमान लाने को) कहा, उनसे इस्लाम के बारे में बातें कीं और उन्हें **क़ुरबान** की आयतें सुनाईं। अल्लाह ने उन्हें इस्लाम की राह दिखाई थी, क्योंकि उनके साथ उन्हीं के मुल्क में यहूदी भी रह रहे थे—वे लोग जिनके पास किताब थी, और जो इल्म से लैस थे, जबकि वे खुद बहुदेववादी और मूर्तिपूजक थे। उनके ही मुल्क में यहूदियों को श्रेष्ठता प्राप्त थी। जब भी उनके बीच कोई विवाद होता, यहूदी उनसे कहते, 'अब एक पैग़म्बर भेजा जाएगा; उसका वक़्त लगभग आ चुका है। हम उसकी राह पर चलेंगे और उसकी मदद से तुम्हें वैसे ही मिटा देंगे, जैसे आद और इरम मिटा दिए गए थे।' जब रसूलल्लाह ने उनसे अल्लाह की बात की और उन्हें अल्लाह की ओर बुलाया तो उन्होंने एक-दूसरे से कहा, 'लोगो, समझो ! अल्लाह की क़सम यह वही पैग़म्बर है जिसका नाम लेकर यहूदियों ने हमें धमकाया था। हमें ऐसा नहीं करना चाहिए कि वे इसके साथ हमसे पहले चल पड़ें।' पैग़म्बर ने उनसे जो कुछ पूछा था, उन्होंने उसके जवाब दिए, उन्होंने उनका विश्वास किया और उनसे जो मुस्लिम उसूल बताए गए थे उन्हें क़ुबूल किया। उन्होंने उनसे (पैग़म्बर से) कहा, 'हम अपने लोगों को छोड़ते हैं। नफ़रत और दुश्मनी के सबब कोई और इतना बँटा हुआ नहीं होगा। हो सकता है कि आपकी मदद से अल्लाह उन्हें एकजुट करे। हम उनके पास जाएँगे और उन्हें आपकी ओर ले आएँगे। इस मज़हब के बारे में जवाब देते हुए आपने जो कुछ हमसे कहा है हम उनसे वह सब बयान करेंगे। और अगर अल्लाह उन्हें इस ईमान की बिना पर एक करता है तो आपसे ज़्यादा ताक़तवर कोई नहीं होगा।'[4]

इस वृत्तान्त में कुछ बातें ध्यान देने की हैं। पहली बात, इब्न-हिशाम इस बात पर राहत की साँस लेते हैं कि ख़ज़रज क़बीले से सम्बन्धित इन मदीनवी लोगों को अल्लाह ने सही राह दिखाई कि कहीं उनको यहूदी न फुसला लें जिनके पास एक किताब थी। इससे पता चलता है कि अरब अपनी एक किताब की ख़्वाहिश रखते थे और ग़ैर-मुल्की

मूल का कोई मज़हब उन्हें क़ुबूल नहीं था। यहूदियों को उन पर सबक़त हासिल थी क्योंकि मदीना के ये अरब बहुदेववादी और मूर्तिपूजक थे। इस तरह अरब स्थानीय मूलवाले, किसी उच्चतर प्रकार के धर्म की खोज में थे जो उनकी आकांक्षाओं और उनकी जीवनशैली को प्रतिबिम्बित करे, किताब से सम्पन्न एक ऐसे धर्म की जो उन्हें एक उच्चतर संस्कृति के योग्य बनाए। दूसरी बात, मदीना के अरब यहूदियों के वर्चस्व से दुखी थी जिससे वे संख्या-बल में अधिक होने के बावजूद पीछा नहीं छुड़ा पा रहे थे। यह वर्चस्व अंशतः आर्थिक था क्योंकि व्यापार और खजूर के बाग़ान पर उनका (यहूदियों का) नियन्त्रण था। इसके अलावा यहूदी उन्हें एक ऐसे पैग़म्बर के आगमन से डराते रहते थे जिनकी मदद से वे अरबों को उसी तरह नष्ट कर देंगे जैसे कभी आद और इरम तबाह किए गए थे। इस तरह हम देखते हैं कि मक्का के ताक़तवर सौदागरों के विपरीत मदीना के अरब गृहस्थ वर्चस्व से सम्पन्न नहीं, दूसरों के वर्चस्व में थे, और आपसी झगड़ों के कारण बँटे हुए थे। उनका मक्का के सौदागरों जैसा कोई निहित स्वार्थ नहीं था और इसलिए कोई कारण नहीं था कि वे पैग़म्बर मुहम्मद की मुख़ालिफ़त करते। इसके विपरीत उन्होंने उनमें एक ऐसे अरब अगुवा की छवि देखी जो पैग़म्बर के रूप में अल्लाह की ओर से भेजे जाने का दावा करता था। उन्होंने यही सोचा होगा कि ऐसा एक अगुवा और पैग़म्बर शायद उन्हें एकजुट कर सके और उन्हें यहूदियों के वर्चस्व से छुटकारा पाने में समर्थ बनाए।

तबरी ने इसी घटना का बयान ज़रा दूसरे ढंग से किया है मगर इस तरह किया है कि यहूदियों के बारे में अरबों का डर और भी साफ़तौर पर उभरकर सामने आता है। फ़रमाते हैं :

> जब रसूलल्लाह ने ख़ज़रज के लोगों में इस्लाम का प्रचार किया तो बनू-ख़ज़रज ने सोचा (कि अगर वे पैग़म्बर मुहम्मद की इस्लाम क़ुबूल करने की दावत ठुकराते हैं तो) ऐसा न हो कि वे यहूदी इस पैग़म्बर की जानकारी पाएँ और उससे सम्पर्क करें जिन्होंने हमारी ज़मीनों पर क़ब्ज़ा कर रखा है और जो हर बार झगड़ा होने पर हमें यह कहकर डराते हैं कि बहुत जल्द हमारे बीच एक पैग़म्बर उठेगा जिसकी मदद से हम अतीत के आद और इरम के लोगों की तरह तुम्हें भी नष्ट कर देंगे। उन्होंने (बनू-ख़ज़रज ने) रसूलल्लाह से कहा कि आपसी नफ़रत और दुश्मनी ने हम अरब लोगों को पूरी तरह बरबाद कर दिया है; मुमकिन है कि अल्लाह आपके माध्यम से हमें एक करे...अगर इसकी बिना पर अल्लाह हमें एक करता है तो हमारी निगाहों में आपसे अधिक आदर पाने का हक़दार कोई और शख़्स नहीं होगा।[5]

इस तरह तबरी हमें बतलाते हैं कि यहूदियों ने अरबों की ज़मीनों पर क़ब्ज़ा कर रखा था और इस तरह उनके विरोध के कारणों में एक आर्थिक कारण भी जोड़ देते

हैं। यह बात ऐन मुमकिन लगती है क्योंकि मदीना की ज़्यादातर उपजाऊ ज़मीनें यहूदियों के पास थीं। इस तरह मदीनवी अरबों ने पैग़म्बर मुहम्मद के नेतृत्व में एकजुट होने का मौक़ा पाया। लगता यूँ भी है कि मक्कवी सौदागरों से मदीनवी यहूदियों के आर्थिक सम्बन्ध भी थे और उनके साथ उन्होंने आगे चलकर भी नवजात मुस्लिम राजसत्ता को नष्ट करने का समझौता किया। पैग़म्बर मुहम्मद से मदीना के छह लोगों ने मुलाक़ात की। उन्होंने उनसे अगले साल तीर्थयात्रा के दिनों में फिर मिलने का वादा किया और रुख़सत हुए। मदीना आकर उन्होंने पैग़म्बर मुहम्मद से अपनी मुलाक़ात की बातें कीं तथा कुछ और लोगों को अपने पक्ष में किया। बातचीत और खुफ़िया मुलाक़ातें कम-से-कम दो साल तक जारी रहीं। वे औस नामक दूसरे अहम मदीनवी क़बीले के विरोध से पार पाने में कामयाब रहे, और ईस्वी 621 में और भी लोगों को मक्का ले आए; उनमें से तीन औस क़बीले के थे। अब ये 13 लोग थे, और लगता है उन्होंने कोई वादा किया कि पैग़म्बर मुहम्मद की सत्ता को मानेंगे, उनके नैतिक नियमों का पालन करेंगे और बहुदेववाद त्याग देंगे। पैग़म्बर मुहम्मद ने उनके साथ अपने एक वफ़ादार साथी मुसअब बिन उमैर को मदीना के लोगों को क़ुरआन सुनाने और उन्हें नए मज़हब की तालीम देने के लिए भेजा। उन्हें और भी समर्थन मिले तथा ईस्वी 622 में मक्का के पास अक़बा में एक और खुफ़िया बैठक हुई जिसमें कोई 75 मदीनावालों ने भाग लिया। उनमें 3 स्त्रियाँ भी थीं। उन्होंने दिली ऐलान किया कि 'हम आपके हैं और आप हमारे हैं। अगर आपके कुछ सहाबा हमारे साथ आते हैं या आप ख़ुद आते हैं तो हम सभी ख़तरों से उसी तरह आपकी हिफ़ाज़त करेंगे जैसे खुद अपनी करते हैं।' इस तरह मदीना के लिए हिजरत का रास्ता तैयार हो गया।

मदीना के आगे के घटनाक्रमों की चर्चा करने से पहले हम मदीना शहर की समस्याओं की छानबीन करेंगे ताकि उसकी सामाजिक पृष्ठभूमि को बेहतर समझ सकें। इन सामाजिक और राजनीतिक समस्याओं का वृत्तान्त मांटगुमरी वाट की पुस्तक **मुहम्मद : प्राफेट एंड स्टेट्समैन** से लिया गया है। मदीना के हालात मक्का से बिल्कुल अलग थे। मक्का और उसके आसपास खेती मुमकिन ही नहीं थी; सिर्फ़ ऊँट पाले जाते थे। दूसरी ओर मक्का से कोई 250 मील उत्तर में बसा मदीना 20 वर्गमील या इससे भी बड़े क्षेत्रफलवाला एक नख़लिस्तान और उसकी रोज़ी मुख्यतः खजूरों और अनाजों की काश्त से चलती थी। कुछ व्यापार भी अवश्य होता था क्योंकि यहूदियों के क़यनुक़ा ख़ानदान की बस्ती में एक बाज़ार भी था; ये लोग मात्र व्यापारी ही नहीं बल्कि सुनार और हथियारों के निर्माता भी थे। हो सकता है सीरिया के साथ भी कुछ व्यापार होता हो, पर मक्का जैसे पैमाने पर नहीं होता था। ऐसे कमोबेश 11 समूह थे जो ख़ानदान कहे जा सकते थे; उनसे छोटे भी अनेक समूह थे। प्रमुख समूहों में तीन यहूदियत को मानते थे। ये यहूदी क्या यहूदी शरणार्थियों के वंशज थे या स्थानीय मूल के थे, यह तय कर पाना मुश्किल है। पर जो भी हो, यहूदियों और अरबों के बीच शादी-ब्याह का रिवाज़ ख़ासा प्रचलित लगता है। ज़िन्दगी के आम तौर-तरीक़ों में भी यहूदी ख़ानदान

अरबों से शायद ही अलग नज़र आते हों। एक वक़्त था कि मदीना पर यहूदियों का राजनीतिक नियन्त्रण था, और पिछले अरब बाशिन्दों में बचे-खुचे लोग उन पर निर्भर बन चुके थे। मदीना में कृषि का विकास शायद यहूदियों ने ही किया, जैसा उन्होंने अरब के दूसरे हिस्सों में किया।

आठ प्रमुख अरब ख़ानदान इन परिवारों के वंशज थे जो मदीना में तब बसे थे जब वहाँ यहूदियों का नियन्त्रण स्थापित हो चुका था। छठी सदी के आरम्भिक भाग में उन्होंने यहूदियों से आज़ादी जीत ली और उनकी अपेक्षा काफ़ी ताक़तवर बन बैठे। लेकिन नख़लिस्तान के दक्षिण के ऊँचे क्षेत्रों में कुछ बेहतरीन ज़मीनें अभी भी अल-नादिर और क़ुरैज़ा नाम के यहूदी ख़ानदानों के पास थीं, और वे अरबों के छोटे से समूह से बेहतर थे। ये अरब मुख्यतः औस-मनात ख़ानदान के थे जो या तो यहूदी बस्तियों के बीच यहाँ-वहाँ बिखरे हुए थे या उनके क़रीब रहते थे। यहूदी ख़ानदानों को मन मारकर अरब ख़ानदानों से गँठजोड़ करने पड़े थे और दोयम दर्जे के भागीदार की हैसियत पर सब्र करना पड़ रहा था। अहम बात यह है कि मदीना घना बसा हुआ नगर नहीं था; इसमें खजूर के बागान और खेतों के बीच-बीच में बसी अनेक बस्तियाँ थीं। मदीना में बहुत सी गढ़ियाँ थीं। हमला होने पर ये लोग इन्हीं छोटी-छोटी गढ़ियों में पनाह लेते थे।[6] तो मदीना में इतनी अधिक गढ़ियाँ क्यों थीं?

ख़ूनी लड़ाइयों का रिवाज एक लम्बे-चौड़े रेगिस्तान में कुछ ख़ास तबाही नहीं लाता था क्योंकि वहाँ सम्पर्क के अवसर थोड़े होते थे, लेकिन मदीना जैसे नख़लिस्तान में वह एक भयानक तबाही का कारण साबित हुआ क्योंकि आपस में लड़नेवाले समूह अक्सर सम्पर्क में आते रहते थे। यही कारण है कि मदीना में गढ़ियों की एक व्यवस्था मौजूद थी। मदीना में पैग़म्बर मुहम्मद के आने से पहले वहाँ विभिन्न समूहों के बीच अकसर लड़ाइयाँ होती थीं और बेमतलब ख़ून बहता था। हिंसा का बड़ा कारण सम्भवतः उपलब्ध सीमित संसाधनों पर आबादी का बढ़ता दबाव था हालाँकि बेशक इसके कुछ और कारण भी थे। कमज़ोर पड़ोसियों की ज़मीनों पर क़ब्ज़ा करना कुछ लड़ाइयों में ख़ानदानों का ऐलानिया मक़सद हुआ करता था। शुरू में लड़ाइयाँ एक-दो ख़ानदानों के बीच होती थीं पर धीरे-धीरे ये बढ़ती गईं और अधिकतर समूहों को लपेटती गईं। आख़िर ये वर्ष 618 में अपने चरम को जा पहुँचीं जब बुअस की लड़ाई में मदीना के लगभग सभी अरब ख़ानदान शामिल थे और इस या उस ख़ानदान के हिमायती के तौर पर यहूदी ख़ानदान भी इसमें शामिल हुए। कहा जाता है कि इस जंग में बहुत सी जानें गईं। लड़ाई के फ़रीक़ इस क़दर निढाल हो गए कि दुश्मनी तो ठप हो गई, पर कोई शान्ति-समझौता नहीं हुआ। मदीना शहर एक तनाव के आलम में जी रहा था। मानव संसाधनों के अलावा भौतिक संसाधन भी बरबाद हो गए। ज़मीन पर काश्त करके रोज़ी हासिल करने के लिए अम्न बेहद ज़रूरी था। मक्का में अन्तर्राष्ट्रीय व्यापार का विकास हुआ तो मुख़्तलिफ़ क़बीले अपने भौतिक हितों की रक्षा के लिए आपस में गँठजोड़ करने लगे। मक्का में अहलाफ़ और मुतय्याबुन ने अपने मतभेद भुला दिए। जबकि मदीना

में दो प्रमुख क़बीले आपस में बुरी तरह लड़ रहे थे। मक्का जितने बड़े पैमाने पर व्यापारिक कामकाज न होने से क़बीलाई सम्बन्ध यहाँ अधिक मज़बूत थे और ख़ून के रिश्तों को मक्का से अधिक महत्त्व दिया जाता था। बहादुरी, ताक़तवरी और क़बीले की इज़्ज़त जैसी धारणाओं से जंग लम्बी खिंचती रही जिसने दोनों फ़रीक़ों को निढाल कर दिया। अब उन्हें एक ऐसे मध्यस्थ की आवश्यकता थी जिसे निर्विवाद समर्थन प्राप्त हो।

मदीना में व्यक्तिवाद बहुत मुखर नहीं था। फिर भी वहाँ का बसा-बसाया जीवन क़बीलाई जीवनशैली के बहुत अनुरूप भी नहीं था। पहले बताए गए कारणों से शहर के छोटेवाले भाग में ख़ूनी लड़ाइयाँ तबाहकुन साबित हुईं। इसके अलावा हमलों से बचाव के लिए गढ़ियों की जो व्यवस्था विकसित की गई वह ख़र्चतलब थी और अर्थव्यवस्था पर, जो जीवननिर्वाह के स्तर से बहुत ऊपर नहीं थी, एक अतिरिक्त बोझ साबित हुई। फिर अधिकतर उपजाऊ ज़मीनें यहूदियों के हाथों में थीं जो वहाँ जारी थोड़े-बहुत व्यापार को भी नियन्त्रित कर रहे थे। इससे अरबों ने महसूस किया कि वे अगर वर्चस्व या समृद्धि पाना चाहते हैं तो उन्हें एकजुट होना होगा। मक्का के क़ाबिले-रश्क सौदागरों की क़ाबिले-रश्क ख़ुशहाली और दौलत ने भी इस भावना को बढ़ावा दिया होगा। इस तरह वे लोग एक ऐसे अगुवा की तलाश में थे जिसे समझौता और शान्ति-स्थापना के लिए सभी विरोधी पक्षों की इज़्ज़त और वफ़ादारी हासिल हो। मदीना के अरबों में उस रुत्बेवाला कोई शख़्स नहीं था। ख़ज़रज के अग्रणी लोगों में एक थे अब्दुल्लाह बिन उबैय जो बुअस की जंग में तटस्थ रहे और ऐसे अगुवा बन सकते थे। वहाँ अगर पैग़म्बर मुहम्मद नहीं आते तो वे शायद बादशाह भी बन जाते। पर यह बात थोड़ी सन्दिग्ध है। चूँकि वे युद्धरत क़बीलों में से एक के सदस्य थे, उन पर पक्षधरता का शक किया जा सकता था। लेकिन अब्दुल्लाह बिन उबैय इस नेतृत्व के इच्छुक थे और चूँकि पैग़म्बर मुहम्मद के आगमन ने उन्हें इस अवसर से वंचित कर दिया, कभी उन्होंने पैग़म्बर के साथ मीठा व्यवहार नहीं किया। उन्होंने कभी अपनी महत्त्वाकांक्षा नहीं छोड़ी, मुसलमानों और यहूदियों के बीच तटस्थ रहने की कोशिश करते रहे और इसलिए एक पाखंडी कहलाए।

(जुलाई 622 ईस्वी के आरम्भिक दिनों में) अक़बा के संकल्प के बाद पैग़म्बर मुहम्मद अपने अनुयायियों को मदीना जाने के लिए प्रोत्साहित करने लगे। वे छोटे-छोटे दस्तों में चुपके से मक्का छोड़ने लगे। आख़िरकार कोई 70 अनुयायियों ने मक्का छोड़कर मदीना में पनाह ले ली। लगता था मक्का के मुसलमानों में पैग़म्बर मुहम्मद, अबू बक्र, अली और उनके कुछ परिवारजन ही बच गए हों। उनके अलावा यक़ीनन कुछ ऐसे लोग भी थे जो जाना नहीं चाहते थे या जाने में असमर्थ थे। ख़ुद से पहले अपने अनुयायियों को रवाना करके पैग़म्बर मुहम्मद यह सुनिश्चित करना चाहते थे कि उन्हें अब तैफ़ जैसी नाकामी फिर न हासिल हो। लेकिन चूँकि मदीना के हालत एक सचमुच तटस्थ अगुवा का तक़ाज़ा कर रहे थे, पैग़म्बर मुहम्मद इस भूमिका के लिए पूरे

तरह उपयुक्त थे और उनके अनुयायियों के साथ उनका ख़ूब स्वागत किया गाया। उस साल सितम्बर के लगभग मध्य में पैग़म्बर मुहम्मद हिजरत के लिए तैयार थे। कहा जाता है कि मक्कावालों को इसकी भनक लग गई और उन्होंने उन्हें मारने की योजना बना ली। तय हुआ कि उनका ख़ून बहाने के वैयक्तिक परिणामों से बचने के लिए कुछ नौजवान, जो हर ख़ानदान से एक करके लिए जाएँगे, एकसाथ उनके जिस्म पर अपनी तलवारों से वार करेंगे। इस कहानी की चाहे जो विश्वसनीयता हो, यह तय है कि मक्का और मदीना के बीच उनकी ज़िन्दगी ख़तरों में रही। अपने भरोसेमन्द साथी अबू बक्र के साथ वे तीन दिनों तक मक्का से कुछ दूर एक गुफा में छिपे रहे। उसके बाद ही वे एक मार्गदर्शक की सहायता से सन्दिग्ध और अनजाने रास्तों से होते हुए वे मदीना के लिए बढ़े। आख़िर 24 सितम्बर, 622 ईस्वी को वे मदीना के नख़लिस्तान के एक छोर पर स्थित बस्ती क़ुबा में पहुँचे। यात्रा सुरक्षित ढंग से पूरी हुई।

दिलचस्प बात यह है कि तब तक अरबों का अपना कोई पंचांग (कैलेंडर) नहीं था। जाहिलिया दौर के कुछ शायरों से मिसालें देकर तबरी हमें बतलाते हैं कि तारीख़ें गिनने की कोई सर्वमान्य विधि तब नहीं थी।[7] क़बीलों के लोग आमतौर पर तारीख़ें याद रखने के लिए किसी सुप्रसिद्ध घटना का सहारा लेते थे। स्वाभाविक रूप से अलग-अलग क़बीलों के लिए इसका आधार अलग-अलग होता था। लेकिन तबरी बतलाते हैं कि मक्का के क़ुरैश अम-अल-फ़ील से तारीख़ें गिनने लगे थे, अर्थात् उस वर्ष से जब अब्रहा ने मक्का पर हमला किया था। मक्कावालों के लिए तारीखें गिनने का एक साझा आधार आवश्यक था, वरना व्यापारिक सौदों में पूरी तरह अफ़रातफ़री का माहौल पैदा हो सकता था। जब एक साझे पंचांग की ज़रूरत महसूस की गई तो मुसलमान 16 जुलाई, 622 ईस्वी से तारीख़ें गिनने लगे, क्योंकि यही वह दिन था जब मदीना की ओर हिजरत की शुरुआत हुई थी। लेकिन उनका साल चांद्र वर्ष ही रहा।

पैग़म्बर मुहम्मद मदीना में अपने कार्यों में बहुत सावधानी बरतते रहे। वे ऐसा कुछ न करते कि किसी के तरफ़दार नज़र आएँ। इसके अलावा मदीना के अरबों ने भी उन्हें पैग़ंबर या अगुवा के रूप में पूरी तरह स्वीकार नहीं किया था। पैग़म्बर मुहम्मद दो या तीन दिन क़ुबा में रहे, शायद मदीना के हालात का जायज़ा लेने के लिए। वे वहाँ और ठहरना नहीं चाहते थे क्योंकि पास ही दो ताक़तवर यहूदी ख़ानदान और उनके अरब मददगार रहते थे जो पैग़म्बर मुहम्मद को मदीना बुलाने और शपथ लेने में शामिल नहीं थे। उन्होंने सोचा होगा कि उनकी नज़दीकी, कमज़ोरी का एक स्थायी स्रोत बनी रहेगी। आख़िर उन्होंने ज़मीन का एक टुकड़ा चुना जो नज्जार ख़ानदान की मिल्कियत था। यह एक भरा-पूरा ख़ानदान था। तबरी के वृत्तान्त से यह स्पष्ट नहीं होता कि यह ज़मीन पूरे ख़ानदान की मिल्कियत थी या उसके दो यतीम सदस्यों की, जिसका हवाला कुछ दूसरे स्रोतों में मिलता है।[8] ख़ैर, हमें पता है कि सामूहिक सम्पत्ति और निजी सम्पत्ति, दोनों संस्थाएँ मदीना में मौजूद थीं। पहलीवाली संस्था का निश्चित ही पतन हो रहा था। पैग़म्बर ने ज़मीन की क़ीमत देनी चाही पर तबरी के अनुसार बनू-नज्जार ने लेने से मना

कर दिया। यह बंजर, सम्भवतः, आंशिक काश्तवाली ज़मीन थी। कुछ बाग़ान थे और खजूर के पेड़ थे। ज़मीन से ये तमाम चीज़ें साफ़ कर दी गईं और इमारतें बनाने का काम शुरू हुआ। निर्माण के लिए धूप में सुखाई गई ईंटों, कुछेक पत्थरों, मिट्टी और खजूर के तनों का इस्तेमाल किया गया, और पैग़म्बर के सभी साथियों ने इसमें भाग लिया। पैग़म्बर ने भी इसमें हाथ लगाया। मुस्लिम परम्परा में इस ढाँचे को पहली मस्जिद माना जाता है। इस शब्द का नबालियाई या सीरियाई रूप मस्जिद है जिसका अर्थ ऐसी जगह है जहाँ लोग साष्टांग लेट जाते हों, अर्थात् इबादत की जगह। इस ढाँचे में एक बड़ा सा चौकोर दालान था और पूरबवाली दीवारों के पास दो कोठरियाँ बनाई गई थीं; हरेक में पैग़म्बर की एक-एक पत्नी रहती थीं। (मदीना में पैग़म्बर ने अबू बक्र की युवा पुत्री आयशा से भी शादी कर ली।) मस्जिद का दालान सभी गतिविधियों का केन्द्र बन गया और पैग़म्बर मुहम्मद का ज़्यादातर वक़्त यहीं गुज़रा। यहीं वे राजदूतों और प्रतिनिधिमंडलों से मिलते थे, अपनी मिल्लत के कामकाज निपटाते थे और आम सभाएँ करते थे। यहाँ तक कि युद्धबन्दी यहीं रखे जाते थे और यहीं बीमारों की तीमारदारी होती थी। ग़रीब सहाबा यहीं सोते थे, और बाजमात नमाज़ें भी यहीं पढ़ी जाती थीं। संक्षेप में यह मदीना की नवजात राजसत्ता की पहली सार्वजनिक इमारत थी। यह बेहद आदिम क़िस्म की इमारत थी क्योंकि स्थानीय संसाधन सीमित थे। (विदेश-विजयों से जब मुसलमानों ने भारी दौलत जमा की तो उन्होंने आलीशन महल बनवाए। इस पहलू पर हम आगे विचार करेंगे।)

बड़ी तादाद में अनुयायियों के साथ हिजरत करके मदीना जाने के बाद पैग़म्बर मुहम्मद को उनकी रोज़ी और रिहाइश के लिए कुछ करना पड़ा क्योंकि वे सभी साधन-सम्पन्न नहीं थे। पैग़म्बर मुहम्मद ख़ुद एक सादा जीवन बिताते थे और अक्सर खाए बिना रहते थे। अक्सर उन्हें अपने परिवार को खजूर खिलाकर और पानी पिलाकर रखना पड़ता था। जाड़े में अक्सर वे लोग आग जलाकर ख़ुद को गर्म रखते थे। उनके अनुयायी भी ऐसी ही मुश्किलें उठा रहे थे। पैग़म्बर मुहम्मद ने अपने मदीनवी अनुयायियों को (जो अंसार अर्थात् सहायक कहलाते थे) हिदायत दी कि वे एक-एक मक्कवी मुहाजिर को अपना भाई बनाकर उनका भरण-पोषण करें। इन व्यक्तियों की स्थितियों का ध्यान रखकर पैग़म्बर ने ख़ुद जोड़े बनाए। सिद्धान्त के सर पर निश्चित ही हर ईमानवाला अल्लाह के सामने बराबर है। **क़ुरआन** का ऐलान है: 'तुममें अल्लाह के नज़दीक सबसे ज़्यादा इज़्ज़तदार वे हैं जो सबसे ज़्यादा दीनदार हैं।'[9] लेकिन वास्तविकता में समानता सम्भव नहीं थी। लोग अपनी स्थिति के प्रति सजग थे और कालान्तर में यह प्रवृत्ति और मज़बूत हुई। इस तरह इस्लाम की बहुचर्चित समानता व्यवहार में कभी साकार नहीं हुई। (सिर्फ़ बाजमात नमाज़ों में लोग स्थिति का ध्यान रखे बिना एक क़तार में खड़े होते थे, और जो लोग समाज में कम ख़ुशनसीब थे उनके लिए यह किसी ख़ास तसल्ली की वजह नहीं थी।) उस समय के समाज में उत्पादक शक्तियों के सन्तुलन को देखें तो ऐसी समानता सम्भव भी नहीं थी। विभिन्न

समाजवादी देशों के हाल के अनुभवों से भी पता चलता है कि जिस समाज में दुर्लभता मौजूद हो वहाँ पूरी समानता सम्भव नहीं होती, चाहे उसका सिद्धान्त या उसकी विचारधारा कुछ भी हो।

भाईचारा क़ायम करने की इस प्रक्रिया ने मुहाजिरों की मदद भी की। मगर अधिकांश मुआमलों में वे अंसार पर बोझ भी नहीं बने। वे रोज़ी कमाने के लिए उनके साथ मिलकर खेतों में काम करते थे। कुछ मिसालों से यह बात स्पष्ट हो जाएगी :

> उमर ने अपने मदीनवी भाई से कहा : मैं एक दिन तुम्हारे बाग़ में पानी दूँगा और तुम पैग़म्बर की सोहबत में दिन गुज़ारोगे और जो कुछ उस दिन होगा, मुझे शाम को सुनाओगे : क़ुरआन की नई आयतों की वही (ईश्वरीय सन्देश), सियासी और समाजी फ़ैसले, वग़ैरह। फिर अगले दिन मैं जाऊँगा और तुम खेत में काम करोगे। एक और मक्कावासी अब्दुर्रहमान इब्न औफ़ से उनके मेज़बान ने कहा, 'यह मेरी मिल्कियत रही, इसका आधा तुम्हारा है; मेरे पास दो बीवियाँ हैं, तुम जिसे चाहो चुन लो, मैं उसे तलाक़ दे दूँगा और तुम उससे निकाह कर लेना।' लेकिन उन्होंने जवाब दिया, 'अल्लाह तुम्हारी मिल्कियत और तुम्हारे कुनबे की हिफ़ाज़त करे। मुझे सिर्फ़ यहाँ के बाज़ार का रास्ता दिखा दो। उन्होंने वहाँ उधार पर कुछ चीज़ें ख़रीदीं और फ़ौरन बेच दीं; और यही काम दिन में कई बार किया। शाम तक वे न सिर्फ़ अपना कर्ज़ अदा कर चुके थे बल्कि इतना कमा चुके थे कि अपने खाने-पीने का बन्दोबस्त कर लें। कुछ दिनों बाद वे एक नए और क़ीमती लिबास में पैगम्बर से मिलने गए; लिबास से पता चलता था कि उन्होंने अभी-अभी शादी की है। जल्द ही वे शहर के सबसे धनी सौदागरों में एक बन गए...[10]

यह उद्धरण मदीना की सामाजिक-आर्थिक संरचनाओं के विभिन्न पहलुओं पर भरपूर रौशनी डालता है। इससे पता चलता है कि सामूहिक सम्पत्ति (क़बीले या ख़ानदान की ज़मीन) की जगह लगभग पूरी तरह वैयक्तिक या पारिवारिक सम्पत्ति ने ले ली थी। मदीना में पैग़म्बर के लिए इन मुश्किल हालात से निकलने का एक आसान रास्ता यह होता कि वे कम्यून बना लेते। लेकिन इसकी बजाय उन्होंने बिरादराना जोड़े बनाए और हरेक मुहाजिर परिवार को अपने किसी मदीनवी अनुयायी के परिवार से जोड़ दिया। इससे भी पता चलता है कि सम्पत्ति के सम्बन्ध इतने विकसित हो चुके थे कि कम्यून बनाने की सम्भावना नहीं रह गई थी। इस उद्धरण से यह पता भी चलता है कि मदीना में भी बहुपत्नी-विवाह प्रचलित था और पितृसत्ता का रिवाज था। (माँटगुमरी वाट कहते हैं कि बहुत पहले मक्का में मातृसत्ता का अस्तित्व था, और इसके समर्थन में वे अपेक्षाकृत दूर की कौड़ियों जैसे साक्ष्य पेश करते हैं।) इससे यह भी पता चलता है कि आर्थिक स्वतन्त्रता को एक महत्त्वपूर्ण मूल्य माना जाता था, और यह भी कि शादी और तलाक़

बहुत आसान थे और उस समाज में स्त्रियों की अधीनता की स्थिति थी। जैसाकि हम आगे देखेंगे, क़ुरआन में दिए गए विधानों के साथ इन सबका महत्त्वपूर्ण सम्बन्ध है।

मदीना पहुँचने के कुछ ही दिनों के अन्दर पैग़म्बर को दूसरी समस्याएँ भी सुलझानी पड़ी। मक्का की तरह मदीना में कोई शासन या राज्य नहीं था, एक स्थायी सेना, पुलिस और नौकरशाही की बात जाने दें। मक्का की सेनेट अर्थात् मलाअ जैसी संस्था भी वहाँ मौजूद न थी। यहाँ हर क़बीला अपने आपमें एक क़ानून था और इसलिए मुख़्तलिफ़ क़बीले आपस में लड़ते रहते थे जिससे बेहिसाब खून बहता था। वास्तव में यह एक क़बीलाई जीवन और आबाद नगरीय जीवन की माँगों का टकराव था। इससे मदीना में बुराइयाँ पैदा हुईं तथा लोगों को एक ओर शान्ति व्यवस्था स्थापित करने के लिए एक समुचित सत्ता की और दूसरी ओर एक परलोकमुखी जीवनदृष्टि की आवश्यकता महसूस हुई। इसके अलावा आबाद लोगों के बीच कार्यरत क़बीलाई क़ानून समस्याएँ पैदा करते हैं जिनमें से कुछ ऊपर बयान किए जा चुके हैं। इस तरह ऐसे नए विधान भी उतने ही आवश्यक थे जो बदले हुए हालात के मुताबिक़ हों। एक पैग़म्बर के और मदीना के लोगों के एक अगुवा के रूप में पैग़म्बर मुहम्मद को ये ज़िम्मेदारियाँ पूरी करनी पड़ीं। उन्होंने इन चुनौती-भरे कामों को निपटाना शुरू किया। पहले तो उन्होंने मदीना में मौजूद विभिन्न ख़ानदानों और समूहों को एक एकजुट समुदाय में डालने के सवाल पर दिमाग़ लगाया। यह कोई आसान काम नहीं था। उन्हें विभिन्न समूहों और उनके हितों को समेटते हुए अनेक धाराओंवाला एक संविधान तैयार करना पड़ा। पैग़म्बर द्वारा स्थापित यह समुदाय विभिन्न ख़ानदानों और समूहों का एक महासंघ था। व्यक्तियों के लिए इसकी सदस्यता खुली नहीं थी।

इस तरह तैयार किए गए संविधान के बारे में हिशाम हमें बतलाते हैं : 'इब्न-इसहाक़ ने कहा कि रसूलल्लाह ने मुहाज़िरों और अंसार के बीच एक समझौते का मुसव्विदा तैयार किया जिसमें यहूदी भी शामिल किए गए थे। उन्हें (यहूदियों को) अपना मज़हब मानने और अपनी मिल्कियत रखने की छूट थी। उन पर कुछ शर्तें लगाई गई थीं और उन्हें कुछ छूटें दी गई थीं। (दस्तावेज़ की शुरुआत) बिस्मिल्लाहुर्रह मानुर्रहीम से होती थी। यह पैग़म्बर मुहम्मद की एक तहरीर है क़ुरैश और यसरब (अर्थात् मदीना) के ईमानवालों और मुसलमानों के बीच और उनके बीच जो उनका अनुसरण करते हैं और उनसे जुड़े हुए हैं और जो उनके साथ मिलकर जेहाद लड़ते हैं। वे दूसरे लोगों से भिन्न एक अलग समुदाय हैं। यहूदी जब तक लड़ाई में भाग लेते, मुसलमानों के साथ मिलकर उसका बोझ उठाते। बनू औफ के यहूदी मुसलमानों से मिलकर एक उम्मा (उम्मत) होते। यहूदी अपना मज़हब मानते और मुसलमान अपना। (इसमें अपने-अपने गुलामों के साथ ये लोग खुद भी शामिल होते)'[11] जैसाकि कहा गया, इस समझौते में अनेक धाराएँ थीं। इनमें मदीना के सभी लोगों को समेटा गया और यह एक तरह का संयुक्त मोर्चा होता। कुछ धाराएँ इस प्रकार थीं : 'जो यहूदी हमारे साथ हैं वे हमारी मदद और हिमायत के हक़दार हैं जब तक कि वे हमारा कुछ बुरा नहीं करते या हमारे ख़िलाफ़ (हमारे दुश्मनों

की) मदद नहीं करते' (धारा 16)। वे (अर्थात् यहूदी और मुसलमान) इस दस्तावेज़ के दायरे में आनेवाले लोगों पर किसी भी हमले की सूरत में एक-दूसरे की मदद करेंगे। उनके बीच सच्ची दोस्ती होगी, नेक मशविरों का लेन देन होगा, उम्दा सुलूक होगा और उनके बीच कोई धोखाधड़ी नहीं होगी' (धारा 37)। इस समझौते में पैग़म्बर मुहम्मद ने बुतपरस्तों को भी शामिल किया : 'कोई बुतपरस्त क़ुरैश क़बीले के किसी शख़्स के जान-माल की हिफ़ाज़त नहीं करेगा, या किसी मोमिन के खिलाफ़ उसका साथ नहीं देगा' (धारा 20)।

इस समझौते ने कई ज़िम्मेदारियाँ भी तय कीं जिनसे (यहूदियों व बुतपरस्तों को छोड़कर) सभी मोमिन बँधे हुए थे। उनके लिए लाज़िम था (धारा 11) कि क़र्ज़ के बोझ से पिस रहे अपने में से किसी भी व्यक्ति की मदद करें। उन्हें चाहिए (धारा 14) कि किसी मोमिन के ख़िलाफ़ किसी क़ाफिर का साथ न दें या क़ाफिरों से अपने ताल्लुक़ात के कारण किसी मोमिन की जान न लें। सभी मोमिनों को, चाहे वे कितने ही हीन हों, अल्लाह की 'हिफ़ाज़त' हासिल है (धारा 15) और इसलिए एक-दूसरे की मदद और हिफ़ाज़त उन पर फ़र्ज़ है। जंग की सूरत में (धारा 17) मोमिन दुश्मन के साथ अकेले-दम कोई अम्न क़ायम नहीं करेंगे। अगर उनमें से कोई मारा जाता है तो वे क़ातिल एकजुट होंगे और उसके मददगारों के ख़िलाफ़ या तो साथ मिलकर लड़ेंगे या ख़ूँबहा (रक्त का मूल्य) साथ लेंगे (धारा 19 और 21)। वे किसी बदकार (मुहदिस) को मदद या पनाह नहीं देंगे (धारा 22)। (मुहरिस़ का शाब्दिक अर्थ 'प्रवर्तनकर्ता' होता है, अर्थात् ऐसा व्यक्ति जो स्वीकृत नैतिक विधान का उल्लंघन करे।) वे अपने आन्तरिक और दूसरे क़ानून का पालन करेंगे और अपने में से ग़लत काम करनेवालों को ख़ुद सज़ा देंगे (धारा 13)।[12]

इस तरह हम देखते हैं कि इस समझौते ने एक समुदाय को ही जन्म नहीं दिया बल्कि एक राज्य की नींव भी रखी। जैसा कि हम जानते हैं, मक्का और मदीना में निजी सम्पत्ति पहले ही विकसित हो चुकी थी। मक्का में एक तरह की सेनेट इन सम्पत्तिशालियों के हितों की रखवाली करती थी पर वह पर्याप्त नहीं थी। मदीना में सत्ता की वैसी छाया तक नहीं थी और इस तरह सम्पत्तिशालियों या व्यक्तियों के हितों को उनके ख़िलाफ़ होनेवाले अपराधों से बचाने के लिए कोई संस्था नहीं थी। इस समझौते ने ऐसी एक संस्था की बुनियाद रखी। यह दस्तावेज़ अरब समाज के लिए अनेक प्रकार से एक क्रान्तिकारी महत्त्व रखती है। निकल्सन कहते हैं : '...इसे पढ़कर कोई भी इसके लेखक की राजनीतिक प्रतिभा से प्रभावित हुए बिना नहीं रह सकता देखने में एक सावधानी भरा और होशियारी भरा सुधार होते हुए भी वास्तव में एक क्रान्ति थी। पैग़म्बर मुहम्मद ने क़बीलों की आज़ादी पर खुलकर हमला नहीं किया, लेकिन व्यवहार में क़बीले की जगह समुदाय को शक्ति का केन्द्र बनाकर उस आज़ादी को ख़त्म कर दिया। हालाँकि इस समुदाय में यहूदी और बुतपरस्त और मुसलमान भी शामिल थे, पर उन्होंने उस बात को पूरी तरह पहचाना जिसे उनके विरोधी देखने में असफल रहे—कि

नवस्थापित राज्य में मुसलमान सक्रिय भागीदार थे और जल्द ही प्रमुख भागीदार बन जाएँगे।'[13] यहाँ मांटगुमरी वाट की टिप्पणियाँ बहुत ही रोचक हैं। कहते हैं :

> पैग़म्बर मुहम्मद किसी भी तरह इस समुदाय के शासक नहीं थे। मुहाजिरों को एक ख़ानदान जैसा माना जाता था और वे उसके मुखिया थे, लेकिन अपने-अपने मुखियों के साथ आठ दूसरे ख़ानदान भी तो थे। अगर यह संविधान इस बात का अच्छा प्रमाण है तो वे दूसरे मुखियों से सिर्फ़ दो बातों में अलग थे। पहली बात, इस समझौते का सरोकार जिसे हम संविधान कह रहे हैं, मुख्यतः मोमिनों से था और इसका मतलब यह है कि वे मुहम्मद को पैग़म्बर क़ुबूल करें। इसका मतलब यह है कि वही के रूप में जो कुछ नाज़िल हो उसे वे एक अनिवार्य नियम के रूप में स्वीकार करें और पैग़म्बर मुहम्मद को एक खास इज़्ज़त दें कि वही उन्हीं पर नाज़िल हुई है और कम से कम धार्मिक बातों में उनकी बुद्धि एक आम इंसान से अधिक है। इसका मतलब यह नहीं कि वहियों से जिन विषयों का सम्बन्ध न हो उनमें उनकी राय मान ली जाए। लेकिन दूसरी तरफ़ संविधान कहता है कि 'जहाँ भी किसी सवाल पर तुममें मतभेद हो, उसे अल्लाह और पैग़म्बर मुहम्मद के सुपुर्द करो'...इस तरह इन आरम्भिक महीनों में पैग़म्बर मुहम्मद मदीनवी समुदाय के एक धार्मिक अगुवा से अधिक कुछ नहीं रहे होंगे। शुद्ध राजनीतिक विषयों में वे मुहाजिरों के 'ख़ानदान' के मुखिया मात्र थे और सम्भवतः दूसरे बहुत से मुखियों से कम शक्तिशाली थे।[14]

इस तरह स्पष्ट है कि पैग़म्बर मुहम्मद के लिए एक ऐसा निर्विवाद नेता बनना बहुत आसान नहीं रहा जिसकी एक-एक बात मानी जाए। उन्होंने जब अपनी स्थिति मज़बूत बना ली और काफ़ी शक्ति पा ली, उसके बाद भी हमेशा आँखें मूँदकर उनकी बात नहीं मानी जाती थी, सिवाय धार्मिक बातों के जिनके सिलसिले में फ़ैसला आख़िरकार वहीं से होता था। क़बीलाई लोकतन्त्र और एक राज्यहीन समाज की परम्पराएँ इतनी मज़बूत थीं कि उन्हें फ़ौरन उखाड़ फेंकना बहुत मुश्किल था। जैसाकि कहा गया है, समाज में कार्यरत उत्पादक शक्तियों के कारण निजी सम्पत्ति नाम की संस्था जन्म ले चुकी थी, और इसलिए चेतना के स्तर पर भी एक राजसत्ता की आवश्यकता धीरे-धीरे महसूस की जाने लगी थी। लेकिन जिस समाज ने अपने इतिहास में कभी कोई दमनकारी राजसत्ता न देखी हो उसमें क़लम की एक जुम्बिश से ऐसी कोई राजसत्ता विकसित करना बहुत आसान नहीं था। इसके लिए बेपनाह सब्र, समझ और होशियारी की ज़रूरत थी। पैग़म्बर मुहम्मद के तैयार किए हुए उपरोक्त समझौते से साफ़ पता चलता है कि उनमें इन गुणों का अभाव नहीं था। वे सिर्फ़ अल्लाह के रसूल नहीं बल्कि एक राजनयिक और एक होशियार राजनीतिक नेता भी थे। मदीना की स्थिति को समझने के बाद उन्हें अपना नेतृत्व जताने की कोई जल्दी नहीं थी। उन्होंने ख़ानदानों और बहुत

से दूसरे समूहों को पूरी स्वायत्तता दी उनकी सत्ता को कमज़ोर करने के लिए नहीं, बल्कि उन्हें एक संविधान से लैस एक वृहत्तर समुदाय के निर्माण पर सहमत करने के लिए जिसके हर घटक के अधिकार और कर्त्तव्य निश्चित किए गए हों। वे मुहाजिर समूह के मुखिया पद से सन्तुष्ट रहे। स्थानीय स्थिति को ध्यान में रखकर जब समझौता तैयार हो गया तो मदीना की जनता ने उसे फ़ौरन स्वीकार कर लिया। इस फ़ौरी स्वीकृति से भी पता चलता है कि ऐसे किसी संगठन की ज़रूरत महसूस की जा रही थी जो आपस में लड़नेवाले समूहों के बीच मध्यस्थता कर सके।

पैग़म्बर मुहम्मद को मदीना में फ़ौरन जिस समस्या का सामना करना पड़ा वह 'यहूदी समस्या' थी। अरबों की तरह यहूदी भी इस नए समुदाय के सदस्य थे। इसलिए पैग़म्बर मुहम्मद ने यहूदियों को अपने साथ लाने और उनसे अपनी पैग़म्बरी मनवाने के प्रयास किए। यहूदियों और ईसाइयों को खुश रखने के लिए उन्होंने आरम्भ में अपने अनुयायियों को येरूशलम की ओर मुँह करके नमाज़ पढ़ने की हिदायत दी। लगता है मदीना के मुसलमानों ने यहूदियों के पश्चात्ताप के दिन अशूरा को रोज़े भी रखे। लेकिन यहूदियों ने पैग़म्बर से नरमी का सुलूक नहीं किया और उनकी उन्हें साथ लाने की सारी कोशिशें बेकार गईं। इस बात से रोदिंसन भी सहमत हैं। कहते हैं : 'कुल मिलाकर इन प्रयासों पर यहूदियों की वैसी प्रतिक्रिया नहीं रही जैसी पैग़म्बर को आशा थी।' आगे वे कहते हैं : 'यहूदियत के बुनियादी विचारों और नूह की हिदायतों का पालन करने के अलावा पैग़म्बर मुहम्मद के अनुयायियों ने अपनी तरफ़ से बहुत से यहूदी रीति-रिवाजों के पालन की पूरी-पूरी इच्छा दिखाई। इसलिए ये दोनों समुदाय आपस में शान्ति के साथ न रह सकें, सिद्धान्ततः ऐसा कोई कारण नहीं था। लेकिन मदीना के यहूदी क़बीलों ने पूरे नख़लिस्तान पर अच्छा-ख़ासा राजनीतिक वर्चस्व स्थापित करने के विचार को सम्भवतः नहीं छोड़ा था। सम्भवतः बहुत वक़्त नहीं गुज़रा होगा जब उन पर स्पष्ट हो गया कि पैग़म्बर मुहम्मद का व्यवहार और उन्हें मिलनेवाला महत्त्व उनके उद्देश्य में बाधक हो सकते थे।[15]

दूसरे साक्ष्यों से भी पता चलता है कि मदीना के अरब यहूदियों के वर्चस्व को दिल से नापसन्द करते थे, ख़ासकर आर्थिक क्षेत्र में। बनू क़यनूक़ा का मुआमला इसका एक अच्छा उदाहरण है। एक अरब स्त्री उस बाज़ार में गई जिस पर इस यहूदी क़बीले का अधिकार था। छेड़ख़ानी में एक दुकानदार ने उसका कपड़ा खींचा और दूसरे लोग उस पर हँसने लगे। वह मदद के लिए चीखी। उस राह से गुज़र रहे एक अरब ने उस दुकानदार को मार डाला। अब दूसरे यहूदी भी जमा हो गए तथा अरब और यहूदी लड़ने लगे। पैग़म्बर आए और उन्होंने इस घटना की निन्दा की। इस पर बनू क़यनूक़ा नाराज़ हो गए और उन्होंने ताना कसा : 'बद्र की जीत पर इतने न इतराओ। वे लोग (मक्कावाले) तुम्हारी नस्ल के थे और लड़ना नहीं जानते थे। हमसे मुक़ाबला होगा तो जानोगे कि असल लड़ाई क्या होती है।' उन्होंने समझौता भंग कर दिया और हिजरत के बीसवें महीने में पैग़म्बर और उनके अनुयायियों ने उन पर हमला किया।[16] क़ुरआन

की बहुत सी आयतें भी बतलाती हैं कि मुसलमानों और उनके पैग़म्बर के साथ यहूदियों ने कभी सहयोग नहीं किया। **क़ुरआन** में कहा गया है : 'वे (यहूदी) जासूसी करनेवाले और झूठ बोलनेवाले और हराम ख़ानेवाले (हैं), सो अगर वे आवें तेरे पास तो फ़ैसला कर दे उनमें या मुँह फेर ले उनसे। और अगर तू मुँह फेर लेगा उनसे तो वे तेरा कुछ नहीं बिगाड़ सकेंगे, और अगर तू फ़ैसला करे तो फ़ैसला कर उनमें इंसाफ़ से। बेशक अल्लाह दोस्त रखता है इंसाफ़ करनेवालों को।'[17] **क़ुरआन** में यह भी कहा गया है : 'ऐ ईमानवालो, मत बनाओ यहूद और नसारी (ईसाई) को दोस्त। वे आपस में दोस्त हैं एक दूसरे के। और जो कोई तुममें से दोस्ती करेगा उनसे तो वह उन्हीं में से है। अल्लाह हिदायत नहीं करता ज़ालिम लोगों को।'[18] जब पैग़म्बर मुहम्मद को भरोसा हो गया कि यहूदी उन्हें पैग़म्बर के रूप में स्वीकार नहीं करेंगे, न मुसलमानों से सहयोग करेंगे, तो उन्होंने मन बदल लिया।

मक्का की ओर मुँह करके नमाज़ पढ़ने के बारे में पैग़म्बर मुहम्मद की हिदायत बहुत महत्त्वपूर्ण थी। अकेले चलने पर कमर कस लेने के बाद उन्होंने यहूदियों और ईसाइयों से अपना नाता तोड़ लिया। (वैसे उन्होंने उनके धर्मों को नकारा नहीं, पर यह इल्ज़ाम ज़रूर लगाया कि उन लोगों ने अपनी आसमानी क़िताबों को विकृत किया है और उनमें दी गई हिदायतों का पालन नहीं कर रहे हैं। सांस्कृतिक दृष्टि से देखें तो इसराइली पैग़म्बरों का धर्म वह एकमात्र धरोहर था जिस पर अरब फ़ख्र कर सकते थे)। नमाज़ में मक्का की ओर अपना रुख़ फेरकर उन्होंने आमतौर पर अरब और ख़ासकर मक्का को इस्लाम का केन्द्र बनाने का फ़ैसला किया। अब तो बहरहाल अरब अपना सर ऊँचा करके चल सकते थे कि उनके पास अब अपनी आसमानी क़िताब थी और अल्लाह का भेजा हुआ मज़हब था। मक्का के कुछ शक्तिशाली लोग अगर पैग़म्बर मुहम्मद का विरोध करते थे तो उसकी कोई अहमियत नहीं थी। जल्द ही वे अपनी ग़लती मानेंगे और नए मज़हब को अपनाएँगे।

पैग़म्बर मुहम्मद ने क़दम आगे बढ़ाया, यहूदियों से नाता तोड़ा और उनके ख़िलाफ़ लड़ाइयाँ लड़ीं। क़बीलों और ख़ानदानों में बँटे यहूदी मुसलमानों के हाथों हार गए जो क़बीलाई सीमाओं को पार करके एकजुट हो चुके थे। न सिर्फ़ यहूदियों बल्कि मक्का के और अन्य अरब विरोधियों पर भी मुसलमानों की जीत तय थी क्योंकि उस समय इस्लाम नए पैदा हो रहे आर्थिक सम्बन्धों के अनुरूप समाज की पुनर्रचना का एक ख़ाका पेश कर रहा था। उसने एक ऐसे समय में अरब समाज में राज्य और क़ानून की धारणाएँ पेश कीं जब उनमें ऐसी कोई धारणा थी ही नहीं। हालाँकि, जैसाकि मक्का और मदीना की दशाओं से पता चलता है, इनकी ज़रूरत बुरी तरह महसूस की जा रही थी। पैग़म्बर मुहम्मद ने धीरे-धीरे अपनी पकड़ मज़बूत बनाई और जल्द ही मदीनवी जनता के निर्विवाद नेता बन बैठे। ध्यान में रखने की बात यह है, क्योंकि इससे काफ़ी ग़लतफ़हमियाँ पैदा हुई हैं, कि पैग़म्बर मुहम्मद बाइबिल के किसी दूसरे पैग़म्बर की तरह महज़ एक पैग़म्बर नहीं थे बल्कि मदीना में एक राज्य के संस्थापक भी थे। एक

राजनीतिक अगुवा के रूप में उनका व्यवहार एक धार्मिक नेता के रूप में उनके व्यवहार से टकराया भी। एक धार्मिक नेता के रूप में वे एक विधि-निर्माता, भविष्यदर्शी और आदर्शवादी थे लेकिन एक राज्य-प्रमुख के रूप में उन्हें समझौते करने पड़े, गँठजोड़ क़ायम करने पड़े (उनके कुछ विवाद इन्ही गँठजोड़ों के हित में थे), दुश्मनों को अपनी ओर लाने के लिए कुछ रियायतें देनी पड़ीं या उन्हें नीचा-दिखाने की रणनीतियाँ तैयार करनी पड़ीं। अपने मक्का के दुश्मनों को झुकाने के लिए पैग़म्बर मुहम्मद ने उनके तिजारती कारवानों पर हमले किए।

एच.जी. वेल्स समेत अनेक पश्चिमी विद्वान और इतिहासकार पैग़म्बर मुहम्मद के आचरण से ख़ौफ़ खाते रहे हैं क्योंकि उनके मन में आमतौर पर ईसा की छवि रही है। यह छवि एक ऐसे मज़लूम, सताए हुए पैग़म्बर की रही है जो समर्पण करता है, विरोध नहीं करता, जो एक गाल पर तमाचा खाकर दूसरा गाल भी आगे बढ़ा देता है। मेरा कहना है कि यह सब स्थितियों पर निर्भर होता है। ईसा का सामना रोम की शक्तिशाली और सुसंगठित राज्य से था। वे एक शोषित और उत्पीड़ित कौम में पैदा हुए थे। उन्होंने प्रेम के सिद्धान्त का प्रचार करने, स्वत्व को समर्पित करने और इच्छाओं का दमन करने का रास्ता अपनाया। इस तरह वे करुणा की साकार मूर्ति बन गए। (वैसे ईसा निश्चित ही रोमियों के ख़िलाफ़ प्रतिरोध संगठित करने का रास्ता अपना सकते थे, और इतिहास में एक व्यक्ति की भूमिका का सवाल यहीं पैदा होता है।) इसके अलावा आधुनिक अनुसन्धान के बावजूद ठोस राजनीतिक तथ्यों की दृष्टि से ईसा के बारे में बहुत अधिक जानकारी नहीं है। उनके बारे में हम जो कुछ जानते हैं उसका अधिकतर भाग परम्परा पर आधारित है। पैग़म्बर मुहम्मद जब मक्का में थे तो उन्हें मुसीबतों का सामना करना पड़ा और जैसाकि ऊपर कहा गया है, उन्हें वहाँ सताया और परेशान किया गया। ऐसी बहुत सी मिसालें हैं जिनमें दुश्मनों द्वारा परेशान किए जाने और सताए जाने पर पैग़म्बर मुहम्मद ने उनसे ईसा जैसा सुलूक किया। लेकिन ईसा के विपरीत वे समर्पण के लिए तैयार नहीं हुए। जब वे मक्का में प्रतिरोध संगठित नहीं कर सके तो इसी मक़सद से मदीना चले गए।

आरम्भिक समस्याओं को हल करने के बाद उन्होंने अपना ध्यान मक्का की ओर मोड़ा। वे ऐसी रणनीति बनाना चाहते थे कि मक्का की अर्थव्यवस्था को तबाह कर सकें और मदीना में अनुयायियों के लिए रोज़ी भी जुटा सकें। सीरिया जा रहे या वहाँ से लौट रहे तिजारती कारवानों पर हमले से बेहतर रणनीति भला क्या होती ? यह आसान भी था क्योंकि इन कारवानों को मदीना से 60 मील से कम दूरी पर गुज़रना पड़ता था जो मक्का से कोई 300 मील उत्तर में था। ऐसे हमले से दो मक़सद पूरे होते : मक्का के कारवानों को परेशानी होती और उनके अनुयायियों को रोज़ी भी मिलती जो बहुत बुरी आर्थिक दशा में थे। इसके अलावा अरब के रेगिस्तान में ऐसे हमले, बल्कि धावे, नैतिकता के ख़िलाफ़ भी नहीं थे। जैसाकि हमने पहले के एक अध्याय में कहा, ऐसे धावे आए दिन डाले जाते थे। ऐसे हमलों से पैग़म्बर मुहम्मद ने उस नए आन्दोलन के हित को पूरा किया जो उनकी राय में एक 'ख़ुदाई मक़सद' था। कोई भी नया आन्दोलन

जब एक नई नैतिकता के साथ एक नया समाज बनाना चाहता है तो उसमें स्थापित व्यवस्था की नैतिकता को भंग करना अनैतिक नहीं माना जाता। यहाँ तिजारती कारवानों पर हमला करके पैग़म्बर मुहम्मद वह भी नहीं कर रहे थे क्योंकि उस देशकाल में ऐसे धावे पूरी तरह सामान्य माने जाते थे।

पैग़म्बर मुहम्मद ने आरम्भ में कुछ टोही दस्ते भेजे। वक़ीदी को उद्धृत करते हुए तबरी कहते हैं कि हिजरत के बाद सत्रहवें महीने में रसूलल्लाह ने एक सफ़ेद झंडा और 30 आदमी देकर हम्ज़ा बिन अब्दुल मुत्तलिब को क़ुरैश के एक तिजारती कारवाँ पर छापा मारने के लिए भेजा।[19] तबरी आगे कहते हैं : 'उस साल ज़ी क़ज़ा (इस्लामी पंचांग का एक महीना) में रसूलल्लाह ने सफ़ेद परचम के साथ साद बिन अबी-वक़्स को ख़र्रार भेजा। मिक़दाद बिना उमरू अलम-बरदार (ध्वजवाहक) बनाए गए। साद ख़ुद कहते हैं: मैं कोई 20 लोग साथ लेकर ख़र्रार के लिए पैदल चल पड़ा। हम दिन में छिपकर रहते और रात को आगे बढ़ते। वहाँ हम पाँचवें दिन सुबह पहुँच गए। रसूलल्लाह ने हमें उससे आगे न जाने की हिदायत दी थी। दुश्मन का तिजारती कारवाँ उससे एक रोज़ पहले उस रास्ते से गुज़र चुका था और उसकी तादाद 60 थी। मेरे साथ सभी मुहाजिर ही थे।'[20] ये सभी टोही दस्ते थे और कोई ख़ास वाक़िया नहीं हुआ लेकिन हिजरत के बाद सत्रहवें महीन रजब में पहली बार ख़ून बहा। पैग़म्बर ने अब्दुल्लाह बिन हजश को 20 लोगों के साथ एक खुफिया काम से भेजा। उन्हें एक मुहरबन्द ख़त दिया गया और हिदायत थी कि दो दिन के कूच के बाद (कुछ लोगों के अनुसार एक दिन बाद) उसे खोलें। जब ख़त खोला गया तो हिदायत थी कि तैफ़ और मक्का के बीच नख़्ल की ओर बढ़ें। वे कुछ झिझकते हुए रजब के आख़िरी दिनों में नख़्ल पहुँच गए। क़ुरैश का तिजारती कारवाँ शाम को जब उस राह से गुज़रा तो मुसलमानों ने उस पर हमला कर दिया। कारवाँ का एक शख़्स उमरू बिन अल-हदरामी मारा गया तथा काफ़ी माले-ग़नीमत और दो क़ैदी लेकर मुसलमान मदीना लौट आए।[21] लेकिन यह मुठभेड़ रजब के महीने में हुई थी जब अरब लड़ाइयाँ नहीं लड़ते। इसके ख़िलाफ़ कुछ शोर उठा और पैग़म्बर मुहम्मद को बहुत होशियारी से काम लेना पड़ा। कुछ समय तक उन्होंने माले-ग़नीमत को हाथ नहीं लगाया। कुछ अरसे के बाद उनको वही हुई : 'तुझसे पूछते हैं महीना हराम को कि इसमें लड़ना कैसा; कह दे लड़ाई इसमें बड़ा गुनाह है, और रोकना अल्लाह की राह से और उसको न मानना और मस्जिदुल-हराम से रोकना और निकाल देना उसके लोगों को वहाँ से उससे भी ज़्यादा गुनाह है अल्लाह के नज़दीक; और लोगों को दीन से बिचलाना (पवित्र महीनों में) क़त्ल से भी बढ़कर है।'[22] इस तरह फ़ैसला बहुत साफ़ था। अगर मक्का के लोग नए धर्म और नए आन्दोलन की राह में बाधा डालेंगे तो उनसे इन्तक़ाम भी लिया जाएगा, और परम्पराओं को इसमें बाधक बनने नहीं दिया जाएगा। वास्तव में एक शक्ति बनने के लिए प्रयत्नशील कोई भी आन्दोलन पुरानी परम्पराओं को तोड़े बिना और हालात के तक़ाज़ों के मुताबिक़ रणनीतियाँ अपनाए बिना कामयाब नहीं हो सकता, और किसी ख़ास शोर-शराबे के

बिना पैग़म्बर मुहम्मद ने ठीक यही किया। माले-ग़नीमत का पाँचवाँ हिस्सा पैग़म्बर मुहम्मद ने ले लिया और बाक़ी उनके साथियों में बाँट दिया गया। उसके बाद पैग़म्बर हमेशा राज्य-प्रमुख के रूप में माले-ग़नीमत का पाँचवाँ हिस्सा लेते रहे। यक़ीनन इसका अधिकतर भाग उनसे मिलने के लिए आनेवाले प्रतिनिधिमंडलों पर ख़र्च किया जाता था या ऐसे ही दूसरे कामों पर जो एक नवगठित राज्य के प्रमुख के तौर पर उन्हें करने पड़ते थे।

मुसलमानों और मक्का के क़ुरैश का यह टकराव बेचुनौती नहीं गुज़रा। इसके कारण मक्कावाले आग-बगूला हो उठे। क़ुरैश सौदागर होशियार थे और उन्हें यह समझते देर न लगी कि अगर पैग़म्बर मुहम्मद का सही जवाब न दिया गया तो उनके व्यापार के लिए बराबर ख़तरा बने रहेंगे। मख़ज़ूम ख़ानदान के ताक़तवर मुखिया अबू जेह्ल ने यही रुख़ अपनाया। जल्द ही इसका मौक़ा भी आया। नख़्ल के धावे के दो माह बाद, दूसरे वर्ष के रमज़ान महीने (मार्च 624 ईस्वी में) भारी तिजारती सामान लेकर एक बड़ा कारवाँ ग़ाज़ा से मक्का लौट रहा था। अबू सुफ़ियान बिन हर्ब उसका मुखिया था। कारवाँ के साथ 30-40 लोग थे और अधिकांश क़ुरैश ख़ानदानों के माल इसमें शामिल थे। जल्द ही पैग़म्बर मुहम्मद को इसका पता चल गया। उन्होंने अपने सहाबा से कहाः 'क़ुरैश का भारी साज़-सामान से लदा एक कारवाँ इधर आ रहा है। इन्हीं लोगों ने तुम्हें अपने घरों से भगाया था और तुम्हारा माल-असबाब ज़ब्त कर लिया था।' यह एक सुनहरा मौक़ा था क्योंकि अनुमान था कि कारवाँ में 50,000 दीनार का सामान मौजूद था। बहुत से लोग इसमें दिलचस्पी लेने लगे। उर्व साफ़ तौर पर कहते हैं : 'उनकी अबू सूफ़ियान और उसके साथ चलनेवालों के अलावा किसी और (पर हमले) की नीयत नहीं थी, क़ुरैश से जीते जा सकनेवाले माले-ग़नीमत के अलावा उनके ज़ेह्नों में कोई और बात नहीं थी, और वे इसकी उम्मीद नहीं करते थे कि कोई संजीदा लड़ाई होगी। इसके बारे में अल्लाह की वही यही थी कि तुम चाहते थे न कि वह निहत्था कारवाँ तुम्हारा हो जाए।'[23] अबू सुफ़ियान को भनक लग गई और उसने रास्ता बदल लिया। फिर भी उसने मक्का सन्देश भेजा कि और भी आदमी व हथियार भेजे जाएँ क्योंकि पैग़म्बर मुहम्मद कारवाँ की घात में थे।

लगता है मक्कावालों ने कोई 950 आदमी और ढेरों हथियार भेजे। यह टकराव रमज़ान की 17वीं तारीख़ को बद्र नामक स्थान के पास हुआ। मुसलमानों में 300 से अधिक लोग नहीं थे। (अधिक से अधिक 313 थे।) यहाँ कुछ बातें दिलचस्प होंगी। चूँकि मक्का में कोई नियमित सरकार न थी, वहाँ कोई सेना भी नहीं थी। मक्का के जो भी लोग लड़ सकते थे, लड़ने के लिए प्रेरित किए गए। स्वाभाविक है कि न तो कोई एक कमान थी और न कोई समुचित व्यूह-रचना। विभिन्न ख़ानदानों से अलग-अलग इकाइयाँ बनती थीं और वे चाहने पर अलग भी हो जाते थे। जंग से पहले एक ख़ानदान वास्तव में पीछे हट गया जिससे लड़नेवालों की तादाद कम हो गई। इस तरह सबसे बड़ी ख़ामी अनुशासन की कमी थी। इसके अलावा लड़ा जाए या न लड़ा

जाए, इसे लेकर उनमें मतभेद थे। उनके लिए यह एक अनोखी लड़ाई थी जैसी पहले कभी लड़ी नहीं गई थी क्योंकि दुश्मन की क़तारों में उनके अपने ही क़बीले के लोग थे। (अरब में एक ही क़बीले या ख़ानदान के सदस्यों के बीच कभी लड़ाई नहीं लड़ी जाती थी।) इससे वे उलझन में पड़ गए और कुछ ने तर्क दिया कि अगर वे जीत भी गए तो अपने ही नाते-रिश्तेवालों का क़त्ल करके जीतेंगे। लेकिन अबू जेहल अपनी बातों पर अड़ा रहा और उसने मक्कावालों को लड़ने पर मज़बूर कर दिया। (प्रसंगवश, मुसलमान जिस कारवाँ पर धावा बोलकर उसे लूटने निकले थे वह चुपके से बचकर उनकी पहुँच से बाहर चला गया।)

दूसरी ओर कम संख्याबल और दूसरी कमज़ोरियों के बावजूद मुसलमान कुछ लाभ की स्थिति में थे। वे अनुशासित लोग थे और पक्का इरादा करके आए थे। पैग़म्बर मुहम्मद को यह बात ख़ूब पता थी। कहा जाता है कि जंग से पहले अपने सहाबा को मुख़ातिब करते हुए उन्होंने कहा था : 'जीत का दारोमदार न तो शान-शौक़त पर होता है और न हथियारों की बहुतायत पर। जीत के लिए सबसे बढ़कर सब्र और साबितक़दमी की ज़रूरत होती है। फिर उन्होंने उनका आह्वान किया कि सब्र रखें और साबितक़दम रहें।'[24] मुसलमान एक नए मज़हब के जोश से भी भरे हुए थे। उन्हें अपने मक़सद के सही होने का पूरा भरोसा था। (वैसे उनमें हमेशा कुछ ऐसे लोग रहे जो या तो शक्की या पाखंडी थे और भौतिक लाभों में दिलचस्पी रखते थे। **क़ुरआन** में बार-बार ऐसे लोगों की मलामत की गई है।) अपने मक़सद पर ईमान रखनेवाले लोग हमेशा उसके लिए जंग में पूरे जोश से उतरते हैं और नतीजों की परवाह नहीं करते। जंग का मैदान चुनने के बारे में पैग़म्बर मुहम्मद ने भी तीक्ष्ण सैन्य प्रतिभा का प्रदर्शन किया जिससे उनके दुश्मन को तपते सूरज के सामने रुख़ करके लड़ना पड़ा। इसके अलावा मुसलमानों की एक ही कमान थी और वे इस बात को लेकर परेशान नहीं थे कि कौन मारा जाएगा। वे एक नए धर्म के अनुयायी थे जो क़बीलाई बन्धनों को स्वीकार नहीं करता था। अगर अपना वालिद भी दूसरी तरफ़ हो तो उसको मारना पूरी तरह वैध था। (वास्तव में मदीना के एक प्रभावशाली नेता और पाखंडी अब्दुल्लाह बिन उबैय के बेटे ने रसूलल्लाह से ग़द्दारी करनेवाले अपने वालिद को मारने की इज़ाजत चाही। अगर वह ख़ुद अपने वालिद को मारना चाहता था तो इसका कारण यह था कि अगर कोई और मारता तो क़ातिल से उसे गुस्से में आकर बदला लेना पड़ सकता था) यह एकाग्रता कोई नई चीज़ नहीं है। यह मौजूदा व्यवस्था को उखाड़ने की कोशिश करनेवाले हरेक क्रान्तिकारी आन्दोलन में दिखाई पड़ती है। मुसलमानों ने 'काफ़िरों' पर हमला किया और वे जल्द ही तितर-बितर होकर भाग खड़े हुए। एक झोंपड़े से इस जंग को देख रहे पैग़म्बर मुहम्मद बराबर तनावग्रस्त रहे क्योंकि नए आन्दोलन का भविष्य इसी जंग के परिणाम के अनुसार बनता या बिगड़ता। इतने सारे मक्कावालों पर इतने थोड़े से मुसलमानों की जीत ने पैग़म्बर मुहम्मद की इज़्ज़त को चार चाँद लगा दिए। पैग़म्बर मुहम्मद और उनके धर्म को एक नया सम्मान मिला। वे अब एक अहम ताक़त बन

गए और बहुत से लोग जो अभी तक किसी से प्रतिबद्ध नहीं थे, उनके साथ आ गए। पड़ोस के बहुत से बद्दू क़बीले भी उनके गिर्द एकजुट हो गए। मदीना में उनकी स्थिति मज़बूत हुई और बिना शुबहा एक निर्विवाद नेता बन बैठे।

बद्र के बाद मुसलमानों को एक और कारवाँ पर हमले का मौक़ा मिला। मक्कावालों ने मेसोपोतामिया के लिए एक कारवाँ भेजा जिसमें मक्का के धनी सौदागरों ने बहुत पूँजी लगाई थी। मक्कावालों ने इसे खुफिया रखने की कोशिश की। लेकिन एक यहूदी सराय में होनेवाली बातचीत से पैग़म्बर मुहम्मद को इसकी भनक लग गई। उन्होंने ज़ैद बिन हारिस की कमान में सौ लोगों का एक दस्ता भेजा। कारवाँ पर हमला करके उसे लूट लिया गया। कहते हैं कि पकड़ा गया माल एक लाख दिरहम का था। पैग़म्बर के कहने पर कुछ मुसलमानों ने आधे-यहूदी शायर काब बिन अल-अशरफ़ को मार डाला क्योंकि उसने मक्कावालों को पैग़म्बर मुहम्मद के ख़िलाफ़ जमकर भड़काया था और उनकी निन्दा करते हुए नज़्में कही थीं। पैग़म्बर मुहम्मद ने दीन के इस दुश्मन से निजात पाने के लिए अपने अनुयायियों को धोखाधड़ी की इजाज़त भी दे रखी थी।[25] इस शायर के क़त्ल से मदीना के यहूदी क़बीलों में दहशत की लहर दौड़ गई। पैग़म्बर मुहम्मद के बहुत से कारनामों की तभी व्याख्या की जा सकती है जब हम एक नवजात राजसत्ता के प्रमुख और एक धार्मिक आन्दोलन के वाहक के रूप में उनकी दोहरी भूमिका को समझें। एक राज्य-प्रमुख के रूप में उनको उस राजसत्ता के हित में काम करना पड़ रहा था जिसे उन्होंने स्थापित किया था, भले ही इसके लिए उन्हें इस या उस दुश्मन को मारना पड़ता या किसी यहूदी क़बीले के सारे पुरुष सदस्यों को मौत के घाट उतारना पड़ता। जहाँ रहम दिखाने से राजनीतिक तबाही आती वहाँ उन्होंने कोई रहम नहीं दिखाया। शायद उन्होंने सोचा होगा कि यहूदियों को बख़्शने से उनकी स्थिति कमज़ोर होगी क्योंकि वे मक्कावालों के साथ उनकी हुकूमत को उखाड़ने की साज़िश करेंगे। जैसाकि कहा गया है, मक्का के क़ुरैश के तिजारती कारवानों पर उनके हमले मक्कावालों की अर्थव्यवस्था को हिला देने की रणनीति के अंग थे क्योंकि उनकी ताक़त को तोड़ने का यही अकेला रास्ता था। पैग़म्बर मुहम्मद की इस भूमिका के बारे में मुसलमान ख़ेद से ग्रस्त रहे हैं और पश्चिमी विद्वान इसे लेकर पूरी तरह हैरान रहे हैं। साफ़ कहें तो पैग़म्बर मुहम्मद एक होशियार और प्रतिभाशाली राजनयिक भी थे और एक धार्मिक दृष्टि से सम्पन्न विधि-निर्माता भी। वे महलों में रहनेवाले आदर्शवादी नहीं थे। तीक्ष्ण योग्यता के साथ और एक अनुभवी राजनीतिज्ञ जैसे कौशल के साथ, मुश्किल हालात का सामना कर सकते थे और उन्होंने किया भी, भले ही वक़्ती तौर पर किसी उसूल को छोड़ना या किसी आदर्श का समझौता करना पड़े। हुदैबीया की मशहूर सन्धि के समय जब उन्होंने अपने मुहर्रिर अली से अपने नाम के साथ 'रसूलल्लाह' लिखने को कहा तो मक्कावालों ने इस पर आपत्ति की क्योंकि वे अभी भी उन्हें इस रूप में स्वीकार करने को तैयार नहीं थे। एक प्रमुख सहाबा और अपेक्षाकृत जोशीले उमर बिन ख़त्ताब अपनी भावनाओं को छिपा नहीं सके और उन्होंने पैग़म्बर मुहम्मद से पूछा, 'क्या आप

वाक़ई रसूलल्लाह हैं ?' यक़ीनन पैग़म्बर मुहम्मद ने यही कहा, 'मैं हूँ।'[26] एक होशियार राजनयिक के रूप में उन्हें पता था कि इन शब्दों का कोई ख़ास महत्त्व नहीं है। अहमियत थी तो बातचीत के ज़रिए एक समझौते की जो उन्हें दम लेने की मोहलत दे ताकि वे अपनी स्थिति को और पुख़्ता बना सकें। इसके लिए उन्होंने शान्ति की कुछ नामुवाफ़िक़ शर्तें भी क़ुबूल कीं। मुस्लिम सिर्फ़ एक नवोदित शक्ति थे और एक प्रतिकूल स्थिति में ऐसी शर्तें स्वीकार करने में कुछ भी ग़लत नहीं था। सही वक़्त आने पर उन्हें दुरुस्त किया जा सकता था। पैग़म्बर मुहम्मद की इसी बुद्धिमत्ता ने उन्हें परिस्थितियों का स्वामी बना दिया। एक राजनयिक के रूप में और एक पैगम्बर के रूप में पैगंबर मुहम्मद के कारनामों में अन्तर करने के प्रयास मुस्लिम इतिहासकारों तक ने किए हैं।

पैग़म्बर मुहम्मद ने एक-एक करके यहूदी क़बीलों का सरदर्द निपटाया, आख़िर उनकी प्रभावी ताक़त को तोड़ना और उन्हें अधीनता की स्थिति में पहुँचा दिया। ख़ैबर और फ़दक के यहूदियों के साथ किए गए समझौते ने इस्लाम में भूमि के स्वामित्व की धारणा पर महत्त्वपूर्ण प्रभाव डाला।

कुछेक मुआमलों को छोड़ दें तो अरब के रेगिस्तान में खेती सम्भव नहीं थी और इसलिए सामन्तवाद और उसके विभिन्न तौर-तरीक़ों का विकास नहीं हुआ। लेकिन जब मुसलमानों ने एक विशाल, खेतिहर इलाक़ा जीत लिया जहाँ सामन्ती व्यवस्था मौजूद थी तो वहाँ भूमि के स्वामित्व की धारणा ने भारी महत्त्व ग्रहण कर लिया। ख़ैबर और फ़दक यहूदी क़बीलों के स्वामित्ववाले उपजाऊ इलाक़े थे। वहाँ बहुत सारी गुफाएँ और बस्तियाँ थीं। प्राचीन अरब भूगोलशास्त्रियों के अनुसार प्राचीन ख़ैबर एक बहुत उपजाऊ इलाक़े में स्थित था जहाँ ख़जूरों के बहुत से बाग़ान थे और हरी-भरी खेतियाँ थीं। यहाँ सात गढ़ियाँ भी मौजूद थीं।[27] यह मदीना से कोई सौ मील उत्तर में था।

बलज़ूरी कहते हैं : 'रसूलल्लाह ने हिजरी साल 7 में हमला किया। ख़ैबर के लोगों ने लम्बे अरसे तक मुक़ाबला किया, (पैग़म्बर मुहम्मद का आगे बढ़ना) रोके रखा और मुसलमानों के ख़िलाफ़ लड़ते रहे। रसूलल्लाह ने एक माह तक घेरा जारी रखा। तब वे (यहूदी) इस शर्त पर समर्पण के लिए तैयार हुए कि उनकी ज़िन्दगियाँ बख़्श दी जाएँगी, उनकी स्त्रियों और बच्चों को गिरफ़्तार नहीं किया जाएगा, और वे अपने बदन का सामान छोड़कर अपनी ज़मीनें और अपनी सम्पत्तियाँ, मय सोना और चाँदी, छोड़कर चले जाएँगे...फिर उन्होंने रसूलल्लाह से गुज़ारिश की कि वे काश्त करना अच्छी तरह जानते हैं और उन्हें वहीं रहने दिया जाए। उन्होंने उनकी गुज़ारिश मान ली, खजूरों और अनाजों की पैदावार के आधे पर समझौता किया और कहा, जब तक अल्लाह तुम्हें यहाँ रखना चाहेगा, मैं तुम्हें यहाँ रहने दूँगा।'[28] इसका मतलब यह निकाला गया कि ज़मीन मुसलमानों की मिल्कियत रही और यहूदी फिर बँटाईदार रहे। बलज़ूरी आगे कहते हैं: 'चूँकि रसूलल्लाह और उनके सहाबा के पास इतने ग़ुलाम नहीं थे कि उनको वहाँ ज़मीन के काम पर लगाया जा सकता और चूँकि उनके पास ख़ुद इतना वक़्त न था कि इन्तज़ाम सँभालते, उन्होंने खेतों और बाग़ों को वापस करने की उनकी गुज़ारिश इस शर्त

पर मान ली कि आधी पैदावार उनकी (यहूदियों की) और आधी मुसलमानों की होगी।' बलज़ूरी यह भी कहते हैं कि हर साल फ़सल कटने के वक़्त अब्दुल्लाह बिन रबहा आधा हिस्सा तय किया करते थे।[29]

बलज़ूरी जो कुछ हमें बतलाते हैं उससे स्पष्ट है कि यहूदियों को उनके भूस्वामित्व से वंचित करके बँटाईदार बना दिया गया। राजनीतिक दृष्टि से पैग़म्बर ने ख़ैबर के यहूदियों को आर्थिक चोट पहुँचाना आवश्यक समझा होगा ताकि ख़ुद के ख़िलाफ़ षड्यन्त्र के एक सक्रिय केन्द्र को नष्ट किया जा सके। लेकिन उन्होंने अनजाने ही आगे चलकर इस्लामी राजसत्ता में सामन्तवाद के विकास के लिए एक औचित्य पैदा कर दिया। जैसाकि हम आगे देखेंगे, जागीरों के सवाल ने ऐसे दबाव पैदा किए जिन्होंने मुस्लिम राजसत्ता के पूरे चरित्र को बदलकर रख दिया। ख़ैबर के पास एक और यहूदी बस्ती फ़दक भी काफ़ी उपजाऊ थी और उसे लेकर भी कमोबेश ऐसा ही एक समझौता यहूद के साथ किया गया। चूँकि फ़दक के यहूद ने लड़े बिना समर्पण कर दिया, उन्हें आधी ज़मीन का स्वामी बने रहने की छूट दी गई। ख़ैबर के विपरीत जहाँ मुसलमान फ़सल में बराबर के हिस्सेदार थे, फ़दक पैग़म्बर मुहम्मद के हवाले कर दिया गया (ख़ालिस लहू) जो उसकी आमदनी को ज़रूरतमन्द मुसाफ़िरों पर ख़र्च करते थे (अबनउल-सबील), और बनू हाशिम में सबसे कम ख़ुशहाल लोगों के ऊपर भी। (इस क़दम के औचित्य के रूप में यह कारण बताया गया कि फ़दक एक समझौते से (लड़े बिना) हासिल हुआ था। लेकिन दूसरे ख़लीफ़ा उमर के दौर में उत्तरी हिजाज़ में रहनेवाले यहूदियों पर एक बहुत करारी चोट पड़ी। ख़लीफ़ा ने उन्हें वहाँ से निकालने का फ़ैसला किया क्योंकि अब मुसलमानों के पास जंगों में पकड़े गए क़ैदियों की एक बड़ी तादाद थी और उनके सहारे वे अरब की पूरी उपजाऊ ज़मीन का इन्तज़ाम कर सकते थे। जैसाकि कहा गया है, ख़ैबर के यहूद को इसलिए वहीं रहने और ज़मीन पर काम करने की इजाज़त दी गई कि तब मुसलमानों के पास पर्याप्त संख्या में ग़ुलाम नहीं थे। यह भी ध्यान रहे कि जहाँ ख़ैबर के यहूद को बिना किसी मुआवज़े के नख़लिस्तान छोड़कर सीरिया जाना पड़ा वहीं फ़दक के यहूद को उनकी सम्पत्ति के मूल्यांकन के आधार पर मुआवज़ा दिया गया। इससे इस तथ्य की पुष्टि होती है कि ख़ैबर के यहूद को मात्र माना जाता था और इस तरह उनके साथ बँटाई के समझौते को बिना मुआवज़ा दिए तोड़ा जा सकता था, मगर वहाँ आधे नख़लिस्तान पर फ़दक के यहूद के स्वामित्व सम्बन्धी अधिकार को मान्यता दी गई।

यहूदियों के निष्कासन के बाद भी उमर ने ख़ैबर और फ़दक के लिए अलग-अलग ढंग अपनाए। ख़ैबर में जिन मुसलमानों को पैग़म्बर मुहम्मद से फ़सल में हिस्सा मिला था उन्हें (या उनके वारिसों को) उसी अनुपात में भूमि का स्वामित्व दे दिया गया; रहा फ़दक तो उन्होंने वहाँ की व्यवस्था को नहीं बदला। फ़दक की सालाना उपज (इब्न साद, पद 286 के अनुसार) लगभग दस हज़ार दीनार के बराबर थी। फ़दक का सवाल क़ानूनी दृष्टिकोण से दिलचस्प है क्योंकि इससे साबित होता है कि इस्लाम के आरम्भ काल से

ही निजी और सामूहिक सम्पत्ति के अन्तर की एक बहुत सटीक धारणा रही है, और हरेक से जुड़े कर्त्तव्यों और अधिकारों के बारे में सजगता रही है। इसके अलावा यह उन शासकों की कठिनाइयों का एक उदाहरण है जो तब भी शरीअत का सम्मान करते थे जब उन्हें राजनीतिक कारणों से पैग़म्बर और उनके फ़ौरी उत्तराधिकारियों की क़ायम की हुई किसी स्थिति को बदलना पड़ता था।[30] फ़दक और ख़ैबर की काश्त के लिए पर्याप्त संख्या में ग़ुलाम मिल जाने के बाद वहाँ से उमर द्वारा यहूद का निकाले जाना दिखाता है कि जब तक आर्थिक कारणों से आवश्यक होता, मात्र एक धार्मिक आदेश दास-प्रथा के उन्मूलन में सफल नहीं होता। (निःसन्देह उमर की कार्रवाई का प्रमुख कारण यहूद की दुश्मनी का जारी रहना था जो उनके सम्पत्ति के अधिकारों से वंचित होने तथा रातोरात बँटाईदार बनकर रह जाने के बाद और तीखी हुई।) वास्तव में और अधिक विदेश-विजय तथा विशाल भू-सम्पत्ति की प्राप्ति के बाद यह समस्या और तीखी हो गई। जब इस्लामी ख़िलाफ़त पहले उमय्या और फिर अब्बासी शासकों द्वारा एक इस्लामी साम्राज्य बना दी गई, तो शाही हरम में ग़ुलाम लड़कियों की अपनी ही अहमियत हो गई। यहाँ तक कि ख़लीफ़ों के निजी अंगरक्षकों के रूप में ग़ुलामों के ख़ास दस्ते भी तैयार किए गए। मक्का के तिजारती माहौल में दास-प्रथा को हतोत्साहित करना एक बात था और भू-सम्पत्ति, कृषि और बाग़ान पर आधारित एक विशाल साम्राज्य में उसका उन्मूलन करना बिल्कुल दूसरी बात थी।

मक्का में दास-प्रथा की आर्थिक जड़ें नहीं थीं। (ग़ुलामों को ज़्यादा से ज़्यादा निजी सेवकों के रूप में, चढ़ाई-उतराई के काम कराने के लिए या एक व्यापारिक समाज के कुछेक दूसरे काम कराने के लिए लगाया जाता था।) दूसरी ओर बाद के विशाल इस्लामी साम्राज्यों में उसे एक निश्चित आर्थिक कार्यभार प्राप्त हुआ। यही कारण कि इस्लाम में दास-प्रथा अभी हाल तक मौजूद रही है।

इस्लाम में भू-स्वामित्व के प्रश्न पर भारी विवाद हुए हैं। कुछ मुसलमानों का कहना है कि इस्लाम ने भूमि के सामूहिक स्वामित्व की धारणा पेश की थी और उसमें सामन्ती शोषण की कोई जगह नहीं है। एक पाकिस्तानी सिद्धान्तकार, नसीर अहमद शैख़, ने कहा है कि पैग़म्बर मुहम्मद और **क़ुरआन** भूमि के निजी स्वामित्व के विरोधी थे, कम-से-कम वहाँ तो अवश्य थे जहाँ यह भूस्वामी की निजी जोत से अधिक होती थी।[31] दूसरी तरफ़ जमाअते-इस्लामी के प्रमुख सिद्धान्तकार मौलाना मौदूदी का कहना है कि इस्लाम में भूमि के निजी स्वामित्व की इजाज़त है। **क़ुरआन** किसी भी मुआमले में स्वामित्व के अधिकार से इनकार नहीं करता। निश्चित ही पैग़म्बर से जुड़ी कुछ परम्पराएँ (हदीसें) कुछ शर्तों के साथ इस अधिकार को मान्यता देती हैं। मिसाल के लिए **सहीह मुस्लिम** (पैग़म्बर की हदीसों के प्रामाणिक संकलनों में से एक) में एक हदीस कहती है: '...रसूलल्लाह ने कहा कि जिसके पास ज़मीन है। उसे उसकी काश्त करनी चाहिए और अगर वह उसकी काश्त नहीं कर सकता या उसमें काश्त की क्षमता नहीं है तो उसे वह ज़मीन (या उसका वह हिस्सा) किसी मुस्लिम भाई को दे देना चाहिए; उसे किसी

भी हालत में इसे लगान पर (या बँटाईदारी) पर नहीं देना चाहिए।'[32] **सुनाने-आबी-दाऊद** की एक और हदीस और भी स्पष्ट रूप से कहती है, '...जाबिर से पता चलता है कि रसूलल्लाह ने कहा था, जो शख़्स बँटाईदारी (मुख़बिरा) नहीं छोड़ता उसे अल्लाह और उसके रसूल से लड़ने के लिए तैयार रहना चाहिए।' (सुनाने-आबी-दाऊद, **किताबुल-बुयू,** बाब अल-मुख़ाबिरा देखें।) बँटाईदारी को लताड़नेवाले इन कड़े शब्दों से संकेत मिलता है कि इस्लाम में सामन्तवाद के लिए कोई जगह नहीं है हालाँकि यह भूमि पर निजी स्वामित्व को पूरी तरह समाप्त नहीं करता।

एक प्रसिद्ध पाकिस्तानी विद्वान प्रोफ़ेसर फ़ज़लुर्रहमान कहते हैं कि इस्लाम में रिबा जितनी सख़्ती से ही बँटाईदारी पर रोक लगाई गई है और इसलिए इस्लाम में सामन्तवाद का, जिसने इसे इस क़दर विकृत किया है, कोई औचित्य नहीं है। उनका कहना है कि हदीस के इतने अधिक सुप्रसिद्ध रिपोर्टरों में शायद ही कभी इतनी एक राय रही हो जितनी कि बँटाईदारी पर, ज़मीन को लगान पर उठाने आदि पर रही है। उन सबों ने यही कहा है कि पैग़म्बर ने बँटाईदारी, लगान आदि की दोटूक निन्दा की थी।[33] तो सवाल यह पैदा होता है : फिर पैग़म्बरे-इस्लाम ने ख़ैबर और फ़दक के यहूद के साथ बँटाईदारी का ऐसा ही समझौता क्यों किया ? वास्तव में इसे उन लोगों ने नज़ीर के रूप में पेश किया है जो लगान पर ज़मीन उठाने जैसे सामन्ती तौर-तरीक़ों को उचित ठहराना चाहते थे।

पैग़म्बर की हदीसों को जमा करनेवाले लोग इस बारे में सचेत थे। मिसाल के लिए इमाम अबू हनीफ़ा कहते हैं कि ख़ैबर के यहूद के साथ ख़िराज (भू-कर) को लेकर समझौता हुआ था। वास्तव में वे यह कहते हैं कि यह समझौता करके पैग़म्बर ने यहूद पर एहसान किया क्योंकि वे उनकी ज़मीनें जीत चुके थे और चाहते तो उन्हें वहाँ से भगा सकते थे। उन्हें वहाँ फ़सल के आधे भाग के साथ रहने और काश्त करने की इजाज़त देना कृपा के समान था।[34] यह तर्क बहुत क़ायल करनेवाला नहीं है और लगता है कि एक औचित्य गढ़ा गया हो। फिर भी यह बात माननी होगी कि मुस्लिम धर्मशास्त्री बँटाईदारी की इजाज़त के कुप्रभावों से परिचित थे जिससे समाज में एक शोषक किराया जीवी (रेंटियर) वर्ग पैदा होता है। लेकिन—धार्मिक दृष्टि के आधार पर धर्मशास्त्रियों का सरोकार चाहे जो हो—सामाजिक-आर्थिक सम्बन्धों का अपना ही तर्कशास्त्र होता है। इसलिए इस्लामी साम्राज्य के सभी खेतिहर क्षेत्रों में सामन्ती तौर-तरीक़ों ने गहरी जड़ें जमाईं। एक ऐसा आदर्श सामने रखकर जिसकी समाज-व्यवस्था में जड़ें न हों, सामाजिक-आर्थिक संरचनाओं की वास्तविकता को मिटाया नहीं जा सका। इससे यह बात बहुत ही स्पष्ट हो जाती है कि समाज-व्यवस्था को बदले बिना समाज में बुनियादी परिवर्तन नहीं लाए जा सकते। आदर्शों का ऐलान भले ही आवश्यक हो, अपने आपमें पर्याप्त नहीं होता।

इस्लाम में एक और महत्त्वपूर्ण प्रश्न कर्ज़ों पर सूद लेने पर प्रतिबन्ध का है। यह एक बहुत ही विवादित प्रश्न रहा है, ख़ासकर हाल के वर्षों में। कुछ लोगों का कहना

है कि तिजारती-सूद नहीं, लूट जैसे सूद पर प्रतिबन्ध लगाया गया था। यह विचार अधिक सटीक लगता है हालाँकि सभी सम्बन्धित लोग इससे सहमत नहीं हैं। चूँकि यह प्रश्न हमारे दृष्टिकोण से महत्त्वपूर्ण है, हम इसकी कुछ विस्तार से विवेचना करेंगे। इसके लिए **क़ुरआन** में प्रयुक्त शब्द रिबा है। चूँकि रिबा का प्रयोग अनेक अर्थों में किया गया है, काफ़ी कुछ भ्रम पैदा हुए हैं। इस प्रश्न पर फ़ज़्लुर्रहमान ने विद्वत्तापूर्ण चर्चा की है।[35] आगे जो कुछ कहा गया है वह काफ़ी हद तक उनके रिबा सम्बन्धी लेख पर आधारित है। (वैसे यह पूरी तरह उस लेख पर आधारित नहीं है क्योंकि मेरे पास दूसरे भी स्रोत हैं।) **क़ुरआन** में इस शब्द के विभिन्न रूपों का विभिन्न अर्थों में प्रयोग किया गया है। कुछ मिसालें पेश हैं : बढ़ना, फैलना। **क़ुरआन** (सूरा 22, आयत 5) में कहा गया है, 'और तू देखता है ज़मीन ख़राब पड़ी है, फिर जहाँ हमने उतारा उस पर पानी, ताज़ी हो गई और उभरी और उगाईं क़िस्म-क़िस्म की रौनक़ की चीजें।' इसी तरह मक्कावाले एक सूरा (सूरा 3; आयत 39 में) जिसका शीर्षक 'सूर्तुरुम' (रोमी) है, **क़ुरआन** का ऐलान है, 'और जो देते हो ब्याज पर कि बढ़ता रहे लोगों के माल से, सो वह नहीं बढ़ता अल्लाह के यहाँ, और जो देते हो पाक दिल से चाहकर रज़ामन्दी अल्लाह की, सो यह वही है जिसके दूने हुए।' (यह **क़ुरआन** में रिबा का पहला हवाला है।) यहाँ इसका प्रयोग वृद्धि के अर्थ में किया गया है। इस शब्द का एक और रूप 'रब्वा' है जिसका मतलब ऊँची या उभरी हुई ज़मीन है। मसलन **क़ुरआन** (सूरा 23, आयत 50) में कहा गया है, 'और बनाया हमने मरियम के बेटे और उसकी माँ को एक निशानी और उनको ठिकाना दिया एक टीले (रब्वा) पर जहाँ था ठहरने का मौक़ा और पानी निथरा।' इस शब्द का एक और अर्थ पालन-पोषण करना है। **क़ुरआन** (सूरा 17, आयत 24) में कहा गया है, 'और झुका दे उनके आगे कन्धे आजिज़ी करके, नियाज़मन्दी से, और कह : ऐ रब, इन पर रहम कर जैसे पाला है (रब्बयानी) इन्होंने मुझको छोटा सा (बचपन से)।' रिबा शब्द का तकनीकी अर्थ उसके शाब्दिक अर्थ से व्युत्पन्न है। इस्लामी साहित्य में रिबा का प्रयोग सिर्फ़ ब्याज के अर्थ में प्रयुक्त नहीं हुआ है जैसाकि आमतौर पर समझा जाता है। वास्तव में रिबा का प्रयोग व्यापार में सट्टाबाज़ी, मात्रा में वृद्धि के साथ समान वस्तुओं की अदला-बदली आदि के अर्थ में भी किया गया है। मुस्लिम धर्मशास्त्रियों का मत है कि इन सभी कामकाजों पर पाबन्दी लगाई गई है। कुछ दूसरे धर्मशास्त्रियों के मत के विपरीत फ़ज़्लुर्रहमान कहते हैं कि ऊपर उद्धृत 'सूरतर्रुम' (रोमी) के ज़रिए मक्का में ही रिबा से मना किया गया था। (इसकी निन्दा की गई है पर इस पर प्रतिबन्ध नहीं लगाया गया है।) मेरी राय में उनका यह कथन सही है कि इस चरण में सूदख़ोरी की निन्दा कुल मिलाकर आर्थिक न्याय के बारे में पैग़म्बर की दृष्टि के अनुरूप ही थी। जैसाकि हमने भी पिछले अध्याय में भी कहा है, पैग़म्बर मुहम्मद ने मक्का के समाज की बहुत सी आर्थिक बुराइयों की निन्दा की थी, जैसेकि ज़ख़ीरेबाज़ी, बेहद मुनाफ़ाख़ोरी, यतीमों के अधिकारों को हड़पने आदि की। इसलिए इसमें आश्चर्य नहीं कि उन्होंने सूदख़ोरी की भी निन्दा की क्योंकि बहुत से दौलतमन्द मक्कावासी इसमें लगे हुए थे

जिससे समाज के आर्थिक रूप से कमज़ोर व्यक्तियों को भारी तकलीफ़ उठानी पड़ रही थी। जैसाकि रिबा सम्बन्धी आयत को स्पष्ट करते हुए इब्न-जरीर हमें बतलाते हैं, पैग़ंबर के अपने चचा अब्बास बड़े पैमाने पर यह कारोबार करते थे। अहम बात यह भी है कि मक्कवी दौर के अधिकांश सूरों की तरह रिबा पर यह आयत भी मात्र निन्दा मूलक है, पर इस पर प्रतिबन्ध का कोई आदेश नहीं है। कारण स्पष्ट है। मक्का में पैग़म्बर मुहम्मद एक राज्य-प्रमुख नहीं बल्कि मात्र एक ऋषि थे। दूसरी ओर मदीना में हम मात्र निन्दा या असहमति नहीं, नियम-क़ायदों का स्पष्ट निरूपण होते देखते हैं क्योंकि यहाँ पैग़म्बर मुहम्मद एक ऋषि होने के साथ-साथ एक विधि निर्माता और राज्य-प्रमुख भी थे।

हिजरत करके मदीना जाने के बाद सूदख़ोरी पर इन शब्दों (**क़ुरआन**, सूरा 3, आयत 130-31) में स्पष्ट रोक लगा दी गई, 'ऐ ईमानवालो, मत खाओ सूद दूने पर दूना, और डरो अल्लाह से ताकि तुम्हारा भला हो, और बचो उस आग से जो तैयार हुई काफ़िरों के वास्ते।' बाद में नाज़िल होनेवाली दूसरी मदीनवी आयतों में भी रिबा पर प्रतिबन्ध लगाया गया (**क़ुरआन**, सूरा 2, आयत 274-80), 'जो लोग खाते हैं सूद, नहीं उठेंगे क़यामत को, मगर जिस तरह उठता है वह शख़्स जिसके होश खो दिए हैं शैतान ने लिपटकर ! यह हालत उनकी इस वास्ते होगी कि उन्होंने कहा कि सौदागरी भी तो ऐसी ही है जैसे सूद लेना, हालाँकि अल्लाह ने हलाल किया है सौदागरी को और हराम किया है सूद को। फिर जिसको पहुँची नसीहत अपने रब की तरफ़ से और वो बाज़ आ गया तो उसके वास्ते है जो पहले हो चुका (जो वह पहले कमा चुका) और मुआमला उसका अल्लाह के हवाले है। और जो कोई फिर सूद लेवे तो वही लोग हैं दोज़ख़वाले; वे उसमें हमेशा रहेंगे। मिटाता है अल्लाह सूद को और बढ़ाता है ख़ैरात को, और अल्लाह खुश नहीं किसी नाशुक्रे गुनाहगार से। जो लोग ईमान लाए और अमल नेक किए, और क़ायम रखा नमाज़ को और देते रहे ज़कात, उनके लिए है सवाब उनका अपने रब के पास; न उनको ख़ौफ़ है और न वे ग़मगीन होंगे। ऐ ईमानवालो, उसे अल्लाह से और छोड़ दो जो कुछ बाक़ी रह गया है (सूद की कमाई का)। अगर तुमको यक़ीन है अल्लाह के फ़रमान का। फिर अगर नहीं छोड़ते तो तैयार हो जाओ लड़ने को अल्लाह और उसके रसूल से। और अगर तौबा करते हो तो तुम्हारे वास्ते है अस्ल माल तुम्हारा। न तुम किसी पर ज़ुल्म करो न कोई तुम पर करे। और अगर है कर्ज़दार तंगहाल तो मोहलत देनी चाहिए कशाइश (कर्ज़ से मुक्त) होने तक, और बख़्श दो तो बहुत बेहतर है तुम्हारे लिए, अगर तुममें समझ हो।'

रिबा पर ये आयतें इस प्रश्न से सम्बन्धित आख़िरी आयतों में से हैं और इस कारोबार को रोकने के बारे में इसमें साफ़-साफ़ हिदायतें दी गई हैं। इसमें सूदख़ोरों के खिलाफ़ जंग जैसी सख़्त सज़ाएँ बताई गई हैं और साफ़ हिदायतें दी गई हैं, मसलन कर्ज़दारों को कशाइश तक मोहलत देने की, यहाँ तक कि अस्ल (मूलधन) तक को बख़्श देने की। इनसे साफ़ संकेत मिलता था कि यह एक दूरगामी सुधार का अंग था। उन

दिनों मक्का या मदीना के समाजों में सूद की भारी दरों से जो समस्याएँ पैदा हो रही थीं उनके पैमाने को समझना आवश्यक है।

कुछ स्रोतों से स्पष्ट है कि जाहिलिया (इस्लाम-पूर्व) दौर में सूदख़ोरी बड़े पैमाने पर प्रचलित थी। हमें इमाम मलिक की **मुवत्ता** में इस तरह की एक परम्परा मिलती है। फ़रमाते हैं, 'जाहिलिया दौर में जब कोई शख़्स किसी से एक ख़ास मुद्दत के लिए कोई रक़म लेता था, और जब वह मुद्दत ख़त्म हो जाती थी तो लेनदार देनदार से पूछता था कि वह रक़म अदा करेगा या अदायगी को और आगे टालना चाहता है। अगर वह रक़म अदा कर देता तो लेनदार ले लेता था, वरना कर्ज़ की रक़म बढ़ाकर मुद्दत को और आगे कर देता था।'[36] रिबा सम्बन्धी आयत ('ऐ ईमानवालो, मत खाओ सूद दूने पर दूना...') की व्याख्या करते हुए तबरी भी कहते हैं कि यह आयत जाहिलिया दौर में सूदख़ोरी की ओर इशारा करती है जब अगर कर्ज़दार वक़्त पर रक़म नहीं दे पाता था तो लेनदार रकम को दूना कर देती था। इस तरह 100 की रक़म अगले साल 200 हो जाती थी, उसके सालभर बाद 200 के 400 हो जाते थे, वग़ैरह वग़ैरह।[37]

रिबा की पूरी धारणा को स्पष्ट करने के लिए फ़ज़्लुर्रहमान ने इमाम क़ायम से उद्धरण दिया है। यह एक लम्बा उद्धरण है। हमारा काम एक सारसंक्षेप से चल जाएगा। रिबा दो तरह का होता है : (1) स्पष्ट और निगाहों के सामने का रूप, (2) पोशीदा रूप। पहला रूप साफ़तौर पर निषिद्ध है क्योंकि इससे भारी नुक़सान होते हैं, और दूसरा रूप इसलिए निषिद्ध है कि यह पहले रूप को जन्म देता है। पहला रूप सूदख़ोरी वाला है जिसमें जाहिलिया दौर में अदायगी में देर होने पर अस्ल की रक़म बढ़ा दी जाती थी; यह वह प्रथा थी जिससे कर्ज़दार तबाह हो जाता था क्योंकि कभी-कभी तो उसे कोई फ़ायदा नहीं मिलता था और रक़म हज़ार गुना हो जाती थी। लेनदार देनदार की क़ीमत पर अमीर बनता था। यही कारण है कि सबकुछ जानने-समझनेवाले अल्लाह ने उसे निषिद्ध क़रार दिया। अल्लाह ने ख़ैरात को सूदख़ोरी के मुक़ाबले में रखा।[38] रहा रिबा के दूसरे रूप का सवाल तो इमाम क़ायम कहते हैं कि कोई भी तिजारत जिसका अव्वलीं मक़सद मुनाफ़ाख़ोरी हो, छिपी हुई सूदख़ोरी है और इसलिए निषिद्ध है। **क़ुरआन** के एक और विद्वान टीकाकार अल्लाम हजर अश्क़लानी भी कहते हैं कि रिबा की धारणा किसी भी निषिद्ध व्यापारिक तौर-तरीक़े पर लागू की जा सकती है।[39] इस तरह हम देखते हैं कि सूदख़ोरी और उसके विभिन्न हानिकारक रूपों पर प्रतिबन्ध लगाकर पैग़म्बर ने समाज के एक आर्थिक असन्तुलन को दूर करने की कोशिश की जो एक गम्भीर रूप ले चुका था। मदीना में भी यहूद के लूटखसोट के तरीक़े मुसलमानों के लिए चिन्ता का विषय बने हुए थे जो आर्थिक रूप से कमज़ोर थे। इसलिए पैग़म्बर मुहम्मद ने उसे एक सिरे से प्रतिबन्धित करने का लाज़मी क़दम उठाया। दिलचस्प बात यह है कि लूटखसोट जैसी सूदख़ोरी के कारण जर्मनी में भी 15वीं सदी में ऐसी ही स्थिति पैदा हो गई और उसे बन्द कराने के लिए चर्च को निर्णायक हस्तक्षेप करना पड़ा। आर.एच. टानी लिखते हैं: 'सूदख़ोरी, जो एक लम्बे समय से

दस्तकार और किसान के लिए शिकायत का कारण थी, एक युद्धघोष बन गई। एक के बाद एक नगर में नागरिक अधिकारियों ने, जो लूटखसोट करनेवाले के दमन की जनता की माँग से भयभीत थे, सूद की वैधता पर विश्वविद्यालयों और धर्मगुरुओं से मशविरा किया तथा विश्वविद्यालयों और धर्मगुरुओं ने, जैसाकि उनका क़ायदा था, एक ज़ोरदार मगर गड्ड-मड्ड जवाब दिया। सूदख़ोरी और क़ीमतों के सवाल पर मेलैंकटन ने एक खुदाई उसूल सामने रखा। सूदख़ोरी के बारे में काल्विन ने एक सुप्रसिद्ध पत्र लिखा और इसी विषय पर उपदेश भी दिए।'[40] इस तरह सूदख़ोरी को समाप्त करने के बारे में आबादी के शोषित वर्गों की ओर से भारी दबाव था, और पैग़म्बर मुहम्मद ने यही किया। निश्चित ही इससे सूदख़ोरी के बोझ तले कराह रहे बहुत से लोगों को राहत मिली होगी, हालाँकि हमारे पास इसके बारे में आँकड़े उपलब्ध नहीं हैं। लेकिन जैसाकि किसी भी मज़हबी उसूल के साथ होता है, इस्लामी समाज में रिबा का अर्थ दूसरे निषिद्ध व्यापारिक तौर-तरीक़ों के अलावा किसी भी प्रकार का ब्याज हो गया। इस तरह सूदख़ोरी के अलावा उचित व्यापारिक ब्याज भी प्रतिबन्धित हो गया। रिबा को विभिन्न परम्पराओं के विकास को दिखाते हुए फ़ज़्लुर्रहमान ने विश्वासोत्पादक ढंग से दिखाया है कि पैग़म्बर के वक़्त में रिबा का अर्थ वह नहीं था जो बाद में हो गया। (उन्होंने अहमद बिन हम्बल का हवाला देकर **सुनाने-आबी-दाऊद** से एक परम्परा उद्धृत की है कि जाबिर बिन अब्दुल्लाह ने पैग़म्बर को कुछ कर्ज़ दिया था जिन्होंने कर्ज़ अदा करते वक़्त मूल से कुछ अधिक रक़म दे दी। फिर भी आगे चलकर लगभग सभी धर्मशास्त्रियों के बीच इस्लाम में ब्याज पर प्रतिबन्ध के सवाल पर लगभग एकमत पैदा हो गया। लेकिन यह हिदायत समाज की वास्तविकताओं के अनुरूप नहीं थी और इसलिए इसका पालन से अधिक उल्लंघन किया जाता रहा। इस्लामी समाज के आरम्भ से ही ब्याज दिया और लिया जाता रहा। आगे चलकर उन 'बा-ज़मीर' मुसलमानों के लिए **किताबुल-हियाल** (छल-कपट और चालाकी की किताब) शीर्षक से एक किताब तक लिखी गई जो सूद तो लेना चाहते थे पर दिखाया यह करते थे कि वे नहीं ले रहे। आइए, हम यहाँ चली गई चाल को दिखाएँ। मैंने **क** को एक नाव 125 रुपए में बेची जो साल भर बाद अदा किए जाएँगे, और फ़ौरन 100 रुपए नक़द देकर उससे वह नाव ख़रीद ली। इस तरह **क** को 100 रुपए मिल गए जिनकी उसे ज़रूरत है जबकि मुझे साल भर बाद 125 रुपए मिलेंगे। सूद लेने के कलंक से बचने के लिए इस चाल का इस्लामी समाज में बड़े पैमाने पर इस्तेमाल किया जाता रहा है। इससे एक बार फिर यही साबित होता है कि अपने आपमें विचारधारा किसी समाज में वह वांछित परिवर्तन नहीं ला सकती जब तक कि वह बुनियादी आर्थिक ढाँचा (अर्थात् उत्पादन के सम्बन्ध) न बदल जाए जिससे वह विचारधारा टकरा रही है। अन्यथा वह किसी आदर्श का वक्तव्य मात्र बनकर रह जाएगी। लेकिन इसका मतलब यह नहीं लगाया जाना चाहिए कि किसी वैचारिक ढाँचे पर पूरी तरह खपाने के लिए वास्तविकता को तोड़ा-मरोड़ा जा सकता है। कम्युनिस्ट देशों का हाल का अनुभव भी इसी दिशा में संकेत करता है। विचारधारा चाहे

जितनी 'वैज्ञानिक' हो, हमेशा मूल्यमुखी (वैल्यू-ओरिएंटेड) होती है (वास्तव में उसका मूल्यवाला घटक उसके विज्ञानवाले घटक से कहीं बहुत अधिक महत्त्वपूर्ण होता है, 'ईमानवाले' लोग चाहे जो मानें), वहीं वास्तविकता को ऐसे अनेक कारण बदलते हैं जो हो सकता है एक-दूसरे की विपरीत दिशा में कार्यरत हों। अगर हमें एक वृत्त वांछित है तो विचारधारा और सामाजिक वास्तविकताओं की परस्पर-विरोधी शक्तियाँ हो सकता है एक दीर्घवृत्त पैदा कर दें।

मदीना में पैग़म्बर मुहम्मद ने अपनी स्थिति धीरे-धीरे मज़बूत बनाई और, ख़ासकर 'यहूदी प्रश्न' हल करने के बाद वे सबसे शक्तिशाली व्यक्ति बन गए जिसके एक-एक शब्द का आदर किया जाता था। वास्तव में किसी अहम सवाल पर वे जो कुछ कहते थे, क़ानून जैसा बन जाता था। उनके कृत्य उनके सहाबा के लिए और पूरी दुनिया में मुसलमानों की बाद की तमाम पीढ़ियों के लिए अनुकरणीय बन गए। इसलिए कुछ सवालों पर पैग़म्बर मुहम्मद के वक्तव्यों पर विचार करना तथा उन्हें उनके समुचित ऐतिहासिक व समाजशास्त्रीय परिप्रेक्ष्य में रखकर देखना रोचक होगा जो इस्लामी राज्य के क़ानूनी आधार बन गए। उन्हें हम सिर्फ़ इसी दृष्टिकोण से सही ढंग से समझ पाएँगे। इस रौशनी में हम दास-प्रथा और सूदख़ोरी जैसे दो अहम सवालों पर पहले ही विचार कर चुके हैं। हम अब पैग़म्बरे-इस्लाम द्वारा निर्देशित, महिलाओं की स्थिति के प्रश्न पर ध्यान देंगे।

जैसाकि हम जानते हैं, अरब समाज एक क़बीलाई समाज था और ऐसे किसी समाज में स्त्रियों की एक अपेक्षाकृत बेहतर स्थिति होती है। सामन्ती समाज में स्त्रियाँ पूरी तरह पराधीन होती हैं और पुरुषों की सत्ता निर्विवाद होती है। इसका मतलब यह नहीं कि एक क़बीलाई व्यवस्था में अगर वह पुरुष-प्रधान (पितृसत्तावादी) है तो, स्त्रियों को समानता प्राप्त होती है; बिल्कुल नहीं। उनकी स्थिति केवल अपेक्षाकृत बेहतर होती है। ध्यान रखें कि अरब क़बीले सदियों से पुरुष-प्रधान चले आ रहे थे। हालाँकि माँटगुमरी वाट कहते हैं कि दूरस्थ अतीत में मदीना में एक मातृसत्तावादी व्यवस्था रही होगी जो पैग़म्बर मुहम्मद के समय में संक्रमण के चरण में थी, मगर यह विचार इतिहास से पुष्ट दिखाई नहीं देता। ऐतिहासिक रूप से ज्ञात काल में पास-पड़ोस के इलाक़े भी मुख्यतः पितृसत्तावादी थे, जैसे पूर्वोत्तर में बेबिलोन और उत्तर में फ़िलिस्तीन, सीरिया आदि। इसके अलावा अरब के रेगिस्तान जैसी दमतोड़ दशाओं में पुरुष की प्रधानता एक बड़ी सीमा तक अपरिहार्य थी। **क़ुरआन** भी इस प्रधानता को बनाए रखता है और (सूरा 2, आयत 228 में) साफ़तौर पर कहता है: 'और औरतों का भी हक़ है जैसाकि मर्दों का उन पर हक़ है दस्तूर (विधान) के मुवाफ़िक़, और मर्दों को औरतों पर फ़ज़ीलत (श्रेष्ठता, प्रधानता) है। और अल्लाह है ज़बर्दस्त तदबीरवाला।' **क़ुरआन** का यह वक्तव्य पैग़म्बर मुहम्मद के समय में अरब समाज में एक स्त्री की वास्तविक स्थिति दर्शाता है। उसकी स्थिति हीन नहीं थी, हालाँकि पुरुष को उस पर प्रधानता प्राप्त थी। जैसाकि हम देखेंगे, उसे सम्पत्ति के अधिकार भी मिले हुए थे। पैग़म्बर मुहम्मद से निकाह से पहले उनकी

पहली पत्नी का एक स्वतन्त्र कारोबार था। इस उद्यम में पैग़म्बर मुहम्मद जब भागीदार बने, उससे पहले उन्होंने इसमें एक स्वतन्त्र व्यक्ति के रूप में पहले ही पैसा लगा रखा था। इतिहासकार यह भी बतलाते हैं कि पैग़म्बर मुहम्मद सुपात्र यतीमों, बेवाओं आदि को मदद के लिए अपनी पत्नी ख़दीजा के पास भेज देते थे। इससे संकेत मिलता है कि पति अपनी पत्नी की रक़म को उसकी सहमति के बिना ख़र्च नहीं कर सकता था। इब्न-हिशाम कहते हैं कि सलमा अन्-नज्जरिया, जो अब्दुल मुत्तलिब की माता थीं, विवाह के समय यह शर्त रखा करती थीं कि जब वे चाहें अपने पति को छोड़ने का अधिकार उन्हें प्राप्त होगा।[41]

अपनी पुस्तक **ए लिटरेरी हिस्टरी ऑफ़ द अरबस** में आर. ए. निकल्सन फ़रमाते हैं, 'कुल मिलाकर उनकी (स्त्रियों की) स्थिति ऊँची थी और उनका भारी प्रभाव रहता था। वे अपने पति चुनने के लिए स्वतन्त्र थीं और वे बुरा सुलूक होने पर या नाराज़ होने पर अपने लोगों के पास लौट सकती थीं; कुछ मुआमलों में उन्होंने अपने आपको विवाह के लिए स्वयं प्रस्तुत किया और उन्हें अलग होने का अधिकार प्राप्त था। उन्हें ग़ुलाम या घरेलू सम्पत्ति नहीं बल्कि बराबर की और साथी माना जाता था। वे शायर को गीत गाने और जंगबाज को लड़ने के लिए प्रेरित करती थीं। मध्यकाल की शूरवीरता की जड़ें अन्ततः शायद काफ़िरों के अरब में मिलें।'[42]

यौन सम्बन्धी नियम भी बहुत कठोर नहीं थे। ऐसे मुआमलों में स्त्रियाँ पहल तक करती थीं और पुरुषों का ध्यान खींचती थीं। मसलन तबरी पैग़म्बर के पिता के जीवन की एक घटना दर्ज करते हैं, 'क़ुरबानी के बाद वे (अब्दुल-मुत्तलिब) काबा से अपने बेटे अब्दुल्लाह का हाथ पकड़े लौट रहे थे। वे बनी-असद वंश की एक स्त्री के पास से गुज़रे जिसका नाम उम्मे-क़िताल बिन्त नौफ़ाल था और जो काबा में मौजूद थी। उसने अब्दुल्लाह के चेहरे को देखते हुए पूछा : तुम कहाँ जा रहे हो ? अब्दुल्लाह ने कहा : मैं अपने वालिद के साथ हूँ। उसने कहा, अगर तुम अभी मेरे साथ सोने पर तैयार हो तो मुझसे वादा-वफ़ाई में क़ुरबान किए जानेवाले सारे ऊँट ले लो। अब्दुल्लाह ने कहा : मेरे वालिद मेरे साथ हैं और मैं उनकी मर्ज़ी के ख़िलाफ़ कुछ करना नहीं चाहता, न उनसे अलग होना चाहता हूँ।[43] हम देखते हैं कि उस स्त्री ने सीधे-सीधे और एक सार्वजनिक स्थान पर सम्भोग का निमन्त्रण दिया। इससे पता चलता है कि क़बीलाई अरब में स्त्रियों को अच्छी-ख़ासी स्वतन्त्रता प्राप्त थी। बहुपत्नी-विवाह व्यापक पैमाने पर प्रचलित तो था पर ऐसा कोई शासक वर्ग नहीं था और न बड़े-बड़े हरम थे जिनमें स्त्रियों को घरेलू सम्पत्तियों के रूप में रखा जाता हो। तुलना के लिए यहाँ पर बात कही जा सकती है कि उत्तर और पूर्वोत्तर के क्षेत्रों में, जहाँ एक राज्य और शासक वर्ग का विकास हो चुका था, स्त्रियाँ इतनी स्वतन्त्र नहीं थीं और हरम अस्तित्व में आ चुके थे। (कहीं बहुत बड़े पैमाने पर यही सब उस वक़्त हुआ जब मुसलमान एक विशाल साम्राज्य के मालिक बने।) ग़सानियों के दरबार में हमें गाने और नाचनेवाले लड़कियाँ नज़र आती हैं, ख़ासकर विदेशी मूल की। मदीना में रहते समय पैग़म्बर मुहम्मद को स्त्रियों से सम्बन्धित अनेक

समस्याओं का सामना करना पड़ा। उन्हें दूसरों के प्रति और दूसरों को उनके प्रति कैसा व्यवहार करना चाहिए ? विवाह और तलाक़ की भी अनेक समस्याएँ उठीं, स्त्रियों को मिलनेवाली विरासत की भी, और इसकी भी कि समाज में स्त्रियों की क्या स्थिति होनी चाहिए, आदि।

तब कुछ परम्पराएँ अवश्य थीं, पर कोई निश्चित नियम नहीं था। इसके अलावा क़बीलाई समाज में सदियों के दौरान विकसित होनेवाली इन परम्पराओं ने नई स्थिति में टकराव पैदा किए और इसलिए एक स्थावर सभ्यता के अनुरूप उन्हें क़ानूनों से विस्थापित करना पड़ा। लड़ी गई लड़ाइयों, मारे गए पुरुषों तथा गिरफ़्तार किए गए स्त्री-पुरुषों के कारण भी कुछ समस्याएँ पैदा हुईं। उन दिनों मक्का और मदीना के हालात भी तेज़ी से बदल रहे थे। कुछ फ़ौरी समस्याओं का हल भी आवश्यक था। **क़ुरआन** की बहुत सारी आयतें ऐसी फ़ौरी समस्याओं के हवाले देती हैं। संक्षेप में, क़ुरआनी क़ानूनों के सबसे अहम पहलू का सम्बन्ध उनकी ठोस स्थिति के सन्दर्भ से है और उन्हें इसी परिप्रेक्ष्य में समझा जाना चाहिए। यहाँ यह बात जानना उपयोगी होगा कि ये नियम बनाते समय स्थानीय परम्पराओं की उपेक्षा नहीं की गई। इस्लामी क़ानूनों ने, जिन्हें बाद में इस्लामी शरीअत के रूप में सूत्रबद्ध किया गया, इन स्थानीय प्रभावों को बचाकर रखा और इन सभी नियमों को शाश्वत, अपरिवर्तनीय मानना ग़लत होगा। मिसाल के लिए इस्लाम के उदय से बहुत पहले भी अरब में बहुपत्नी-विवाह का व्यापक प्रचलन था। कुछ पाबन्दियों के साथ पैग़म्बर मुहम्मद ने इसे जारी रखा, उसी तरह जैसे उन्होंने ग़ुलामों की रिहाई को प्रोत्साहन देते हुए दास-प्रथा की इजाज़त दी। एक विधि-निर्माता और सुधारक को ठोस ऐतिहासिक स्थिति को ध्यान में रखना ही पड़ता है। भविष्यमुखी होकर भी एक सफल सुधारक वर्तमान की अनदेखा नहीं कर सकता। इसके अलावा पैग़म्बर मुहम्मद ने जो कुछ है और जो कुछ होना चाहिए, उनके बीच एक सन्तुलन स्थापित किया। इसलिए इन सभी नियमों को शाश्वत मानना ग़लत होगा जिनमें से कुछ ठोस स्थिति को ध्यान में रखकर बनाए गए थे। कुछ आधुनिक समर्थक आज भी बहुपत्नी-विवाह को उचित ठहराने के प्रयास करते हैं।

अब हम इन क़ानूनों पर विचार करेंगे। जैसाकि मैंने पहले कहा, अरब स्त्रियों को बहुत अधिक यौन-स्वतन्त्रता प्राप्त थी। यह एक क़बीलाई समाज के लिए उपयुक्त भी था। लेकिन मक्का और मदीना में सम्पत्ति के सुनिश्चित ढर्रे और उत्पादन के सम्बन्धों वाला जो समाज मौजूद था, उसे उपयुक्त यौन-व्यवहार की आवश्यकता थी। पैग़म्बरे-इस्लाम ने इसीलिए पाबन्दियाँ लगानी शुरू कीं। **क़ुरआन** का फ़रमान है (सूरा 24, आयत 29-31), 'कह दे ईमानवालों को कि नीची रखें ज़रा अपनी आँखें और थामते रहें अपने सतर (वासना) को। इसमें ख़ूब सुथराई है उनके लिए। बेशक अल्लाह को ख़बर है जो कुछ वे करते हैं। और कह दे ईमानवालियों को कि नीची रखें ज़रा अपनी आँखें और थामती रहें अपने सतर को, और न दिखलाएँ अपना सिंगार, जो कुछ खुला दिखाई देता है उसे छोड़कर, और डाल लें अपनी ओढ़नी अपने गरेबान पर और न खोलें

अपना सिंगार किसी और के आगे सिवाय अपने ख़ाविन्द के, या सिवाय अपने बाप के, अपने ख़ाविन्द के बाप के, अपने बेटे के या अपने ख़ाविन्द के बेटे (सौतेला बेटा) के या अपने भाई के, या अपने भतीजों के, या अपनी कमीज़ औरतों के और अपनी ग़ुलाम लड़कियों के, या कामकाज करनेवाले उन मर्दों के जो कुछ (यौन-सम्बन्धी) ग़रज नहीं रखते और सिवाय उन बच्चों के जिन्होंने अभी नहीं पहचाना औरतों के भेद को। और न पटकें ज़मीन पर अपने पाँव को कि जाना जाए जो छिपाती हैं अपना सिंगार।'

ऊपर दर्ज आयत से स्पष्ट है कि पैग़म्बर एक ऐसे समाज में नए यौन-सम्बन्धी नियम स्थापित करना चाहते थे जो एक घुमक्कड़ समाज से एक व्यापारिक और खेतिहर समाज में संक्रमण करता हुआ एक उन्नत सभ्यता की स्थिति की ओर बढ़ना चाहता था। जैसाकि हम देख चुके हैं, पहले के क़बीलाई समाज में यौन-वृत्ति का पूरी तरह दमन नहीं हुआ था, हालाँकि कुछ पाबन्दियाँ ज़रूर मौजूद थीं। लेकिन एक सभ्य समाज के लिए यौन का दमन पूरी तरह अनिवार्य माना गया।

क़ुरआन की ऊपर दर्ज आयत ने अरब समाज में यौन के दमन को औपचारिक रूप दिया। इसके बारे में कठोर नियम बना दिए गए कि कोई स्त्री किसके सामने अपने आकर्षण को अनावृत कर सकती है। वह अपना आकर्षण केवल उन्हीं लोगों के सामने अनावृत कर सकती है जिनके साथ यौन-सम्बन्धों की अनुमति नहीं है, या फिर उनके सामने जिन्होंने स्त्रियों के साथ यौन की इच्छा का अभी अनुभव नहीं किया है, जैसे बच्चों के सामने। कोई व्यक्ति अगर उसके साथ वैध सम्बन्ध के दायरे में नहीं आता तो वह उसके सामने पाँव तक नहीं पटक सकती कि कहीं 'जाना न जाए जो छिपाती है अपना सिंगार।' लेकिन यौन के मुआमलों में पुरुष को अच्छी-ख़ासी छूट दी गई। न सिर्फ़ वह चार-चार शादियाँ कर सकता है बल्कि ग़ुलाम लड़कियों से भी यौन-सम्बन्ध बना सकता है, और इस बारे में संख्या सम्बन्धी कोई प्रतिबन्ध नहीं था। **क़ुरआन** (सूरा 4, आयत 3) में कहा गया है: 'और अगर डरो कि इंसाफ़ न कर सकोगे यतीम लड़कियों के हक़ में तो निकाह कर लो जो और औरतें तुम्हें खुश (पसन्द) आवें—दो-दो, तीन-तीन, चार-चार। फिर अगर डरो कि उनमें इंसाफ़ न कर सकोगे तो एक ही निकाह करो या लौंडी (से) जो अपना माल है। इसमें उम्मीद है कि एक तरफ़ न झुक पड़ोगे।' पुरुष उन ग़ुलाम लौंडियों को भी रख सकते थे जो विवाहित थीं। यह मूलतः एक क़बीलाई रिवाज था। **सोशल स्ट्रक्चर ऑफ़ इस्लाम** में लेवी कहते हैं कि अगर किसी विवाहित स्त्री को किसी और क़बीले का पुरुष फुसला लेता था तो वह कोई अवैध या असम्मानजनक कार्य नहीं करता था; शायर तो वास्तव में अपनी चुराई हुई मुहब्बतों की शेख़ी बघारते थे।[44]

इस तरह हम देखते हैं कि इस्लाम में हालाँकि यौन के प्रति कोई नकारात्मक रुख़ तो नहीं पाया जाता पर पुरुष को स्त्री से अधिक छूटें दी गई हैं। अगर हम एक गहरे सामाजिक स्तर पर इस विषय पर विचार करें तो यह अपरिहार्य था। (वास्तव में विरासत के क़ुरआनी क़ानून से पता चलता है कि निजी सम्पत्ति नाम की संस्था उतनी ही

विकसित थी जितनी हमारे समय में है।) जिस समाज में निजी सम्पत्ति की संस्था सुविकसित हो वहाँ स्त्रियों की इस्मत भारी महत्त्व ग्रहण कर लेती है। वास्तव में इस इस्मत के बिना किसी बच्चे के बाप का निश्चय नहीं किया जा सकता। एक क़बीलाई ढाँचे में इस्मत का उतना महत्त्व नहीं था कि सम्पत्ति का स्वामित्व कमोबेश सामूहिक होता है। लेकिन मक्का और मदीना की स्थिति भिन्न थी। जैसाकि कहा गया है, निजी सम्पत्ति की संस्था इन दोनों नगरों में सुविकसित थी। इसलिए पैग़म्बर मुहम्मद को ऐसे क़ानून बनाने पड़े जो बच्चों की वल्दियत पर शक की गुंजइाश न रहने दें। अगर हम सावधानी के साथ इन क़ानूनों पर विचार करें तो यह बात एकदम स्पष्ट हो जाएगी। मिसाल के लिए **क़ुरआन** का आदेश है कि पति की मृत्यु पर या तलाक़ के बाद स्त्री पुनर्विवाह से पहले एक निश्चित काल (तीन से चार माह) तक प्रतीक्षा करे। **क़ुरआन** (सूरा 2, आयत 228) में कहा गया है : 'और तलाक़वाली औरतें इन्तज़ार में रखें अपने आपको तीन हैज़ (मालिक धर्म) तक। और उनको हलाल नहीं कि छिपा रखें जो पैदा किया अल्लाह ने उनके पेट में अगर वे ईमान रखती हैं अल्लाह पर और क़यामत के रोज़ पर, और उनके ख़ाबिन्द रखते हैं, हक़ उनको लौटा लेने का इस मुद्दत में अगर वे चाहें सुलूक से रहना।' इसी तरह मौत की सूरत में भी **क़ुरआन** (सूरा 2, आयत 234) का आदेश है : 'और जो लोग मर जावें तुममें से और छोड़ जावें अपनी औरतें, तो चाहिए कि वे औरतें इन्तज़ार में रक्खें अपने आपको चार महीने और दस दिन। फिर जब (वे) पूरा कर चुकें अपनी इद्दत को, तो तुम पर कुछ गुनाह नहीं इस बात में कि करें वे अपने हक़ में क़ायदा के मुताबिक़। अल्लाह को तुम्हारे सब कामों की ख़बर है।' इन आयतों का निहितार्थ एकदम स्पष्ट है : रत्ती-भर शक के बिना भी गर्भ में स्थित या नवजात शिशु के पिता का निश्चय होना चाहिए; अन्यथा मिल्कियत की विरासत किसी को कैसे मिलेगी ? इस तरह स्त्रियों को विवाह से बाहर यौन सम्बन्धों की इजाज़त नहीं दी जा सकती। उसे कठोर यौन-प्रतिबन्धों का पालन करना ही होगा। विवाह से बाहर यौन सम्बन्ध पर पुरुष और स्त्री, दोनों के लिए दंड का विधान है। **क़ुरआन** (सूरा 24, आयत 2): में कहा गया है, 'बदकारी करनेवाली औरत और मर्द, मारो हरेक को दोनों में से सौ-सौ दुर्रे (कोड़े), और न आवे तुमको तरस अल्लाह का हुक्म चलाने में, अगर तुम यक़ीन रखते हो अल्लाह पर और क़यामत के रोज़ पर, और देखें उनको (दुर्रे) मारा जाना कुछ मुसलमान।'

क़ुरआन (सूरा 24, आयत 3) में यह विधान भी किया गया है कि 'बदकार मर्द नहीं निकाह करता सिवाय बदकार औरत से या शिर्क करनेवाली से, और बदकार औरत से नहीं निकाह करता कोई, सिवाय बदकार मर्द या शिर्क करनेवाले के। और यह हराम हुआ है कि ईमानवालों पर।' इस तरह **क़ुरआन** में स्पष्ट कर दिया गया है कि विवाहेतर यौन-सम्बन्ध बुतपरस्ती या शिर्क जितना ही बड़ा गुनाह है, और यौन-स्वतन्त्रता कुफ़्र या जाहिलिया के साथ तो चल सकती है मगर सम्पत्ति के सुविकसित सम्बन्धोंवाले सभ्य समाज में नहीं चल सकती। यह बात भी ग़ौरतलब है कि आगे चलकर बदकारी की

सज़ा बदल गई; अब पत्थर बरसाकर किसी को मार डालने की सज़ा दी जाने लगी। आयशा से एक परम्परा मंसूब की जाती है जिसके अनुसार **क़ुरआन** के एक सूरे में जिसमें अब 73 आयतें हैं, शुरू में 200 आयतें थीं, और यह कि जब उस्मान ने **क़ुरआन** का संकलन किया तो ये खोई हुई आयतें ढूँढ़े नहीं मिलीं। दावा किया गया है कि उनमें से एक आयत का सम्बन्ध पत्थर मारे जाने से था, और कहा जाता है कि उसमें बदकारी करनेवाले पुरुष या स्त्री को पत्थरों से मारने का हुक्म दिया गया था। इस दावे की प्रामाणिकता की जाँच करना निश्चित ही बहुत कठिन है। कहा जाता है कि आरम्भिक ख़लीफ़ों ने बदकारों को पत्थर मारने की सज़ा सुनाई थी। लेकिन ऐन मुमकिन यह है कि कोड़े मारे जाने की बजाय पत्थर बरसाए जाने की सज़ा ने तब जगह ली जब मुसलमानों का सम्पर्क अत्यन्त सामन्ती सभ्यताओं से हुआ जहाँ यौन सम्बन्धी नियम बहुत कठोर थे और स्त्रियों की पराधीनता भी बहुत अधिक थी। अरब समाज की प्रकृति को ध्यान में रखें तो यह बात मुमकिन नहीं लगती कि पैग़म्बर ने ऐसी कड़ी सज़ा का विधान किया था। (वैसे तो कोड़े मारने की सज़ा भी बहुत कड़ी थी।) लेकिन पूरे निश्चय के साथ कोई बात कहना कठिन है। वर्तमान सन्दर्भ में अहम बात यह है कि बदलते सम्पत्ति-सम्बन्धों के कारण यौन-सम्बन्धों को मर्यादित करना आवश्यक था, और इस्लाम ने उन्हें मर्यादित किया। एक प्रकार से यह एक ऐतिहासिक आवश्यकता थी।

पैग़म्बरे-इस्लाम ने विरासत से सम्बन्धित क़ानून भी बनाए। इन क़ानूनों से भी उस समाज में सम्पत्ति-सम्बन्धों के सुविकसित रूप का पता चलता है। विरासत के बारे में **क़ुरआन** (सूरा 4, आयत 7-11) में कहा गया है: 'मर्दों का भी हिस्सा है उसमें जो छोड़ मरें माँ-बाप या क़रीबी लोग, और औरतों का भी हिस्सा है उसमें जो छोड़ मरें माँ-बाप या क़रीबी लोग। थोड़ा हो या बहुत है, हिस्सा मुक़र्रर किया हुआ है। और जब हाज़िर हों तक़सीम के वक़्त रिश्तेदार और यतीम और मुहताज, तो उनको कुछ खिला दो उसमें से और कह दो उनको बात माक़ूल...हुक्म करता है तुमको अल्लाह तुम्हारी औलाद के हक़ में कि एक मर्द का हिस्सा है बराबर दो औरतों के। फिर अगर औरतें ही हों दो से ज़्यादा तो उनके लिए है दो-तिहाई उस माल से जोकि छोड़ मरा, अगर मैयत (मृतक) के औलाद है। और अगर उसके औलाद नहीं और वारिस हैं उसके माँ-बाप तो उसकी माँ का है तिहाई। फिर अगर मैयत के हैं कई भाई तो उसकी माँ का है छठा हिस्सा, बाद वसीयत के जो वह कमरा या बाद कर्ज़ की अदायगी के।' आगे (सूरा 4, आयत 12) कहा गया है: 'और तुम्हारा है आधा माल जोकि छोड़ मरीं तुम्हारी औरतें, अगर न हों उनके औलाद। और अगर उनके औलाद है तो तुम्हारे वास्ते है चौथाई उसमें से जो वे छोड़ गईं, बाद वसीयत के जो वे कर गईं और बाद कर्ज़ की अदायगी के। और औरतों के लिए चौथाई माल है उसमें से जो छोड़ मरो तुम, अगर न हो तुम्हारे औलाद, और अगर तुम्हारे औलाद है तो उनके लिए आठवाँ हिस्सा है उसमें से कि जो कुछ तुमने छोड़ा, बाद वसीयत के जो तुम करके मरो या बाद कर्ज़ की अदायगी के। और अगर वह मर्द जिसकी मीरास है, बाप-बेटा कुछ नहीं रखता, या औरत हो ऐसी ही, और उस

मैयत के एक भाई है या बहन है तो दोनों में से हरेक का छठा हिस्सा है। और अगर ज़्यादा हों इससे तो सब शरीक हैं एक तिहाई में, बाद वसीयत के जो हो चुकी है या बाद कर्ज़ की अदायगी के, जबकि औरों (के हक) का नुक़सान न किया हो। यह हुक्म है अल्लाह का, और अल्लाह है सबकुछ जाननेवाला और रहम करनेवाला।'

उत्तराधिकार के इन नियमों से साफ़ पता चलता है कि सम्पत्ति का अधिकार सुस्थापित हो चुका था और व्यक्ति का सम्पत्ति का अधिकार अनुल्लंघनीय था। कुछ नियमों का पालन किए बग़ैर पति भी पत्नी की सम्पत्ति को हाथ नहीं लगा सकता था। माता-पिता भी अपने बच्चों की मौत की सूरत में उनकी सम्पत्ति के एक भाग का ही दावा कर सकते थे। लेकिन बेटी को बेटे के भाग का आधा ही दिया गया था, और पत्नी को चौथाई से आठवाँ भाग दिया गया जो इस पर निर्भर है कि उसके सन्तान है या नहीं। इस तरह पैग़म्बर मुहम्मद ने स्त्री को सम्पत्ति के अधिकार से वंचित नहीं किया (जैसाकि अनेक समाजों में किया गया है), लेकिन उसे पुरुष से कम हिस्सा ज़रूर दिया गया है। **क़ुरआन** साफ़तौर पर कहता है कि अल्लाह ने कुछ लोगों को दूसरों पर जो श्रेष्ठता दी है उस पर किसी को रश्क नहीं करना चाहिए। इसमें (सूरा 4, आयत 32) कहा गया हैः 'और हविस मत करो जिस चीज़ में बड़ाई दी अल्लाह ने एक को एक पर। मर्दों को हिस्सा है अपनी कमाई से और औरतों को हिस्सा है अपनी कमाई से।' आगे उसमें (सूरा 4, आयत 34) मन्तव्य को स्पष्ट करते हुए कहा गया हैः 'मर्द हाकिम है औरतों पर, इस वास्ते कि बड़ाई दी अल्लाह ने एक को एक पर और इस वास्ते कि ख़र्च किए उन्होंने अपने माल (उन पर)। फिर जो औरतें नेक हैं, ताबेदारी करती हैं; निगहबानी (रखवाली) करती हैं पीठ पीछे अल्लाह की हिफ़ाज़त में। और जिनकी बदख़ूई (अवज्ञा) का डर हो तुमको तो उनको समझाओ और जुदा करो सोने में और मारो। फिर अगर कहा मानें तुम्हारा तो मत तलाश करो उन पर राह इलज़ाम की। बेशक अल्लाह है सबसे ऊपर और बड़ा।'

इन आयतों में स्त्री की छवि अपेक्षाकृत प्रतिकूल दिखाई देती है। साफ़ कहा गया है कि 'मर्द हाकिम है औरतों पर', न सिर्फ़ इसलिए कि अल्लाह ने 'बड़ाई दी है एक को एक पर' बल्कि इसलिए भी कि 'ख़र्च किए उन्होंने अपने माल (उन पर)।' इस तरह गवैया वही तान लेगा जो गवानेवाला चाहेगा। धावे हों या लम्बी दूरी का व्यापार, पुरुषों की ही प्रमुख भूमिका रही और उन्होंने ही दौलत कमाई। इसलिए औरत का मर्द की ताबेदार होना लाज़मी है। इसके अलावा इस्लाम जब सामने आया तो उस क़बीलाई जीवन-शैली की याद अभी ताज़ा थी जिसमें पुरुषों और स्त्रियों, दोनों को अधिक यौन-स्वतन्त्रता प्राप्त थी। इसलिए नई सामाजिक आचार-संहिता को लागू करने के लिए दमन की आवश्यकता पड़ी। इसीलिए कहा गया कि अगर स्त्रियाँ कहा न मानें तो उन्हें समझाओ, सोने में जुदा करो (अलग सुलाओ) और ज़रूरत हो तो उन्हें पीटो। लेकिन ऊपर स्पष्ट किए गए ऐतिहासिक और समाजशास्त्रीय कारणों से क़ुरआनी क़ानून स्त्रियों के लिए पर्याप्त बुद्धिसंगत थे। लेकिन इस बारे में ध्यान देने की बात यह है कि इस्लाम

जब फ़ारस में तथा अत्यन्त सामन्ती सभ्यताओं वाले दूसरे क्षेत्रों में पहुँचा तो इन क़ानूनों की व्याख्या वहाँ के लोगों में प्रचलित सामाजिक रवैयों को ध्यान में रखकर की गई। एक परवर्ती मुस्लिम लेखक का हवाला देकर यह बात समझाई जा सकती है। उसके अनुसार एक आदर्श स्त्री कभी-कभार ही बोलती और हँसती है, और बिना कारण तो कभी नहीं। वह कभी अपनी परिचित पड़ोसनों से मिलने के लिए भी घर छोड़कर नहीं जाती। उसकी कोई सखी नहीं होती, वह किसी को अपना भेद नहीं बताती, और उसका शौहर उसका अकेला सहारा होता है। वह अपने शौहर या माँ-बाप को छोड़ कभी किसी से कुछ नहीं लेती। रिश्तेदारों से मिलती है तो उनके मुआमलों में टाँग नहीं अड़ाती। धोखाधड़ी नहीं करती, दोष नहीं छिपाती और न कोई उलटा-सीधा बहाना करती है। लोगों को उकसाने की कोशिश नहीं करती। अगर उसका शौहर उससे सम्भोग का इरादा रखता है तो वह उसकी इच्छाएँ मानती है और कभी-कभी उन्हें हवा देती है। वह उसके मुआमलों में हमेशा उसकी मदद करती है, शिकायतों और तानों से बचती है, अपने शौहर को उदास या दुखी देखती है तो हँसती या ख़ुश नहीं होती बल्कि उसका दुख बाँटती है और उसे पुचकारकर ख़ुश करती है जब तक कि वह फिर सन्तुष्ट न हो जाए। वह अपने शौहर के सिवा किसी के आगे समर्पण नहीं करती, भले ही यौन की कमी उसे मार डाले...ऐसी स्त्री की हरेक के द्वारा तारीफ़ की जाती है।[45]

इस तरह हम देखते हैं, और यह बात ज़ेहन में रहनी चाहिए, कि एक समाज में बनाए गए क़ानून चाहे जितने ही प्रगतिशील हों, जब उन्हें एक भिन्न समाज में रोपा जाता है तो वहाँ प्रचलित सामाजिक रवैयों के अनुसार वे कुछ और हो जाते हैं। अरब में पहले प्रचलित क़बीलाई तौर-तरीक़ों के कारण इस्लाम में विवाह एक अनुबन्ध है (यह ईसाइयत या हिन्दू धर्म की तरह कोई संस्कार नहीं है), और अनुबन्ध के एक पक्ष के रूप में स्त्री की सहमति इसके लिए आवश्यक है। उसके अलावा अनुबन्ध के एक पक्ष के रूप में उसे शर्तें रखने का अधिकार प्राप्त है। उसे भी अपने पति से मुक्ति (ख़ुला) पाने का अधिकार दिया गया है, या वह अपने निकाहनामे में तलाक़ से सम्बन्धित शर्तें रख सकती है। इस तरह एक पतिव्रता स्त्री का जो चित्र ऊपर खींचा गया है, अरब स्त्री उसके आसपास भी नहीं पहुँचती। इन क़ानूनों को रूढ़िवादी रंग मध्य युग और एक सामन्ती वातावरण में ही मिला। इस्लामी फ़िक़ा (विधिशास्त्र) में हालाँकि स्त्री को ख़ुला पाने का अधिकार है पर व्यवहार में वह इससे लगभग पूरी तरह वंचित हो चुकी है।

कुछेक इस्लामी तौर-तरीक़ों और संस्थाओं को सही-सही तभी समझा जा सकता है जब हम यह बात ज़ेहन में रखें कि इस्लाम एक नगर-केन्द्रित धर्म था तथा पैग़म्बर मुहम्मद के काल में बद्‌दू तौर-तरीक़ों तथा नगरवासियों की पसन्दीदा जीवनशैली में टकराव था। जी. ई. फ़ान ग्रुनबाम सारगर्भित ढंग से कहते हैं: 'बद्‌दुओं के बीच एक 'क़ौमी' अहसास कभी-कभार मेसोपोतामिया के फल-उत्पादक इलाक़ों के फ़ारसी अधिराजों के साथ टकरावों के दौरान कारगर और कुछ हद तक मुखर बन चुका था।'

(अध्याय 3 में ज़ु क़ार की लड़ाई की विवेचना करते समय हम इस तीखे हो चुके 'क़ौमी' एहसास का पहले ही हवाला दे चुके हैं) 'और मक्का में भारी व मदीना में कुछ कम कामयाबी के साथ नगरवासी लम्बे समय से अपने बीच मौजूद बद्दू संगठन व विचारधारा की अनगढ़ विशेषताओं से अपनी प्रगति और अपनी सुरक्षा पर पड़नेवाले तोड़फोड़कारी प्रभाव को नियन्त्रित करने की कोशिश करते आ रहे थे। एक ही साँस में इस्लाम ने क़ौम के राजनीतिक केन्द्र के रूप में नगर को उचित ठहराया और प्रोत्साहित किया; इस क़ौम को ऐसे प्रसार के ज़रिए एकजुट करने की कोशिश की गई जो उसकी धार्मिक श्रेष्ठता का तक़ाज़ा था। इस्लाम की स्वीकृति ने अरब एकता के उस अहसास को मज़बूत बनाया और उसे धार्मिक रंग दे दिया जो अभी तक मुख्यतः (सम्भवतः स्वयं सऊदी अरब के अलावा) प्रायद्वीप के अरबी-भाषी निवासियों के साझे उद्गम की आम स्वीकृति में और फलस्वरूप अजम और बर्बरोई से उनके अलगाव के अहसास में व्यक्त हो रहा था।'[46]

इस तरह जैसाकि हम पहले भी देख चुके हैं, नगरीकरण की इस्लामी विधिशास्त्र में और इबादत के इस्लामी तरीक़े में भी एक महत्त्वपूर्ण भूमिका है। एक मुस्लिम समुदाय के लिए जामी (जुमा के रोज़ मस्जिद में जाकर नमाज़ पढ़ना) अनिवार्य है। तो जामी के लिए एक स्थायी आबादीवाली बस्ती चाहिए, और उस आबादी में से क़ानून की दृष्टि में ज़िम्मेदार कम-से-कम 40 लोग मौजूद होने चाहिए ताकि नमाज़ क़ुबूल हो। रियाज़ हसन कहते हैं, 'सातवीं सदी के अरब के हालात को देखते हुए ये शर्तें शहरी से कम नहीं हैं। मस्जिद (जहाँ जुमा की नमाज़ पढ़ी जाती है) आगे चलकर सभी मुस्लिम समुदायों की सबसे महत्त्वपूर्ण विशेषताओं में एक बन गई।'[47] प्रतिभाशाली इतिहासकार इब्न-ख़ल्दून ने सभ्यता के जो विश्लेषणमूलक अध्ययन किए हैं वे भी एक आदिम घुमक्कड़ संस्कृति और एक सुविकसित नगरीय संस्कृति के अन्तर पर, तथा विभिन्न धार्मिक व लौकिक संस्थाओं पर उससे पड़नेवाले प्रभाव पर, ज़ोर देते हैं। आदिम और सभ्य संस्कृति पर इब्न-ख़ल्दून के विश्लेषण का एक सारसंक्षेप मोहसिन मेहदी ने प्रस्तुत किया है। उनकी राय में सरलता की अपेक्षाकृत प्रधानता और सिर्फ़ बुनियादी आवश्यकताओं की पूर्ति आदिम सभ्यता की विशेषता है। समुदाय छोटे और आत्मनिर्भर होते हैं, भोजन के सामान सादे होते हैं और कच्चे खाए जाते हैं, जानवरों की खालों का वस्त्र रूप में प्रयोग किया जाता है और रहने के लिए अस्थायी तम्बुओं का प्रयोग होता है। कोई संगठित बुद्धिसंगत ज्ञान नहीं होता, कोई नगर, लोक-निर्माण, बाज़ारी अर्थव्यवस्था या कर-प्रणाली नहीं होती। सामाजिक एकजुटता साझे मूल पर, साझे हितों पर और जीवन-मृत्यु सम्बन्धी साझे अनुभवों पर आधारित होती है। बद्दू संस्कृति निजी लड़ाइयों के प्रति प्रेम और सत्ता के प्रति उदासीनता पैदा करती है, निरन्तर गति की आदत और एक क्षेत्र से लगाव का अभाव पैदा करती है, तथा दूसरों के अधिकारों का ध्यान रखे बिना जो कुछ सामने पड़ जाए उसे हड़पने की आदत को जन्म देती है।

दूसरी ओर, सत्ता के प्रति सम्मान, एक विशेष क्षेत्र से लगाव और दूसरों के अधिकारों

के प्रति सम्मान के बिना सभ्य संस्कृति का अस्तित्व असम्भव है। इब्न-ख़ल्दून यह भी कहते हैं कि एक आदिम से एक सभ्य संस्कृति में संक्रमण आदिम संस्कृति की कमियों को दूर करके ही तथा सामाजिक एकता बढ़ाकर और उसे मज़बूत बनाकर ही सम्भव होता है। इसके लिए एक अतिरिक्त शक्ति आवश्यक है। उनकी राय में यह शक्ति धर्म है। एक बार कोई आदिम समूह धर्म को अपना ले और उसकी हिमायत करे तो वह एक अत्यन्त प्रभावशाली शक्ति बन जाता है। धर्म एक नई वफ़ादारी पैदा करता है तथा क़ानून और सत्ता की माँगों में पूर्ण विश्वास, उनका पालन भी सम्भव बनाता है। तब वह प्राकृतिक नातेदारी व लौकिक इच्छाओं पर आधारित सामाजिक एकजुटता का स्रोत बन जाता है। धर्म पर आधारित सामाजिक एकजुटता उस सभ्य संस्कृति के सृजन में सबसे बड़ी ताक़त होती है जो नगरीय जीवन पर केन्द्रित होती है।[48] एक आदिम संस्कृति से एक उन्नत स्थावर संस्कृति में रूपान्तरण के लिए इस्लाम ने ये सारे कार्य सम्पन्न किए। वह सामाजिक एकजुटता को जन्म देनेवाली एक सुगठित शक्ति बन गया; उसने सत्ता व दूसरों के अधिकारों के प्रति सम्मान का भाव पैदा किया, और एक नई वफ़ादारी को जन्म दिया। उसने क़ानून का शासन स्थापित किया जो तब राज्यविहीन अरब के लिए सबसे अहम बात थी, और इसमें पैग़म्बर मुहम्मद की प्रतिभा को कम करके नहीं आँका जा सकता। उन्होंने उस समाज को एक दीवानी और फ़ौजदारी संहिता, दोनों दी। निश्चित ही ये संहिताएँ सामाजिक रीति-रिवाजों और क़बीलाई तौर-तरीक़ों पर आधारित थीं। उन्होंने इन्हें सुव्यवस्थित किया। उन्होंने मुख़्तलिफ़ अपराधों के लिए सजाएँ तय कीं। दंड-संहिता अधिकार क़बीलाई तौर-तरीक़ों पर आधारित थी और इसलिए प्रतिशोधमुखी थी—नाक के बदले नाक, कान के बदले कान और दाँत के बदले दाँत। **क़ुरआन** (सूरा 5, आयत 45) में कहा गया हैः 'और लिख दिया हमने उनपर इस किताब में कि जी (जीवन) के बदले जी, और आँख के बदले आँख, और कान के बदले कान, और दाँत के बदले दाँत और जख़्मों का बदला उनके बराबर। फिर जिसने मुआफ़ कर दिया तो वह गुनाह से पाक हो गया।' दिलचस्प बात यह है कि युद्धबन्दियों को छोड़ दें तो **क़ुरआन** में कहीं भी किसी भी सज़ा के बदले क़ैद का प्रावधान नहीं है। सम्भवतः इसका कारण यह है कि नवजात इस्लामी राज्य में क़ैदख़ाने की धारणा या संस्था का जन्म नहीं हुआ था।

इस तरह मक्का में जन्म लेने के बाद इस्लाम को आख़िरी शक्ल मदीना में मिली।

5

ख़िलाफत, प्रसार और गृहयुद्ध

पैग़म्बर मुहम्मद की वफ़ात ने एक भारी शून्य पैदा कर दिया। वे केवल एक राज्य-प्रमुख नहीं थे (उनका उत्तराधिकारी एक राज्य-प्रमुख हो सकता था और ऐसा व्यक्ति ढूँढ़ा भी जा सकता था), बल्कि वे एक पैग़म्बर, एक विधि-निर्माता, एक आध्यात्मिक मार्गदर्शक और एक भविष्यदर्शी मनुष्य भी थे। इन मुआमलों में उनकी जगह ले सकना कठिन था। उनकी वफ़ात ने वास्तव में उनके सहाबा को एक सख़्त झटका दिया हालाँकि उन्होंने कभी अपने अमर होने का कोई संकेत नहीं दिया था। लेकिन उनके अनुयायियों के लिए फ़ौरी समस्या उनके द्वारा स्थापित राज्य के प्रमुख के लिए एक उपयुक्त उत्तराधिकारी तलाश करने की थी। पैग़म्बर के दफ़्न किए जाने से पहले ही उनके साथी इस सवाल पर ग़ौर करने लगे थे। (यह बहरहाल अपरिहार्य भी था) मुसलमानों के लिए फ़ौरी समस्या यह थी कि उनका उत्तराधिकारी कौन होगा और इसके लिए क्या तरीक़ा अपनाया जाएगा। सामने कोई नज़ीर भी नहीं थी क्योंकि पहले कोई राजसत्ता ही नहीं थी। निश्चित ही उन लोगों को पता रहा होगा (जिन लोगों के रोमी और सासानी साम्राज्यों से व्यापारिक सम्बन्ध थे, कम से कम उन्हें तो पता ही रहा होगा कि एक शासक के मरने पर या तो उसका बेटा या कोई क़रीबी रिश्तेदार तख़्त पर बैठता है इस तरह ख़ानदानी हुकूमत जारी रखी जाती है।

ऐसा उत्तराधिकार सम्भव नहीं था। न सिर्फ़ इसलिए कि पैग़म्बर मुहम्मद के कोई बेटा नहीं था बल्कि इसलिए भी कि ऐतिहासिक दृष्टि से अरब प्रायद्वीप में ख़ानदानी हुकूमत का कोई रिवाज अपनाने की अवस्था अभी नहीं आई थी जिसके लिए एक भिन्न प्रकार के सामाजिक ढाँचे की आवश्यकता होती है। हालाँकि एक स्थावर नगरीय जीवन की माँगें अलग थीं, पर नगरवासी अरब अभी भी बद्दू नियम-क़ायदों और परम्पराओं के साये तले रहते आ रहे थे। (नगरीय जीवन की माँगों और बद्दू नियम-क़ायदों के आपसी टकराव ने निश्चित ही एक बुनियादी समस्या को जन्म दिया जिसे पैग़म्बर मुहम्मद ने इस्लाम के रूप में हल करने की कामयाब कोशिश की।) अरबों का दृष्टिकोण अधिकतर क़बीलाई ही बना रहा। जैसाकि हमने देखा, इस्लाम से पहले मक्का में एक

सेनेट (मलाअ) थी जिसमें विभिन्न ख़ानदानों और क़बीलों के मुखिया शामिल थे। अपने अद्वितीय कार्यों और गुणों के कारण पैग़म्बर मुहम्मद एक निर्विवाद नेता बन गए थे और उन्हें किसी सेनेट की आवश्यकता नही थी हालाँकि वे महत्त्वपूर्ण विषयों पर अपने साथियों से सलाह-मशविरे करते रहे। पैग़म्बर मुहम्मद के बाद किसी और व्यक्ति को ऐसा यश प्राप्त न था कि अपने आप यह भूमिका उसे मिल जाए। उनके सामने उनकी क़बीलाई परम्पराएँ ही अकेली नज़ीर या नमूने के तौर पर थीं। यहीं उनके अपने सामाजिक ढाँचे की सुरक्षा के लिए भी उपयुक्त था जहाँ ख़ानदानी हुकूमत की स्थापना के लिए आवश्यक सामन्ती संस्थाएँ अभी तक विकसित नहीं हुई थीं। इस तरह अपनी क़बीलाई परम्पराओं के अनुसार वे पैग़म्बर मुहम्मद की वफ़ात के बाद सक़ीफ़ बनू सईद नामक एक स्थान पर जमा हुए। निश्चित ही वहाँ सभी ख़ानदानों व क़बीलों के सरदार और महत्त्वपूर्ण सहाबा मौजूद थे। इसकी पहल किसने की, यह तय कर पाना मुश्किल है। मसनद अबू यअली में उमर बिन ख़त्ताब कहते हैं : 'हम रसूलल्लाह के घर में बैठे हुए थे कि यकायक कोई दीवार के पीछे से चिल्लाया : अरे बिन ख़त्ताब, बाहर आओ। (उमर ने) कहा : अभी चला जा; हम रसूलल्लाह के (कफ़न-दफ़न के) इन्तज़ाम में लगे हुए हैं। उसने कहा कि कुछ हो गया है। अंसार (मददगार) सक़ीफ़ बनू सईद में जमा हैं। जाओ, वहाँ (अंसार तक) पहुँचो कि कहीं वे कोई ऐसी चाल न चल बैठें कि लड़ाई छिड़ जाए। मैंने (उमर ने) अबू बक्र से कहा कि चलते हैं।'[1]

उपरोक्त से स्पष्ट है कि पैग़म्बर के दफ़्न किए जाने से पहले ही कुछ लोग मुस्लिम समुदाय और राज्य के प्रमुख के रूप में पैग़म्बर मुहम्मद का वारिस बनने की महत्त्वाकांक्षा से ग्रस्त हो उठे थे। वास्तव में इसके संकेत भी मिलते हैं कि पैग़म्बर मुहम्मद जब मृत्यु शय्या पर थे तभी सत्ता का संघर्ष शुरू हो चुका था। वैधता के दावेदारों (शियों) का कहना है कि पैग़म्बर ने अपने दामाद अली को अपना आध्यात्मिक और लौकिक उत्तराधिकारी नियुक्त कर दिया था। लेकिन इसका निश्चय कठिन है कि क्योंकि इसे साबित करने के लिए पैग़म्बर की जो हदीस उद्धृत की जाती है उसकी तरह-तरह से व्याख्या की जा सकती है। इसके अलावा क़बीलों व ख़ानदानों के सरदारों और दूसरे महत्त्वपूर्ण व्यक्तियों से मशविरा किए बिना उत्तराधिकारी नियुक्त करना अरबों की परम्परा के अनुरूप नहीं था। मुमकिन है कि पैग़म्बर की यह इच्छा रही हो कि उनके उत्तराधिकारी अली बनें जो निश्चित ही बहुत साहसी, सूरमा, चरित्रवान और बौद्धिक उपलब्धियोंवाले व्यक्ति थे। लेकिन परस्पर-विरोधी शक्तिशाली समूहों की मौजूदगी को देखते हुए उन्होंने दोटूक ढंग से अपनी इच्छा व्यक्त करने से बचना ही श्रेष्ठ समझा होगा। एक हदीस के अनुसार कहते हैं कि उन्होंने कुछ लिखने के लिए क़लम और दवात माँगी थी कि मुसलमान गुमराह किए जाने से बचे रहें। लेकिन उमर ने कहा कि 'रसूलल्लाह सख़्त तकलीफ़ से पीड़ित हैं और हमारे लिए **क़ुरआन** की क़ाफी है।' कुछ लोगों ने संकेत दिया कि वे बड़बड़ा रहे थे। **सहीह मुस्लिम** में प्रयुक्त शब्द ये हैं : 'सच है, रसूल्लाह बड़बड़ा रहे हैं।'

इन सब बातों से साफ़ पता चलता है कि नवस्थापित राज्य में विभिन्न पक्ष राजनीतिक सत्ता के लिए आपस में टकरा रहे थे और पैग़म्बर कोई दोटूक वक्तव्य दें, ऐसा वे नहीं चाहते थे कि कहीं एक या दूसरे पक्ष का मौक़ा न मारा जाए। वास्तव में उत्तराधिकार के सवाल पर मुसलमान तभी से विभाजित रहे हैं। मशहूर इतिहासकार अल-शहरिस्तानी का कहना है कि 'कभी कोई और इस्लामी मुद्दा ऐसा नहीं रहा जिसने ख़िलाफ़त के मुद्दे से अधिक खून बहाया हो।'[2] क़बीलाई पूर्वग्रह भी सामने आ गए। बनू हाशिम अली के साथ हो गए, क़ुरैश मुहाजिर अबू बक्र के पीछे खड़े हो गए और अंसार ने साद बिन अबद का समर्थन किया जो उनके नेता थे। बनू हाशिम के अल्पमत में होने के कारण अली की सम्भावना बहुत कम थी। सभी मुहाजिर और अंसार सक़ीफ़ बनू साद में जमा हुए और दोनों पक्षों ने ख़िलाफ़त के पद के लिए अपने-अपने दावे पेश किए। एक चरण में अंसार ने एक समझौते का सुझाव रखा कि मुहाजिरों और अंसार में हरेक को इस घर में भागीदारी दी जाए। लेकिन इसे रद्द कर दिया गया क्योंकि एक ही पद के दो भागीदार होने के आपसी झगड़े और भ्रम पैदा होंगे। दावे और जवाबी दावे पेश किए जाने लगे तो बहस में तल्ख़ी पैदा हो गई। एक चरण में भावनाएँ भड़क उठीं और लगा कि तलवारें खिंच जाएँगी। उमर ने, जो बहुत ही होशियार प्रेक्षक थे, हालात की नज़ाकत को समझा और अरब रीति-रिवाज के अनुसार अबू बक्र का हाथ अपने हाथ में लेकर ख़िलाफ़त के पद के लिए उन्हें समर्थन देने का वादा किया। क़ुरैश के कुछ और प्रमुख नेताओं, जैसे—उस्मान, अब्दुर्रहमान बिन औफ़ आदि ने उनका साथ दिया और जल्द ही हालात अबू बक्र के पक्ष में हो गए। इस तरह पैग़म्बर मुहम्मद की इस कथित परम्परा के आधार पर कि ख़लीफ़ा क़ुरैश क़बीले से ही होना चाहिए, अबू बक्र इस्लामी राज्य के पहले ख़लीफ़ा 'निर्वाचित' किए गए। इस तरह इस परम्परा के आधार पर नगरवासी अरबों के रेगिस्तानी बद्दुओं पर वर्चस्व पाने की कोशिश की जिन्होंने, जैसा कि हम आगे देखेंगे, क़ुरैश के इस दावे को अस्वीकार करके नगरीय वर्चस्व के ख़िलाफ़ बग़ावत का परचम बुलन्द किया।

अब हम पैग़म्बर मुहम्मद की मृत्यु के बाद होनेवाले इन विकासक्रमों के कुछ पहलुओं की चर्चा करेंगे। इस्लामी राज्य के पहले ख़लीफ़ा के रूप में अबू बक्र का चुनाव वास्तव में एक सीमित अर्थ में ही लोकतान्त्रिक था, बशर्ते उसे लोकतान्त्रिक कहा जा सके, क्योंकि वर्तमान संस्थाबद्ध लोकतन्त्र के सन्दर्भ में ऐसा कोई दावा अनैतिहासिक होगा। यह उन दिनों की अरब परम्परा के अनुकूल अधिक था। चुनाव के लिए 'एक व्यक्ति, एकमत' का कोई सवाल ही नहीं था। वफ़ादारी जताने में सिर्फ़ क़बीलों के सरदार और दूसरे अहम व्यक्ति ही भाग ले सकते थे। (समर्थन व्यक्त करने के लिए प्रयुक्त शब्द बैयत है जिसका अर्थ बेचना और ख़रीदना होता है। निहितार्थ के रूप में, अल-मंजीद के अनुसार, इसका अर्थ है 'किसी व्यक्ति का हाथ अपने हाथ में लेना जिसे नगर के सरदार अपना शासक नियुक्त करना चाहते हैं; यह उनकी स्वीकृति और उसके शासन का समर्थन देने के संकल्प का प्रतीक है।'[3] एक व्यापारिक समाज की शब्दावली भी

व्यापारिक होती है।) चुनाव में स्त्रियों की निश्चित ही कोई भूमिका नहीं थी, न साधारण मनुष्यों की थी। ख़लीफ़ा का चुनाव उनका सरदर्द नहीं था। जैसाकि हमने पहले अध्याय में देखा, अरब के इस भाग में राजतन्त्र या राजत्व जैसी संस्था का जन्म नहीं हो सकता था क्योंकि यहाँ कृषि नहीं थी और इसलिए सामन्ती उत्पादन पद्धति मौजूद नहीं थी। नवस्थापित होने के कारण इस्लामी राज्य के पास न कोई लिखित संविधान था और न सुस्थापित परम्पराएँ थीं। क़ुरआन की कुछ हिदायतें और पैगम्बर मुहम्मद की कुछ सुन्नतें, नए ख़लीफ़ा के पास भरोसा करने के लिए बस यही सब था। उसकी शक्तियाँ निरूपित नहीं थीं; वह कम से कम सिद्धान्त एकछत्र शासक था। लेकिन व्यवहार में उस पर बहुत सी पाबन्दियाँ भी थीं। जैसाकि कहा गया है, यह राजसत्ता एक अपेक्षाकृत नई संस्था थी। लोग अच्छी ख़ासी आज़ादी के आदी थे। एक बाहरी सत्ता को पूर्ण समर्पण करने पर वे एकाएक राज़ी नहीं होते। हालाँकि पैग़म्बर मुहम्मद ने लगभग पूरे अरब पर अपना नियन्त्रण स्थापित कर लिया था, पर वे बेचैन बद्दुओं को कभी पूरी तरह अपने अधीन नहीं ला सके थे। इसलिए अबू बक्र को फूँक-फूँककर क़दम रखना पड़ा।

पद सँभालने के बाद उन्होंने जनता को इस तरह सम्बोधित किया : 'ऐ लोगो, सरकार की ज़िम्मेदारियाँ निभाने में मुझे सहारा दो। मैं तुममें सबसे अच्छा व्यक्ति नहीं हूँ, मुझे तुम्हारी पूरी मदद चाहिए। अगर मैं ठीक काम करूँ तो मेरी हिमायत करो, अगर ग़लती करूँ तो मुझे मशविरा दो। शासन के लिए चुने गए व्यक्ति से सच बोलना सच्ची वफ़ादारी है; उसे छिपाना धोखा है। मेरी निगाह में ताक़तवर और ग़रीब एक जैसे हैं और मैं दोनों के साथ इंसाफ़ करना चाहता हूँ। अगर मैं अल्लाह और उसके रसूल का कहा मानूँ तो मेरी बात मानो; अगर मैं अल्लाह और उसके रसूल के क़ानूनों को नज़रअन्दाज़ करूँ तो मुझे तुम्हारी वफ़ादारी पाने का हक़ नहीं रह जाएगा।'[4] इस तरह उनके लिए अल्लाह और उसका रसूल सत्ता के स्रोत थे। उन्होंने लोगों को अधिकार दिया कि वे उनकी ग़लती करने पर उन्हें राय दें। इस तरह राज्य अभी तक जनता पर अपनी पूरी पकड़ क़ायम नहीं कर सका था। इसका मतलब यह नहीं कि इसका कोई दमनकारी चरित्र था ही नहीं। उसने दुराग्रही विरोधियों के ख़िलाफ़ और नए शासन की वैधता स्वीकार करने से हिचकनेवालों के ख़िलाफ़ बल का प्रयोग शुरू भी किया। मिसाल के लिए अली नेतृत्व में बनू हाशिम ने एक अच्छे-ख़ासे अरसे तक नए ख़लीफ़ा को समर्थन नहीं दिया। वे अपनी योजनाओं पर ग़ौर करने के लिए अली के घर जमा होते थे। उमर फ़ातिमा (जो पैग़म्बर की बेटी और अली की बीवी थीं) के दरवाज़े के पास खड़े होकर चिल्लाए : 'ऐ रसूलल्लाह की बेटी, क़सम अल्लाह की, हम तुम्हारी इज़्जत करते हैं और तुम हमें अज़ीज हो। लेकिन अगर तुम इसी तरह लोगों को अपने घर जमा करती रही तो मैं इसे आग लगा दूँगा।'[5] कुछ इतिहासकारों का आरोप है कि उमर ने दरवाज़े पर सचमुच लात मारी जो फ़ातिमा से टकराया जो उसके पीछे ही खड़ी थी, और वे घायल हो गईं। आख़िरकार बनू हाशिम ने अधीनता मान ली। अली के झुकने के

बाद सभी नगरवासियों ने नए राज्य की सत्ता को स्वीकार किया। अली और उनके अनुयायियों ने राज्य की वांछनीयता पर सवाल नहीं उठाया; उन्होंने सिर्फ़ अबू बक्र के दावे को अस्वीकार करके **उनका** दावा पेश किया। लेकिन बद्दुओं ने ख़ुद राज्य के आदर्श को अस्वीकार किया क्योंकि वे पीढ़ियों से जिस असीमित स्वतन्त्रता के आदी थे, राज्य उसमें हस्तक्षेप करता था। यही कारण है कि **क़ुरआन** तक ने उनके इस्लाम पर शक ज़ाहिर किया है। इसमें (सूरा, आयत 97-98) कहा गया है : 'गँवार (रेगिस्तानी अरब) बहुत सख़्त हैं, कुफ्र में और नफ़ाक़ (पाखंड) में और इसी लायक़ हैं कि न सीखें वो क़ायदे जो नाज़िल किए अल्लाह ने अपने रसूल पर। और अल्लाह सब कुछ जाननेवाला और हिम्मतवाला है। और कुछ गँवार ऐसे हैं कि शुमार करते हैं अपने ख़र्च करने को तावान (जुर्माना) और इन्तज़ार करते हैं तुम पर ज़माने की गर्दिशों (के टूटने) का; उन्हीं पर आए ये गर्दिश बुरी। और अल्लाह सुननेवाला और जाननेवाला है।'

इसलिए जब मुसलमानों पर 'गर्दिश' टूटी, अर्थात् पैग़म्बर की मृत्यु हो गई, तो बहुत से बद्दू क़बीलों ने नगरवासियों के वर्चस्व के ख़िलाफ़ विद्रोह कर दिया। इसे रिद्दा (धर्मत्याग) की जंग कहते हैं। यह पूरे अरब में फैली एक आम बग़ावत थी। बद्दू कभी किसी सत्ता के आगे झुकने को तैयार न थे। उनकी अर्थव्यवस्था की दशाएँ किसी राज्य की माँग नहीं करती थीं। मदीना में जब विभिन्न समूहों के बीच सत्ता का संघर्ष चल रहा था, पैग़म्बर की वफ़ात की ख़बर सुनकर एक बाद एक बद्दू क़बीला इस्लाम छोड़ने लगा। इस समस्या को इसके सही परिप्रेक्ष्य में रखकर देखना रोचक होगा। नए धर्म और बद्दुओं का टकराव सामाजिक-नैतिक भी था और आर्थिक भी। पहले हम सामाजिक और नैतिक टकराव पर विचार करेंगे। अपनी पुस्तक **मुहम्मडेन स्टडिएन** (मुस्लिम अध्ययन) के अध्याय 'मुरव्वा उँउ दीन' में गोल्डज़ीटेर ने इसकी विस्तृत विवेचना की है।[6] प्रोफेसर निकल्सन ने इसका एक उम्दा सारसंक्षेप पेश किया है। मैं इसी सारसंक्षेप से उद्धरण दे रहा हूँ : 'पहली बात यह कि इस्लाम का बुनियादी विचार बद्दुओं के लिए विजातीय और अगम्य था। उन्होंने अपनी मूर्तियों के विनाश का उतना विरोध नहीं किया जितना उस समर्पण-भाव का जिसे उनके बीच रोपने की कोशिश की जा रही थीः अल्लाह के विचार और उसकी पूर्व निर्दिष्ट और प्रतिशोधी सर्वशक्तिमता, नमाज़ों और रोज़ों, पसन्दा ऐयाशियों के त्याग, तथा अल्लाह के नाम पर कराए जा रहे पैसे और सम्पत्ति के बलिदान के ज़रिए उनके पूरे जीवन के निर्धारण का विरोध...' इसके अलावा बद्दू अरबों का सामाजिक ढाँचा क़बीले पर आधारित था जबकि इस्लाम का सामाजिक ढाँचा सभी ईमानवालों की समानता और भाईचारे पर। धार्मिक बन्धन रुत्बा और नस्ल के सभी भेदों को नष्ट करता था; सिद्धान्त के स्तर पर उसने ख़ानदानों की लड़ाइयों, सम्मान के लिए होनेवाले टकरावों, नस्ल पर फ़ख्र इन सबको सचमुच समाप्त किया—उन सभी चीज़ों को जो अरब शूरवीरता का आधार थीं...रेगिस्तानी लोगों की रूढ़िवादी और भौतिक सहजवृत्ति ऐसे सिद्धान्त के ख़िलाफ़ विद्रोह पर उतर आई; और हालाँकि वे झुंड के झुंड मुस्लिम बने मगर उनका विशाल बहुमत न तो इस्लाम का क़ायल था और न

यही जानता था कि इसका मतलब क्या है। इस तरह विशाल बहुमत न तो इस्लाम का क़ायल था और न ही जानता था कि इसका मतलब क्या है। इस तरह उनकी प्रेरणाएँ अक्सर उपयोगितावादी होती थीं, उन्हें आशा थी कि इस्लाम उनके लिए सौभाग्य लेकर आएगा, और जब तक उनके शरीर हट्टे-कट्टे रहे, उनकी घोड़ियाँ सुन्दर बछड़े देती रहीं, उनकी बीवियाँ गठे बदन के बेटे पैदा करती रहीं और उनकी दौलत और मवेशियों में वृद्धि होती रही, वे कहते रहे : 'जब से हमने इस मज़हब को अपनाया है, हम ख़ुशक़िस्मत रहे हैं।' लेकिन जब हालात बिगड़े तो उन्होंने इस्लाम को दोषी ठहराया और उससे मुँह मोड़ लिया। ये लोग मज़हबी उन्माद में समर्थ थे, यह बात इससे बख़ूबी साबित होती है कि बाद में थोड़े ही समय में उन्होंने दो-दो शक्तिशाली साम्राज्यों की शक्तिशाली सेनाओं पर विजय पाई। लेकिन माले-ग़नीमत के अलावा उन्हें मुख्यतः जिस बात से प्रेरणा मिलती थी वह सफ़लता से उपजी यह भावना थी कि अल्लाह उनकी ओर से लड़ रहा है।'[7]

इस तरह इन रेगिस्तानी अरबों का एक व्यापक विद्रोह फूट पड़ा जिसमें मदीना में लगभग एक दहशत फैला दी और नए राज्य को झकझोरकर रख दिया।* (वास्तव में, जैसाकि हम आगे देखेंगे, शक्तिशाली उमैया और अब्बासी साम्राज्यों के काल में भी बद्दू अरब विद्रोह करते रहे।) अब्दुल्लाह बिन मसऊद को उद्धृत करते हुए (मैं यहाँ बीच के वृत्तान्तकारों की शृंखला नहीं दे रहा हूँ) बलज़ूरी कहते हैं कि 'रसूलल्लाह की वफ़ात के बाद हम एक चौराहे पर खड़े थे जहाँ, अगर अबू-बक्र के माध्यम से अल्लाह ने हम पर करम नहीं किया होता तो मुमकिन था कि हम नष्ट हो जाते। हमने एकमत से फ़ैसला किया कि हमें बिन्त माख़द (बस एक साल का ऊँट का बच्चा) और इब्न-लब्बून (तीसरे साल में दाख़िल हो चुका ऊँट) को लेकर नहीं लड़ना चाहिए, और हम एक अरब गाँव की आमदनी पर गुज़ारा करेंगे। (मतलब यह है कि हमें रेगिस्तानी अरबों से नहीं भिड़ना चाहिए और मदीना के आसपास के गाँवों की आमदनी पर सब्र करना चाहिए।)'[8] इनमें से बहुत से रेगिस्तानी क़बीलों ने ज़कात देने से मना कर दिया हालाँकि वे मुसलमान बने रहने पर सहमत थे।

दिलचस्प बात यह है कि बद्दू तब तक माले-ग़नीमत के लिए नगरों और क़स्बों पर धावे बोलते आए थे, पर अब एक नगर-केन्द्रित राज्य उनसे जक़ात माँग रहा था। यह निश्चित ही उनके लिए चिढ़ का कारण था क्योंकि अभी तक उनके घुमक्कड़ आर्थिक आधार में कोई ख़ास तब्दीली नहीं आई थी।

आगे चलकर विदेशी इलाक़ों पर हमलों से उन्हें वैकल्पिक संसाधन मिले जिनका

---

*मदीना में एक राज्य की स्थापना के बाद भी बद्दुओं की जीविका मुख्यतः धावों व लूटपाट पर आधारित रही हालाँकि इन्हें इस्लाम में निषिद्ध क़रार दिया गया था। निजी वस्तुओं को छोड़कर वैयक्तिक सम्पत्ति जैसी कोई संस्था नहीं थी। अपने सुनिश्चित नियमों और दमनतन्त्र के साथ राज्य का उदय एक स्थावर संस्कृति में सुनिश्चित आर्थिक सम्बन्धों और सम्पत्ति के सम्बन्धों की माँग करता है। इसलिए बद्दुओं के लिए राज्य जैसी संस्था का कोई अर्थ नहीं था। इसके विपरीत वे इसके दमनकारी चरित्र का विरोध करते थे।

उन्होंने पूरा-पूरा उपयोग किया। लेकिन जैसे ही पैग़म्बर की वफ़ात हुई, उन्होंने इसे बग़ावत का मौक़ा जाना ताकि वे न सिर्फ़ उन पर लादे गए राज्य की सत्ता से बल्कि ज़कात देने की मज़बूरी से भी मुक्त हो सकें। इसके अलावा राज्य की शक्ति-संरचना में बद्दुओं का कोई भाग नहीं था क्योंकि उस पर आम तौर पर नगरवासियों और ख़ासकर मक्का के कुलीनों का इजारा था। यह भी समझना चाहिए कि राजनीतिक परिवर्तनों से अक्सर आर्थिक परिणाम पैदा होते हैं क्योंकि इनसे शोषण की सीमा घटती या बढ़ती है। व्यापार का बेहतर संगठन, सिंचाई, आर्थिक ज़ायद (सरप्लस) के वितरण के ढर्रे में परिवर्तन आदि भी इसके परिणाम हो सकते हैं। बद्दुओं के मुआमले में राजनीतिक परिवर्तन के बहुत सारे आर्थिक परिणाम सामने आए। दूसरे क़बीलों पर धावे बन्द हो गए जो उन्हें रोज़ी देते थे। (इस्लाम ने इन धावों को निषिद्ध ठहराया और नए राज्य ने इस हिदायत को लागू किया) इससे भी बड़ी बात कि उन्हें ज़कात देने पर मज़बूर किया गया। रहा व्यापार, सिंचाई आदि का पुनर्गठन तो बद्दुओं को इससे कुछ मिलनेवाला नहीं था क्योंकि वे शहरी या खेतिहर अर्थव्यवस्था से जुड़े हुए नहीं थे। इसलिए पूरे अरब में बद्दुओं ने विद्रोह किया। विद्रोह को दबाने के लिए अबू बक्र ने सख़्त क़दम उठाए और आख़िरकार कामयाब रहे। नए राज्य की वैधता को चुनौती नहीं दी जा सकती थी। बलज़ूरी ने अपनी मशहूर किताब की पहली जिल्द में रिद्दा की इस जंग का पूरा विवरण दिया है। बद्दू क़बीलों के अलावा बहरैन, ओमान, यमन आदि सीमावर्ती इलाक़ों के उन शासकों ने भी विद्रोह किए जिन्होंने मदीना के अधिराजत्व को स्वीकार किया था। मदीना से भेजी गई फ़ौजों ने उनके विद्रोह को भी कुचल दिया।

अब हम विदेश-विजय और उसके सम्भावित कारणों पर ध्यान देंगे। पैग़म्बर मुहम्मद ने अपने जीवनकाल में ही कुछ विदेशी शासकों को पत्र लिखकर उनको नए मज़हब को क़ुबूल करने की दावत दी थी। इनमें रोम के हेराक्लियस और फ़ारस के किस्र शामिल थे। उन्होंने हेराक्लियस को लिखा था : 'अल्लाह के रसूल पैग़म्बर मुहम्मद की ओर से बादशाह के नाम। (पाठ में प्रयुक्त शब्द अज़ीम अर्थात महान है।) शान्ति हो उन पर जो सही रास्ते का अनुकरण करते हैं। (इसके बाद) मैं आपको इस्लाम क़ुबूल करने की दावत देता हूँ। आप इसे क़ुबूल करते हैं तो आप महफ़ूज रहेंगे और अल्लाह आपको दूना सवाब देगा। लेकिन अगर इंकार करते हैं तो यह गुनाह होगा और आपको अपने अवाम की ओर से जवाबदेही करनी होगी।'[9] ऐसा ही एक ख़त किस्र को लिखा गया। पैग़म्बर मुहम्मद ने एक मुहिम का नेतृत्व भी किया जिसमें मदीना और उत्तर में स्थित सीरिया के बीच तबुक नामक स्थान पर हेराक्लियस की फ़ौज़ों के साथ टकराव भी हुआ। पैग़म्बर मुहम्मद इसके नतीजों से वाक़िफ़ थे और इसलिए कुछ स्रोतों के अनुसार बीस हज़ार से तीस हज़ार तक फ़ौजी साथ ले गए। इस मुहिम के मक़सद का निश्चय कठिन है। क्या वे हेराक्लियस को चुनौती दे रहे थे? ऐसा मानना मुश्किल है। पैग़म्बर मुहम्मद एक होशियार राजनयिक थे। वे कपोल-कल्पनाओं का सहारा नहीं लेते, ख़ासकर इसलिए कि उन्हें पता था कि हेराक्लियस ने अभी हाल में ही फ़ारसवालों को हराया

था और उसकी इस उपलब्धि पर कुछ शासकों ने उसे बधाई भी दी थी। चुना गया समय भी बहुत उपयुक्त नहीं था। तपती हुई गर्मी पड़ रही थी और भोजन, चारे और पानी की कमी थी। कुछ लोगों ने तब उनका विरोध भी किया। एक यहूदी के घर में, जिसे पैग़म्बर मुहम्मद ने जला दिया था, एक खुफ़िया बैठक हुई। वे लोग (पैग़म्बर मुहम्मद और उनके फ़ौजी) तबुक पहुँचे जो बैजन्तीनी साम्राज्य की सीमा पर मदीना से कोई 250 मील दूर था और वहाँ दस या बीस दिन रुके। कोई लड़ाई नहीं हुई, पर इतनी बड़ी तादाद की मौजूदगी ने इलाक़े के छोटे-छोटे सरदारों को प्रभावित किया जिन्होंने सरकारे-मदीना से समझौते कर लिए। उन्होंने अक़बा की खाड़ी के छोर पर स्थित छोटे से नगर अयला के राजा युहन्ना (जान) के साथ एक समझौता किया जिसने 300 दीनार प्रतिवर्ष का ख़िराज देना क़ुबूल किया। ऐसे ही समझौते इलाक़े की तीन यहूदी बस्तियों के साथ किए गए। पैग़म्बर मुहम्मद के कुछ लोग दुमतुल-जन्दल के नख़लिस्तान में पहुँचे और वहाँ के ईसाई राजा को तबुक जानकर पैग़म्बर के साथ एक समझौता करने के लिए मज़बूर कर दिया। इन कामयाबियों के बाद पैग़म्बर मुहम्मद मदीना लौट आए। हो सकता है इस मुहिम पर जाने के पीछे पैग़म्बर मुहम्मद का मक़सद पूरे अरब को अपने शासन के तले एकजुट करना और छोटी रियासतों से ख़िराज वसूल करना रहा हो। दुमतुल-जन्दल के शासक के साथ हुए समझौते के अनुसार ग़ैर-आबाद ज़मीनें, परती ज़मीनें, जंगल, अस्त्र-शस्त्र, बोझ ढोनेवाले सभी जानवर आदि मुसलमानों के हो गए जबकि परकोटे के अन्दर के सभी खजूर के पेड़ और बहता पानी दुमत के लोगों के रहे।[10]

इस तरह हम देखते हैं कि विजय की दिशा में पैग़म्बर मुहम्मद ने एक शुरुआत की जिसे उनके ख़लीफ़ों ने जारी रखा। इससे मुस्लिम हुकूमत का आधार मज़बूत हुआ और वित्तीय संसाधन भी मिले जिनकी मुसलमानों को बुरी तरह ज़रूरत थी। बाहर की दिशा में नए राज्य के प्रसार की सख़्त ज़रूरत पर आइए हम विचार करें। मक्का नगर के अरबों के पास एक मुनाफ़ाबख़्श अन्तर्राष्ट्रीय व्यापार था। व्यापार का प्रसार एक ऐसे शक्तिशाली राज्य की माँग करता था जो व्यापार के विकास की ज़मानत दे और उच्छृंखल घुमक्कड़ों (बद्दुओं) को क़ाबू में रखे। (बद्दू अक्सर तिजारती कारवानों को लूट लेते थे या अपने इलाक़े से गुज़रनेवाले कारवानों की सुरक्षित यात्रा के बदले एक महसूल वसूलते थे जिससे अक्सर भारी मौद्रिक हानि होती थी।) व्यापार-मार्गों की सुरक्षा बहुत ही महत्त्वपूर्ण थी। इसके अलावा एक अधिक मज़बूत राज्य की अधिक इज़्ज़त होती है और उसका मतलब व्यापार की अधिक अनुकूल शर्तें हो सकता था। लेकिन इस नतीजे पर पिल पड़ना ग़लत होगा कि नवजात मुस्लिम राज्य पर व्यापारिक वर्ग का पूरा-पूरा नियन्त्रण था। इस्लाम बेशक एक व्यापारिक समाज की पैदावार था और उसने न सिर्फ़ व्यापार और लाभ को प्रोत्साहित किया बल्कि उनका पूरा-पूरा अनुमोदन भी किया। लेकिन ख़लीफ़ा पूरी तरह सिर्फ़ इस हित से संचालित नहीं था हालाँकि इस हित की उपेक्षा भी नहीं की गई। (यहाँ हमारा आशय पहले चार ख़लीफ़ों से है जिन्हें

ख़ुलफ़ा-ए-राशिदा अर्थात् नेक तौर-तरीकों वाले ख़लीफ़ा कहा जाता है।) राज्य का चरित्र अंशतः धार्मिक था और अंशतः उस पर व्यापारिक पूँजीपति वर्ग का वर्चस्व था। आगे चलकर, जैसाकि हम देखेंगे, इस राज्य का चरित्र बदल गया।

इस्लाम के जन्म और उसकी पुख़्तगी के बाद बद्दुओं का सामना एक वास्तविक समस्या से हुआ। कम से कम उनके मुआमले में राजनीतिक परिवर्तन से आर्थिक स्थिति में परिवर्तन अवश्य आया। पहले वे रोज़ी के लिए दूसरे क़बीलों पर धावे बोलते थे। अब जबकि सभी अरब एकजुट थे और एक नई नैतिकता व कुछ नए सामाजिक और आर्थिक नियमों को लागू करने के लिए एक राजनीतिक ढाँचा स्थापित हो चुका था, दूसरे क़बीलों पर धावे बोलना असम्भव नहीं तो कठिन अवश्य हो गया। अगर कोई विकल्प नहीं मिलता तो वे ज़िन्दा कैसे रहते ? यहाँ ध्यान देने की अहम बात यह है कि अरब प्रायद्वीप में कोई विकल्प उपलब्ध ही नहीं था क्योंकि उपजाऊ ज़मीन कम थी और ज़मीन पर बढ़ते दबाव के आर्थिक सन्तुलन को बिगाड़ दिया था। इसलिए बाहर की ओर प्रसार एकमात्र विकल्प था। केटनी[11], बेकर[12] और दूसरे आधुनिक आलोचक विद्वानों ने इस प्रसार से जुड़े आर्थिक कारणों की ओर हमारा ध्यान दिलाया है। लेकिन ध्यान देने की बात यह है कि इसे आरम्भिक मुस्लिम वृत्तान्तकारों ने पूरी तरह अनदेखा नहीं किया है। इस्लामी विजयों के इतिहासकार बलज़ूरी उनमें सबसे विवेकशील थे और उन्होंने विभिन्न अहम घटनाओं का वस्तुनिष्ठ विवरण दिया है। कहते हैं कि सीरिया की मुहिम के लिए भरतियाँ करते वक़्त अबू बक्र ने 'मक्का, अल-तैफ़, अल-यमन के लोगों को तथा नज्द और अल-हिजाज़ के सभी अरबों को ख़त लिखकर एक जेहाद के लिए बुलाया तथा इसके लिए और रोमियों से मिलनेवाले माले-ग़नीमत के लिए उनकी इच्छा को भड़काया।'[13] प्रत्युत्तर देनेवालों को बलज़ूरी ने दो श्रेणियों में रखा है : (1) मुहतसिब अर्थात् वे जिन्हें अल्लाह की रज़ा के सिवा कुछ और मंजूर नहीं था, और (2) तामी अर्थात् जिन्हें माले-ग़नीमत पाने की इच्छा थी। आगे बलज़ूरी यह भी कहते हैं कि अरब हमले से अपने वतन की हिफ़ाज़त करनेवाले फ़ारसी सिपहसालार रुस्तम ने मुस्लिम दूत से यह बात कही थी : 'मुझे पता चला है कि आप लोग जो कुछ कर रहे हैं उसके लिए और किसी बात से नहीं, सिर्फ़ रोज़ी की तंगी और ग़रीबी से मज़बूर हुए हैं।' मुग़ीर (रुस्तम से बात करनेवाले मुस्लिम दूत) ने ऐसे शब्दों में जवाब दिया जो ऐसे ही संकेत देते हैं : 'अल्लाह ने हमारे बीच अपना रसूल भेजा और हमसे उसके आह्वान का पालन और उसका अनुसरण कराके समृद्ध बनाया।'[14]

इस तरह हम देखते हैं कि अरब प्रायद्वीप की आर्थिक दशाओं के कारण यह प्रसार आवश्यक हो गया। इसलिए जैसे ही अबू बक्र ने बद्दुओं के विद्रोह को दबाने में कामयाबी पाई, उन्होंने अपनी फ़ौजें सीरिया की ओर भेजीं। शायद इस विद्रोह से उन्हें यह पता चला कि बद्दुओं को अगर वश में रखना है तो उनको एक बाहरी दुश्मन से भिड़ाना पड़ेगा, ऐसी लड़ाई में जिससे उन्हें आर्थिक संसाधन भी मिल सकें। सीरिया या फ़िलिस्तीन में ज़ाहिरा तौर पर हेराक्लियस या उसके सूबेदार की ओर से कोई उत्तेजना

पैदा नहीं की गई। इसके अलावा इन स्रोतों से इसका साफ़ संकेत भी मिलता है कि इन जेहादों के पीछे इस्लाम के प्रसार का कोई ऐलानिया इरादा नहीं था। (कम से कम यह एकमात्र कारण तो नहीं ही था) इस तथ्य की और कैसे व्याख्या की जाए कि अधिकांश सन्धियों में किसी को इस्लाम क़ुबूल करने पर मज़बूर नहीं किया गया? किसी ने अपनी इच्छा से या भौतिक लाभों की इच्छा से इस्लाम को अपनाया तो यह और बात थी। लगता है विजेताओं की दिलचस्पी जज़िया में ज़्यादा थी। (वैसे इसका यह मतलब नहीं लगाया जाना चाहिए कि यही उनका अकेला मक़सद था। बहुत से ऐसे लोग भी थे जो उच्चतर धार्मिक उद्देश्यों से लड़े।) जो भी जज़िया देने पर तैयार हुआ और समर्पण कर बैठा उसे और नुक़सान नहीं पहुँचाया गया, और उसे शान्ति की ज़मानत दी गई। मसलन आर्मेनिया पर हमले के बारे में लिखते हुए बलज़ूरी कहते हैं कि 'उसके बाद वे (मरवाँ) सरीर के इलाक़े में दाख़िल हुए, एकाएक उस पर हमला किया और उसकी बहुत सी गढ़ियों को जीत लिया। सरीर के राजा ने समर्पण कर दिया तथा 500 गुलाम मर्द व 500 गुलाम औरतें देने पर राज़ी हो गया (शर्त थी कि इन औरतों के काले बाल हों, घनी भवें हों और लम्बी पलकें हों); उसने अलबाब के गोदाम के लिए एक लाख मुदी अनाज भी दिया। इसी तरह उन्होंने तूमान के लोगों के साथ भी इस शर्त पर समझौता किया कि वे हर साल 50 गुलाम मर्द और 50 गुलाम औरतें देंगे (औरतों के बाल काले होंगे, भवें घनी और पलकें लम्बी होंगी) तथा अनाज के गोदामों के लिए 20,000 मुदी अनाज देंगे...फिर वे हम्ज़ीन में दाख़िल हुए। हम्ज़ीन के लोगों ने कोई समझौता करने से इंकार कर दिया। उन्होंने नगर पर घेरा डाल दिया और यह घेरा एक माह तक चला। उन्होंने किले को जीतकर जला दिया। तब समझौता हुआ कि वे (हम्ज़ीन के लोग) 500 गुलाम मर्द और 500 गुलाम औरतें (बस एक बार) देंगे और अलबाब के गोदाम के लिए हर साल 30,000 मुदी अनाज देते रहेंगे[15] इस तरह हम देखते हैं कि इन समझौतों में जबरन इस्लाम मनवाने से सम्बन्धित कोई दफ़ा नहीं थी। विजय के पीछे अरबों का मक़सद आमतौर पर जितना समझा जाता है उससे कहीं बहुत अधिक दुनियावी था।

एक और दिलचस्प सवाल यह है कि आदिम हथियारों से लैस इन लगभग अर्ध-घुमक्कड़ अरबों ने अपने वक़्त के शक्तिशाली साम्राज्यों, अर्थात् बैजन्तीनी और सासानी साम्राज्यों, पर विजय कैसे पाई। कुछ बरसों के अन्दर इन अरबों ने एक तरफ इराक़ पर क़ब्ज़ा किया और फ़ारस में घुस आए तो दूसरी तरफ़ सीरिया व फ़िलिस्तीन के तथा मिस्र के भी मालिक बन बैठे। इसके कारणों का विश्लेषण उपयोगी होगा। ये धड़ाधड़ जीतें वास्तव में साथ लगे उपजाऊ अर्धचन्द्र (फ़र्टाइल क्रेसेंट) में ख़ाली-ख़ूली रेगिस्तान से क्रमिक प्रवेश की सदियों पुरानी प्रक्रिया का अन्तिम चरण, उस क्षेत्र की अन्तिम बड़ी सामी हिजरत थी। अपने-अपने ढंग से आरम्भिक मुस्लिम इतिहासकारों ने भी इस संवृत्ति की व्याख्या करने की कोशिश की है। निश्चित ही इस जटिल संवृत्ति के अनेक पहलू हैं। यहाँ हम इनमें कुछ की विवेचना करेंगे। अपनी सुविधा के लिए

हम इन्हें मोटे तौर पर दो श्रेणियों में बाँट सकते हैं : (1) अरबों के दृष्टिकोण से आन्तरिक और (2) बाह्य। पहले हम आन्तरिक पहलुओं की छानबीन करेंगे।

जैसाकि हम जानते हैं, मक्का और मदीना जैसे शहरों तक में अरब अनेक क़बीलों में बँटे हुए थे। लेकिन काफ़ी-कुछ संघर्ष के बाद पैग़म्बर ने उन सभी लोगों को बेकार बना दिया जिनका समाज के क़बीलाई ढाँचे में निहित स्वार्थ था, और उनको इस्लाम के परचम तले एकजुट किया। इस एकता के बाद छोटी रियासतों को तथा मदीना और आसपास की यहूद बस्तियों को पराजित करके अरबों ने खुद अरब के अन्दर अनेक जीतें दर्ज कीं। इन जीतों से उन्हें ख़िराज के रूप में भारी रक़में मिलीं, और उन्होंने इस एकता की अहमियत का बहुत अच्छी तरह अहसास किया। जब उन्होंने विदेशी इलाक़ों पर हमले किए तो वे एकता की इसी भावना से भरे हुए थे। उन्हें अच्छी तरह पता था कि अत्यन्त शक्तिशाली सत्ता से मुक़ाबला होने पर उनके पास अकेला कारगर हथियार यही था। वे इस बारे में पूरी तरह सजग थे और अपने दुश्मन तक को सम्बोधित करते समय इस बात पर बार-बार ज़ोर देते थे। उन्होंने कहा : 'हम बँटे हुए थे और आपस में लड़ रहे थे। अल्लाह ने हमारे बीच अपना रसूल भेजा और हम एकजुट हो गए।' एकता की यह भावना अभी उन विरोधों से प्रभावित नहीं हुई थी जो आमतौर पर दौलत और ताक़त मिलने के बाद उपजते हैं। (जल्द ही ऐसा भी हुआ; वास्तव में उपजाऊ अर्धचन्द्र के इलाक़े में उनकी प्रमुख जीतों के दो दहाइयों के अन्दर) इसके अलावा अरबों में एक मक़सद को लेकर जोश था। वे अल्लाह के मक़सद के लिए लड़ रहे थे और समझते थे कि अल्लाह उनका मददगार है। (जो लोग माले-ग़नीमत के लिए लड़ रहे थे और तामी कहलाते थे उनमें भी जंग के दौरान ऐसी आस्था विकसित हो गई।) इस आस्था ने कोई मामूली भूमिका नहीं निभाई होगी। अपने ही वक़्त में हम देख चुके हैं कि किसी विशेष साधन से वंचित मगर समाजवादी या लोकतान्त्रिक आस्थाओं से लैस थोड़े से व्यक्तियों ने बहुत शक्तिशाली मगर पतनशील साम्राज्यों को कामयाबी के साथ उखाड़ फेंका है।

एक और अहम कारण यह है कि अपने दुश्मनों के विपरीत अरब अपेक्षाकृत आदिम मगर हल्के हथियारों से लड़ रहे थे और इसलिए बहुत अधिक गतिशील थे। इसके विपरीत उनके दुश्मन भारी हथियारों, हाथियों आदि पर भरोसा कर रहे थे जिन्होंने उनकी गतिशीलता में भारी बाधा डाली। अरब सैन्य विज्ञान के उस्ताद नहीं थे और मोर्चों पर अनुशासित ढंग से लड़ने का उन्हें शायद ही कोई अनुभव रहा हो। लेकिन उन्होंने स्वतःस्फूर्त रणनीतियाँ बनाईं और तेज़ी से दुश्मनों पर हमले किए। दूसरी ओर अरबों के मुक़ाबले खड़े लोग न सिर्फ़ भारी हथियारों से बल्कि मोर्चाबन्द लड़ाइयों के लिए बनाई गई सदियों पुरानी रूढ़िवादी विधियों से भी परेशान हुए। सासानी फ़ौजों के सिपहसालार रुस्तम ने अरबों के अनगढ़ हथियारों को (जिनमें मुनासिब धार भी नहीं थी) और उनकी अस्तव्यस्त, असभ्य वेशभूषा को देखकर उनका मख़ौल उड़ाया और सोचा कि लड़ाई कुछेक घंटों में ख़त्म हो जाएगी। दुश्मन इस क़ाबिल नहीं था कि कोई

ज़हमत उठाई जाए। लेकिन जब क़तारबन्दी हो गई और लड़ाई शुरू हुई तो जल्द ही रुस्तम को अहसास हो गया कि उसने दुश्मन को बेहद कम करके आँका था।

अब हम अरबों की द्रुतगामी विजय के बाह्य कारणों की छानबीन करेंगे और इसकी भी कि वे अपने दौर के ताक़तवर साम्राज्यों के स्वामी कैसे बने। जैसाकि हम जानते हैं, रोमी और सासानी साम्राज्य आन्तरिक विरोधों से ग्रस्त थे। इन साम्राज्यों के शासक वर्ग ऐयाशियों के आदी थे जिन्होंने उनकी आत्मा और लड़ने की इच्छा को निचोड़ लिया था। इसके अलावा ये ऐयाशियाँ, ये तामझाम और शान-शौक़त एक ओर ग़रीब किसानों तो दूसरी ओर गुलामों व अन्य हीनवंशी लोगों के शोषण पर आधारित थे। इस सन्दर्भ में क़दीसिया की जंग के शुरू होने से पहले मुग़ीर और रुस्तम के बीच हुई बातचीत का एक अंश दिलचस्प है। अपने वृतान्त में तबरी ने इस बातचीत को दर्ज किया है। कहते हैं : 'मुग़ीर ने (जो रुस्तम तक अरबों का दूत बनकर गया) पुल पार किया और जब फ़ारसी फ़ौजों तक पहुँचा तो उसे रोक दिया गया कि रुस्तम से मिलने से पहले इसकी इजाज़त ले। मुग़ीर जब वहाँ (रुस्तम के हुज़ूर में) पहुँचा तो उसने सुनहरी धागों से बने कपड़े पहने फ़ारसवालों को देखा। उनके सरों पर ताज थे। और उन्होंने कुछ दूरी तक क़ालीन बिछा रखे थे जिस पर मुलाक़ाती को चलना पड़ता था। मुग़ीर बिन शुअबा जब आया तो वह रुस्तम की गद्दी के सोफ़े पर बैठ गया। कुछ लोग उसकी ओर दौड़े और उसे गद्दी से खींचकर उतारा। उसने (मुग़ीर ने) कहा : 'मैंने तुम्हारी बुद्धिमानी की बातें सुनी थीं पर देखता हूँ कि तुमसे बढ़कर बेवकूफ़ कोई और क़ौम नहीं हैं। हम अरब आपस में बराबर हैं। हम जंग छोड़ कभी किसी को गुलाम नहीं बनाते। इसलिए मैंने सोचा था कि तुम लोगों में भी उतनी ही क़ौमी हमदर्दी होगी जितनी हममें है, पर अपने आज के काम से तुमने दिखा दिया है कि तुममें से कुछ लोग (अपने ही अवाम में से) दूसरों के मालिक बने बैठे हो। यह (अपने ही अवाम के मालिक बनना) ठीक बात नहीं है। हम ऐसा नहीं करते। मैं अपनी मर्ज़ी से नहीं आया बल्कि आज तुमने मुझे बुलाया है और मुझे पता चल चुका है कि तुम्हारी हुकूमत कमज़ोर पड़ चुकी है और यह कि तुम्हारी हार होगी क्योंकि ऐसे तौरतरीक़ों वाला कोई मुल्क बहुत दिनों तक बाक़ी नहीं रहता।' यह सुनकर फ़ारसवालों ने कहा : 'भगवान क़सम, यह अरब तो सच बोल रहा है। सामन्तों ने कहा : 'भगवान क़सम, उसने ऐसी बातें कही हैं कि हमारे गुलाम हमेशा उनकी तरफ़ होंगे। लानत हो हमारे पूर्वजों पर जिन्होंने अरबों को ग़ैर-अहम और मामूली लोग समझा।'[16]

उपरोक्त वक्तव्य बहुत अहम है क्योंकि यह वहाँ मौजूद सामाजिक दशाओं पर रौशनी डालता है। इस्लाम इस ख़ास अर्थ में सामाजिक समानता का वाहक था कि उसमें सामन्ती संस्थाएँ और उससे जुड़ी घोर असमानताएँ नहीं थीं। इसके अलावा, कम से कम सिद्धान्त के स्तर पर, इस्लाम नस्ल या रंग को भेद के कारण नहीं मानता और उसने सभी ईमानवालों के साथ बराबरी का सुलूक किया। फ़ारस के समाज से या अरब के उत्तर में रोमी सम्राट के शासनवाले इलाक़ों से तुलना करें तो इस्लामी समाज कहीं

बहुत अधिक सामन्तवादी था और इसलिए उसमें दूसरे समाजों के उत्पीड़ित लोगों के लिए ज़बरदस्त आकर्षण था। तबरी के उपरोक्त उद्धरण में फ़ारस के भूस्वामी सामन्तों ने वास्तव में यही आशंका व्यक्त की थी। वास्तव में इन देशों की साधारण जनता ने मुक्तिदाताओं के रूप में अरबों का स्वागत किया, बल्कि उन क्षेत्रों को जीतने में उन्हें सक्रिय मदद भी दी। हम बलज़ूरी से इस आशय के कुछ उद्धरण देंगे। कहते हैं : 'मुसलमानों को जब पता चला कि (हेराक्लियस ने) फ़ौजें जमा की हैं जो यरमुक की जंग के लिए बढ़ रही हैं तो उन्होंने (मुसलमानों ने) हम्स के लोगों को उनसे वसूला गया सारा ख़िराज लौटा दिया और कहा : 'हम दूसरी मसरूफियतों के कारण तुम्हारी हिफ़ाज़त नहीं कर सकेंगे, इसलिए अब अपना ख़याल आप रखो। (ली गई जज़िया के बदले में मुसलमानों पर ज़िम्मेदारी आती है कि वे अपनी ग़ैर-मुस्लिम रिआया की हिफ़ाज़त करें। इसलिए उन्होंने इस ज़िम्मेदारी से मुक्त होने के लिए जज़िया लौटा दिया।) तब हम्स के लोगों ने कहा : 'हमें पहले जिस जब्र और जुल्म को झेलना पड़ता था उसके मुक़ाबले तुम्हारी मुंसिफ़ाना हुकूमत को हम बहुत ज़्यादा तरजीह देते हैं; हम तुम्हारे सूबेदार के साथ मिलकर हेराक्लियस की फ़ौजों का मुक़ाबला और शह्र की हिफ़ाज़त करेंगे।' और यहूद ने कहा : क़सम तौरात* की, हेराक्लियस का सूबेदार जब तक हमें नहीं हराता और जब तक हम उसे (रोकने की) सारी कोशिशें करते रहेंगे, वह इस शह्र में नहीं घुस सकता। तब उन्होंने शह्र के दरवाज़े बन्द कर दिए और उनकी हिफ़ाजत करने लगे। उन दूसरे शहरों के यहूदियों और ईसाइयों ने भी ऐसा ही किया जिन्हें मुसलमानों ने जीतने के बाद उनसे समझौते कर रखे थे। उन्होंने कहा : ''अगर रोमी और उनके मददगार हमें फिर जीत लेते हैं तो हमारी हालत फिर वैसी ही हो जाएगी जैसी पहले थी...जब अल्लाह ने काफ़िरों (अर्थात् रोमियों) को शिकस्त दी और मुसलमानों को फ़तहयाब बनाया तो उन्होंने अपने शह्रों के दरवाज़े खोल दिए, नाचते-गाते बाहर निकल आए, जीत के जश्न मनाए और ख़िराज अदा किए...।'[17]

आइए अब देखें कि मुसलमान किन अर्थों में अपने पहले के हुक्मरानों से बेहतर हुक्मरान साबित हुए। जैसाकि कहा गया, अरब या तो घुमक्कड़ या नगरवासी व्यापारी थे। उन्होंने एक कृषि व्यवस्था और उससे जुड़े सामन्तवाद का विकास नहीं किया। रोमी और सासानी, दोनों साम्राज्यों में जीते गए सूबों की अर्थव्यवस्था मुख्यतः खेतिहर थी और राज्य की आय मुख्यतः भू-कर से आती थी। इस तरह फ़सल का एक बड़ा हिस्सा या तो बादशाह के लोग ले जाते थे या सामन्त वर्ग ले जाता। दूसरी ओर अरबों के मुआमले में पराजित लोगों को सिर्फ़ जज़िया देना होता था और वे अपने पिछले मालिकों को देते आए थे, यह उससे बहुत कम होता था। (बाद में एक भू-कर भी लगाया गया।) किसान इस तरह एक बार फिर अपनी ज़मीनों के मालिक बने क्योंकि अरबों ने किसी ज़मीन पर क़ब्ज़ा नहीं किया न कोई ज़मीन छीनी। मसलन हम उमर को अबू उबैद

* पूर्व विधान (ओल्ड टेस्टामेंट)—अनुवादक।

को यह हिदायत देते देखते हैं कि इलाक़ा जीतने के बाद ज़मीनें उनके मालिकों के पास ही रहने दी जाएँ।[18] जीते गए लोग अगर जज़िया देने पर तैयार हो जाते थे तो मज़हब बदलने पर भी मज़बूर नहीं किए जाते थे। लोग इसलिए जज़िया देने पर आराम से तैयार हो जाते थे जो बहुत भारी नहीं होता था। हर शान्ति-समझौते में उनके जान-माल और उनकी इबादतगाहों की पूरी हिफ़ाज़त की जाती थी। बाद के हमलों में ऐसी दफ़ाएँ लोगों के दिल जीतने में अरबों के लिए मूल्यवान साधन साबित हुईं। उनकी सादगी, नेकचलनी और समानता की भावना कुछ अन्य सकारात्मक गुण थे जो रोमी और सासानी साम्राज्यों के शासक वर्ग की दिखावे की ज़िन्दगी, बेईमानी, ग़रीब किसानों के निर्मम शोषण, भारी असमानताओं आदि के ठीक उलट थीं।

यहाँ इब्न-ख़ल्दून के अस्बिया (समूह की एकजुटता) के सिद्धान्त पर ग़ौर करना दिलचस्पी से ख़ाली नहीं होगा। उनकी राय में नगरवासी सभ्य लोगों से पहले मौजूद घुमक्कड़ लोगों में सामूहिक एकजुटता की अधिक भावना होती हैं क्योंकि उन्हें बाँटनेवाला (धन, शक्ति आदि जैसा) कोई निहित स्वार्थ नहीं होता। इसलिए वे उन सभ्य लोगों से कहीं अधिक कारगर ढंग से मुक़ाबला करते हैं जो आराम की ज़िन्दगी के आदी होते हैं और परस्पर-विरोधी हितों के कारण बँटे हुए होते हैं। लेकिन एक बार कोई रेगिस्तानी क़बीला जब ताक़त और दौलत पा लेता है तो हिम्मत खो बैठता है, दौलत और ताक़त के कारण भ्रष्ट हो जाता है और उसका वही हाल होता है जो उसके मुक़ाबले पहले उसके दुश्मन का हुआ था। लिखते हैं : '(ताक़त और दौलत के) नतीजे में रेगिस्तानी ज़िन्दगी की सख़्तजानी ख़त्म हो जाती है। सामूहिक भावना और हिम्मत कमज़ोर पड़ जाती है। क़बीले के सदस्य उस ख़ुशहाली में मगन हो जाते हैं जो उन्हें अल्लाह ने दिया है। उनकी औलाद इतनी मग़रूर हो जाती है कि अपना ध्यान नहीं रख सकती या अपनी ज़रूरतें पूरी नहीं कर सकती। वे उन तमाम दूसरी बातों से भी नफ़रत करने लगते हैं जो सामूहिक भावना के लिए आवश्यक हैं। यह आख़िरकार चरित्र की विशेषता और उनका क़ौमी लक्षण बन जाता है। अगली पीढ़ियों में उनकी सामूहिक भावना और हिम्मत और भी कमज़ोर पड़ती हैं। आख़िरकार सामूहिक भावना एक सिरे से नष्ट हो जाती हैं। इस तरह वे अपनी तबाही आप बुलाते हैं। उनकी ऐयाशी जितनी ही ज़्यादा होती है और उनकी ज़िन्दगी जितनी ही सहल होती है, तबाही के वे उतने ही क़रीब होते हैं; शाही हुकूमत (पाने के खोए हुए मौक़े) की तो बात ही क्या ! ऐयाशी और आराम की ज़िन्दगी में काम आनेवाली चीज़ें उनकी उस सामूहिक भावना की ताक़त को चूर कर देती हैं जो वर्चस्व दिलानेवाली अकेली चीज़ होती है। जब सामूहिक भावना नष्ट हो जाती है, क़बीला अपना कोई दावा मनवाना तो दूर, अपनी हिफ़ाज़त कर सकने की भी अह्ल नहीं रहता। उसे दूसरी क़ौमें पचा लेती हैं।'[19]

ठीक यही मुसलमानों के साथ हुआ। हम देख चुके हैं कि सामूहिक एकजुटता की भावना से लैस मुसलमानों ने (जिनकी फ़ौजों में रेगिस्तानी बद्दुओं की एक बड़ी तादाद थी) दुनिया की सबसे ताक़तवर सल्तनतों के मर्म पर हमला किया और अपने आदिम

हथियारों से ही उन्हें धूल चटा दी। इब्न-ख़ल्दून के सिद्धान्त के अनुसार अस्बिया और ऐश की ज़िन्दगी का अभाव, भ्रष्टाचार का अभाव उनके सबसे अहम हथियार थे। दूसरी ओर लम्बे समय से ऐश और ताक़त के नशे में चूर रोमी और सासानी पूरी तरह भ्रष्ट हो चुके थे तथा हितों की भिन्नता के कारण आपस में बँटे हुए थे जिससे उनकी एकजुटता कमज़ोर पड़ चुकी थी। इसके अलावा ऐश की ज़िन्दगी के लिए अधिक संसाधन चाहिए जो रिआया पर और अधिक उत्पीड़क कर लगाकर ही जुटाए जा सकते थे। इस कारण वे स्वाभाविक रूप से रिआया के बीच बदनाम हो चुके थे। यही सबब है कि उनकी रिआया ने अरबों से सहयोग और विजेता के रूप में उनका स्वागत किया। लेकिन कुछ सदियों बाद, 1258 ईस्वी में तातारों के हाथों मुसलमानों का भी यही हाल हुआ मंगोल हमलावरों ने अब्बासी सल्तनत की कमर तोड़कर रख दी। कारण बहुत भिन्न नहीं थे। बरसों तक ऐश-आराम की ज़िन्दगी बसर करने के बाद मुसलमानों का मूल उत्साह और अस्बिया ख़त्म हो चुके थे और वे आपस में बँटे हुए थे। उनकी आपसी लड़ाइयों ने उन्हें एकदम कमज़ोर तथा दुश्मन के हमले का सामना करने में असमर्थ बना दिया था। हमलावर मंगोलों के मुक़ाबले उनके पास एक सुप्रशिक्षित सेना थी और बेहतर हथियार थे। फिर भी वे मैदाने-जंग में पूरी तरह तबाह हो गए। उन्होंने जिस सासानियों को हराया था उन्हीं की तरह अब वे विभिन्न वर्गों में बँटे हुए थे और समानता का नाम-निशान तक नहीं बचा था। था भी तो सिर्फ़ उसूल की सतह पर। अरबों ने सासानियों को इन बुरे तौर-तरीक़ों के ख़िलाफ़ चेतावनी दी थी और अब वे ख़ुद इनके शिकार थे। मध्य एशिया की स्तेपी से आनेवाले मंगोलों में सामूहिक एकजुटता थी तथा वे अभी तक दौलत और ताक़त से भ्रष्ट नहीं हुए थे। उनकी क़तारों में विभाजन नहीं था। इसलिए अनगढ़ हथियारों मगर हौसला और इरादे के साथ उन्होंने आसानी से अरबों को हरा दिया, जैसे अरबों ने वैसे ही हालात में रोमियों और सासानियों को हराया था। इतिहास का कोई छात्र आसानी से यह बात समझ सकता है कि दुनिया की अज़ीम सल्तनतों पर मुसलमानों की फ़तह केवल धर्म की श्रेष्ठता के कारण नहीं हुई, कुछ ऐतिहासिक दशाओं तथा सामाजिक-आर्थिक कारणों से भी हुई। अधिक से अधिक यही कहा जा सकता है कि धर्म ने उन्हें लड़ने की प्रेरणा दी; उन्हें जीतने में मदद तो इन दूसरे कारणों ने ही पहुँचाई।

इस्लाम ने अरबों को फ़ख़्रमन्द बनाया और उन्हें एक होने का आधार दिया। विदेशी आक्रमणों का दौर शुरू हुआ सभी अरबों ने उसकी अहमियत को समझा और उसकी क़तारों में शामिल हो गए। अरब क़ौमियत की भावना से ईसाई अरब तक अभिभूत हो उठे तथा सासानियों या रोमियों से लड़ने में उन्होंने मुसलमानों का साथ दिया। इराक़ में जब शुरू-शुरू में मुसलमानों को धक्का लगा तो अरबों ने इसे अपनी क़ौम की तौहीन समझा और इस तौहीन का बदला लेने के लिए सभी दिशाओं से अरब क़बीले ख़लीफ़ा उमर के पास आकर अपनी ख़िदमत की पेशकश करने लगे। शिबली नुमानी कहते हैं कि इस हार ने अरबों को इस कदर गुस्सा दिलाया कि अरबों का तग़लब नाम का एक

ईसाई क़बीला भी मुसलमानों के साथ हो गया। उसके सरदार उमर के पास आए और बोले : 'आज अरब ग़ैर-अरबों (अजम) के मुक़ाबले पर खड़े हैं। इस क़ौमी मुहिम में हम भी आपके साथ हैं।'[20] ग़सानी और लख़्मी जैसे सरहदी राज्यों ने भी, जो रोमियों और सासानियों के अधीन थे, इस्लाम क़ुबूल किया और अपने पिछले मालिकों से लड़ाई में अपने भाइयों का साथ देने लगे। उन्हें इस्लाम के परचम तले अपना बदला लेने का मौक़ा मिला।

इस तरह हम देखते हैं कि अरबों के लिए इस्लाम किसी और बात से बढ़कर एक क़ौमी इनक़लाब था। या तो रेगिस्तान या छोटे नगरों में रह रहे अरब, जिनको एक ग़ैर अहम ताक़त माना जाता था, अब एक लम्बी-चौड़ी सल्तनत के मालिक बन बैठे। शायद यही कारण था कि उमर अरबों के लिए इस्लाम क़ुबूल करना ज़रूरी समझते थे जबकि, जैसाकि हमने देखा, ग़ैर-अरबों के लिए ऐसी कोई मज़बूरी नहीं थी। मसलन तबरी कहते हैं : 'वलीद बिन अत्बा ने ज़ोर दिया कि बनू तग़लब (एक ईसाई क़बीला) मुसलमान बनें। उन्होंने इस बारे में उमर को ख़त लिखा। उमर ने यूँ जवाब दिया : अरब प्रायद्वीप के लोग इस्लाम क़ुबूल करें, यह बहुत ही ज़रूरी है। अरबों को मुस्लिम **होना ही पड़ेगा।** तब भी हम उन्हें (अपने मज़हब को) मानने की छूट इस शर्त पर दे सकते हैं कि वे अपने बच्चों को ईसाई नहीं रखेंगे और (बनू तग़लब में से) जो कोई भी मुस्लिम बनना चाहे, उसका इस्लाम क़ुबूल किया जाएगा।'[21] इस तरह अरबों के लिए इस्लाम एक क़ौमी मज़हब बन गया।

जैसाकि हमने देखा, दूसरे देशों पर हमला करते समय अरब पूरी तरह एकजुट थे और उनकी एकता दुश्मन से उनकी जंग में बहुत अहम हथियारों में एक बन गई। क्या अरब लम्बे समय तक इसलिए एकजुट रहे कि इस्लाम एकता और भाईचारे पर ज़ोर देता था ? जवाब नहीं में है। वे तभी तक एकजुट रहे जब तक कि उन्हें दौलत और ताक़त हासिल नहीं हुई। लेकिन रोमी और सासानी सूबों की विजय के बाद दौलत और ताक़त की लहर को बहुत देर तक दबाकर नहीं रखा जा सका। जल्द ही उनकी जीतों के साथ दौलत के अम्बार लग गए। परम्परा के अनुसार जो भी माले-ग़नीमत मिलता था, जंग में भाग लेनेवालों या दूसरे सुपात्र लोगों के बीच बाँट दिया जाता था। ख़ज़ाने में बहुत थोड़ा रहता था, कभी-कभी वह पूरी तरह ख़ाली हो जाता था। करों के रूप में भी सूबों से बहुत सारी दौलत चली आ रही थी। बलज़ूरी कहते हैं कि जार्डन से 1,80,000 दीनार, फ़िलिस्तीन से 3,50,000 दीनार, दमिश्क़ से 4,00,000 दीनार तथा हम्स व क़िनीसारीन से और अल-अवासीम कहलानेवाले इलाक़े से 7,00,000 ये 8,00,000 दीनार की रक़म ख़िराज के रूप में मिलती थी।[22] ये तो कुछेक सूबे थे। बहुत से दूसरे भी थे जो इनसे कहीं बहुत अधिक ख़िराज देते थे। अपनी पुस्तक **किताबुल ख़राज** में अबुल फ़र्ज ने मुख़्तलिफ़ सूबों के आँकड़े दिए हैं। उनके अनुसार अकेले हुलवाँ से लगभग नौ करोड़ दिरहम मिलते थे।[23]

उमर ने शुरू-शुरू में मुसलमानों को दौलत या ज़मीनी मिल्कियत हासिल करने से

रोकने की पूरी कोशिश की। उन्होंने अपने सभी सूबेदारों को सख़्त हिदायतें भेजीं और उनके लिए एक आचार संहिता बनाई। लेकिन इतिहास की धारा उनके ख़िलाफ़ थी। कुछ भी लाभ नहीं हुआ। अल-हिजाज़ की पुराने तर्ज़ की सादगी पर उमर के आग्रह को अनदेखा करके साद ने वहाँ तेसीफोन (tesiphon) के शाही महल की तर्ज़ पर एक निवास बनवाया। ऐयाशी करनेवालों को उमर ने सख़्त सज़ा देने की कोशिश की। मशहूर सिपहसालार ख़ालिद बिन अल-वलीद ने एक शायर को उसकी नज़्म पर खुश होकर एक बार 10,000 दिरहम दे दिए। इसके बारे में सचिव ने फ़ौरन उमर को ख़त लिखा। इस पर उमर ने अबू उबैद को लिखा कि अगर ख़ालिद ने अपनी जेब से यह रक़म दी है तो यह फ़िज़ूलख़र्ची है, अगर सरकारी ख़ज़ाने से दी है तो वे ग़बन के क़ुसूरवार हैं और दोनों हालतों में बरख़ास्त किए जाने के क़ाबिल हैं। उमर से ख़त लेकर आनेवाले सन्देशवाहक ने सबके सामने ख़ालिद से पूछा कि उन्होंने यह रक़म कहाँ से दी थी। ख़ालिद ने अपना क़ुसूर क़ुबूल नहीं किया। बरख़ास्तगी के प्रतीक के रूप में उनकी टोपी उतार ली गई और उनका गला उन्हीं की पगड़ी से बाँध दिया गया। यह उन दिनों इस्लाम के सबसे बड़े सिपहसालारों में एक का सार्वजनिक अपमान था। लेकिन ऐसी मिसाली सज़ाएँ तक लोगों को दौलत जमा करने से नहीं रोक सकीं। इन सज़ाओं ने समस्या की जड़ पर चोट नहीं की जिसका कारण यह तथ्य था कि इस्लाम में निजी सम्पत्ति की इजाज़त थी और दौलत जमा करने पर कोई हदबन्दी लागू नहीं की गई थी।

इब्न-ख़ल्दून ने मसउदी से ज़मा की गई दौलत के कुछ आँकड़े दिए हैं। कहते हैं: 'उस्मान के दौर में पैग़म्बर मुहम्मद के आसपास के लोगों ने ज़ागीरें और दौलत जमा कर लीं। जिस दिन उस्मान का क़त्ल हुआ, उनके ख़ज़ांची के हाथों में 1,50,000 दीनार और 10,00,000 दिरहम की रक़म थी। वादीउल-कुरा, हुनैन और दूसरी जगहों पर उसकी जागीरों की क़ीमत 2,00,000 दीनार थी। उसने 1,000 घोड़े और 1,000 लौंडियाँ पीछे छोड़ीं। इराक़ से तल्हा की आमदनी 1,000 दीनार प्रतिदिन थी और अश्शरा के इलाक़े से उसकी आमदनी इससे भी अधिक थी। अब्दुर्रहमान बिन औफ़ के अस्तबल में 1,000 घोड़े थे। उसके पास 1,000 ऊँट और 10,000 हज़ार भेड़ें भी थीं। उसकी मौत के बाद उसकी चौथाई जागीर की क़ीमत 84,000 थी। ज़ैद बिन साबित ने अपने पीछे जो (दूसरी) सम्पत्ति और जागीरें छोड़ीं उनके अलावा उसने सोना-चाँदी भी छोड़े जिनको गैंती से तोड़ना पड़ा; इनकी क़ीमत 1,00,000 दीनार थी। अज़-ज़ुबैर ने अपने लिए अल-बसरा में एक महल बनवाया; उसने मिस्र, अल-कूफ़ा और सिकन्दरिया में भी अपने महल बनवाए। तल्हा ने अल-कूफ़ा में एक महल बनवाया और अपने मदीनावाले घर में सुधार करवाए। उसने पलस्तर, ईंटों और टीक की लकड़ी का इस्तेमाल किया। साद बिन अबी बक़्क़ास ने अपने लिए मदीना में एक मकान बनवाया जिस पर अन्दर-बाहर से पलस्तर किया गया था। यअला बिन मुन्या ने अपने पीछे 50,000 दीनार छोड़े तथा जागीरें और दूसरी चीज़ें भी छोड़ीं जिनकी क़ीमत 3,00,000 दिरहम थी।' अल-मसऊदी से यह उद्धरण देने के बाद इब्ल-ख़ल्दून ने एक रोचक टिप्पणी की है।

कहते हैं : 'ऐसे ही फ़ायदे लोगों ने उठाए। उनके मज़हब ने उन्हें (इतनी रक़म जमा करने का) इल्ज़ाम नहीं दिया क्योंकि माले-ग़नीमत के रूप में यह वैध सम्पत्ति थी।' इब्न-ख़ल्दून सम्पत्ति के संचय को यह कहकर उचित ठहराने का प्रयास करते हैं कि 'उन्होंने अपनी सम्पत्ति की बरबादी नहीं की, बल्कि जैसाकि हमने कहा, अपने सभी हालात में उसे नियोजित ढंग से इस्तेमाल किया। दुनियावी दौलत जमा करना निन्दनीय है, पर इससे उनकी इज़्ज़त पर आँच नहीं आई क्योंकि इल्ज़ाम सिर्फ़ बरबादी और मंसूबे की कमी पर आता है, जैसाकि हमने इशारा किया है। चूँकि उनका ख़र्च एक मंसूबे के मुताबिक़ था तथा उससे सच्चाई और उसके तौर-तरीक़ों की ख़िदमत होती थी, (इतनी बड़ी दौलत के) संचय ने उन्हें सच्चाई के रास्ते पर चलने में और दूसरी दुनिया पाने के मक़सद में मदद पहुँचाई।'[24]

इब्न-ख़ल्दून चाहे जो कहें, सच्चाई यही है कि दौलत का संचय और संकेन्द्रण आरम्भिक इस्लामी समाज के लिए एक अभिशाप बन गया, जैसाकि हम थोड़ा आगे चलकर देखेंगे। इसने भारी तनाव पैदा किया और फिर जब शक्ति-संघर्ष शुरू हुआ तो आरम्भिक इस्लामी समाज एक गृहयुद्ध में फँस गया। वास्तव में आश्चर्य की बात यह है कि इब्न-ख़ल्दून जैसा पारखी इतिहासकार एक ओर सतह पर तो यह सिद्धान्त पेश करता है कि सम्पत्ति का संचय तथा सुख-आराम का जीवन एक शासक वंश के पतन के कारण बनते हैं पर वही उपरोक्त उद्धरण में पैग़म्बर के यशस्वी साथियों द्वारा सम्पत्ति के संचय को उचित ठहराता है। जैसा कि कहा गया, दूसरे ख़लीफ़ा उमर इस ख़तरे से वाक़िफ़ थे और उन्होंने सम्पत्ति के संकेन्द्रण को रोकने की जी-तोड़ कोशिश की। पर वे धारा के ख़िलाफ़ तैर रहे थे। अरब होशियार और व्यावहारिक प्राणी थे। वे लम्बे समय से रोमी और सासानी सभ्यताओं की शान-शौकत देखते आ रहे थे। इस्लाम ने उन्हें अब अपनी महत्त्वाकांक्षाओं को साकार करने का एक अवसर दिया था। जल्द ही मुसलमानों ने, जिनमें पैग़म्बर मुहम्मद के अत्यन्त आदरणीय साथी भी शामिल थे, रोमी और सासानी हुक्मरानों के तौर-तरीक़े अपना लिए। मुआविया द्वारा राजधानी को हटाकर रोम के भूतपूर्व सूबे सीरिया में ले जाना इसी का प्रतीक था। वहाँ उसने भूतपूर्व शासकों की तर्ज़ पर एक शानदार महल बनवाया। हित्ती कहते हैं : 'इस विशाल साम्राज्य की राजधानी अब दमिश्क़ बन गया जहाँ परम्परा के अनुसार पैग़म्बर मुहम्मद जाने से कतराते रहे क्योंकि वे सिर्फ़ एक बार स्वर्ग में प्रवेश करना चाहते थे। अपने बागों के ज़मर्रूदी हार में मोती की तरह जड़े इस शहर के बीच में उमैयों का जगमगाता महल खड़ा था जहाँ से हरे-भरे मैदान नज़र आते थे, वे जो दक्षिण की तरफ़ हरमन की पहाड़ी तक फैले थे और पहाड़ी पर हमेशा बर्फ़ की पगड़ी पड़ी रहती थी। उसका नाम अल-ख़द्र (हरियाला) था। उसका निर्माता वंश के संस्थापक मुआविया के अलावा और कोई नहीं था, और वह उमैयों की उस मस्जिद की बग़ल में खड़ा था कि आज तक सौन्दर्य के प्रेमी उसकी ओर आकर्षित होते हैं। दीवाने-आम में सुन्दर कढ़ाई के गद्दोंवाला एक चौकोर तख़्त ख़लीफ़ा की मसनद था जिस पर औपचारिक मुलाक़ातों के दौरान

तड़क-भड़कवाले लहरदार कपड़ों में ख़लीफ़ा पाँव पर पाँव रखकर बैठता था। उसकी दाईं तरफ़ उसके पिता-पक्ष के रिश्तेदार खड़े रहते थे।[25] दरबारी, शायर और अर्जगुज़ार पीछे खड़े होते थे।'[26] इस तरह हम देखते हैं कि इतिहास का चक्र किस तरफ़ घूम रहा था। जो अरब अभी कल तक रोमियों और सासानियों का मज़ाक़ उड़ा रहे थे कि वे आदमी और आदमी के, आक़ा और ग़ुलाम के, हाकिम और महकूम के बीच फ़र्क करते हैं, उन्होंने ही अब अपनी क़बीलाई सादगी छोड़ दी, लोकतान्त्रिक तौर-तरीक़े को अलविदा कह दिया और भूतपूर्व रोमी और फ़ारसी शासकों का रंग-ढंग अपना लिया। यह कहने का कोई फ़ायदा नहीं कि उन्होंने इस्लामी तरीक़े छोड़ दिए व विदेशी विचारधाराओं का रास्ता अपना लिया, और यह कि अगर वे इस्लामी आदर्शों पर क़ायम रहते तो आपसी लड़ाइयों में नहीं फँसते और काफ़ी-कुछ मुसीबत से बचा जा सकता था। यह एक विचारवादी और अनैतिहासिक दृष्टिकोण होगा। पूरी समस्या को हमें उसके सही सन्दर्भ में देखना होगा। विजय-पूर्व काल में मुसलमानों की सादगी, समानतावाद और एक तरह के लोकतान्त्रिक कामकाज के ढंग का कारण अंशतः तब मौजूद स्थिति की बाध्यताएँ थीं और आंशिक कारण इस्लामी आदर्श या सिद्धान्त भी थे। जब भौतिक सम्पदा की लहर आई और पूरी स्थिति एकदम बदल गई तो इस्लामी आदर्शों और सिद्धान्तों के बावजूद उनके व्यवहार का ढर्रा पूरी तरह बदल गया। यहाँ-वहाँ कुछ ही व्यक्ति इन आदर्शों पर क़ायम रहे। लेकिन वे कोई ख़ास ज़ोर नहीं पकड़ सके। अली के मर्तबे के ख़लीफ़ा भी, जिन्होंने अपनी पिछली सादगी बहाल करने व इस्लामी आदर्शों पर अमल करने की कोशिश की, मुआविया जैसे सिद्धान्तहीन और व्यवहार-कुशल व्यक्तियों के हाथों मात खा गए।

यहाँ हम पैग़म्बर के एक यशस्वी साथी अबू ज़ार ग़िफारी की भूमिका का संक्षेप में हवाला देंगे। अबू ज़ार कुछ हाथों में दौलल के जमा होने से पैदा होनेवाले सामाजिक तनावों से बख़ूबी वाक़िफ़ थे। समाजवादी मुस्लिम उन्हें समाजवाद का बानी मानते हैं। उनकी मिसाल कम-से-कम यह साबित करने के लिए तो दी ही जाती है कि समाजवाद इस्लाभ के लिए कोई बाहरी वस्तु नहीं है। कहा जाता है कि वे उन लोगों की सख़्त आलोचना किया करते थे जिन्होंने विदेश-विजय के फलस्वरूप भारी दौलत जमा कर रखी थी तथा ऐश-आराम की ज़िन्दगी गुज़ार रहे थे। मैक्सिम रोदिंसन कहते हैं: 'उनसे ऐसे बयानात मंसूब किए जाते हैं जिनके अनुसार, मिसाल के लिए, हर व्यक्ति को चाहिए कि अपने निर्वाह के लिए आवश्यक न्यूनतम राशि से फ़ालतू सारी दौलत या आमदनी अल्लाह की राह में या ख़ैरात में ख़र्च कर दे। कहते हैं कि पैग़म्बर की वफ़ात के कोई दस साल बाद उन्होंने यह कहकर लोगों को झकझोर दिया था कि ख़ैरात देने के अनिच्छुक धनी व्यक्तियों को क़ुरआन की जिन आयतों (सूरा 9, आयत 34 और आगे) में धमकियाँ दी गई हैं वे जिन यहूदी और ईसाई धर्मगुरुओं के बारे में हैं, उनसे कुछ कम मुस्लिम समुदाय के अग्रणी व्यक्तियों पर भी लागू नहीं होतीं।'[27] रोदिंसन आगे कहते हैं: 'ध्यान में रखने की बात यह है। सुन्नत और मध्यकालीन इतिहासकारों के

अर्ध-पौराणिक अबू ज़ार, किसी धार्मिक कारक से बिल्कुल अलग, अभावग्रस्त लोगों के उस विरोध को भी व्यक्त करते हैं जो अमीरों और ताक़तवरों की ऐयाशियों और ज़ुल्मों के हाथों उन पर थोपी गई कुंठाओं के ख़िलाफ़ था। पर प्रवृत्ति दोनों रूपों में मौजूद थी--सामाजिक व्यवस्था के लिए हानिरहित, व्यवस्थित रूप में और सक्रिय क्रान्तिकारी रूप में भी--पर इसका कोई निर्णायक प्रभाव नहीं पड़ा।'[28] इतिहासकार हमें यह भी बतलाते हैं कि अपने उग्र विचारों के कारण अबू ज़ार स्थापित व्यवस्था के हाथों सताए जाते रहे। वे एक से दूसरी जगह जलावतन किए जाते रहे। इस तरह हम देखते हैं कि उनके जैसे व्यक्ति मुसलमानों को बराबर इस्लाम के कुछ आदर्शों, उसकी शिक्षाओं की याद तो दिलाते रहे पर किसी ने उन पर ध्यान नहीं दिया। इस तरह कार्रवाई के वास्तविक ढर्रे का निर्धारण आदर्शों से अधिक वास्तविक स्थिति से होता है। (इसमें उत्पादन की शक्तियाँ और उत्पादन के सम्बन्ध भी शामिल हैं।)

अब हम उन कारणों की छानबीन करना चाहेंगे जिन्होंने पैग़म्बर की वफ़ात के सिर्फ़ 30 साल के अन्दर मुसलमानों को एक गृहयुद्ध की स्थिति में फँसा दिया। बुनियादी कारण विदेश-विजय से मिली दौलत से पैदा होनेवाले नए तनाव थे। उमर ने मिसाली सज़ाओं के द्वारा स्थिति को नियन्त्रण में रखने की कोशिश की। लेकिन उनके उत्तराधिकारी उस्मान ने इस नीति को बदल दिया और हर तरह की रियायतें दीं। इसके अलावा उन्होंने अधिक योग्य व्यक्तियों के दावों को नज़रअन्दाज़ करके अधिकांश अहम सूबाई पद अपने ख़ानदान के लोगों को दे दिए। उस्मान पर यह आरोप भी लगाया जाता है कि उन्होंने सरकारी ख़जाने से इस तरह पैसा ख़र्च किया कि पिछले तौर-तरीक़े उसकी इजाज़त नहीं देते थे। उन्होंने बैतुल-माल अर्थात् सरकारी ख़जाने से अपने रिश्तेदारों को जी खोलकर रक़में दीं। जब इसके बारे में किसी ने उनसे सवाल किया तो कहते हैं कि उनका जवाब यूँ थाः 'उमर ने अल्लाह के डर से कभी अपने रिश्तेदारों को कुछ नहीं दिया और मैं अल्लाह के डर से अपने रिश्तेदारों को कुछ देता हूँ।' (**क़ुरआन** सिल-ए-रहमी की अर्थात् अपने रिश्तेदारों का भरण-पोषण और उनकी देखभाल करने की तालीम देता है।)[29] इस तरह उस्मान ने एक ऐसे क़ायदे को उचित ठहराने की कोशिश की जिससे उनके पहले के ख़लीफ़ा ने बचने की जी-तोड़ कोशिश की थी। भूल-ग़लती के दूसरे कामों के अलावा इस बात ने भी उस्मान के ख़िलाफ़ काफ़ी असन्तोष पैदा किया जिसने धीरे-धीरे बढ़ते हुए एक भारी विरोध की शक्ल ले ली।

उन दिनों इस्लामी सल्तनत में आबादी में जो विभिन्न समूह थे, मिस्री विद्वान डॉ. ताहा हुसैन ने उनमें कुछ पर विस्तार से प्रकाश डाला है।[30] यहाँ हम ताहा हुसैन की पुस्तक का एक संक्षिप्त सारांश देंगे। उनकी राय में ये समूह संख्या में चार थे : (1) मक्का के क़ुरैश, (2) मददगार (अंसार), (3) बद्दू अरब और (4) पराजित देशों की रिआया। क़ुरैश क़बीला पूरे अरब में सबसे अधिक प्रभुत्वशाली क़बीला था। उसका वर्चस्व उसकी युद्ध की क्षमता के कारण नहीं था। क़ुरैश की इस प्रमुख स्थिति के अनेक कारण थे। एक तो काबा उन्हीं की निगरानी में था जिसे सभी अरब पवित्र मानते थे।

दूसरे, वे अमीर व्यापारी थे जिनका अन्तर्राष्ट्रीय व्यापार पर नियन्त्रण था। वास्तव में वे पश्चिम में रोमवालों तथा पूरब में हिन्दुस्तानियों और चीनियों के बीच एक अहम कड़ी थे। दूसरे क्षेत्रों के अरब अपनी रोज़ी के लिए किसी न किसी रूप में उनके ऊपर निर्भर थे। तीसरे, विभिन्न जनगणों के बारे में क़ुरैश का अनुभव बहुत व्यापक था क्योंकि उनसे इनका साबक़ा पड़ता था। इसलिए वे बहुत ही होशियार और कुशल कूटनीतिज्ञ थे। इन्हीं कारणों से दूसरे अरबों ने उनके नेतृत्व और उनकी प्रमुखता को स्वीकार किया। पहले चारों ख़लीफ़ा उन्हीं में से चुने गए। वे अरब में राजसत्ता की स्थापना के बाद अरबों पर शासन करना अपना अधिकार समझते थे। इससे दूसरों में कुछ असन्तोष पैदा होना स्वाभाविक था। ताहा हुसैन के अनुसारः 'उमर इससे बख़ूबी वाक़िफ़ थे और सूबेदारों व दूसरे अहम हाकिमों का चयन करते समय उन्होंने ग़ैर-क़ुरैश के दावों को अनदेखा नहीं किया। उन्होंने उस्मान को अपनी मिसाल अपनाने की राय भी दी थी लेकिन उस्मान ने इस राय को नज़रअन्दाज़ किया और अधिकांश महत्त्वपूर्ण पद अपने क़ुरैश रिश्तेदारों को दे दिए जिससे दूसरों के बीच शत्रुता पैदा हुई।

दूसरा समूह अंसार का था। उन्होंने बद्र की जंग में पैग़म्बर मुहम्मद के साथ क़ुरैश को हराया था। इस तरह उन्हें एक सम्मान मिला। पैग़म्बर की वफ़ात के बाद अंसार ने ख़िलाफ़त का दावा किया। लेकिन मुहाजिर क़ुरैश ने उन्हें मात दे दी। लेकिन उन्हें यह कहकर तसल्ली दे दी गई कि 'हुक्मरान क़ुरैश में से होंगे और वज़ीर अंसार में से।' अहम मौक़ों पर यक़ीनन उनसे मशविरा किया जाता था। सभी ख़लीफ़ों ने यही नीति अपनाई। लेकिन उनमें सिर्फ़ महत्त्वपूर्ण सहाबा से ही सलाह-मशविरा किया जाता था। लेकिन उस्मान के ख़लीफ़ा बनने के समय तक बालिग़ होनेवाली नई पीढ़ी इस शिकायत से भरी हुई थी कि अंसार को धोखा दिया गया है तथा हुकूमत के मुआमलों में उनकी कोई विशेष भूमिका नहीं होती। क़ुरैश के नेतृत्व के ख़िलाफ़ तथा क़ुरैश जिस तरह खुद को दूसरों पर लादते थे उसके ख़िलाफ़ गहरा असन्तोष था। ख़ासकर नौजवान पीढ़ी इसका तीख़ा अहसास कर रही थी। इसके अलावा यह इस्लामी आदर्शों के अनुकूल नहीं था और इसलिए वे दूसरे मुसलमानों पर क़ुरैश को अधिक अहमियत देने के पक्ष में नहीं थे। उस्मान के दौर में ये भावनाएँ तब और तीखी हुईं जब उन्होंने दूसरों के दावों को नकारकर अधिकांश अहम सरकारी ओहदे क़ुरैश को दे दिए। इस तरह अंसार बुरी तरह नीचा महसूस करने लगे तथा उनकी दुश्मनी और तीखी हुई। गृहयुद्ध में योगदान देनेवाला एक कारण यह भी था।

तीसरा समूह बद्दू अरबों का था जिन्होंने हालात से मजबूर होकर इस्लाम, कुबूल किया था। (वास्तव में इस्लाम नगरवासी अरबों का धर्म था तथा उन्हीं की सांस्कृतिक व आध्यात्मिक आवश्यकताएँ और भौतिक महत्त्वाकांक्षाएँ पूरी करता था।) पैग़म्बर की वफ़ात के कुछ ही बाद उन्होंने बग़ावतें कीं। बग़ावत कुचल दी गई और उनके असन्तोष का रुख़ मोड़ने के लिए उन्हें बड़ी तादाद में जंगी मुहिमों पर भेज दिया गया। फ़ौजों के जुझारू दस्ते वे ही थे और बहुत सी महत्त्वपूर्ण जीतें उन्हीं के कारण हासिल हुईं।

इस्लाम का वादा था कि उनसे बराबरी का सुलूक किया जाएगा क्योंकि सभी यहाँ बराबर हैं और दूसरों से श्रेष्ठ वही हैं जो अधिक दीनदार हैं। लेकिन फिर भी शहरी अरब उन्हें हीन समझते थे क्योंकि वे सुसंस्कृत नहीं थे और इसलिए वे इस्लाम की तालीमात को अपना नहीं सके थे और इस्लामी विश्वदृष्टि का विकास नहीं कर सके थे। इसलिए ये अरब ख़ुद को ठगा गया महसूस करते थे कि उनके साथ वादे के मुताबिक़ दूसरों जैसा बरताव नहीं किया जा रहा था। वे इस्लामी दुनिया के नेतृत्व पर इजारा क़ायम करनेवाले क़ुरैश के ख़िलाफ़ भारी असन्तोष से ग्रस्त थे। (आगे चलकर नगरवासियों के ख़िलाफ़ बद्दू अरबों का असन्तोष यहाँ तक बढ़ गया कि बद्दू समाज ख़ारिजी आन्दोलन का गढ़ बन गया जिसके बुनियादी उसूलों में एक उसूल यह भी था कि हर आज़ाद अरब ख़लीफ़ा बनने का हक़ रखता है।) प्रतिष्ठान के ख़िलाफ़ यह समूह भी एक चिढ़ पाल रहा था।

चौथा समूह पराजित देशों की ग़ैर-अरब जनता का था। यह सबसे कम अधिकारों वाला समूह था, शासन के मुआमलों में इसकी कोई हिस्सेदारी नहीं थी, और यह वास्तव में पूरी तरह अधीन और असहाय था। पराजित सूबों से ख़ज़ाने की आमदनी उस्मान के दौर में ख़ासी बढ़ी जिसका प्रमुख कारण ज़िम्मियों (पराजित सूबों की संरक्षण-प्राप्त रिआया) पर कर का बढ़ाया जाना था। जिन मुसलमानों का इन लोगों ने मुक्तिदाता के रूप में स्वागत किया था, जल्द ही उनके मालिक बन बैठे और उनकी उम्मीदों को भड़काकर उन्हें कड़वाहट से भरा छोड़ दिया। यही कारण था कि इराक़ का एक अहम फ़ौजी केन्द्र कूफ़ा असन्तुष्टों के विद्रोह का केन्द्र बन गया। ध्यान देने की बात यह है कि कूफ़ा की लगभग आधी आबादी मवालियों (क्लायंट, आश्रित) की थी जिनका दस्तकारियों, व्यापार और वाणिज्य पर एकाधिकार था। वे अधिकतर फ़ारसी मूल के थे, मुख्यतः युद्धबन्दियों के रूप में कूफ़ा आए थे और यहीं इस्लाम की दीक्षा ली थी। लेकिन वे अरबों पर निर्भर बने रहे और आश्रित (मवाली) की इस अवस्था से मुक्ति पाने की उन्हें कोई आशा नहीं थी। उनकी उथल-पुथल का कारण यही था। अक्सर-बेशतर कूफ़ावालों ने इस असन्तोष को असनातनी (हेटेरोडाक्स) शिया आन्दोलन का समर्थन करके व्यक्त किया क्योंकि हुक्मरान सुन्नी थे। इसी संवृत्ति को हम इस्लाम से पहले ग़सानियों के तटस्थ राज्य की मिसाल में देख चुके हैं जिन्होंने आर्थोडाक्स चर्च को माननेवाले अपने बैजन्तीनी मालिकों के ख़िलाफ़ ईसाइयत के एकस्वभावादी स्वरूप को अपनाया था।

इस तरह हम देखते हैं कि उस्मान ने शासन के दौरान क़ुरैश क़बीले के एक हिस्से ने पदों पर एकाधिकार पा लिया जिससे दूसरे लोगों में घोर असन्तोष पैदा हुआ। जब असन्तोष के कारणों को दूर करने की उनकी बार-बार की गई माँग ठुकरा दी गई तो एक ख़ूनी गृहयुद्ध फूट पड़ा। जैसाकि हमने देखा रेगिस्तानी बद्दुओं की एक भारी तादाद दूसरे देशों को जीतने की मुहिम पर भेजी गई सेना में शामिल थी। इन बद्दुओं की एक बड़ी तादाद कूफ़ा में बस गई जो उस इलाक़े का एक भारी फ़ौजी केन्द्र था। ये

बद्दू असभ्य और बेचैन लोग थे जो किसी सत्ता के आगे मुश्किल से झुकते थे और अपनी स्वाभाविक स्वतन्त्रता की जी-तोड़ हिफ़ाज़त करते थे। कूफ़ा में इन बद्दुओं का आना लगातार जारी रहा। समस्या को और बढ़ावा तब मिला जब जंगों में क़ैद किए गए ग़ुलामों और कनीज़ों की एक बड़ी तादाद कूफ़ा लाकर वहीं बसा दी गई। कनीज़ों से पैदा तथा दूसरी ग़ैर-अरब माँओं से पैदा सन्तानें बढ़ती रहीं, और उस्मान जब सत्ता में आए तब तक कूफ़ा की आबादी की संरचना पर इससे भारी प्रभाव पड़ चुका था। दूसरी ओर, जहाँ तक सुसंस्कृत नगरवासी अरबों का सवाल था, बड़ी तादाद में बद्दुओं के आगमन और तेज़ी से उनकी आबादी के इज़ाफ़े ने भी अपनी ही तरह के तनाव पैदा किए। समाज के निचले वर्गों की आबादी की असमांग प्रकृति के कारण हालात पर हुक्मरानों की पकड़ तेज़ी से कमज़ोर पड़ने लगी। इन ग़रीब लोगों में से अधिकांश अपने मालिकों से नफ़रत करते थे और अक्सर उनके ख़िलाफ़ मक्कारी और ग़द्दारी का सहारा लेते थे। ख़लीफ़ा उस्मान को लिखे गए एक पत्र में कूफ़ा के सूबेदार साद ने कूफ़ा के हालात का और हाकिमों के लिए उनके कारण पेचीदगियों का हवाला देते हुए इन सभी बातों का ज़िक्र किया था। इन तत्त्वों की पैदा की हुई उथल-पुथल सचमुच बस से बाहर होती जा रही थी।

डॉ. ताहा हुसैन कहते हैं कि उस्मान ने एक फ़ैसला ऐसा लिया जिसके इस्लामी दुनिया के लिए दूरगामी आर्थिक परिणाम सामने आए।[31] जीते गए सूबों में कूफ़ा जैसे कुछ नगरों पर आबादी का दबाव कम करने के लिए उन्होंने एक दिलेराना क़दम उठाया। जीते गए सूबों में हिजाज़ के अरबों के पास जो ज़मीनें थीं उनकी उन्होंने ख़ुद हिजाज़ में दूसरों के पास मौजूद ज़मीनों से अदला-बदली करने की उन्हें इजाज़त दे दी। दूसरे शब्दों में, ज़मीनों की खुली अदला-बदली की इजाज़त दी गई। (उमर ने ऐसी अदला-बदली पर बहुत सी पाबन्दियाँ लगा रखी थीं ताकि कुछेक हाथों में सम्पत्ति केन्द्रित न हो, और वे सही थे।) उस्मान ने सोचा कि हिजाज़ के अरब अपने पूर्वजों के वतन में रहना पसन्द करेंगे बशर्ते कि उन्हें जीते गए सूबों में अपनी ज़मीनों के बदले हिजाज़ में ज़मीनें पाने की इजाज़त दी जाए। इस तरह उनके ग़ुलाम और मुलाज़िम भी उन्हीं के साथ हिजाज़ में रहेंगे और जीते गए सूबों में आबादी का दबाव, जो हाकिमों के लिए सरदर्द पैदा कर रहा था, काफ़ी कम हो जाएगा। लेकिन उस्मान और उनके सलाहकार इस क़दम के भावी परिणामों को नहीं समझ सके। वास्तव में इससे अरब में एक नई आर्थिक क्रान्ति शुरू हुई जिसने उस समाज की पूरी वर्गीय संरचना को बदलकर रख दिया। ज़मीनों की अदला-बदली की इजाज़त पाने के बाद तल्हा जैसे कुछ चालाक लोगों ने उसका ख़ूब फ़ायदा उठाया। तल्हा ने इराक़ की उपजाऊ ज़मीनों के बदले में अपनी हिजाज़ की वे सारी ज़मीनें बेच दीं जो बहुत उपज़ाऊ नहीं थीं। जल्द ही वे एक भारी भूसम्पत्ति के स्वामी बन बैठे जिससे उन्हें जमकर आमदनी होने लगी। इन जमीनों पर ग़ुलामों और दूसरे मुलाज़िमों की एक भारी तादाद काम करती थी। यह कोई अलग-थलग मिसाल नहीं थी। बहुत से लोग बड़े भूस्वामी बन गए जिससे एक

नया वर्ग पैदा हुआ। छोटी जोतवाले इस योजना का लाभ नहीं उठा सके क्योंकि जो भी अच्छी ज़मीनें उपलब्ध थीं वे मुट्ठी-भर लोगों ने ख़रीद लीं। यह बड़ा भूस्वामित्व केवल इराक़ तक सीमित नहीं रहा। सभी पराजित सूबों में ऐसा ही हुआ। पैग़म्बर के उन अधिकांश सहाबा ने इस योजना का सबसे अधिक लाभ उठाया जिनके पास या तो हिजाज़ में या पराजित सूबों में अचल सम्पत्तियाँ थीं। इस्लाम में इस तरह धनकुबेरों का एक नया वर्ग पैदा हुआ।

इसी तरह अनेक लोगों ने, जिनके पास पराजित सूबों में ज़मीनें थीं, हिजाज़ की ज़मीनों से उनकी अदला-बदली कर ली। इस तरह हिजाज़ में भी बड़े भूस्वामी अस्तित्व में आए। अब ये बड़े भूस्वामी अपनी ज़मीनों की काश्त कराना चाहते थे और इसके वास्ते खेतों पर काम करने के लिए उन्होंने बाहर से बड़ी तादाद में ग़ुलामों और दूसरे मुलाज़िमों का आयात किया। देखते-देखते पहले का बंजर हिजाज़ बेहद उपजाऊ और उत्पादक हो गया। अब एक अत्यन्त केन्द्रीकृत राज्य भी अस्तित्व में आ चुका था जो अपने भारी संसाधनों के बल पर सिंचाई की बड़ी योजनाएँ शुरू कर सकता था। (बड़े-बड़े रेगिस्तानोंवाले अनेक एशियाई क्षेत्रों में भी निरंकुश और अत्यन्त केन्द्रीकृत राज्य अस्तित्व में आए क्योंकि ऐसे राज्य ही सिंचाई की बड़ी योजनाएँ चला सकते थे।) दूसरे ख़लीफ़ा उमर ने सिंचाई के लिए अनेक नहरों और कुओं वग़ैरह का काम शुरू कराया था। मक़रीज़ी कहते हैं कि ख़ुद मिस्र में रोज़ाना लगभग 1,20,000 कामगार सिंचाई की योजनाओं पर साल-भर काम करते रहते थे।[32] उमर के दौर में एक विशेष सिंचाई विभाग स्थापित किया गया था।[33] इस तरह हिजाज़ भी भारी मात्रा में ज़ायद (सरप्लस) पैदा करने लगा और उच्च वर्ग अमीर बन गए। मक्का, तैफ़ और मदीना में धनी भूस्वामियों का एक वर्ग अस्तित्व में आया जो ख़ुद काम नहीं करता था बल्कि ग़ुलामों और कामगारों की मेहनत पर जीता था। उनके पास फ़ालतू वक़्त ख़ूब था और वे अब हर तरह की दुनियावी मौज-मस्ती में दिन गुज़ार सकते थे। पैग़म्बर के जीवनकाल में इतना अधिक ज़ायद उपलब्ध नहीं था और इसीलिए फ़िज़ूलख़र्ची और दिखावे के उपभोग की सख़्त निन्दा की गई थी। अब दौलत की बहुतायत ने अपने ही दबाव पैदा किए और इस्लामी नैतिकता का पुराना आधार परिवर्तित होने लगा। नाच, संगीत और शायरी, जिन पर इस्लाम में मनाही थी, अब इस्लाम की अपनी जन्मभूमि में प्रचलन में आ गए। शायरी का चरित्र भी बदला। अब वह जंगबाज़ों को प्रेरणा देने के लिए या सब्र और हौसले के साथ ज़िन्दगी के उतार-चढ़ाव को झेलने की प्रेरणा देने के लिए नहीं लिखी जा रही थी। इसकी बजाय शायरी अब मौज-मस्ती की भावना को सहलाने के लिए की जाने लगी।

जीते गए सूबों में आबादी के दबाव को कम करने के जिस मक़सद से उस्मान ने ये क़दम उठाए थे वही मक़सद पूरा नहीं हुआ। विदेश विजय जारी रही और लड़ाइयों में मिलनेवाले ग़ुलामों का इन नगरों में आना जारी रहा। इसके अलावा जीते गए सूबों में उस्मान के क़दमों से पैदा हुए बड़े भूस्वामियों से और भी मुलाज़िमों और ग़ुलामों की

माँग पैदा हुई। इस तरह उस्मान के क़दमों ने समस्या को हल करने की बजाय और तीखा बनाया। वास्तव में यही इस्लाम में सामन्तवाद के उदय का आरम्भ साबित हुआ। (यहाँ सामन्तवाद शब्द का उपयोग एक अपेक्षाकृत ढीले-ढाले अर्थ में किया गया है।) विदेश-विजय ने वास्तव में अनेक समस्याएँ पैदा कीं। एक तो माले-ग़नीमत का 4/5 भाग उन विजेताओं में बँट जाता था जो प्रत्यक्ष या परोक्ष रूप से युद्ध से जुड़े होते थे। शहरों में रहनेवाले लोग चार साल में एक बार सरहदी इलाक़ों में जाते थे, वहाँ छः माह रहते थे और विदेशी मूल के गुलामों समेत माले-ग़नीमत हासिल करके वापस चले आते थे। इस्लाम में निजी सम्पत्ति जमा करने पर कोई रोक न होने के कारण हर नई विजय के साथ सम्पदा का संकेन्द्रण बढ़ता गया। नए सूबे जीतने के लिए अरब एक दूसरे से होड़ लेने लगे जिससे उन्हें भारी माले-ग़नीमत भी मिलता था और इस्लामी दुनिया में इज़्ज़त भी बढ़ती थी। दूसरे, इस्लामी सल्तनत में और अधिक सूबों के मिलने से जनसंख्या की संरचना बदल गई और गुलामों की तादाद बढ़ी। कहने की ज़रूरत नहीं कि वे आबादी के सबसे असन्तुष्ट भाग थे और इसलिए किसी भी विरोधी या विद्रोही आन्दोलन में भाग लेने के लिए हमेशा तैयार रहते थे। ध्यान देने की बात यह है कि उस्मान ने ये क़दम हिजरी 30 में उठाए, हिजरी 35 में उनकी हत्या हुई और इस काल में, ख़ासकर उनके जीवन के अन्तिम दो वर्षों में हालत बहुत बदतर हो गई और सचमुच एक महाविद्रोह शुरू हो गया। इस विद्रोही आन्दोलन और उस्मान की हत्या में जिन लोगों ने भाग लिया उनमें अधिकांश जीते गए कूफ़ा और बसरा सूबों के थे। विभिन्न सूबों को इस्लामी सल्तनत के तहत लाकर विदेश-विजय ने अन्तर्राष्ट्रीय व्यापार के अवसरों में वृद्धि की। वास्तव में अब इस इलाक़े में व्यापार पर मुसलमानों का एकाधिकार था। उन्होंने इस अवसर का जमकर फ़ायदा उठाया और भारी मुनाफ़े कमाए। इससे दौलत में और इज़ाफ़ा हुआ। इस तरह हम देख सकते हैं कि थोड़े से शासकों का एक छोटा सा वर्ग अब अस्तित्व में आया जिसने ख़लीफ़ा पर भारी दबाव डाला। ज़मीन की बेरोक अदला-बदली की इजाज़त देने के बारे में उस्मान का फ़ैसला कम से कम आंशिक रूप से इन ताक़तवर लोगों के दबाव का नतीजा रहा होगा जिनको ज़मीनों की अदला-बदली से भारी फ़ायदा होनेवाला था।

उस्मान क़त्ल किए जानेवाले दूसरे ख़लीफ़ा थे। लेकिन उनकी हत्या से समस्या समाप्त नहीं हुई। शासन से धनी भूस्वामियों और व्यापारियों के भारी हित जुड़े हुए थे। अब पैग़म्बर के दामाद अली इस पद पर बिठाए गए। जिन लोगों ने उस्मान-विरोधी विद्रोह में भाग लिया था वे मदीना में ही रुके रहे और अली को इस पद पर बिठाने में उनकी प्रमुख भूमिका थी क्योंकि उन्हें उस्मान के समर्थकों से प्रतिशोध का डर था। इसके अलावा उन्हें यह डर भी था कि अगर सीरिया के ताक़तवर सूबेदार मुआविया ने मदीना पर क़ब्ज़ा कर लिया तो उस्मान के क़ातिलों को पकड़कर सज़ा दी जाएगी। उस्मान की हत्या के बाद कई दिनों तक किसी को ख़लीफ़ा नहीं बनाया गया। इससे भी बदतर बात यह थी कि इसके लिए कोई स्थापित विधान नहीं था। पहले के तीन

ख़लीफ़ों के चयन में अलग-अलग तरीक़े अपनाए गए थे। इस्लामी सल्तनत की राजधानी मदीना उस्मान की हत्या के बाद विद्रोहियों के नियन्त्रण में थी और उन्होंने अनिच्छुक अली को पद सँभालने के लिए मज़बूर कर दिया। अहम बात यह है कि तल्हा और ज़ुबैर जैसे और दूसरे बहुत से ताक़तवर शासकों ने या तो विद्रोहियों क़ो भड़काने में एक भूमिका निभाई या वे किनारे पर खड़े रहे और उस्मान को बचाने के लिए कुछ नहीं किया। सम्भवतः उन्होंने यह सोचकर ऐसा किया कि हालात अनुकूल रहे तो नए ख़लीफ़ा पर उनका और अधिक नियन्त्रण होगा। लेकिन विद्रोहियों ने जब अली के पीछे अपनी ताक़त झोंक दी तो उनकी महत्त्वाकांक्षाएँ धरी रह गईं।

विद्रोहियों के पास अली को चुनने के अलावा शायद कोई चारा भी न था क्योंकि वे पूरे समूह में सबसे विवेकशील व्यक्ति थे। अली निःसन्देह एक बेहद ईमानदार और बुद्धिजीवी रुझानवाले व्यक्ति थे। राजनीतिक जोड़-तोड़ उनका क़ायदा नहीं था और इसीलिए इस खेल में उन्हें जल्द ही मुआविया ने मात दे दी जो एक घिसा हुआ राजनीतिज्ञ था। मुआविया बहुत ही रणनीतिक महत्त्व के सूबे सीरिया का सूबेदार था। उसकी महत्त्वाकांक्षा खुद ख़लीफ़ा बनने की थी और एक घिसे हुए राजनीतिज्ञ की तरह वह ऐसे किसी भी साधन को अनैतिक नहीं समझता था जो उसे अपने लक्ष्य को पाने में सहायता दे। अली को पता था कि उनका सीरिया का सूबेदार महत्त्वाकांक्षी और बेईमान है, और इससे बड़ी बात कि उनके पिछले ख़लीफ़ा का नियुक्त किया हुआ है जिनकी नीतियों से अली की हमेशा सहमति नहीं रहती थी। एक ख़लीफ़ा के रूप में अली को अपनी नीतियाँ बनाने का और अपनी नीतियों में पूरी आस्था रखनेवाले सूबेदार नियुक्त करने का पूरा अधिकार था। अली इस अधिकार का प्रयोग करना चाहते थे, पर उनके सलाहकारों ने इसके ख़िलाफ़ मशविरा दिया क्योंकि मुआविया शक्ति का एक स्वतन्त्र केन्द्र बन चुका था और उसके पास एक अपनी वफ़ादार फ़ौज थी। अली ने इन राजनीतिक बातों पर ध्यान नहीं दिया और सीधे एक पत्र भेजकर मुआविया को सीरिया की सूबेदारी से बरतरफ़ कर दिया। मुआविया ने अपमान-भाव से अली के हुक्म को अनदेखा किया और उनके ख़िलाफ़ विद्रोह कर दिया। उस्मान के क़त्ल का इंतक़ाम लेना एक काम का बहाना बन गया हालाँकि मुआविया ख़ूब जानता था कि अली बिल्कुल निर्दोष थे और यह कि गुनहगारों को ढूँढ़कर सज़ा देना बहुत आसान नहीं है। उसे यह भी ख़ूब पता था कि अली एक बा-उसूल और ईमानदार आदमी थे और वक़्त मिलने पर गुनहगारों को सज़ा दिलाने के लिए ज़रूर कुछ करेंगे। लेकिन सभी उपलब्ध वृत्तान्तों से यही लगता है कि उस्मान के क़त्ल का बदला लेने में मुआविया की इतनी दिलचस्पी नहीं थी जितनी उसे एक मुद्दा बनाकर अली को उलझन में डालने में थी। वह अली के ख़िलाफ़ लड़ने का एक विश्वसनीय बहाना भी चाहता था और इन हालात में यह (उस्मान के क़त्ल का इन्तक़ाम लेना) सबसे अच्छा बहाना साबित हुआ।

पैग़म्बर के तल्हा, ज़ुबैर और कुछ और साथी, जिन्होंने ढेरों चल और अचल सम्पत्ति जमा कर रखी थी, अपनी ही महत्त्वाकांक्षाएँ पाल रहे थे और राज्य की नीतियों पर

अधिक प्रभाव डालना चाहते थे ताकि उनके निहित स्वार्थ सुरक्षित रहें। लेकिन उस्मान के बाद जब अली को अगला ख़लीफ़ा बनाया गया तो उन्हें पता था कि उनके हित अब अली के हाथों में सुरक्षित नहीं रहेंगे क्योंकि उमर की तरह वे भी सख़्ती से समुचित आचार-संहिता लागू करेंगे। इसलिए तल्हा और ज़ुबैर ने जो उस्मान के ख़िलाफ़ विद्रोह भड़काने का कुछ कम ज़िम्मेदार न था (तल्हा तो कम से कम निश्चित ही था), अब मुआविया से हाथ मिलाकर माँग करने लगे कि उस्मान के क़त्ल का बदला लिया जाए। उनका इरादा भी अली के शासन को अस्थिर बनाना और उन्हें हटाए जाने का रास्ता तैयार करना था। ज़ुबैर तो ख़ुद ही पैग़म्बर की पत्नी आएशा की मदद से ख़लीफ़ा बनना चाहता था। आएशा अली को सख़्त नापसन्द करती थीं जिसके कारणों में यहाँ जाना आवश्यक नहीं है। उस्मान के ख़िलाफ़ बग़ावत भड़काने में उनकी भी एक भूमिका थी। वे उस्मान और उनके सूबेदारों की सबसे मुखर आलोचिका थीं। लेकिन अब उस्मान का बदला न लिए जाने का बहाना लेकर अली का विरोध करने लगीं। डॉ. ताहा हुसैन कहते हैं कि जब उन्हें पता चला कि ख़िलाफ़त के लिए मदीनावालों ने अली का समर्थन किया है तो वे आगबबूला होकर मक्का लौट गईं। काबा के दालान में उन्होंने ख़ैमा डाला और अपने चारों तरफ़ पर्दा खड़ा कर लिया। लोग उनके आसपास जमा होते और वे उनसे पर्दे के पीछे से बातें करतीं। उस्मान के क़त्ल पर नाराज़गी ज़ाहिर करते हुए वे कहतीं: 'उस्मान की ज़बान और कोड़े ने हम लोगों में नाराज़गी पैदा की। हम उन सब बातों के कारण उनसे नाराज़ थे और उन्होंने मुआफ़ी माँगी। मुसलमानों ने इस मुआफ़ी की माँग को क़ुबूल किया। उसके बाद बद्दू और बाग़ी उनके ख़िलाफ़ खड़े हो गए और उन्हें धोने के कपड़े की तरह पछाड़ते रहे जब तक कि उनकी मौत नहीं हो गई।'[34]

इस तरह हम देखते हैं कि या तो आएशा की तरह निजी कारणों से या तल्हा, ज़ुबैर और उनकी तरह के दूसरे लोगों की तरह अपने वर्गीय हितों के चलते बहुत से लोग अली के विरोधी थे। अली को उखाड़ने और उनसे राजनीतिक सत्ता छीनने के लिए उन सबने मिलकर एक विशाल विरोध-पक्ष खड़ा कर दिया। अली सख़्ती से इस्लामी क़ानून लागू करना चाहते थे। ऐसा नहीं कि ये क़ानून दौलत और निजी सम्पत्ति जमा करने की इजाज़त नहीं देते थे; ख़ूब देते थे। लेकिन फिर भी उन्होंने ऐसे कुछ बुनियादी नियम पेश किए थे जो कुल मिलाकर मुसलमानों के हक़ में थे। निश्चित ही ये नियम उन लोगों की राह में बाधक थे जो मनमानी दौलत जमा करना चाहते थे। इसके अलावा अली बहुत ईमानदारी से माले-ग़नीमत का बँटवारा करते थे। वे मर्तबा, नस्ल या क्षेत्रीय मूल पर ध्यान दिए बिना सबको बराबर-बराबर हिस्सा देते थे। इससे स्वाभाविक रूप से अरब उनके विरोधी बन गए जो अब ख़ुद को हुक्मराँ नस्ल समझते थे तथा ग़ैर-अरबों, विदेशी मूल के ग़ुलामों और समाज के दूसरे दलित भागों पर हमले करते थे। यही कारण है कि कूफ़ा जो ऐसे तत्त्वों से भरा पड़ा था, शिया फ़िरके का गढ़ बन गया। (तब कूफ़ा की लगभग आधी आबादी ऐसे ही लोगों की थी।) वास्तव में समाज के इन शोषित वर्गों का विरोध इसी माध्यम से व्यक्त हुआ तथा न्याय व निष्पक्षता से प्रेम का कारण अली

इस फ़िरके के एक आदर्श और करिश्माई अगुवा बन गए। उमैया घराने के हाथों अली के परिवार के दमन ने निश्चित ही अली के इस प्रभामंडल को और आलोकमान बनाया।

अली का संक्षिप्त शासन उथल-पुथल से भरा हुआ रहा। उनके ख़िलाफ़ एक तरफ़ तो मुआविया और उसके समर्थक थे जो उनसे ख़िलाफ़त छीनना चाहते थे और दूसरी ओर आएशा, तल्हा, ज़ुबैर और दूसरे लोग थे। अपने असल इरादों को छिपाने के लिए उन सबने उस्मान के क़त्ल के इन्तक़ाम का नारा लगाया। लेकिन भारी दबाव के बाद अली अडिग रहे और अपनी हत्या तक अकेले लड़ते रहे। उमर की तरह उन्होंने भी एक सादी, दिखावे और तड़क-भड़क से ख़ाली ज़िन्दगी बिताई और उनकी कोई निजी महत्त्वाकांक्षा नहीं थी। लेकिन मुख्यतः विदेश-विजय से मिलनेवाली दौलत के कारण समाज में ज़बर्दस्त ताक़तें विकसित हो चुकी थीं और इस्लामी समाज के उन आरम्भिक आदर्शों ने, जिन्हें अली लागू करना चाहते थे, चारों ओर उनके दुश्मन खड़े कर दिए। सबसे दुखद बात यह थी कि उनके वफ़ादार अनुयायियों ने भी, मसलन अब्दुल्लाह बिन अब्बास ने जिसे उन्होंने बसरा का सूबेदार मुक़र्रर किया था, आचार-संहिता के बारे में उनकी सख़्त हिदायतों पर अमल नहीं किया और दौलत के लोभ के शिकार हो गए। यह सब पैग़म्बर मुहम्मद की वफ़ात के तीस साल के अन्दर हुआ। इस तरह यह बात बड़े कारगर ढंग से उन लोगों के तर्कों का खंडन करती हैं जो कहते हैं कि अगर राज्य की नीतियाँ इस्लाम के उसूलों पर आधारित हों तो सब कुछ ठीक-ठाक चलेगा तथा आम बुराइयों से मुक्त एक न्यायप्रिय समाज बन सकेगा। वे समाज में कार्यरत ऐतिहासिक और भौतिक शक्तियों का ध्यान नहीं रखते और एक विचारवादी दृष्टिकोण अपनाते हैं। जो लोग पैग़म्बर मुहम्मद के क़रीबी थे वे भी जब बदले हुए हालात में देर तक इस्लामी उसूलों पर अमल नहीं कर सके तो आज एक औद्योगिक समाज में उन पर कोई क्या अमल करेगा ? इस्लामी राज्य की धारणा के किसी तरफ़दार ने इसका कोई सन्तोषजनक उत्तर नहीं दिया है। अली जब ख़लीफ़ा बने तब तक हालात इस क़दर बदल चुके थे कि इस्लाम की शुरुआती सादगी को वापस लाने और एक इंसाफ़ पसन्द समाज क़ायम करने की तमाम कोशिशों के बावजूद कुछ ख़ास हासिल नहीं हुआ। आख़िर उनसे पहले के दो ख़लीफ़ों की तरह उनकी भी हत्या कर दी गई। डॉ. ताहा हुसैन कहते हैं : 'इसमें शक नहीं कि तमाम जीते गए इलाक़ों पर अली अपनी हुकूमत क़ायम करने में नाकाम रहे। यह सिर्फ़ उनकी निजी नाकामी न थी; ख़िलाफ़त की पूरी व्यवस्था नाकाम रही और ज़ाहिर हो गया कि शासन का यह नया रूप (अर्थात् शासन का इस्लामी रूप) भी, जिससे एक अलग ढंग की हुकूमत की मिसाल क़ायम करने की उम्मीद की जाती थी, आख़िर कुछ अलग साबित नहीं हुआ और उसी रास्ते पर चला जिस पर पहले दूसरी हुकूमतें चल चुकी थीं। यह भी पिछली हुकूमतों की तरह वर्गीय हितों पर और सत्ता के संघर्ष पर आधारित थी—एक ऐसी हुकूमत जिसमें एक (प्रभुत्वशाली) क़ौमियत का एक छोटा सा हिस्सा विभिन्न क़ौमियतों (और वर्गों) पर हुकूमत और उनका शोषण करता है। इसके अलावा अली और उनकी ख़िलाफ़त के

साथ वह बग़ावत भी आख़िरकार नाकाम हो गई जो बागियों के दावे के मुताबिक़ इस्लामी ख़िलाफ़त की शुद्धता, सहिष्णुता और न्यायप्रियता की रक्षा करने के लिए और स्वार्थ, मनमानेपन और घुस आनेवाली दूसरी बुराइयों को दूर करने के लिए उस्मान की हुकूमत के ख़िलाफ़ शुरू की गई थी।'[35]

आख़िरकार मुआविया राजनीतिक सत्ता छीनने में सफल रहा जिसके लिए उसने सही-ग़लत, सभी मुमकिन उपायों का सहारा लिया था। अली के सबसे बड़े बेटे हसन को अली की हत्या के बाद ख़लीफ़ा चुना गया था। उन्होंने सत्ता इस शर्त पर मुआविया के हवाले कर दी कि उसकी मृत्यु के बाद ख़लीफ़ा का चयन मुसलमानों द्वारा किया जाएगा। मुआविया ने सिर्फ़ मस्लहत के तौर पर इस शर्त को क़ुबूल किया तथा बैजन्तीनी और सासानी हुक्मरानों की तरह अपने बेटे मज़ीद को अपना वली-अहद (युवराज) नियुक्त करके उसने इसे वादे को तोड़ने में देर नहीं लगाई। यह भी कहा जाता है कि अपने बेटे का रास्ता साफ़ करने के लिए उसने हसन को ज़हर दिलवाया जिन्होंने उसे हुकूमत सौंप दी थी। इस तरह एक बहुत छोटे से अरसे में इस्लामी ख़िलाफ़त नाकामी के साथ ख़त्म हो गई और उमैयों की ख़ानदानी हुकूमत की शुरुआत हुई। ऐतिहासिक दृष्टि से यह रूप इस्लाम की विशाल सल्तनत की रिआया की प्रतिभा और उसके ऐतिहासिक विकास के अनुरूप था जबकि इस्लामी ख़िलाफ़त की धारणा सीधी-सादी संस्थाओं (तथा किसी शक्तिशाली भूस्वामी कुलीन वर्ग के अभाव) और अपेक्षाकृत समानता जैसी अरबी दशाओं से मेल खाती थी। रोमी और सासानी साम्राज्यों के विशाल क्षेत्र, जहाँ उनकी अपनी अन्तर्निर्मित संस्थाएँ थीं; जब इस्लामी सल्तनत में मिला लिए गए जो सैन्य-शक्ति से लैस भूस्वामी कुलीनों के हितों पर आधारित थी, तो इस्लामी तर्ज़े-हुकूमत की धारणा की सफलता सन्दिग्ध हो गई। उस्मान का ज़मीनों की अदला-बदली की इज़ाजत देने का ऐतिहासिक क़दम कोई निजी सनक या आकस्मिक क़दम नहीं था। दबाव उसी दिशा में बढ़ रहे थे। सख़्त विचारों और प्रभावशाली व्यक्तित्ववाले उमर ने उन्हें रोकने की कोशिश की जबकि उस्मान बहुत दिनों तक इनका सामना नहीं कर सके क्योंकि हर विजय के बाद ये दबाव और तीखे हो जाते थे। इतिहास में व्यक्ति की भूमिका काफ़ी अहम होती है लेकिन इंसान और उसके हालात के बीच हमेशा एक द्वन्द्वात्मक सम्बन्ध होता है और इंसान के विकल्प हमेशा उसके इर्द-गिर्द कार्यरत भौतिक शक्तियों के कारण सीमित रहते हैं। अली ने अरबों में प्रचलित पिछली सादगी और व्यवहार की समानता दोबारा क़ायम करने की जी-तोड़ कोशिश की। लेकिन, जैसाकि हमने देखा, वे अपने मक़सद में नाकाम रहे और निराशा में डूबे हुए मरे क्योंकि जो कुछ वे करना चाहते थे, अब ऐतिहासिक शक्तियाँ उसके अनुरूप नहीं थीं। दौलतमन्द भूस्वामियों का एक ताक़तवर तबक़ा अब वजूद में आ चुका था जो सभी मुसलमानों से समान व्यवहार का विरोध करता था। हीन-जन्मा मुसलमानों के बराबर रखे जाने का उन्होंने विरोध किया और मात्र अपने वास्ते विशेषाधिकार पाने के लिए उन्होंने ज़बर्दस्त दबाव पैदा किए। दूसरी ओर मुसलमान अवाम ने जो या तो बद्दू थे

या विदेश-जन्मा लोग थे जिन्होंने इस्लाम क़ुबूल किया था, ख़लीफ़ा पर दबाव डाला कि इस्लाम की तालीमात पर सख़्ती से अमल किया जाए; ये तालीमात उनके हक़ में थीं। इस्लामी समाज इस टकराव से दो फाड़ हो गया।

यह सिलसिला तब मुकम्मल हो गया जब मुआविया ने अपने बेटे मज़ीद को वली-अह्द बनाने का ऐलान किया और इस तरह ख़ानदानी हुकूमत की बुनियाद डाली जो शायद नए हालात से अधिक मेल खाता था। इसके अलावा उमैयों ने मज़हबी हुकूमत का दिखावा छोड़ दिया; इसके बजाय उन्होंने उसकी स्थापना की जिसे अरबों का धर्मनिरपेक्ष क़ौमी शासन कहा जा सकता है। उमैया हुकूमत में नियमित वेतन पानेवाली सेना और नौकरशाही का प्रसार हुआ। लड़ना अब स्वैच्छिक नहीं रहा जैसाकि इस्लाम के शुरुआती दौर में था। मिलिशिया की जगह एक पेशेवर फ़ौज ने ले ली। इसी तरह स्वयंसेवी कार्यकर्ताओं और कर जमा करनेवालों की जगह एक नियमित नौकरशाही आ गई। करों की वसूली, राजनीतिक प्रशासन और धार्मिक नेतृत्व की ज़िम्मेदारियाँ अब तीन अलग-अलग हाकिमों के पास थीं। हर हाकिम को या तो अमीर या साहिब कहा जाता था। अक्सर-बेशतर साहिबुल-ख़िराज सीधे ख़लीफ़ा के सामने ज़िम्मेदार होता था। ज़ाहिरा तौर पर ऐसा एक हाक़िम सबसे पहले मुआविया ने ही नियुक्त किया और उसे कूफ़ा भेजा।[36] राजनीतिक प्रशासन वायसराय (अर्थात् अमीर या साहिब) चलाता था जो हर इलाक़े के लिए अपने आमिल (कारकुन, ऐजेंट) नियुक्त करता था। कभी-कभी ये अमीर राजधानी में रहते थे और सूबों में अपने नायबों को भेज देते थे। अपने सूबे के राजनीतिक और सैनिक प्रशासन पर अमीर का पूरा नियन्त्रण रहता था। सरकार की आमदनी मुख्यतः अधीन जनता से प्राप्त ख़िराज पर आधारित होती थी। मुसलमानों को ज़कात देना पड़ता था। हाकिमों का सरोकार किस तरह इस्लाम के उसूलों से अधिक आमदनी से होता था, इसका पता नीचे दर्ज घटना से पता चलता है : '...मज़हब के दावों और सरकारी ख़ज़ाने के दावों के बीच ख़लीफ़ा हिशाम के दौर में 728 में टकराव हुआ जब खुरासान के सूबेदार अशरब इब्न-अब्दुल्लाह ने लोभ के रूप में कर से मुक्ति की पेशकश करके ट्रांस-आक्सेनिया के सभी निवासियों से इस्लाम क़ुबूलवाने की योजना बनाई। भेजे गए मुस्लिम धर्मप्रचारक इतने कामयाब रहे कि विरोध में सिर्फ़ ख़ज़ाने के हाकिमों ने आवाज नहीं उठाई जिनकी आमदनी वसूल की गई रकम पर निर्भर होती थी बल्कि स्थानीय सरदारों (दहक़ानों) ने भी उठाई जिन्हें डर था कि अगर किसानों में इस्लाम के लोकतान्त्रिक विश्वास घर कर गए तो उनकी इज़्ज़त को ख़ासा धक्का लगेगा। आख़िरकार खज़ाने के हाकिमों की दलीलों ने सूबेदार को विश्वास दिला दिया कि चूँकि फ़ारस में मौजूद अरब दस्तों का दारोमदार स्थानीय स्तर पर जमा होनेवाली रक़म पर था, इसलिए अगर सभी कर मुआफ़ कर दिए गए तो जल्द ही उन्हें भुखमरी का शिकार होना पड़ेगा। इसी के मुताबिक़ उसने हर उस व्यक्ति पर फिर से ख़िराज या भू-कर लागू किया जो पहले उसका देनदार था, चाहे उसने ख़त्ना कराया था या नहीं। नीति में इस परिवर्तन के फलस्वरूप ज़बर्दस्त विद्रोह फूट पड़ा जिसके कारण पूरा

ट्रांस-आपसेनिया कुछ साल के लिए अरबों के हाथों से निकल गया...हाथ से निकला कुछ इलाक़ा इस्लाम के लिए फिर से फ़तह तो हुआ पर उमैया ख़लीफ़ा हिशाम के लिए नहीं जो अब दमिश्क़ पर हुकूमत कर रहा था। यह इलाक़ा फिर से 734 में जीता गया जब पैग़म्बर के वंश के अलवियों के समर्थकों ने हिशाम के ख़िलाफ़ विद्रोह किया और यह वादा करके समर्थक जुटाए कि संरक्षित धर्मों के माननेवाले (यहाँ मुख्यतः पारसियों) के साथ किए गए इस समझौते का पालन किया जाएगा कि मुसलमानों से ख़िराज नहीं वसूला जाएगा और किसी का दमन नहीं किया जाएगा।[37]

एक-दो अपवादों को छोड़ दें तो उमैया ख़लीफ़ा इस्लाम की हिदायतों पर कुछ ख़ास ध्यान नहीं देते थे। मुआविया का बेटा मज़ीद पक्का शराबी था। उसे मज़ीदुल-खुमार अर्थात् शराबोंवाला मज़ीद कहा जाता था।[38] उसने एक बन्दर सधा रखा था जो पियक्कड़ी में उसका साथ देता था। (मसईदी, जिल्द पाँच, पृ. 157 देखें।) मज़ीद द्वितीय का अपनी दो गायिका कनीज़ों से इतना लगाव था कि जब उसने एक के मुँह में ख़िलवाड़ में अंगूर फेंके और उसका दम घुट गया तो वह नौजवान ख़लीफ़ा खीज-खीजकर मर गया। पीने में उसके बेटे अल-वलीद ने सबको मात दे दी। कहा जाता है कि उसे शराब के हौज़ में तैरने की आदत थी और वह इतनी शराब निगल जाता था कि हौज़ में उसकी सतह ख़ासी नीची आ जाती थी।[39] अग़ानी (जिल्द छः, पृ. 125) में हम पढ़ते हैं कि एक दिन अल-वलीद ने जब **क़ुरआन** खोला और उसकी निगाह इस आयत पर पड़ी कि 'और हर बादशाह सिफ़र (शून्य) होकर रह गया' तो उसने तीर-कमान से उस पवित्र पुस्तक की धज्जियाँ उड़ा दीं और इस बीच अपने ख़ुद के गढ़े दो अशआर उसकी अवमानना में पढ़ता रहा।[40] इस तरह हम देखते हैं कि उमैयों का शासन बुनियादी तौर पर धर्मनिरपेक्ष प्रकृति का था। वास्तव में पहले चार ख़लीफ़ों के बाद इस्लामी धर्म-राज्य ख़त्म ही हो गया।

प्रोफ़ेसर हित्ती कहते हैं कि उमैया फ़ौज का 'उत्तम संगठन भी बैजन्तीनी फ़ौज की तर्ज़ पर क़ायम किया गया था। इसका विभाजन पाँच कोरों में था : मध्य, पहलू में दो, अगला दस्ता और पिछला दस्ता। व्यूह-रचना पहले की तरह क़तारों में होती थी....लिबास और हथियारों में अरब फ़ौजी को यूनानी फ़ौजी से अलग कर पाना कठिन था। अस्त्र-शस्त्र मूलतः वही थे। घुड़सवार फ़ौज सादे और गोल ज़ीन का इस्तेमाल करती थी जो बैजन्तीनियों की ज़ीन से भिन्न नहीं थी और ठीक वैसी ही थी जैसी कि आज भी निकट-पूर्व में प्रयोग की जाती है। भारी तोपख़ाने में प्रक्षेपास्त्र (अर्रदा), पत्थर-फेंक यन्त्र (मंजनीक़) और दुरमुट (दब्बाबा, कब्श) शामिल थे। ऐसी भारी तोपों, घेरे के साज़-सामान और दूसरे सामान फ़ौज के पीछे-पीछे ऊँटों पर ढोए जाते थे।'[41]

अरबों का अपना कोई सिक्का नहीं था हालाँकि वे अन्तर्राष्ट्रीय व्यापार में भागीदार थे। कारण कि इस्लाम-पूर्व काल में उनके पास अपना कोई राज्य नहीं था। ख़िलाफ़त के शुरुआती दौर में और कुछ समय बाद तक अधिकतर बैजन्तीनी सिक्कों का इस्तेमाल होता रहा। इस्लामी संवत् की आरम्भिक सदियों में प्रचलित ताँबे या काँसे के सिक्के

का नाम फ़ल्स (बहुवचन : फ़ुलूस) था। सोने और चाँदी के सिक्कों के लिए प्रयुक्त दीनार और दिरहम की तरह ताँबे के सिक्कों के लिए प्रचलित नाम फ़ल्स भी यूनानी मूल का है। अब्दुल मलिक के मौद्रिक सुधार (हिजरी 77/ईस्वी 696) के पहले प्रचलित ताँबे के सिक्के मोटे तौर पर तीन श्रेणियों में आते हैं : अरब-बैजन्तीनी, अरब-सासानी और बैजन्तीनी-पह्लवी। विदेश-विजय के फ़ौरन बाद अरब लगभग ठीक उसी तरह सिक्के ढालने लगे जैसेकि वे देखते आए थे : धार्मिक सूत्र, पुरानी पड़ चुकी तारीख़ें, वग़ैरह। ये नक़लें, जो अक्सर बर्बरियत की शिकार हुई, सम्भवतः सबसे पुरानी मौजूद इस्लामी मुद्राएँ हैं। अब्दुल मलिक के सुधार तक बुनियादी बैजन्तीनी क़िस्में जारी रहीं। फिर भी उससे पहले ही मुअर्रब (अरबीकरण) प्रकृति के विभिन्न संशोधन किए जा चुके थे। अरब-सासानी क़िस्म के ताँबे के सिक्के बहुत दुर्लभ हैं। उनकी अगली तरफ़ नियमित सासानी आकृति मौजूद है, और पिछली तरफ़ अग्निवेदी और पुजारियों में कुछ संसोधन किए गए। तीसरी अर्थात् बैन्जतीनी-पह्लवी श्रेणी में सिर्फ़ ताँबे के सिक्के हैं। ये सिक्के बैजन्तीनी और सासानी तत्त्वों के एक अनोखे समन्वय के प्रतिनिधि हैं। अगला पहलू आमतौर पर बैजन्तीनी तर्ज़ पर तथा पिछला पहलू सासानी तर्ज़ पर है।[42]

इस तरह हम देखते हैं कि विशाल राजतन्त्र को चलाने के लिए आवश्यक विभिन्न संस्थाएँ चूँकि अरबों के पास नहीं थीं, उन्होंने पिछले साम्राज्यों से खुलकर कुछ न कुछ लिया। उमैयों ने अधिकतर बैजन्तीनी और अब्बासियों ने सासानी साम्राज्य से कुछ ग्रहण किया। यह भी एक अहम बात है कि इस्लामी सल्तनत में विभिन्न पराजित सूबों के शामिल किए जाने के बाद सत्ता का केन्द्र मदीना से हटकर पहले कूफ़ा, फिर सीरिया और आख़िरकार बग़दाद में पहुँच गया। सबसे पहले चौथे ख़लीफ़ा अली अपनी राजधानी कूफ़ा ले गए, सम्भवतः इसलिए कि इस विशाल सल्तनत का मदीना से शासन चलाना अब सम्भव नहीं था। राजधानी को इराक़ ले जाने का दूसरा अहम कारण यह हो सकता है कि उन असन्तुष्ट तत्त्वों को शान्त किया जा सके जिन्होंने उस्मान-विरोधी विद्रोह का संगठन किया था। उनमें से अधिकांश दो अहम सैन्य केन्द्रों अर्थात् कूफ़ा और बसरा के थे जहाँ आबादी का एक ख़ासा बड़ा हिस्सा ग़ैर-अरब मवालियों का था। अपनी विवेकपूर्ण और भेदभावरहित नीतियों के कारण अली को उनकी वफ़ादारी का भरोसा था जबकि तब तक अरबों में विकसित हो चुके शक्तिशाली निहित स्वार्थ उनके विरोधी थे। एक तरफ़ मुआविया की साज़िशें न होतीं और दूसरी तरफ़ ख़ारिज़ी आन्दोलन के रूप में बद्दू अरबों का विरोध न होता (जिसका विश्लेषण हम अगले अध्याय में करेंगे) तो उनकी नीतियाँ शायद अच्छी तरह काम करतीं। अली के प्रतिद्वन्द्वी मुआविया ने सीरिया को अपना मज़बूत गढ़ बना लिया था। सीरिया एक रणनीतिक महत्त्व का सूबा था क्योंकि बैजन्तीनी साम्राज्य से व्यापार उसी के रास्ते होता था। इसके अलावा यह बैजन्तीनी ताक़त पर अंकुश लगाने के लिए भी अहम था। इस तरह मुआविया का इस्लामी सल्तनत के एक बहुत अहम सूबे पर नियन्त्रण था। राजनीतिक सत्ता जब उसके हाथों में आई तो उसने अपनी राजधानी यहीं बना ली। अलावा इसके,

उसने सीरियाई फ़ौज की मदद से ही यह सत्ता पाई थी। राजनीतिक महल से वंचित हो जाने के बाद मक्का और मदीना का इस्लामी इतिहास में मात्र धार्मिक महत्त्व रह गया। घटनाओं के चक्र के कारण उन नगरों का महत्त्व हमेशा के लिए ख़त्म हो गया जिन्होंने क्रमशः इस्लाम और पहले इस्लामी राज्य को जन्म दिया था। तो अन्तिम विश्लेषण में क्या अभी भी धर्म को एक निर्धारक तत्त्व कहा जा सकता है ?

6

मज़हबी फ़िरक़ों के राजनीतिक-आर्थिक स्रोत

अपनी पुस्तक **इस्लाम एंड द इंटीग्रेशन ऑफ़ सोसायटी** में मांटगुमरी वाट कहते हैं: 'अगर कोई धार्मिक आन्दोलन व्यापक है तो उसमें शामिल होनेवाले सभी लोगों के पास इसके लिए अलग-अलग कारण होते हैं...बड़े धर्मों के अनुयायियों की विविधता के कारण ही यह बात असम्भव लगती है कि ऐसे एक बड़े धर्म का प्रसार एक समरस आर्थिक परिवर्तन का परिणाम होगा।'[1] विभिन्न सूबों पर विजय के बाद यह विविधता बढ़ी और अनेक उलझन में डालनेवाली समस्याएँ पैदा हुईं। जैसाकि वाट ने सही तौर पर कहा है, विभिन्न क्षेत्रों और विभिन्न वर्गों के विभिन्न लोगों ने मिलते-जुलते या एक जैसे कारणों से इस्लाम को नहीं अपनाया। उनके मक़सद अलग-अलग थे। जैसाकि हमने पिछले अध्यायों में देखा, इस्लाम ने ग़रीबों की देखभाल करने, यतीमों को भोजन कराने आदि के लिए अमीरों का आह्वान करके मक्का में सामाजिक तनाव को हल करने का प्रयास किया। लेकिन मक्का की समस्या मामूली और आसानी से हल की जा सकती थी। इस्लाम के बाह्यमुखी प्रसार से पैदा सामाजिक समस्याएँ इससे कहीं बहुत अधिक गम्भीर थीं क्योंकि विभिन्न वर्गों और जातीयताओं के लोगों की परस्पर विरोधी आकांक्षाओं को पूरा कर सकना लगभग असम्भव था। इस अध्याय में हम उन विभिन्न--आन्तरिक और बाह्य—अपसारी प्रवृत्तियों की छानबीन करेंगे जो दुनिया-ए-इस्लाम में पैदा हुईं तथा उनके पीछे मौजूद सामाजिक व आर्थिक कारणों का विश्लेषण करेंगे।

चुनौती उनसे मिली जिनको प्रोफ़ेसर टायनबी ने 'अन्दरूनी और बाहरी सर्वहारा' कहा है। आइए, हम पहले अन्दरूनी सर्वहारा की चुनौती की छानबीन करें। बद्दू कहलानेवाले घुमक्कड़ अरब इस्लामी सल्तनत के अन्दरूनी सर्वहारा थे। नगरों में रचे-बसे अरब ख़ुद को बद्दुओं से श्रेष्ठ मानते थे। यहाँ तक कि **क़ुरआन** ने भी उनके इस्लाम पर ईमान लाने को शंका के बिना स्वीकार नहीं किया। इसमें (सूरा 9, आयत 97-98) कहा गया है: 'गँवार (रेगिस्तानी अरब) बहुत सख़्त हैं कुफ़्र में और नफ़ाक़ (पाखंड) में और इसी लायक़ हैं कि न सीखें वो क़ायदे जो नाज़िल किए अल्लाह ने अपने रसूल पर। और अल्लाह सब कुछ जाननेवाला और हिकमतवाला है। और कुछ गँवार ऐसे हैं कि शुमार करते हैं अपने ख़र्च करने को तावान (जुर्माना) और इन्तज़ार करते

हैं तुम पर ज़माने की गर्दिशों (के टूटने) का; उन्हीं पर आए ये गर्दिश बुरी। और अल्लाह सुननेवाला और जाननेवाला है।'

रेगिस्तानी अरबों की एक बिल्कुल अलग विश्वदृष्टि थी और जैसाकि खुद क़ुरआन में कहा गया है, उन्हें नगरवासी अरबों की आवश्यकताओं को पूरा करनेवाले क़ानूनों को मानने की चिन्ता नहीं थी। बद्दू अनन्तकाल से ही एक स्वतन्त्र जीवन जीते आ रहे थे और कभी एक जगह स्थायी रूप से नहीं रहते थे। इस कारण उनके लिए सरकार या कर वसूलनेवाले तन्त्र जैसी संस्थाओं का कोई मतलब नहीं था। इसके विपरीत वे खुद पर ये संस्थाएँ लादे जाने से असन्तुष्ट थे। उन्होंने पहली बार पैग़म्बर की वफ़ात के बाद ज़कात देने के सवाल पर विद्रोह किया। यह विद्रोह बहुत मुश्किलों से दबाया जा सका। लेकिन लड़ाइयों के लिए उन्हें भारी तादाद में भर्ती किया गया जिनसे भारी माले-ग़नीमत हासिल होता था। इसलिए उन्होंने केन्द्र के अनुशासन को कमोबेश स्वीकार कर लिया। इस तरह वाट की प्रस्थापना को स्वीकार करते हुए हम कह सकते हैं कि उनके इस धार्मिक आन्दोलन में शामिल होने का कारण यह था कि इससे जीविका सुनिश्चित होती थी। दिलचस्प बात यह है कि अपनी दूसरी प्रस्थापना में वाट कहते हैं: 'अगर आगे पूछा जाए कि क्या आर्थिक परिवर्तन हमेशा ही धार्मिक परिवर्तनों को जन्म देते हैं तो एक संक्षिप्त सर्वेक्षण से यह जवाब मिलेगा : जहाँ आर्थिक परिवर्तन उत्पादन के साधनों या पद्धतियों में परिवर्तन होता है वहाँ आमतौर पर इसके सामाजिक परिणाम होते हैं और ये परिणाम फिर एक धार्मिक परिवर्तन को जन्म देते हैं...जैसाकि हमने देखा, इस्लाम ऐसे ही भारी आर्थिक परिवर्तनों की पैदावार था। और यहाँ, क़बीलों के बीच आपसी धावों के बन्द होने के बाद, प्रासंगिक बात यह है कि बद्दुओं की आर्थिक स्थिति में भी एक बुनियादी परिवर्तन आया। इसीलिए उन्होंने बड़ी तादाद से इस्लाम को क़ुबूल किया।'[2]

तो फिर सवाल पैदा होता है : आख़िर फिर विद्रोह क्यों ? जहाँ तक बद्दुओं का सवाल था, विदेश-विजय और प्रसार ने इस्लामी राज्य की प्रकृति को ही बदलकर रख दिया। उसकी पहलेवाली सादगी तथा लोकतान्त्रिक और समतावादी रुझान जाते रहे और वह क़ुरैश क़बीले के थोड़े से हुक्मरानों का इजारा बनकर रह गया। भाई-भतीजावाद और राजनीतिक भ्रष्टाचार उस्मान के काल में नई ऊँचाइयाँ छूने लगे जब सारे सरकारी पदों पर उमैयों ने, जो क़ुरैश क़बीले का एक हिस्सा थे, एकाधिकार लिया। कम-से-कम सिद्धान्त के स्तर पर इस्लाम ने किसी क़बीले को वरीयता नहीं दी थी। लेकिन व्यवहार में नगर-केन्द्रित क़ुरैश ने सत्ता पर एकाधिकार कर लिया तथा बद्दू हाथ मलते रह गए। विजय-यात्रा पर निकली फ़ौजों में भी बद्दू मात्र सिपाही थे, तथा कमान या तो क़ुरैश या मदीना के अंसार के हाथों में थी। इसके अलावा एक ही कुलीन क़बीले के दो भागों के बीच का ख़ूनी सत्ता-संघर्ष भी उनकी समझ से परे था। इसलिए उन्होंने अली और मुआविया की फ़ौजों के बाद हुई सिफ़्फ़ीन की लड़ाई के बाद विद्रोह कर दिया। उन्हें ख़ारिजी (अलग होनेवाले) कहा गया क्योंकि वे अली की फ़ौज से अलग

हुए थे। उनका नारा था – ला इमारा, अर्थात् कोई सरकार नहीं। उस पर अल-शह्रिस्तानी के अनुसार अली की टिप्पणी थी : 'पर एक सरकार तो होनी ही चाहिए, अच्छी या बुरी।' इससे शहरी और रेगिस्तानी अरबों के परस्पर विरोधी रुझान बहुत स्पष्ट हो जाते हैं। वैयक्तिक सम्पत्ति के अभाव के कारण रेगिस्तानी अरब एक दमनकारी राजसत्ता की शायद ही कोई ज़रूरत महसूस करते थे जोकि शहरी अरबों के लिए इस क़दर ज़रूरी थी। उन्हें इस्लाम का सिर्फ़ वही आरम्भिक 'अ-भ्रष्ट' रूप स्वीकार था जो समानता और भाईचारे पर ज़ोर देता था। तबरी कहते हैं कि ख़ारिजी नेता मुस्तवरीद बिन उल्लीफ़ा ने टेसीफोन के सूबेदार सीमक बिन उबैद को ख़त लिखा था: 'हम आपको सर्वशक्तिमान और महिमामय अल्लाह की ओर और पैग़म्बर सल्लै अलाहु अलैहेवसल्लम* की सुन्नत की ओर और अबू बक्र व उमर रज़ैतआला** की ख़िलाफ़त की ओर वापस बुलाते हैं तथा आपसे उस्मान और अली की राह छोड़ने की गुज़ारिश करते हैं क्योंकि उन्होंने सच्चे दीन को भ्रष्ट किया और क़ुरआन शरीफ़ की राह से मुँह मोड़ लिया।'[3] इस तरह ख़ारिजियों ने उस्मान के समय को सच्चे इस्लाम और भ्रष्ट इस्लाम की विभाजक रेखा ठहराया। जैसाकि हमने देखा, विदेश-विजय के बाद इस्लाम की काया बदल गई और उसकी पिछली सादगी फिर वापस नहीं पलटी (हालाँकि समय-समय पर अनेक पुनरुत्थानवादियों ने उसे वापस लाने की कोशिश की) क्योंकि यह ऐतिहासिक दृष्टि से सम्भव नहीं था। घड़ी की सुई को बहरहाल कोई पीछे नहीं मोड़ सकता। अली ने बहुत ईमानदारी से इस्लामी उसूलों को सख़्ती से लागू करने की कोशिश की, पर वे इसमें नाकाम रहे क्योंकि इससे ताक़तवर निहित स्वार्थों को सीधे चोट पहुँचती थी।

तो फिर सवाल यह है : ख़ारिजियों ने जिस दर्जा उस्मान का विरोध किया उसी दर्जा अली का विरोध क्यों किया ? मॉंटगुमरी वाट एक जवाब सुझाते हैं: 'एक ख़ारिजी बग़ावतों के बारे में दो बातें ग़ौरतलब हैं। पहली यह कि ख़ारिजी अली का उसी क़दर विरोध करते थे जितना उस्मान और उमैयों का करते थे, और इससे इस परिकल्पना की पुष्टि होती है कि उनका असन्तोष मात्र किसी विशेष व्यक्ति या परिवार को लेकर नहीं, पूरे सामाजिक ढाँचे का लेकर था। यह सही है कि अली का सम्बन्ध मक्का के कुलीन वर्ग के एक अन्य भाग से था, और इस बारे में वे भूतपूर्व घुमक्कड़ों की निगाह में उस्मान से कोई बेहतर नहीं थे...दूसरी ग़ौरतलब बात यह है कि छोटे-छोटे समूहों की इन बग़ावतों के ज़रिए ख़ारिजी कबीलाई या ख़ानदानी इकाइयों जैसी किसी वस्तु की पुनर्रचना कर रहे थे जिनसे बद्दुओं के रूप में उनका जीवन-भर का परिचय था।'[4] इसीलिए कामिल बिन आसिर, तबरी आदि का कहना है कि अली की ख़िलाफ़त के आख़िरी एक या दो साल में कोई 200 लोगों पर आधारित पाँच ख़ारिजी बग़ावतें हुई

*शान्ति हो उन पर।–अनुवादक

**अल्लाह की उन पर मेहरबानी हो।–अनुवादक।

जबकि मुआविया की ख़िलाफ़त (661-680) के दौरान कोई 15 बग़ावतें दर्ज की गईं जिनमें भाग लेनेवालों की तादाद 30 से लेकर 500 तक थी।[5] इस तरह ख़ारिजी वे घोर अतिवादी धड़ा थे जो कट्टरता के साथ इस्लाम की पिछली सादगी को वापस लाना चाहते थे।

ख़ारिजियों के कुछ अतिवादी उपसमूह उन सभी मुसलमानों को मौत के घाट उतारने में यक़ीन रखते थे जो उनसे सहमत नहीं थे। इन ख़ारिजियों ने समय-समय पर सुस्थापित शासन के ख़िलाफ़ विद्रोह किए और भारी मुसीबतें पैदा कीं। उनके नेतृत्व में अनेक बग़ावतों ने सरकार को हिलाकर रख दिया। जब वे कुचल दिए जाते थे तब भी फिर से एकजुट होकर हमले करते थे। वे बहुत सादी ज़िन्दगी गुज़ारते थे और क़ुरआन की हिदायतों पर सख़्ती से अमल करते थे। वे आदर्शवादी थे और, ऐतिहासिक दृष्टि से देखें तो, उनकी इस्लाम की धारणा कल्पनावादी थी। कुछ ख़ारिजियों ने एक ख़लीफ़ा तक की ज़रूरत से इनकार किया और यह मानते थे कि ख़ुदाई रहनुमा के रूप में क़ुरआन काफ़ी है। अपनी रचना **मिलालो-अल-नहूल** तथा **फ़िहरिस्त** में अल-शहरिस्तानी ने, **अल-फ़र्क बैनुल-फ़िराक** में बग़दादी ने तथा **मिलालो-अल-नहूल** में इब्न-हज़्म ने ख़ारिजियों के विभिन्न पहलुओं का और उनकी विद्रोही गतिविधियों का विस्तार से वर्णन किया है।[6]

ख़ारिजी प्रचार ग़ैर-अरब मुसलमानों के असन्तुष्ट भागों में काफ़ी प्रभावशाली साबित हुआ। ख़ारिजियों का इबादिया फ़िरका (जिसका नाम उसके नेता अब्दुल्लाह बिन इबाद को नाम पर पड़ा) उनके प्रमुख पन्थों में एक था। इसने अम्मान में जड़ें जमाईं और फिर वहाँ से ज़ंज़ीबार की ओर उसका प्रसार हुआ। हिजरी संवत् की दूसरी सदी में उत्तरी अफ़्रीका में उसका प्रसार हुआ, ख़ासकर बर्बरों* में। उत्तरी अफ़्रीका के बर्बर बेहद उथल-पुथल मचानेवाले लोग थे और आसानी से किसी सत्ता को नहीं मानते थे। सुस्थापित शासन के ख़िलाफ़ किसी भी विरोध-आन्दोलन को बर्बरों में समर्थक मिल जाते थे। बहुत दिलचस्प बात यह है कि इन बर्बर क़बीलों से कुछ शिया फ़िरक़ों को भी समर्थन मिला जो आर्थिक स्तर पर ख़ारिजियों के विरोधी थे। शिया इस्माइली धर्मप्रचारकों को बर्बरों में इतनी कामयाबी मिली कि आख़िर उन्होंने उनकी मदद से उत्तरी अफ़्रीका में अपना राजवंश क़ायम कर लिया।** सुस्थापित सरकारों के ख़िलाफ़ बेचैन बर्बरों के असन्तोष का ख़ारिजियों और शियों ने पूरा-पूरा फ़ायदा उठाया। अम्मान में इबादिया फ़िरक़े ने अच्छी तरह अपनी जड़ें जमा लीं; यह अच्छे-ख़ासे अरसे तक उनका केन्द्र रहा। उमैयों और अब्बासियों, दोनों को समय-समय पर उनकी बग़ावतों का सामना करना पड़ा। प्रतिभाशाली इतिहासकार इब्न-ख़ल्दून बर्बरों के बारे में लिखते हैं: 'इस्लाम के आरम्भ से लेकर अभी तक अफ़्रीकिया और मग़रिब में इस सिलसिले

---

*बर्बर शब्द मूलतः सहारा रेगिस्तान के घुमक्कड़ क़बीलों का नाम था।—अनुवादक।

**यहाँ लेखक का संकेत मिस्र-आधारित फ़ातमी ख़िलाफ़त की ओर है जो शिया सम्प्रदाय की अकेली ख़िलाफ़त थी।—अनुवादक

में जो कुछ घटित हुआ है, उसकी तुलना की जा सकती है। बर्बर क़बीले और समूह इन इलाक़ों के बाशिंदे हैं। उन पर और (मग़रिब+ के) यूरोपी ईसाइयों पर (मुसलमानों की) पहली जीत का कुछ फ़ायदा नहीं हुआ। वे समय-समय पर बग़ावतें करते और मज़हब का साथ छोड़ते रहे। मुसलमानों ने उनमें से बहुतों को क़त्ल किया। उनमें मुस्लिम मज़हब के क़ायम होने के बाद भी वे बग़ावतें करते और अलग होते रहे, और उन्होंने कई बार विरोधी धार्मिक मत अपनाए। वे नाफ़रमान और क़ाबू से बाहर बने रहे... पश्चिम में असंख्य बर्बर क़बीले हैं। वे सभी बद्दू तथा समूहों और परिवारों के सदस्य हैं। जब कभी एक क़बीले को तबाह किया जाता है, दूसरा उसकी जगह ले लेता है तथा उतना ही सरकश (उद्दंड) और बाग़ी होता है जितना पहलेवाला क़बीला था। इसलिए अफ्रीकिया और मग़रिब के इलाक़ों में अपना राजवंश क़ायम करने में अरबों को एक लम्बा समय लगा।'[7]

अब हम शिया आन्दोलन पर आते हैं जो इस्लाम का एक और फ़िरक़ा है। शिया अली के तरफ़दार हैं, उन्हें पैग़म्बर मुहम्मद का सच्चा वारिस मानते हैं तथा उनसे पहले के तीन ख़लीफ़ों को सत्ता हथियानेवाले लोग मानते हैं। कूफ़ा उनका गढ़ था तथा उनके मुख्य अनुयायी ग़ैर-अरब आश्रित (मवाली) व दूसरे हीन-जन्मा लोग थे हालाँकि हमेशा की तरह नेतृत्व हाशिमी अरबों के हाथों में रहा। हम कह सकते हैं कि ये लोग ख़ारिजियों के विपरीत, टायनबी के शब्दों का फिर प्रयोग करें तो, इस्लाम के बाहरी सर्वहारा थे। अपने सामाजिक संगठन के आदिम लोकतान्त्रिक ढाँचे के कारण जो घुमक्कड़ अरब ख़ारिजी आन्दोलन की रीढ़ बने वे किसी सत्ता का विरोध करते थे और ठीक इसी कारण ला इमारा (कोई सरकार नहीं) ख़ारिजी आन्दोलन का केन्द्रीय नारा था। दूसरी ओर दिलचस्प बात यह है कि शिया आन्दोलन के अनुयायी वे लोग थे जिनकी जड़ें फ़ारस में थीं और जो कूफ़ा में व उसके आसपास बस चुके थे। इसलिए ख़ानदानी इमामत (धार्मिक व लौकिक नेतृत्व की) धारणा इस आन्दोलन का केन्द्रीय सिद्धान्त थी। जैसाकि हम जानते हैं, फ़ारस में ख़ानदानी हुकूमत की सदियों पुरानी परम्परा थी और वहाँ के लोग सदियों से उसके अभ्यस्त थे। इसलिए उनके बीच कामयाबी के लिए प्रयासरत किसी भी आन्दोलन के लिए उनकी क़ौमी परम्परा के अनुसार खुद को ढालना ज़रूरी था। यही शिया आन्दोलन के नेताओं ने किया। उन्होंने अली के करिश्माई व्यक्तित्व के इर्द-गिर्द कूफ़ा व दूसरी जगहों के ग़ैर-अरब असन्तुष्टों को लामबन्द किया और उनकी सन्तति के ख़ानदानी नेतृत्व की धारणा विकसित की।

अली और उनका परिवार शिया आन्दोलन का केन्द्र क्यों बने ? यह एक अहम सवाल है जिसे सही-सही समझा जाना चाहिए। इसके अनेक कारण हैं। उस्मान, मुआविया आदि उमैयों के मुक़ाबले अली अरबों की कम तरफ़दारी करते थे। वे नस्ल और क़ौमियत से परे, ईमानवालों की बराबरी के इस्लामी उसूल पर सख़्ती से अमल

+ मूलतः लीबिया और उससे पश्चिम का क्षेत्र।—अनुवादक।

करते थे। सरकारी नियुक्तियाँ हों, माले-ग़नीमत का बँटवारा हो या सरकारी ख़ज़ाने से रक़म देने का सवाल हो, वे किसी बात में अरबों को प्राथमिकता नहीं देते थे। ग़ुलामों तक से उनका व्यवहार मिसाली था। दूसरी ओर उमैया ख़ासकर अपने ख़ानदान और आमतौर पर अरबों का वर्चस्व क़ायम करना चाहते थे। इसके अलावा अली को हर मुमकिन ढंग से मुआविया ने परेशान किया जो उमैया ख़ानदान का मुखिया था और जिसे क़ुरैश क़बीले के तल्हा, ज़ुबैर आदि दूसरे कुलीनों का समर्थन प्राप्त था जो अरब और ग़ैर-अरब, आक़ा और ग़ुलाम सभी मुसलमानों से समान व्यवहार करने की अली की नीति से नाराज़ थे। यहाँ इसकी एक मिसाल देना अनुपयुक्त नहीं होगा। एक दिन दो औरतें उनके पास आईं और उन्होंने अली से अपनी ज़रूरतें बतलाईं। उन्होंने अपने सेवक से कुछ अनाज व कपड़े ख़रीद देने को तथा कुछ पैसे भी देने को कहा। लेकिन एक औरत बोली कि उसे कुछ अधिक दिया जाए क्योंकि वह अरब है जबकि साथवाली औरत ग़ैर-अरब है। अली ने अपने हाथ में कुछ मिट्टी उठाई और उसे देखते हुए कहाः 'मुझे नहीं पता कि अल्लाह ने दीनदारी और अपनी ताबेदारी के अलावा किसी और बुनियाद पर किसी को दूसरे से बरतर बनाया है या नहीं।'[8] इसके अलावा अली अपने सूबेदारों के ख़िलाफ़ शिकायतें मिलने पर स्वतन्त्र जाँच करते थे। वे दोषी पाए जाते तो उन्हें हटा देते, बल्कि जेल तक भेज देते। वे उन्हें ख़त लिखकर आगाह करते रहते और उनसे एक दीनदार मुसलमान जैसे नेक सुलूक की माँग करते। एक बार अली ने अपने एक ग़ुलाम को बसरा के नायब सूबेदार ज़ियाद के पास वहाँ जमा कर-राशि लाने के लिए भेजा। ज़ियाद ने उस ग़ुलाम के साथ बदसुलूकी की। तब अली ने ज़ियाद को जो पत्र लिखा था, मैं उसका एक अंश यहाँ दे रहा हूँः 'साद (अली के भेजे हुए ग़ुलाम) ने मुझसे कहा है कि तुमने उसके साथ बदसुलूकी की, उसे गालियाँ दीं और घमंड के साथ उसके माथे पर चोट की। रसूलल्लाह ने कहा है कि बड़ाई सिर्फ़ अल्लाह की होती है। उसे इंसान का ग़ुरूर पसन्द नहीं आता। उसने मुझसे यह भी बताया कि तुम्हारा दस्तरख़्वान लज़ीज़ और तरह-तरह के खानों से भरा होता है, और तुम हर रोज़ तेल का इस्तेमाल कर रहे हो। अगर तुम कुछ रोज़ रोज़े से रहते और अपनी कुछ चीज़ें ख़ैरात में देते तो तुम्हारा क्या चला जाता ?...क्या तुम यह चाहते हो कि तुम्हारे ग़रीब पड़ोसी, भिखारी, यतीम और बेवाएँ उपेक्षा के शिकार हों और तुम ऐयाशियों में लोटपोट होते रहो ?'[9]

ये सब बातें समाज के कमज़ोर तबक़ों और ख़ासकर ग़ैर-अरब मूलवालों से छिपी नहीं रह सकती थीं। इसके अलावा मुआविया ने जब इराक़ पर आख़िरकार वर्चस्व क़ायम कर लिया तो उमैया कुलीनों ने दमन के क़दम उठाए और समाज के इन तबक़ों से सख़्ती का व्यवहार किया। यह अन्तर उनको बहुत स्पष्ट दिखाई पड़ा होगा। इसके अलावा अली जब राजनीतिक हत्या के शिकार हो गए तो इसे अपने प्रतिद्वन्द्वी को ख़त्म करने के लिए उमैयों की साज़िश क़रार दिया गया। इन सबसे अली की छवि और चमकी और इस्लाम के बाहरी सर्वहारा ने उन्हें एक करिश्माई व्यक्तित्व समझा जिनके परचम

तले वे अन्यायी और अत्याचारी सरकार के ख़िलाफ़ लड़ सकते थे। इस तरह हम देखते हैं कि पहले उमैयों और फिर अब्बासियों के ख़िलाफ़ अधिकांश विद्रोहों का नेतृत्व या तो ख़ारिजियों ने या शियों ने किया। कर्बला की त्रासदी जिसमें अली की पहली पत्नी से पैदा उनके दूसरे बेटे हुसैन शहीद हुए, शिया आन्दोलन का केन्द्र बिन्दु बन गया। क़र्बला की इस त्रासदी पर यहाँ कुछ रौशनी डालना कुछ ग़लत नहीं होगा। जब हसन ने ख़िलाफ़त की बागडोर मुआविया को सौंप दी तो समझौते की शर्तों में एक शर्त यह थी कि मुआविया अपनी मृत्यु के बाद अगले ख़लीफ़ा का चुनाव मुसलमानों पर छोड़ देगा और कोई उत्तराधिकारी नियुक्त नहीं करेगा। मुआविया ने इस समझौते का उल्लंघन ही किया और मृत्यु से पहले सही-ग़लत तरीक़ों का इस्तेमाल करके उसने अपने बेटे मज़ीद को अपना उत्तराधिकारी बनाने का रास्ता तैयार कर दिया। इसका बहुत से यशस्वी मुसलमानों ने भारी विरोध किया जिनमें पैग़म्बर के कुछ सहाबा भी शामिल थे। लेकिन मुआवियाने लालच और दमन, दोनों का सहारा लिया। इस तरह कुछ लोगों को रिश्वत देकर इस क़दम को स्वीकार कराया गया तो दूसरों को डरा-धमकाकर ख़ामोश कर दिया गया। कहा जाता है कि मुआविआ ने ही हसन को ज़हर दिलवाकर मरवा डाला था। उसने अपने बेटे मज़ीद को राय दी कि वह हुसैन और अब्दुल्लाह बिन ज़ुबैर के साथ होशियारी से पेश आए; ज़ुबैर ख़ुद ख़लीफ़ा जैसे ऊँचे पद के इच्छुक थे। पर लगता है मज़ीद ने अपने पिता की राय नहीं मानी।

मज़ीद जब अपने पिता के तख़्त पर बैठा तो नौजवान था और उसे अपने पिता द्वारा छोड़ी गई विशाल सल्तनत के मुआमले सँभालने का कोई तजरबा नहीं था। मुआविया एक चालाक राजनीतिज्ञ था और ज़रूरत पड़ने पर ही दमन का सहारा लेता था। पहले वह लोभ और चाल के द्वारा दुश्मन को तोड़ने की कोशिश करता, और जब एकदम आवश्यक होता तभी चोट करता था। मुआविया को अपनी सल्तनत खड़ी करने के लिए अनथक मेहनत करनी पड़ी थी जबकि वह मज़ीद को तश्तरी में रखकर उपहार में मिली। इसके अलावा वह बचपन से अपनी चारों तरफ़ दौलत देखता और ऐयाशी में लोटपोट होता आया था। अपना अधिकांश समय वह शराब और शबाब के बीच गुज़ारता था, और शराबी के रूप में बदनाम हो चुका था। स्वाभाविक था कि विरोधियों से निपटने की परिपक्वता और बुद्धिमत्ता न होने के कारण वह सीधे अधीनता की माँग करता था। उसने मदीना के सूबेदार वलीद बिन उत्बा को लिखा कि हुसैन, अब्दुल्लाह बिन ज़ुबैर और दूसरों से बैयत (वफ़ादारी का प्रण) कराए। उन्होंने बेशक इनकार कर दिया और मदीना छोड़ मक्का चले गए। हुसैन मदीना को अलविदा कहकर अपने परिवार के साथ मक्का आ गए। वे मदीना में रहने के नतीज़ों से बख़ूबी वाक़िफ़ थे। इस बीच उन्हें कूफ़ा से अपने समर्थनों के अनेक पत्र मिले जिन्होंने उनको वहाँ आने और मज़ीद के ख़िलाफ़ अपना नेतृत्व करने का निमन्त्रण दिया था। उमैयों के ज़ुल्म और शोषण बढ़ रहे थे। उमैया राज्य की राजनीतिक प्रकृति पूरी तरह उलट चुकी थी। मज़ीद उस पीढ़ी का था जिसने पूरे अरब प्रायद्वीप में फैल जानेवाली इस्लामी क्रान्ति में भाग

नहीं लिया था और न यह जानना चाहता था कि यह क्या बला थी। वह एक ग़ैर मुल्क (अर्थात् सीरिया) में पला-बढ़ा था जहाँ क़ैसरी (सीज़र की) परम्पराएँ जड़ें जमा चुकी थीं। इसी तरह का एक ऐशपसन्द लड़का अब हुक्मरान बन बैठा। अली का समझौताविहीन और कठोर सिद्धान्तनिष्ठ व्यवहार कूफ़ावालों के ज़ेहनों में अभी भी ताज़ा था। अब वे वैसी ही हुकूमत के लिए तड़प रहे थे। हसन की मृत्यु हो चुकी थी और हुसैन अब अली के घराने के मुखिया थे। इसके अलावा वे मज़ीद को मुसलमानों का वैध ख़लीफ़ा मानने से सख़्ती से इनकार करते आ रहे थे। इसलिए कूफ़ा के लोगों ने उन्हें ख़त लिखकर मज़ीद के ख़िलाफ़ नेतृत्व करने का आग्रह किया। दिलचस्प बात यह है कि अब्दुल्लाह बिन ज़ुबैर को मज़ीद-विरोधी विद्रोह का नेतृत्व करने का निमन्त्रण किसी कूफ़ावासी ने नहीं दिया जो मज़ीद की वैधता को मानने से इनकार करते आए थे और मदीना छोड़ चले गए थे। उन्हें पता था कि अब्दुल्लाह एक महत्त्वाकांक्षी व्यक्ति हैं और तख़्त मिलने पर बेरहम हुक्मरान साबित होंगे। दूसरी ओर वे जानते थे कि हुसैन अपने पिता की तरह एक सिद्धान्तप्रेमी व्यक्ति थे और अगर उन्हें ख़लीफ़ा बनाया गया तो वे इस्लामी हुकूमत फिर क़ायम करेंगे।

कूफ़ा के लोगों ने हुसैन को नेतृत्व पर आमादा करने के लिए अनगिनत पत्र लिखे, पर हुसैन कुछ और निश्चिन्त होना चाहते थे और इसलिए उन्होंने कूफ़ा के हालात का जायज़ा लेने के लिए अपने निजी दूत मुस्लिम बिन अक़ील को भेजा। कूफ़ा के लोगों ने मुस्लिम का गर्मजोशी से स्वागत किया और बड़ी तादाद में उनके गिर्द जमा होकर हुसैन से वफ़ादारी जताने लगे। मुस्लिम ने हुसैन से इसी के मुताबिक़ बातें कीं। मक्का में हुसैन का रहना एकदम सुरक्षित नहीं था। मज़ीद के आदमी चारों तरफ़ मँडरा रहे थे। इसलिए अपने दूत मुस्लिम का ख़त पाने के बाद हुसैन ने मक्का छोड़ दिया हालाँकि उनके बहुत से शुभचिन्तकों ने इसके ख़िलाफ़ राय दी। उन्होंने अपने परिवार को पीछे नहीं छोड़ा। शायद हुसैन को अहसास हो चुका था कि मज़ीद न तो उन्हें छोड़ेगा न उनके परिवार को। उन्होंने सोचा होगा कि अगर कूफ़ा के लोग उनके गिर्द लामबन्द हो गए तो उन्हें सुरक्षित आश्रय मिल जाएगा। पर ऐसा नहीं हुआ। मज़ीद को जब कूफ़ा की गतिविधियों के बारे में ख़बर मिली तो उसने अपने भरोसेमन्द सूबेदार उबैदुल्लाह बिन ज़ियाद को स्थिति को सँभालने की हिदायत भेजी। उबैदुल्लाह बेहद बे-उसूल और बेरहम हाकिम था। उसने कूफ़ा के लोगों को डरा-धमकाकर झुका लिया और हुसैन के निजी दूत मुस्लिम बिन अक़ील की हत्या करा दी। हुसैन को यह ख़बर कूफ़ा के रास्ते में मिली, पर वापस लौटने का वक़्त निकल चुका था। कूफ़ा में हुसैन के प्रवेश को रोकने के लिए उबैदुल्लाह ने एक दस्ता भेजा। हुसैन की यह दलील बहरों के कानों में पड़ी कि वे कूफ़ावालों के निमन्त्रण पर आए थे। कुछ दिनों के बाद कूफ़ा से और भी दस्ते आ पहुँचे तथा उन्होंने हुसैन और उनके साथवालों के चारों तरफ़ घेरा डाल दिया। हुसैन के साथ समर्पित अनुयायियों का एक छोटा सा समूह मात्र था। ये लोग संख्या में कुल 72 थे, और उनमें अनेक तो उनके रिश्तेदार थे। लेकिन संख्या में निराशाजनक सीमा तक कम

होने के बावजूद हुसैन ने दीनभाव से समर्पण करने की बजाय मृत्यु को तरजीह दी। वे मज़ीद से वार्ता के लिए तो तैयार थे, पर उन्होंने उसके पिट्ठू उबैदुल्लाह बिन ज़ियाद का वफ़ादार बनने से इनकार कर दिया। एक ओर हुसैन और उनके अनुयायियों तथा दूसरी ओर इब्न-ज़ियाद की फ़ौजों के बीच टकराव हुआ। यह हिजरी साल 61 में मुहर्रम* माह की दसवीं तारीख़ (10 अक्तूबर, 680 ईस्वी) की बात है। हुसैन और उनके अनुयायी मारे गए।

ज़ाहिरा तौर पर यह एक मामूली वाक़िया था—राज्य की शक्तिशाली सेना और थोड़े से विद्रोहियों के बीच एक टकराव था। लेकिन इससे जुड़े मुद्दे बहुत गहरे थे और यह वाक़िया इस्लाम के इतिहास में एक मोड़ बन गया। बाद के विकासक्रमों की दृष्टि से इसका विश्लेषण बहुत महत्त्व रखता है। प्रोफ़ेसर निकल्सन कहते हैं: 'उमैयों के पास कर्बला के दिन पर पछताने के लिए सचमुच बहुत से कारण थे। इसने शियों को एक जंगी नारा—'हुसैन का इन्तक़ाम'—दिया जो हर तरफ़ कुबूल किया गया, ख़ास तौर पर फ़ारस के मवालियों द्वारा जो अरबों के जुए से मुक्ति पाने के लिए तड़प रहे थे। शियों से उनका जुड़ाव—कुछ बरस बाद वे हज़ारों की तादाद में मुख़्तार के परचम तले जमा हो गए—बहुत अधिक ऐतिहासिक महत्त्व की घटना थी।'[10] जैसाकि कहा गया है, उमैयों ने वैध ख़लीफ़ा से सत्ता हथियाई थी। (यहाँ वैधता की चर्चा ऐतिहासिक अर्थ में नहीं की जा रही है; यहाँ यह मात्र इस सुस्थापित परम्परा के लिए है जिसके अनुसार मुहम्मद के बाद कम-से-कम कुछ प्रमुख मुसलमानों से सलाह-मशविरा करके ख़लीफ़ा नियुक्त किया जाता था और इस पद को ख़ानदानी नहीं माना जाता था।) इसके अलावा उमैयों के लिए ख़लीफ़ा जैसे गरिमामय पद का कोई धार्मिक या वैचारिक अर्थ नहीं रह गया था; वे इसे राजनीतिक दृष्टि से देखते थे। इसका मतलब था अपने को ऐसे दायित्वों से मुक्त कर लेना जो इस्लाम ने उन पर आयद किए थे, जैसे क़ौम, नस्ल वग़ैरह का भेद किए बिना सभी ईमानवालों से बराबरी का व्यवहार करना। हुसैन ने यज़ीद को चुनौती दी तो इसलिए नहीं कि वे खुद सत्ता के भूखे थे (सुस्थापित शासक के साथ आख़िरी फ़ैसले के लिए तैयार एक विद्रोही अपने परिवार और दुधमुँहे बच्चों के साथ दुश्मन के जाल में फँसने नहीं जाएगा) बल्कि कुछ सिद्धान्तों के लिए उन्होंने ऐसा किया, हालाँकि हो सकता है सत्ता पाने का उद्देश्य एक सिरे से ग़ायब न रहा हो। लेकिन अपनी हताश स्थिति के बावजूद उबैदुल्लाह बिन ज़ियाद जैसे एक बे-उसूल सूबेदार के सामने सर झुकाने से इनकार करने से उनकी छवि और निखरी। वे स्वाभाविक था कि उमैयावंश के विरोधियों के लिए लामबन्दी का केन्द्र बन गए।

सही तौर पर तर्क दिया जा सकता है कि हुसैन ने खुद को दुश्मनों के हाथों में सौंप दिया और एक बुरे रणनीतिज्ञ साबित हुए। इस तर्क में काफ़ी सच्चाई दिखाई देती है। वे शायद अपने दुश्मन की अगली चालों को भाँपने में नाकाम रहे और इस तरह उनके

*मुस्लिम वर्ष का पहला महीना।—अनुवादक।

जाल में जा फँसे। लेकिन यह बात भी कही जा सकती है कि अपने पिता अली की तरह वे सिद्धान्तहीन राजनीति में रुचि नहीं रखते थे तथा इस कारण सही रणनीतियाँ तय करने और चाल से काम लेने की कुछ ख़ास चिन्ता नहीं करते थे। यहाँ अब्दुल्लाह बिन ज़ुबैर से उनके चरित्र की तुलना की जा सकती है। चूँकि अब्दुल्लाह बिन ज़ुबैर इस उच्च राजनीतिक पद के लिए प्रयत्नशील था, उसने मुआमले को कगार तक नहीं पहुँचाया और सावधानी से अपनी रणनीतिक योजनाएँ बनाता रहा जब तक कि दुश्मन से उसका टकराव नहीं हुआ, हालाँकि आख़िरकार वह हार गया। हालाँकि इब्न-ज़ुबैर काफ़ी लम्बे समय तक मुक़ाबले में रहा और उसने कुछ अहम केन्द्रों पर कब्ज़ा तक किया, पर दुनिया-ए-इस्लाम पर वह कोई स्थायी प्रभाव नहीं छोड़ सका क्योंकि वह शुद्ध रूप से सत्ता के लिए लड़ रहा था। दूसरी ओर हुसैन भले ही एक बुरे रणनीतिज्ञ रहे हों और एक दिन भी मुकाबले में न ठहर सके हों, पर उनकी शहादत ने उमैया सल्तनत को हिलाकर रख दिया। इसके अलावा शियों ने जब गम्भीरता से सत्ता पाने का प्रयास किया तो उन्होंने बहुत सावधानी से गुप्त आन्दोलनों का संगठन किया। माँटगुमरी वाट कहते हैं: 'शियों के विद्रोह अधिकतर पूरी ख़िलाफ़त पर या उसके किसी अच्छे-ख़ासे भाग पर नियन्त्रण पाने के गम्भीर प्रयास थे। ऐसे प्रयासों की सावधानी से तैयारी करनी पड़ती है और इसलिए 'भूमिगत' योजनाबन्दी शिया आन्दोलन की एक विशेषता थी। कूफ़ा इसका प्रमुख केन्द्र था। वहाँ 671 (ईस्वी) में उमैयों के खिलाफ़ एक शिया विद्रोह हुआ; 680 में ख़िलाफ़त छीनने की अल-हुसैन ने नाकाम कोशिश की जिसके लिए उन्हें कूफ़ा के लोगों ने प्रोत्साहित किया था मगर आख़िर में साथ नहीं दिया था; कूफ़ा में 684 में तथाकथित पश्चात्तापियों ने एक असफल विद्रोह किया (इनके पास ध्यान दें कि चार हज़ार लोग थे); इस विद्रोह के बचे-खुचे तत्त्वों से और दूसरे स्रोतों से अल-मुख़्तार ने 685 में एक फ़ौज जमा की जिसके बल पर कूफ़ा और आसपास के क्षेत्रों पर साल-भर से अधिक समय तक उनका नियन्त्रण रहा।'[11]

उमैया सल्तनत के लिए सबसे गम्भीर चुनौती मुख़्तार के विद्रोह से पैदा हुई जिसने राजनीतिज्ञ उद्देश्य के लिए हुसैन को शहीद किए जाने को व्यवस्थित ढंग से बेनक़ाब किया। मुख़्तार ने उस हमदर्दी का भरपूर फायदा उठाया जो हुसैन के लिए ग़ैर-अरब मवालियों में पाई जाती थी जो अरबों से अपने असमान सम्बन्ध से असन्तुष्ट थे। अरब भी उन्हें अपमान-भाव से देखते थे। कामिल बिन आसिर के दर्ज किए हुए एक संवाद से यह बात स्पष्ट हो जाएगी। मुख़्तार के विरोधियों ने जब सहायता के लिए अब्दुर्रहमान अज़्दी से सम्पर्क किया तो जवाब मिला 'मेरी बात मानो तो उनके ख़िलाफ़ मत लड़ो।' उन्होंने पूछा 'क्यों नहीं ?' उसने कहा, 'इससे तुम बँट जाओगे। उस आदमी के साथ तुम्हारे अपने बहादुर और बेख़ौफ़ शहसवारों में ही यह शख़्स है और वह शख़्स है, और तुम्हारे ग़ुलाम और मवाली भी उसी तरफ़ हैं। वे आपस में एक हैं जबकि तुम अपने दुश्मनों से जितनी नफ़रत करते हो, तुम्हारी मवाली तुमसे उससे भी अधिक नफ़रत करते हैं। याद रखो, वे तुम्हारे ख़िलाफ़ अरबों जैसी बहादुरी और अजमी (ईरानी, ग़ैर-अरब)

दुश्मनी के साथ लड़ेंगे।'[12] इस तरह स्पष्ट है कि ग़ैर-अरब और ख़ासकर गुलाम और मवाली मुख़्तार के साथ थे। यह भी दिलचस्प बात है कि मुख़्तार का झुकाव भी इन्हीं मवालियों की तरफ़ था। उमैया हुकूमत का वर्गीय ढाँचा ऐसा था कि अरब और ख़ासकर कुरैश क़बीले के अरब शासकवर्ग थे। इसलिए वे कुल मिलाकर हुकूमत के ख़िलाफ़ नहीं थे। (अपवाद सिर्फ़ अब्दुल्लाह बिन ज़ुबैर जैसे लोग थे जिनके संकीर्ण हित पूरे नहीं हो सके थे।) किसी क्रान्तिकारिया विद्रोही आन्दोलन के लिए सिर्फ़ ग़ुलामों या मवालियों पर भरोसा किया जा सकता था। एक अन्य स्थान पर इब्न आसिर ने मुख़्तार व एक अरब अमीर (कुलीन) का संवाद दर्ज किया है और जिससे यह बात बहुत स्पष्ट हो जाती है। लिखते हैं: "...अरब उमरा (कुलीनजन) शबास बिन रबीअ के गिर्द जमा हो गए और कहा, 'मुख़्तार हमारी रज़ामन्दी के बिना हम पर हुकूमत करता रहा। उसने अपने मवालियों के लिए तकलीफ़ें उठाईं, उन्हें घोड़ों पर सवार करा दिया और हमारी दौलत उनमें बाँट दीं।' इस पर उनके नेता शबास ने कहा, 'मुझे उससे (मुख़्तार से) बातें कर लेने दो।' फिर वह मुख़्तार के पास गया तथा उसके और उसके सहयोगियों के बीच जो भी बातें हुई थीं, उसके सामने एक-एक करके रख दीं। उसने जो भी बात मुख़्तार से कही, उसने उसी पर हाँ कर दी। इस तरह मुख़्तार ने उनकी सारी माँगें मान लीं। तब शबास ने उससे मवालियों की और उनके बीच धन बाँटने की बात की। जवाब में मुख़्तार ने कहा, 'अगर मैं तुम्हारे मवालियों को छोड़ दूँ और सरकारी खज़ाना तुम्हारे लिए वक़्फ़ कर दूँ तो क्या तुम लोग मेरे साथ मिलकर उमैयों और इब्न ज़ुबैर के ख़िलाफ़ लड़ोगे ? और मुझे भरोसा दिलाने के लिए अल्लाह की क़सम खाओगे ?' शबास ने कहा कि वह अपने साथियों से बात करना चाहेगा और वे जो कुछ सोचते हैं, उसकी ख़बर भिजवा देगा। शबास वापस चला गया और फिर वापस नहीं आया।"[13] इस तरह हम समझ सकते हैं कि क्यों मुख़्तार मवालियों और ग़ुलामों पर भरोसा करता था जो उस समाज के 'सर्वहारा' थे। उनकी भागीदारी के पैमाने को इस तथ्य से समझा जा सकता है कि दुश्मन के ख़िलाफ़ लड़ने के लिए मुख़्तार के भेजे हुए एक दस्ते में 2,300 मवाली और सिर्फ़ 300 अरब थे। लेकिन आख़िर मुख्तार हार गया और मार डाला गया। शियों का बहुत बुरी तरह दमन किया गया। इब्न आसिर कहते हैं कि अनेक मुआमलों में उनके हाथ-पाँव काट डाले गए, वे अन्धे कर दिए गए और पेड़ों से लटका दिए गए। मुख़्तार के क़ैद किए गए फ़ौजियों में भी अरब तो बख़्श दिए गए पर सारे मवालियों के सर काट लिये गए।[14]

मुख़्तार की शिकस्त से आन्दोलन को सिर्फ़ वक़्ती धक्का लगा। हम यह भी देखते हैं कि इस्लामी हुकूमत, जो धार्मिक सिद्धान्तों पर आधारित मानी जाती थी, दमन और वर्गीय शासन का साधन बन गई। अब तक यह नौकरशाही के एक विशाल तन्त्र और एक पुलिस-राज्य का रूप ले चुकी थी जो अपने दुश्मनों का गिन-गिनकर सफाया कर रही थी। पैग़म्बर मुहम्मद के जीवनकाल में फ़ौज तक स्वयंसेवी भागीदारों पर आधारित होती थी, और उस आरम्भिक काल में विरोधियों का व्यवस्थित दमन नहीं किया जाता

था। राजनीतिक नियन्त्रण छीनने के लिए मुआविया ने धीरे-धीरे अपनी सरकार के लिए आवश्यक दमनतन्त्र का निर्माण करना शुरू किया। इसके अलावा, चूँकि वह सीरिया का सूबेदार था, बैजन्तीन का मॉडल उसके ख़ूब काम आया। विदेश-विजय के कारण तथा इस्लामी हुकूमत के दायरे में विदेशी जनता के आने के कारण अरबों की निगाह में अपना शासन बनाए रखने के लिए दमन अपरिहार्य हो गया। साथ ही, उन दिनों कार्यरत ऐतिहासिक शक्तियों के कारण अरब समाज में लोकतन्त्र के जो भी अवशेष बचे होंगे और जो इस्लामी व्यवस्था के अंग बने होंगे, इस्लामी सल्तनत जैसी विशाल व्यवस्था में काम नहीं आ सकते थे। विभिन्न सामाजिक, राजनीतिक और सांस्कृतिक व्यवस्थाओंवाले विविध जनगण के बीच इस्लामी व्यवस्था काम कर सकेगी, इसकी आशा करना भी कल्पना की उड़ान होता। जीवन की कठोर वास्तविकताओं के आगे आदर्शों की बलि दे दी गई और जो कुछ पैदा हुआ वह था राज्य का एक दमनतन्त्र—इस्लाम की घोषणाओं की ठीक उलट। अपना नियन्त्रण बनाए रखने के लिए उमैयों ने और भी दमन का सहारा लिया और इसके कारण वे अलोकप्रिय होते गए जिनके विरोध में एक भूमिगत विरोध आन्दोलन पैदा हुआ।

यह बात ध्यान देने की है कि जिन अरबों ने उमैया शासकों के खिलाफ प्रतिरोध आन्दोलन का नेतृत्व किया उन्हें अपने ग़ैर-अरब शासकों से वादा करना पड़ा कि सत्ता में उन्हें एक वैध भाग दिया जाएगा तथा मुसलमानों के रूप में उनके हितों और अधिकारों की रक्षा की जाएगी। दूसरे शब्दों में, उन्हें एक समान स्थिति की बात माननी पड़ी जिसकी इस्लाम ने सिद्धान्ततः घोषणा की थी। उमैया हुकूमत को उखाड़ फेंकने के लिए अब्बासियों ने (जो पैग़म्बर के चचा अब्बास के वंशज थे) शियों से हाथ मिला लिया तथा प्रचारकों का एक भूमिगत जाल तैयार कर लिया, ख़ासकर फ़ारस में। अबू मुस्लिम खुरासानी उनके प्रमुख प्रचारक थे। चूँकि वे खुद ग़ैर-अरब थे और फ़ारस के थे, वे अपनी जनता का विश्वास आसानी से जीत सकते थे। अब्बासी बहुत होशियार लोग थे और उनमें सावधानी, चालबाज़ी और दुनियावी अक़्लमन्दी जैसे गुण पाए जाते थे जो राजनीतिक षड्यन्त्र में विजय सुनिश्चित करते हैं। उन्होंने अपने प्रचारकों को हिदायत दे रखी थी कि अब्बास और अली के साझे पूर्वज हाशिम के नाम पर प्रचार करके शियों को साथ लाएँ हालाँकि गुप्त रूप से उनका इरादा अली के समर्थकों का पास पलट देने का था। ज़ाहिर तौर पर अब्बास और अली के वंशज मृत सागर के दक्षिण में स्थित, दूरदराज़ के एक नगर हुमैमा में असांसारिक जीवन बिता रहे थे, पर वास्तव में सीरिया से तीर्थयात्री जिस राह से होकर मक्का जाते थे उसके क़रीब होने के कारण यह नगर इस्लाम के दूरदराज़ के इलाक़ों से सम्पर्क के अवसर पेश करता था। इस केन्द्र से उन्होंने पूरी-पूरी कुशलता के साथ अपना प्रचार-कार्य चलाया।

इसके अलावा, जैसाकि कहा गया है, उन्हें ख़ूब पता था कि उनके उमैया-विरोधी प्रचार के लिए सबसे उपजाऊ क्षेत्र खुरासान था जो पहले के फ़ारसी साम्राज्य का एक लम्बा-चौड़ा पूर्वोत्तर सूबा था। प्रोफ़ेसर निकल्सन लिखते हैं: 'ये इलाक़े एक बहादुर और

पुरजोश जनगण से आबाद थे जो उमैयों की निरंकुशता के कारण अपने असह्य कष्टों के कारण, अपने घरों की बरबादी के कारण तथा वे जिस लगभग दास जैसी स्थिति में पहुँचा दिए गए थे उसके कारण वे किसी भी ऐसे हताश उद्यम में शामिल होने को तैयार थे जो उन्हें राहत की आशा दिलाए। इसके अलावा ख़ुरासान के अरब पहले ही काफ़ी बड़ी हद तक फ़ारस के रंग में रँग चुके थे : उनकी फ़ारसी बीवियाँ थीं, वे शलवार पहनते, शराब पीते और नौरोज़ व मेहरगान के त्योहार मनाते थे, जबकि उनके बीच फ़ारसी भाषा आमतौर पर समझी, बल्कि बोली भी जाती थी।'[15] उनकी कार्यपद्धति का हवाला देते हुए वे कहते हैं: 'कूफ़ा से आरम्भ करके, जहाँ पूरे आन्दोलन को संचालित करनेवाले मुख्य अगुवा का निवास स्थान था, वे सौदागरों या तीर्थयात्रियों के भेष में हर दिशा में आते-जाते रहे, और उन्होंने अपने उसूलों को होशियारी के साथ उन लोगों की अक़्ल के स्तर के मुताबिक़ ढाला जिनको वे भर्ती करना चाहते थे। शियों की ही तरह उन्होंने 'पैग़म्बर के घराने के लिए' प्रचार-कार्य किया : यह एक ऐसी दो-अर्थी अभिव्यक्ति थी जो अली और अब्बास के वंशजों पर एक समान लागू हो सकती थी...निश्चित ही अब्बासियों के लिए यह सुनिश्चित करना परम-आवश्यक था कि वे शियों के शक्तिशाली संगठन पर भरोसा कर सकें, जो मुख़्तार के नेतृत्ववाले असफल विद्रोह के समय से ही बड़ी तादाद में फ़ारस के मवालियों को अपनी क़तारों में ला चुका था।'[16]

इस तरह ऐसे प्रचार और श्रमसाध्य सांगठनिक कार्य के द्वारा इन गुप्त संगठनों ने उमैया के ख़िलाफ़ मौजूद विस्फोटक स्थिति का पूरा-पूरा फ़ायदा उठाया। उन्होंने इस क़दर प्रगति की कि उस सूबे के सूबेदार नस्र बिन सय्यार को ख़लीफ़ा मारवन के नाम ख़त लिखकर बतलाना पड़ा कि दो लाख लोग अब्बासियों के मुख्य दाई (प्रचारक) अबू मुस्लिम से वफ़ादारी का हलफ़ ले चुके हैं और इसलिए वह फ़ौरन कुमुक भेजे। ख़त के आख़िर में उसने ये मिसरे जोड़े :

जलती लकड़ी के नीचे मैं देख रहा हूँ
कोयले की वो लाल दहक जो अब भड़की, तब भड़की !
लक्कड़ के टुकड़ों को रगड़ें, आग जलेगी
और लफ़्ज़ों से पैदा जंगें भी होती हैं।
आह उमैयों का ये घर क्या अब जाग रहा है या सोया हुआ है ?
दुख से और हैरानी से मैं चीख़ रहा हूँ।[17]

इससे भी बुरी बात यह थी कि ख़ुरासान की अरब फ़ौजें क़बीलाई भेदों से बँटी हुई थीं जो उमैयों के पतन का एक और संकेत था। इसी शायर ने ख़ुरासानियों का वर्णन यूँ किया था: 'मज़हब या शराफ़त से ख़ाली एक मिली-जुली असभ्य भीड़ जिनका एकमात्र पाए है : अरबों की मौत।' फिर साबित हुआ कि यह कोई अतिशयोक्ति नहीं

थी। बग़ावत जब फूटी तो अरब कोई भेदभाव किए बिना काट डाले गए; यहाँ तक कि अरबों की फ़ारसी बीवियों ने भी अपने शौहर के क़त्ल में अपने क़ौमवालों का साथ दिया। इससे इस बात का अन्दाज़ा होता है कि इन फ़ारसवालों के दिलों में उनके अरब मालिकों के ख़िलाफ़ कितनी नफ़रत भरी हुई थी। यह बग़ावत 9 जून, 747 ईस्वी को शुरू हुई जब कर्व के पास शिक़दंज में अबू मुस्लिम ने अब्बासियों का काला परचम लहराया; उसने कुछ माह बाद इस नगर पर कब्ज़ा भी कर लिया। जैसाकि कहा गया है, खुद अरब एकजुट नहीं थे। मुदार और यमन के पुराने झगड़े ने भी सर उठाया। जहाँ उत्तरी समूह उमैयों का वफ़ादार बना रहा वहीं यमनी नस्लवाले कमोबेश बाग़ियों के साथ आ मिले। जो भाग खड़े हुए उनमें उमैयों का लगभग हर सदस्य मारा गया; भागनेवाले भी बहुत नहीं थे। इस तरह अब्दुल अब्बास अल-सफ़्फ़ा के ख़लीफ़ा बनने के साथ 749 ईस्वी में अब्बासी राज्य स्थापित हुआ। आख़िर उमैयों को अपनी ज्यादतियों की क़ीमत चुकानी ही पड़ी।

फ़ारसवालों में क्रान्ति ने जो नई आकांक्षाएँ जगाईं उन्हें ध्यान में रखकर अब्बासियों ने दमिश्क़ की बजाय बग़दाद को अपनी राजधानी बनाया। यह नगर सासानियों की पुरानी राजधानी तेसीफोन के क़रीब था। राज्य की नौकरशाही में फ़ारसवालों को भी कुछ भाग मिला जिससे वे पहले वंचित रखे गए थे। अब वज़ीर का बारमेकियों के हाथों में आ गया जो फ़ारसी मूल के थे। (कहा जाता है कि बारमेकी मूलतः अफ़गानिस्तान में आज के काबुल के पास किसी जगह किसी बौद्ध विहार से जुड़े हुए थे।) लेकिन ये रियायतें बहुत अधिक नहीं थीं तथा अरबों और फ़ारसियों का शुभ-विवाह पचास साल से अधिक नहीं चला। जैसाकि कहा गया है, उमैया सल्तनत को उखाड़ फेंकने के लिए अब्बासियों ने शियों से हाथ मिलाए थे। लेकिन यह एक राजनीतिक चाल से अधिक कुछ भी नहीं था। वे जल्द ही अपने भूतपूर्व सहयोगियों के ख़िलाफ़ हो गए तथा उनका दमन करने लगे। लेकिन शियों का एक फ़िरका, जो इस्माइली कहलाता था, अपनी शुद्ध सांगठनिक प्रतिभा के कारण पश्चिमी अफ़्रीका में अपनी हुकूमत क़ायम करने में कामयाब रहा। फिलिप के. हित्ती कहते हैं: 'इस्लामी दुनिया ने राजनीतिक धार्मिक प्रचार के जो तरीक़े देखे हैं, इस्माइलियों ने उनमें सबसे सूक्ष्म और प्रभावशाली एक तरीक़े का सहारा लिया। वे पीछे हटकर जहाँ पहुँच चुके थे उन जगहों से वे मुस्लिम जगत् के हर भाग में मिशनरी भेजने लगे जो बातिन (अन्तर्तम, गूढ़) के सिद्धान्त का प्रचार करते थे। रूढ़िवादियों द्वारा बातिनी कहे जानेवाले इस असंगठित चिन्तन-सम्प्रदाय के अनुसार क़ुरआन की व्याख्या रूपकों की भाषा में की जानी चाहिए और धार्मिक सत्य का निश्चय एक ऐसे आन्तरिक अर्थ की खोज करके किया जा सकता है जिसका बाहरी रूप (ज़ाहिर) अनाड़ियों की निगाहों से उस सत्य को छिपाए रखने के लिए बस एक पर्दे जैसा होता है।'[18]

इसमें कोई शक नहीं कि यह इस्लाम का एक बिल्कुल अनोखा सम्प्रदाय था। हालाँकि उसने अपने सिद्धान्तों के विकास के लिए यूनानी स्रोतों का भारी उपयोग किया,

मगर यह यूनानी चिन्तन का यान्त्रिक अनुकरण नहीं, रचनात्मक उपयोग था। अब्बासी सल्तनत के उत्थान-काल में ढेरों ज़ायद (सरप्लस) उपलब्ध थी जिसका उपयोग अकादमिक कार्यों में लगने के लिए किया जा सकता था, और निश्चित ही अब्बासियों ने ऐसी साहित्यिक गतिविधियों को भारी बढ़ावा दिया। इस्लाम पूर्व-काल से ही अर्ध-घुमक्कड़ होने या व्यापार में लग जाने के कारण अरब किसी दार्शनिक प्रणाली या चिन्तन-सम्प्रदाय का विकास नहीं कर सके थे। मज़हबे-इस्लाम उनकी सबसे बड़ी उपलब्धि थी। वे सिर्फ़ एक किताब का दम भर सकते थे और वह किताब **क़ुरआन** थी। चूँकि **क़ुरआन** धार्मिक मार्गदर्शन की पुस्तक थी और उन लोगों को सम्बोधित थी जो सुसंस्कृत होना तो दूर, सुशिक्षित भी नहीं थे, उसकी भाषा आसान थी जो आसानी से समझ में आती थी। उसमें दार्शनिक सूक्ष्मताओं से बचा गया था। इसके अलावा यह अरबों को सम्बोधित थी जो बेहद व्यावहारिक लोग थे। इस कारण उसका सामान्य दृष्टिकोण बाह्यमुखी था। अब हालात पूरी तरह बदल चुके थे। इस्लाम का शक्ति-केन्द्र अब मक्का या मदीना नहीं था। दमिश्क़ के बाद अब यह बग़दाद पहुँच चुका था। मुसलमानों के पास भारी दौलत थी जो तरह-तरह के कामों पर ख़र्च की जा सकती थी। मक्का और मदीना में तथा चारों तरफ़ के रेगिस्तान में समस्या यह थी कि मुसलमानों को भोजन कैसे मिले। दूसरी कोई बात सोची भी नहीं जा सकती थी। दर्शन, दलित कलाएँ, मानव-मन के अन्तर्तम में झाँकने की कोशिशें—ये सब उस चरण में शुद्ध ऐयाशियाँ थे जिनका बोझ मुसलमान नहीं उठा सकते थे। **क़ुरआन** तो शायरों तक की निन्दा करता है तथा कहता है कि शायरी जैसे 'व्यर्थ' की कला मात्र ध्यान भटकाना है। मक्का में और मदीना में भी मुसलमानों की ऊर्जा जब इस्लाम की जड़ें मज़बूत बनाने, उसे फैलाने या दुश्मनों से उसकी हिफ़ाज़त करने पर केन्द्रित थीं तब वक़्तगुज़ारी के ऐसे आनन्ददायी काम घोर 'निन्दनीय' थे। विदेश-विजय के बाद मुसलमानों को जब अभूतपूर्व सम्पत्ति मिली तो पिछली बाधाएँ अब लागू नहीं रह सकती थीं। उमैया जब सत्ता में आए तब तक मुसलमानों के पास प्रचुर धन जमा हो चुका था जो और अधिक विजयों के कारण बढ़ता ही गया। उनकी सत्ता का केन्द्र सीरिया में दमिश्क़ था जो तब तक यूनानी संस्कृति का एक केन्द्र था। लेकिन बैजन्तीनी अभिजात वर्ग के वर्चस्व से घोर नफ़रत करनेवाली स्थानीय जनता ने इस संस्कृति को कभी आत्मसात् नहीं किया। इसलिए अरब इसे आत्मसात् करेंगे, उसका सवाल ही पैदा नहीं होता था। इस कारण उमैयों ने अपनी क़ौमी संस्कृति को फिर से बढ़ावा दिया जो जाहिलिया दौर की थी अर्थात् इस्लाम-पूर्व मूल की थी। इस्लाम ने उस संस्कृति की भर्त्सना की थी, उन्होंने इस तथ्य की चिन्ता नहीं की। यही उनका वांछित पदार्थ था। उन्होंने ताहिलिया शायरी का बड़े ज़ोर-शोर से पुनरुत्थान किया। वास्तव में यह फ़ुरसतयाफ़्ता शासक वर्ग का पसन्दीदी वक़्तगुज़ार बन गया। ख़ुद अरब कभी दर्शन या दूसरे उच्चतर सांस्कृतिक कार्यकलापों की ओर नहीं मुड़े। क़ुरआन का यूनानीकरण नहीं हुआ।

लेकिन अब्बासी ख़िलाफ़त का उद्गम बिल्कुल भिन्न था। यह विदेशी क्षेत्रों पर

बाहरी लोगों की विजय का परिणाम नहीं था बल्कि फ़ारसवालों की सहायता से अरबों के एक भाग ने दूसरे भाग से राजनीतिक सत्ता छीनी थी। इसके कारण इस्लाम का शक्ति-केन्द्र दमिश्क़ से हटकर बग़दाद पहुँच गया था। (दमिश्क़ का मतलब सीरियाई समाज था जो इस्लाम के लिए अजनबी नहीं था क्योंकि इस्लाम ने अंशतः यहूदियत और अंशतः ईसाइयत से प्रेरणा ली थी जो सीरियाई समाज के लिए अजनबी नहीं थी, जबकि बग़दाद का मतलब ईरानी समाज था जो इस्लामी समाज के लिए अजनबी था।) केन्द्र का यह बदलाव इस्लामी सभ्यता के लिए मोड़ का पत्थर साबित हुआ। अब इस्लाम ने 'ईरानी रंग' विकसित किया। सांस्कृतिक दृष्टि से अब वह अपनी क़ौमी सरहदों तक सीमित नहीं रहा। अब उसका सार्वभौमीकरण होने लगा; इसी कारण से प्रोफ़ेसर टायनबी ने अब्बासी ख़िलाफ़त को इस्लाम का सर्वभौम राज्य कहा है। अरब ज्ञान-विज्ञान के बहुत शौक़ीन नहीं थे; ये कार्यकलाप फ़ारसी बुद्धिजीवियों के लिए ही छोड़ दिए गए। इन फ़ारसी बुद्धिजीवियों ने इस्लाम में ऐसा बहुत कुछ शामिल किया जो उसके लिए विजातीय था। यूनानी और भारतीय दर्शन सम्बन्धी अनेक पुस्तकों के अरबी अनुवाद कराए गए, और इस्लाम पर अब यूनानी और हिन्दू दर्शन का प्रभाव पड़ गया। ये उदार बुद्धिजीवी इस्लाम और उसकी शिक्षाओं को बुद्धि और तार्किक सूक्ष्मताओं के आधार पर परखने लगे। न्यायमूर्ति अमीर अली लिखते हैं : 'अपने अभिजात सामन्तों और कलाकारों से घिरे मामून ने सिकन्दरिया सम्प्रदाय की रचनाओं को नए सिरे से जमा किया और कुस्तुन्तुनिया के सम्राटों से अपने सम्बन्ध का उपयोग करके उसने एथेंस से प्राचीन यूनान की बेहतरीन दार्शनिक रचनाएँ प्राप्त कीं। जैसे ही वे बग़दाद लाई गईं, समर्थ विद्वानों ने उनके अनुवाद किए जो जनता के लिए जारी किए गए। यूनानी, सीरियाई और कैल्दी भाषाओं के अनुवाद का काम ल्यूक के पुत्र कोस्ता की, प्राचीन फ़ारसी से अनुवाद का काम याह्या बिन हारून तथा संस्कृत से अनुवाद का काम ब्राह्मण दूबन की निगरानी में हो रहा था। अध्ययन कि विशेष शाखाओं के विकास और प्रोत्साहन के लिए सुयोग्य आचार्यों के अन्तर्गत विशेष विभागों की स्थापना करके मौलिक अनुसन्धान और उत्पादन को भारी बढ़ावा दिया गया; शानदार वज़ीफ़ों की व्यवस्था करके लेखन-वृत्ति को प्रोत्साहित किया गया।[19] इस तरह हम देखते हैं कि उच्च ज्ञान-विज्ञान के क्षेत्र में जो कुछ उपलब्ध था उसे इस्लाम में समाविष्ट करने के व्यवस्थित प्रयास किए गए।

यूनानी दर्शन बुद्धिजीवियों का प्रिय विषय बन गया तथा इस्लाम के कई ऐसे पन्थ और उप-पन्थ पैदा हुए जो कम या अधिक सीमा तक उसे आत्मसात् कर रहे थे। नई दार्शनिक धारणाओं की रौशनी में अब स्वयं क़ुरआन की अलग-अलग व्याख्याएँ की जाने लगीं। अब यह प्रत्यक्ष ज्ञान पर ज़ोर देनेवाली एक सरल, व्यावहारिक और दोटूक भाषावाली पुस्तक नहीं रह गई। (इस्लाम-पूर्व काल की घुमक्कड़ अरब संस्कृति जैसी एक आदिम संस्कृति में हमेशा निश्चित ही बुद्धि की बजाय इन्द्रिय-प्रत्यक्ष पर ज़ोर दिया जाता है।) यूनानी सभ्यता के प्रभाव से उत्पन्न और बुद्धि पर ज़ोर देनेवाली इन नई

व्याख्याओं ने क़ुरआन को एक सूक्ष्म अर्थवाली जटिल पुस्तक बना दिया। मोतज़ला नाम से एक नया सम्प्रदाय अस्तित्व में आया। उसने सभी इस्लामी शिक्षाओं और विश्वासों पर बुद्धि के मानदंड लागू करने पर ज़ोर दिया। इसी कारण उसके सदस्यों को बुद्धिवादी कहा गया है। मोतज़लियों का हवाला देते हुए एच.ए.आर. गिब कहते हैं : 'इन विचारों ने अपने मताग्रही रुखों के पक्ष को स्थापित करने के लिए यूनानी तर्कशास्त्र की सहायता से नई अर्थशास्त्रीय प्रणालियों का विकास किया, और समय बीतने के साथ-साथ वे अधिकाधिक दिलेरी के साथ तत्त्वमीमांसा के क्षेत्र में आगे बढ़ते गए। वे अपने साथ रूढ़िवादी विद्वानों के एक भाग को लेकर कुछ दूर आगे बढ़े, पर ये विद्वान तब ठहर गए जब अतिवादी मोतज़ला इस्लामी सिद्धान्तों को यूनानी धारणाओं के साँचे में ढालने लगे और क़ुरआन की बजाय यूनानी तत्त्वमीमांसा से अपने धर्मशास्त्र को व्युत्पन्न करने लगे।'[20] कभी-कभी (यूनानी तर्कशास्त्र के प्रयोग की) ये प्रवृत्तियाँ इतनी अतिवादी हो जाती थीं कि 'यूनानी विचारों के खुले समुद्र और परम स्वतन्त्रता में गिरकर उनके विचार विस्फोट के कगार पर पहुँच जाते थे। तब एक जर्मन तत्त्वमीमांसा से भी अधिक सीमा तक साधारण जीवन की धरती से और उसकी बुद्धिसंगत सम्भावनाओं से उनका सम्पर्क कट जाता था और तब वे परिभाषाओं व हेत्वाभासों को अपने हथियार बनाकर परम सत्य की खोज में बेसहारा झूलने लगते थे।'[21]

यूनानी दर्शन और तर्कशास्त्र के इस सर्वव्यापी प्रभाव की दुनिया-ए-इस्लाम में प्रतिक्रियाएँ भी हुईं द्वन्द्ववादियों (मुतकल्लिमून) का एक वर्ग अस्तित्व में आया जो इस्लामी मताग्रहों के समर्थन के लिए यूनानी तर्कशास्त्र के इन्हीं हथियारों का उपयोग करते थे। नतीजा यह हुआ कि टीकाकार चाहे यूनानी दर्शन के साधनों के पक्ष में हो या विपक्ष में, क़ुरआन पर किसी भी टीका के लिए उन्हें आवश्यक माना जाना लगा। इसके बाद यूनानी दर्शन का सहारा लिए बिना क़ुरआन को समझा जाना बन्द हो गया। मौलाना अबुल कलाम आज़ाद कहते हैं: ''पैग़म्बर ने जिस तर्क-पद्धति का उपयोग किया था वह तार्किक दिखावे करना और सुननेवाले को भ्रम में डालना नहीं था (उन्होंने सीधे अपनी बात सुनाने के स्वाभाविक ढंग का उपयोग किया जो हर तरह के मन तक पहुँच सके और हर दिल को छू सके। लेकिन यूनान के दर्शनशास्त्र और तर्कशास्त्र से सम्मोहित टीकाकार शायद ही इस क़ाबिल रह गए थे कि वास्तविकता को उसके स्वाभाविक रूप में देख और समझ सकें। वे समझते थे कि द्वन्द्ववादी बनकर वे अपने पैग़म्बर की इज़्ज़त कर रहे हैं। उन्होंने अरस्तू के तर्कशास्त्र के ढाँचे में क़ुरआन को ठूँसकर उसकी महानता दिखाने की कोशिश की, और शायद ही यह बात समझी कि यह कभी उसका प्रमुख उद्देश्य नहीं था। नतीजा यह हुआ कि क़ुरआन की तर्क-पद्धति व सत्य दिखाने की पद्धति के सौन्दर्य और आकर्षण द्वन्द्ववादी वितंडों के जाल में फँसकर समाप्त हो गए।'[22] ख़ैर, जो भी हो, बदले हुए हालात में, क़ुरआन की शैली की सादगी और सीधापन ज़ारी नहीं रह सके। अब उसे व्यावहारिक प्रकृति के निरक्षर या अर्ध-साक्षर लोग प्रयोग में नहीं ला रहे थे। जैसाकि पहले एक अध्याय में कहा गया है, मक्का और मदीना के

अरब, जो आम तौर पर सौदागर या दस्तकार तबकों के लोग थे, व्यावहारिक बुद्धि के लोग थे। क़ुरआन चूँकि इन्हीं लोगों के लिए नाज़िल हुआ था, इसलिए उसकी शैली आसान और सादी थी। अब प्रचुर संसाधनों से सम्पन्न नए समाज ने ऐसे विद्वानों और धर्मशास्त्रियों का एक वर्ग पैदा किया जो इन क्षेत्रों में विशेषज्ञता से सम्पन्न था। वे बुद्धिजीवी होने के नाते सैद्धान्तिक बुद्धिवादी थे। यहाँ वे अपने पूर्वजों से विपरीत थे जिन्हें क़ुरआन ने (सीधे-सीधे सम्बोधित किया था) उनके लिए यूनानी दर्शन उच्चतर ज्ञान का स्रोत था। इसीलिए उन्होंने उसकी तमाम सैद्धान्तिक धारणाओं को इस्लाम में शामिल करके क़ुरआन को भी उसी रौशनी में देखा। आगे की दिशा में ऐतिहासिक प्रगति के बाद और क़ुरआन सीधे-सादे जिन लोगों के लिए नाज़िल हुआ था उनसे भिन्न लोगों के होने के कारण पहलेवाली सादगी और सीधेपन को बचाकर नहीं रखा जा सकता था। सिर्फ़ यह कह देने से काम नहीं चलेगा, जैसा कि डॉ. इक़बाल जैसे कुछ परवर्ती विचारकों ने कहा, कि यूनानी चिन्तन के प्रभाव में आने के ही कारण इस्लाम की जीवनशक्ति जाती रही। बदले हुए सन्दर्भ में यह अपरिहार्य था। क़ुरआन जो कुछ था, अपनी परिस्थितियों के कारण था और जो कुछ हो गया, बदली परिस्थितियों के कारण हुआ। इतिहास अरब के रेगिस्तान में एक जगह ठहरकर तो नहीं रहता। विदेश-विजय ने नई शक्तियों को जन्म दिया और यह तय था कि वे इस्लाम को कोई ऐसी चीज़ बनाकर रख देंगी जो फ़ारस की जनता जैसे अधिक परिष्कृत लोगों को स्वीकार्य हो। इस्लाम पर यूनानी चिन्तन के प्रभाव की डॉ. इक़बाल द्वारा की गई निन्दा ऐतिहासिक वास्तविकताओं को अनदेखा करती है। उनका रोना-धोना यह है कि क़ुरआन जहाँ बाह्य अवलोकन और प्रत्यक्ष ज्ञान को बढ़ावा देता था वहीं मुस्लिम यूनानी कल्पनाशील चिन्तन के प्रभाव में आ गए और क़ुरआन के वास्तविक आशय को पूरी तरह निगाहों से ओझल कर बैठे। मक्का और मदीना में, जहाँ एक नगरीय संस्कृति का विकास अभी-अभी शुरू हुआ था, लोग स्वाभाविक रूप से प्रकृति का ज्ञान पाने के लिए बाह्य अवलोकन और इन्द्रिय-प्रत्यक्ष पर निर्भर थे। कल्पनाशील चिन्तन, गहन आध्यात्मिक अनुभव तथा मानव-जगत की अन्तर्मुखी खोज एक उन्नत संस्कृति की पहचानें हैं जो कुआँ खोदो, पानी पीओ जैसे जीवनस्तर से ऊपर उठ चुकी हो। फ़ारस एक उन्नत संस्कृति वाला देश था, और वहाँ के विचारकों और कवियों ने पहले ही अन्तर्जगत् की खोजें कर रखी थीं। जब इस्लाम में धार्मिक चिन्तन का नेतृत्व उसके बुद्धिजीवियों ने सँभाला तो उनकी अन्तर्मुखी दृष्टि युक्त उनका रुख़ उसे प्रभावित करता ही करता। अब सिर्फ़ इन्द्रिय प्रत्यक्ष और बाह्य अवलोकन पर ज़ोर दिया जाए, ऐसा हो ही नहीं सकता था; गहरी ख़ोजें और सत्य की एक दार्शनिक तलाश भी उसके बौद्धिक जगत् का एक वांछित तत्त्व बन गईं। इस प्रक्रिया को रोकने का अकेला उपाय यह था कि इस्लाम को अरब के रेगिस्तान में वापस ले जाया जाए, और यह ऐतिहासिक दृष्टि से असम्भव था। इस तरह इक़बाल इस्लाम के प्रति एक अनैतिहासिक दृष्टिकोण अपनाते हैं। जहाँ तक इस विचार का सवाल है कि इस्लाम की जीवनशक्ति यूनानी

प्रभावों के कारण गई, कह सकते हैं कि वे एक विचारवादी रुख़ अपनाते हैं। यहाँ भी वे इसे वस्तुगत स्थिति से जोड़ने में नाकाम रहते हैं। अपने दुर्लभता वाले चरण से गुज़रकर एक अपेक्षाकृत समृद्धिवाले चरण में आने के बाद कोई भी आन्दोलन अपनी जीवनशक्ति खो बैठता है। (पहला वाला चरण जहाँ एक चुनौती पेश करता है और इस प्रकार एक प्रतिक्रिया जगाता है, वहीं दूसरा चरण लोगों को जीवन-संघर्ष से हटाकर सुख-आराम के जीवन का और मानसिक व मनोवैज्ञानिक पक्षों पर ध्यान देने का आदी बना देता है। यह बात ऊपरी फ़ुरसतयाफ़्ता वर्गों के बारे में अधिक सही है जिन्हें टायनबी 'सृजनकर्ता अल्पमत' कहते हैं और जो समाज को बौद्धिक नेतृत्व प्रदान करता है।) बात ध्यान में रखना आवश्यक है कि इस्लाम का इस्माइली फ़िरका ऐसा पहला इस्लामी फ़िरका था जिसने यूनानी दर्शन की रौशनी में इस्लाम की व्याख्या करने के सुव्यवस्थित प्रयास किए और अफ़लातूनी विचारों का भारी उपयोग किया। उन्होंने इन विचारों का उपयोग सृष्टि के जन्म की व्याख्या तक के लिए किया। यह बात अहम है कि इस्माइली नेतृत्व प्रमुख फ़ारसी बुद्धिजीवियों की देन था। इन विचारों ने यूनानी निर्गमनवादी (इमैनेशनिस्ट) विचारों का सुव्यवस्थित उपयोग किया। हमीदुद्दीन किरयानी, हातिम रज़ी, मुअय्यद शीराज़ी, नासिर ख़ुसरो जो सभी अरब मूल के थे, इसके शक्ति स्तम्भ थे। दूसरे संस्थापक जैसे मैमून अल-क़ुद्दा और उनके पुत्र अब्दुल्लाह बिन मैमून, फ़ारसी मूल के थे। उन्होंने यूनानी धारणाओं पर आधारित गूढ़ सिद्धान्तों का प्रचार किया। लेकिन इस्माइलियों का विश्वास है कि धर्मग्रन्थों के गूढ़ अर्थ केवल इमामों को ज्ञात हैं क्योंकि उन्हें अली से दैवी ज्ञान प्राप्त हुआ है। इसके अलावा क़ुरआन की रूपकोंवाली व्याख्या ही अल्लाह का धार्मिक ज्ञान (मआरिफ़ा) है जो निजात (मुक्ति) के लिए अनिवार्य है। इस्माइलियों के नज़दीक निजात के लिए इबादत दो तरह होती है: एक तो कर्म से और दूसरे ज्ञान से। हमीदुद्दीन किरमानी के अनुसार पैग़म्बर ने सिर्फ़ लोक-प्रचलित गूढ़ मर्मवाली इबादत अर्थात् इल्मुल-मआरिफ़ा को अली और उनके वंशज इमामों के हवाले छोड़ दिया गया। दोनों तरह की इबादतें परस्पर-निर्भर होती हैं।[23] इस तरह इस्माइलियों के अनुसार : 'तालीम की आवश्यकता इस कारण होती है कि धर्म इन्द्रिय-प्रत्यक्ष से प्राप्त ज्ञान पर आधारित नहीं होता। गूढ़ और लोक-प्रचलित धार्मिक विज्ञानों में विशेषज्ञता केवल पैग़म्बर और उनके वंशजों को प्राप्त है। इमाम दावत देनेवालों (धर्मप्रचार करनेवालों) को शिक्षा देते हैं और फिर दावत देनेवाले मुस्तजिबीन (शिक्षार्थियों) को दावत की शिक्षा देते हैं।'[24] (वास्तव में **मजालिसुल-मुस्तंसीरिया** के लिए लिखे गए एक प्राक्कथन में मिस्री विद्वान डॉ. कामिल हुसैन तो कहते हैं कि गूढ़ सिद्धान्तों का प्रतिपादन दावियों (दावत देनेवालों) ने किया और फिर उन्हें इमामों के नाम मढ़ दिया। (**मजालिसुल-मुस्तंसीरिया** में उनका प्राक्कथन, पृ. 7 और आगे देखें।)

इस्माइली आन्दोलन कुछ अरसे तक भूमिगत रहा क्योंकि उसके नेता अब्बासी हुक्मरानों के ख़िलाफ़ प्रतिरोध का संगठन करना चाहते थे। पूरे संगठन का ढाँचा इसी के मुताबिक़ तैयार किया गया। रहस्य को कठोरता से गुप्त रखना आवश्यक था और

इसलिए संगठन में शामिल होने की इच्छा करनेवाले किसी भी व्यक्ति को एक दीक्षा-संस्कार से गुज़रना पड़ता था जिसका मक़सद भेद को क़ायम रखना होता था। दावी और उसके सहायक नए उम्मीदवार की जाँच करते थे और तब जाकर उसे एक हलफ़ दिलाया जाता था जिसे मीसाक़ कहते थे। यह उन अब्बासी एजेंटों को दूर रखने के लिए आवश्यक था जो राजवंश विरोधी संगठित प्रतिरोध को कुचलने के लिए हमेशा मँडराते रहते थे। ऊपर बताए गए दावियों ने कुशलतापूर्वक पूरे इस्लामी जगत् में अपना जाल फैलाया और उनकी ओर उन दिनों के बेहतरीन बुद्धिजीवी आकर्षित हुए हालाँकि उन्होंने इस्लाम की बहुत लम्बी-चौड़ी दार्शनिक व्याख्या पेश की। इतना ही नहीं, उन्होंने साधारण जनता को भी अपने शिया विश्वासों के आधार पर आकर्षित किया जिनका, जैसाकि कहा गया है, अमूमन ग़ैर-अरबों और ख़ासकर फ़ारसवालों के लिए आकर्षण था। ध्यान देने की बात यह भी है कि अपने भूमिगत कार्यकलाप के कारण इस्माइली फ़िरक़ा वह पहला फ़िरक़ा था जिसने इस्लाम में पुरोहित वर्ग का एक कठोर ढाँचेवाला सोपान विकसित किया, और यह सोपान ईसाइयों में नज़र आनेवाले सोपान से बहुत मिलता-जुलता था। इसमें इमाम शीर्ष पर होता था, उसके नीचे हुज्जा (मतपोषक) होते थे और उनके नीचे अनेक प्रकार के दावी होते थे। फिर दावियों की सहायता के लिए मअज़ून (शब्दशः वह जिसे इजाज़त दी गई हो) और मुकासिर (जो अपने विरोधियों को नीचा दिखाएँ) होते थे। इस फ़िरक़े के अनुयायी, जो इस्माइली और बोहरा कहलाते हैं, अधिकतर भारत में पाए जाते हैं। इस फ़िरक़े के संस्थापकों ने कामयाबी के साथ अरब तथा फ़ारसी-यूनानी तत्त्वों का समन्वय किया। इस्माइली, जिन्हें इतिहास में फ़ातिमी भी कहा गया है, आख़िरकार पहले पश्चिमी अफ़्रीका और मिस्र में अपनी हुकूमत क़ायम करने में कामयाब रहे। मिस्र में ही उनका यश अपने चरम पर पहुँचा।

क़रमिता या क़रमाती इस्माइलियों के उप-पन्थों में एक थे। ईस्वी 874 के आसपास हम्दान क़रमती द्वारा स्थापित इस फ़िरक़े को इस्लाम के सबसे क्रान्तिकारी फ़िरक़ों में एक कहा गया है। तबरी (जिल्द तीन, पृ. 2127, 2125) के अनुसार क़रमत शब्द आर्मेई मूल का है और इसका अर्थ 'गुप्त शिक्षक' या गूढ़ ज्ञान का शिक्षक है। हम्दान एक इराक़ी किसान थे जिन्हें अब्दुल्लाह बिन मैमून ने गूढ़ इस्माइली शिक्षाओं की दीक्षा दी थी। दीक्षा के चरणों से गुज़रने के बाद उन्होंने इसके सर्वोच्च पदों पर आसीन अनुयायियों के लिए सत्ता की कल्पना करनी शुरू कर दी। वे खुद एक महत्त्वाकांक्षी व्यक्ति थे। इसलिए उन्होंने नबातियाई किसानों में भारी करों के ख़िलाफ़ पनप रहे असन्तोष का तथा देसी किसानों और रेगिस्तान-पुत्रों के बीच चले आ रहे पुराने संघर्ष का जमकर फ़ायदा उठाया। देसी जनता के बीच उन्होंने जमकर प्रचार-कार्य किया, ख़ासकर नबातियाई किसानों व दस्तकारों के बीच, और अरबों के बीच भी। क़रमाती समुदाय कम्युनिस्ट उसूलों पर काम करता था, यहाँ तक कि कुछ आधुनिक लेखकों ने उन्हें इस्लाम के बोल्शेविक भी कहा है। प्रोफ़ेसर हित्ती लिखते हैं: 'वे सहिष्णुता और समानता पर ज़ोर देते थे, गिल्डों में मज़दूरों और दस्तकारों को संगठित करते थे, तथा

उनके रस्म-रिवाज एक गिल्ड जैसे थे। मुस्लिम गिल्डों के संगठन का सबसे पहला ख़ाका इख़्वानुल-सफ़ा के आठवें सन्देश-पत्र में मिलता है, ये सम्भवतः खुद भी क़रमती थे।' (यह बात निश्चित ही सत्य नहीं है।) मैसिन्यान के अनुसार पेशा-आधारित गिल्डों का यही आन्दोलन पश्चिम में पहुँचा जहाँ इसने यूरोपियाई गिल्डों और फ्रीमैसनों के संगठन के निर्माण को प्रभावित किया।[25]

अब्बासियों की सल्तनत बहुत व्यापक और अत्यन्त असमांग प्रकृति की थी तथा ख़लीफ़ा को ख़िराज की अदायगी व उससे मज़हबी वफ़ादारी एकता का अकेला सूत्र थी। लेकिन वसूलियों और असह्य शोषण के कारण अनेक जनसमूहों ने विद्रोह किए और अक्सर-बेशतर किसी विरोधी धार्मिक सम्प्रदाय ने उनके विद्रोह को एक दिशा दी। यह बात सुस्पष्ट है कि नबातियाई किसानों में बेचैनी थी और उन्होंने कम्युनिस्ट उसूलों का प्रचार कर रहे क़रमत के आह्वान का फ़ौरन जवाब दिया।

क़रमातियों के उग्रविचारों के कारण इस्लाम के अनेक विद्वानों ने उनके ख़िलाफ़ पूर्वाग्रह पाल रखे हैं। अक्सर अपमान-भाव से उनके नाम लिए जाते हैं। जैसे **हिस्टरी ऑफ़ द सरासेंस** में अमीर अली कहते हैं: 'अफ्रीका में फ़ातिमियों का उदय तथा उन कम्युनिस्ट कारमेथियंस (क़रमातियों) का सामने आना, जिन्होंने जल्द ही पूरे अरब, सीरिया और इराक़ को क़त्लो-ग़ारत से पाट दिया, और आख़िरकार मुस्लिम जगत की तबाही और बरबादी के कारण बने, इसी दौर की घटनाएँ हैं...वे एक के बाद एक फ़ौजों को हराते हुए इसी रास्ते पर चलते रहे और फिर हिजरी साल 317 में (मुक्तदीर के शासनकाल में) वे एकाएक मक्का पर हज के सबसे अहम दिनों में टूट पड़े, तीर्थयात्रियों को क़त्ल किया, काबा को नापाक कर दिया और संगे-अश्वद (काबा में रखा काला पत्थर—अनुवादक) को उठाकर ले गए।'[26] यह बात भी ध्यान देने की है कि क़रमातियों का कार्यक्षेत्र इराक़ और उसके इर्द-गिर्द का इलाक़ा था। देसी जनता समाज के सबसे निचले तबक़ों से सम्बन्ध रखती थी तथा इस कारण यह क्षेत्र हमेशा विरोधी फ़िरकों और क्रान्तिकारी पन्थों का गढ़ बना। क़रमाती समुदाय सभी सदस्यों को पूर्ण समानता तथा समस्त सम्पत्ति के, कुछ अरसे तक स्त्रियों के भी साझे स्वामित्व पर आधारित था। एक लम्बे-चौड़े, अर्ध-रहस्यवादी रस्म-रिवाज वाले गिल्डों में संगठित कामगार और दस्तकार जंगबाज़ों को भोजन आदि देते थे। लोकवित्त आरम्भ में स्वैच्छिक दानों पर आधारित था लेकिन जल्द ही यह करों पर अधिकाधिक आश्रित हो गया और आख़िरकार ये कर बेहद सख़्ती से वसूल किए जाने लगे। क़ुरआन की अर्ध बुद्धिवादी, अर्ध-रूपकीय व्याख्या को आदिम किसान मन के अनुरूप ढाला गया। नासिर खुसरो खुद ग्यारहवीं सदी के एक इस्माइली, एक प्रसिद्ध लेखक यात्री और पारखी प्रेक्षक थे। उन्होंने क़रमाती राजसत्ता का एक जीवन्त वृत्तान्त पेश किया है। 'इस पर अबू सईद के छह बेटे मिलकर शासन करते हैं। उनके महल में एक मंच है जिस पर वे सलाह-मशविरे के लिए बैठते हैं और जहाँ से वे किसी सहमति के बाद अपने आदेश व विज्ञप्तियाँ जारी करते हैं। इन शाहों के पास धन देकर ख़रीदे गए 30,000 हब्शी

ग़ुलाम हैं जो खेती और बाग़वानी में लगाए जाते हैं। लोगों को न तो कर देने पड़ते हैं न नज़राने। जो भी शख़्स ग़रीब या कर्ज़दार हो जाता है उसे सरकारी खज़ाने से पेशगी रक़में दी जाती हैं जब तक कि उसके हालात फिर से अच्छे न हो जाएँ। सिर्फ़ पूँजी वापस करनी पड़ती है; कोई ब्याज नहीं लिया जाता...'[27]

इस तरह हम देखते हैं कि क़रमाती सिर्फ़ लुटेरे और क़ातिल न थे जैसाकि उनके उग्र विचारों और समाजवादी सिद्धान्तों के ख़िलाफ़ अपने पूर्वग्रहों के कारण अक्सर उन्हें कहा है। नासिर खुसरो के साक्ष्य को आसानी से रद्द नहीं किया जा सकता क्योंकि उनका सम्बन्ध एक अन्य इस्माइली पन्थ से था जिसके क़रमातियों से सम्बन्ध सौहार्द्रपूर्ण नहीं थे। इसके अलावा वे पूर्वग्रहों में न बह जानेवाले एक पारखी प्रेक्षक थे। लेकिन खुसरो ने जो कुछ दर्ज किया है उससे पता चलता है कि क़रमातियों द्वारा विकसित 'कम्युनिस्ट' संगठन तक में ग़ुलामों से समानता का व्यवहार नहीं किया जाता था। ग़ुलाम ख़रीदे और खेतिहर कामों में लगाए जाते थे, और यह सब उनसे अधिक मानवीय व्यवहार करने के बारे में इस्लाम की शिक्षाओं के बावजूद। (जैसाकि कहा जा चुका है, इस्लाम ने भी दास-प्रथा का उन्मूलन नहीं किया हालाँकि मक्कावाले चरण में उसने इसे हतोत्साहित अवश्य किया।) लेकिन क़रमाती ग़ुलामों के साथ कैसा सुलूक करते थे, इस बारे में हमें इतिहासकारों के वृत्तान्तों से काफ़ी सूचनाएँ नहीं मिलतीं। डॉ. जाहिद अली ने भी (जो किसी भी तरह इस्माइली-समर्थक नहीं हैं) क़रमाती संगठन के कुछ ब्यौरे दिए हैं। कहते हैं, '(क़रमाती पन्थ के) सभी अनुयायियों को आदेश दिया गया था कि रहनुमाई करनेवाले दावी के खज़ाने के हवाले अपनी सारी चल-अचल सम्पत्ति कर दें। किसी के पास कोई मिल्कियत नहीं रहनी चाहिए ताकि माली एतबार से किसी को किसी और पर बरतरी हासिल न रहे। हरेक को दावी के खज़ाने से अपनी ज़रूरतों के मुताबिक़ हासिल होना चाहिए। इसके समर्थन में क़ुरआन की एक आयत का हवाला भी दिया जाता था, 'याद करो वो नेमतें जो अल्लाह ने तुम्हें दी हैं। तुम सब दुश्मन के (एक-दूसरे के) और तुम्हारे दिलों में सुलह पैदा की अल्लाह ने और तुम आपस में भाई बने उसकी नेमतों के सबब।'

'लोगों को यह समझाया गया कि उनके लिए अपनी मिल्कियतों को अपने पास रखना ज़रूरी नहीं क्योंकि बहुत जल्द वे दुनिया के मालिक बनने जा रहे हैं। यह दौर उनकी ईमानदारी और सच्चाई के इम्तहान का दौर है...गाँववालों की आमदनी जमा करने के लिए एक दावी तैनात किया गया। उसे उस रक़म से भूखों को खाना खिलाने, नंगों को कपड़े पहनाने तथा कमज़ोरों और लाचारों की मदद करने का हुक्म दिया गया। पूरी योजना इस हद तक लागू की गई कि कोई ज़रूरतमन्द या भिखारी बचा ही नहीं। सभी नागरिक तेज़ी से और दृढ़ता से अपने फ़र्ज पूरा करने और ख़ुशी के साथ ज़िन्दगी गुज़ारने लगे। यहाँ तक कि औरतें भी कताई से हुई आमदनी को दावी के खज़ाने में जमा कर देती थीं और परिन्दों की देखभाल से होनेवाली आमदनी को छोटे बच्चे भी इसी तरह जमा कर देते थे।'[28]

इस तरह हम साफ़ देखते हैं कि क़रमातियों ने, ऐतिहासिक दृष्टि से उस दौर में जहाँ तक भी सम्भव था, एक कम्युनिस्ट समाज स्थापित किया। इसमें शक नहीं कि छोटे किसानों और कामगारों की ऐसी कोशिशों से अब्बासी हुक्मरान बौखला उठे होंगे और उन्होंने किसी भी क़ीमत पर इस आन्दोलन को बेरहमी से कुचल देने की कोशिश की, जैसाकि शोषक शासकों का दस्तूर होता है। क़रमातियों ने भी जवाबी कार्रवाई की ही होगी। अपने वर्गीय पूर्वग्रहों के शिकार इतिहासकारों ने क़रमातियों के ख़िलाफ़ होनेवाली हिंसा को अनदेखा किया है तथा जवाबी हिंसा की सख़्त निन्दा की है। इसमें कुछ भी नया नहीं है; हमेशा ऐसा ही होता आया है। क़रमातियों ने इतने लम्बे समय तक एक ताक़तवर सल्तनत के हमलों का मुक़ाबला किया तथा मक्का जैसे महत्त्वपूर्ण नगरों पर कब्ज़ा भी किया—इसी से पता चलता है कि उत्पीड़ित जनता उनका समर्थन करती थी। इतिहासकारों ने यह आरोप भी लगाया है कि क़रमाती स्वच्छन्द यौन-सम्बन्धों में विश्वास रखते थे और उनकी साझी बीवियाँ होती थीं। इतिहास के उस चरण में ऐसी किसी बात का कोई प्रमाण नहीं मिलता। यह आरोप इतिहासकारों की मनगढ़न्त कल्पना से अधिक कुछ भी नहीं हालाँकि निश्चय के साथ इसकी उलटी बात कहना निश्चित ही कठिन है। अधिक मुमकिन यही है कि चूँकि क़रमाती एक तरह के कम्यून में रहते थे, इसलिए इतिहासकारों ने सोचा हो कि उनकी बीवियाँ भी साझी होती होंगी, हालाँकि यह बात हो सकता है सत्य से कोसों दूर हो। या तो कुत्सा या शुद्ध नासमझी के कारण कुछ इतिहासकारों ने आमतौर पर सभी इस्माइलियों पर स्त्रियों के साझे स्वामित्व, एक समाजवादी संगठन आदि के आरोप लगाए हैं। मसलन जोएल कार्माइकेल कहते हैं: 'दसवीं सदी के आरम्भ तक (अब्बासी) सल्तनत एक तीखे सामाजिक संगठन से गुज़रने लगी थी। किसान और ग़ुलाम मात खा गए और असन्तोष पालने लगे, तथा एक विशाल नगरीय सर्वहारा वर्ग श्रम और पूँजी के बढ़ते संकेन्द्रण के कारण और बड़ा हुआ। लगता है इस्माइली फ़िरक़े ने अपने सिद्धान्तों का इस तरह से प्रतिपादन किया कि सामाजिक असन्तोष के एक बड़े भाग को अपनी ही धाराओं में खींच सके और उस आम जनता के लिए उसका व्यापक आकर्षण हो जो उस दौर के सामाजिक कष्टों से बुरी तरह पीड़ित थी। अपने क्रान्तिकारी विचारों के साथ किसानों का अच्छा-खासा समर्थन पाने के बाद और फिर शहरी कामगारों, ख़ासकर दस्तकारों, के बीच क्रमशः घुसपैठ करने के बाद लगता है इस्माइलियों ने कुछ इस्लामी दस्तकार गिल्ड बनाए; कुछ भी हो, उन्होंने अपने फ़िरके में इनका समावेश अवश्य किया। इस फ़िरक़े को कम्युनिज्म का दोषी ठहराया गया, और अजीब बात यह है कि स्त्रियों के सामूहिक स्वामित्व अर्थात् स्वच्छन्दता का भी। हो सकता है इन सबका मतलब इससे अधिक कुछ भी न हो कि उनके पास निचले वर्गों की दशाएँ सुधारने का तथा उन दिनों के रूढ़िवादी इस्लाम में स्त्रियों की जो स्थिति थी उससे ऊँची स्थिति उन्हें प्रदान करने का एक प्रकार का सामाजिक कार्यक्रम रहा हो।'[29] मूलगामी आन्दोलन के उदय के बारे में जहाँ लेखक का विश्लेषण बिल्कुल सही है, वहीं लगता है कि वे इस्माइलियों और

क़रमातियों के बीच गड्डमड्ड कर रहे हैं; इनमें क़रमाती इस्माइलियों के एक उप-पन्थ हैं। कुछ मुस्लिम इतिहासकारों ने भी दोनों को गड्डमड्ड किया है।

एक और बग़ावत ने अब्बासी सल्तनत को लगभग हिलाकर रख दिया। यह थी हब्शी ग़ुलामों की बग़ावत जिसे ज़ंज विद्रोह कहा जाता है। यह ईस्वी 869 से 883 तक लगभग 14 साल चली। हालाँकि इस्लाम हमेशा एक दास-स्वामी समाज रहा है मगर इसमें दास कभी उत्पादन के प्रमुख साधन नहीं रहे, जैसेकि रोमी समाज में थे। इस्लामी सल्तनत में ज़ायद (सरप्लस) दौलत का एक अच्छा-ख़ासा भाग व्यापार से प्राप्त होता था और यही कारण है कि इस्लामी समाज उन दूसरे तुलनीय समाजों से अधिक गतिशील रहा जो शुद्ध सामन्ती थे और जिनमें ज़ायद केवल किसान वर्ग के शोषण से प्राप्त होता था। इस्लाम में ज़ायद का एक भाग निश्चित ही स्वतन्त्र या अर्ध-स्वतन्त्र किसानों से प्राप्त होता था जो अनाज और नक़दी फ़सलें पैदा करते थे। आमतौर पर ग़ुलामों का इस्तेमाल घरेलू या फ़ौजी कामों के लिए किया जाता था। फ़ौजी कामों में प्रयुक्त ग़ुलाम ममलूक कहलाते थे और वास्तव में वे व्यापक विशेषाधिकारों से सम्पन्न एक सैन्य जाति होते थे। कहा जाता है कि इस्लामी समाज अपने बहुत आरम्भिक चरण में सौदागर वर्गों के हितों पर ध्यान देता रहता था क्योंकि उस दौर के अरब समाज में सुनिश्चित हितोंवाला कोई और संगठित वर्ग था भी नहीं। लेकिन आगे चलकर हालाँकि इस्लामी राज्य में विभिन्न क्षेत्रों के समावेश के कारण व्यापार का प्रसार तो हुआ पर राज्य पर सौदागर वर्ग का नियन्त्रण धीरे-धीरे और क्रमशः जाता रहा। विदेश-विजय में सेना को प्राप्त महत्त्व इसका एक स्पष्ट कारण था। पराजित क्षेत्रों पर नियन्त्रण बनाए रखने के लिए वहाँ बड़ी-बड़ी छावनियाँ रखना आवश्यक था। जब फ़ौज पेशेवर बन गई तो अधिकांश रंगरूट मध्य एशिया व दूसरे स्थानों के ग़ुलामों में से भर्ती किए जाने लगे। अब्बासी सल्तनत के बाद के दिनों में ममलूक कहलानेवाले ये ग़ुलाम इतने शक्तिशाली बन गए कि वास्तविक सत्ता उन्हीं के हाथों में आ गई। ख़लीफ़ा बस नाममात्र का ख़लीफ़ा रह गया। ये ग़ुलाम, जो ख़लीफ़ा के निजी रक्षक होते थे, इतने शक्तिशाली क्यों बने, इसका एक और कारण यह था कि ख़लीफ़ा की सत्ता अंशतः उसके धार्मिक पद पर आधारित होती थी और उसका मुक़ाबला करने के लिए सामन्ती जागीरदारों का कोई शक्तिशाली वर्ग नहीं था। इस कारण अगर ख़लीफ़ा कमज़ोर होता तो वास्तविक सत्ता उसके निजी रक्षकों के हाथों में चली जाती थी जो आगे चलकर ख़लीफ़ा बनाने और उसे गद्दी से उतारने भी लगे।

अब हम ज़ंज विद्रोह पर वापस आते हैं। अब्बासी सल्तनत में ग़ुलामों के जीवन का एक और पहलू भी था। विशाल कारोबारी उद्यमों के कारण ऐसे विशिष्ट खेतिहर उद्यमों में बड़ी तादाद में ग़ुलाम जमा हो गए जो बड़े पैमाने की सट्टेबाजी से पैदा तरल पूँजी के अच्छे-ख़ासे निवेश पर आधारित थे। हज़ारों की तादाद में ये ग़ुलाम किसी एक भूस्वामी के कारोबारी उद्यम पर काम करते हुए एक बस्ती में रहने लगते थे। ये ग़ुलाम या तो पूर्वी अफ़्रीका में पकड़े गए थे या अब्बासी सल्तनत में आनेवाले इलाक़ों से

ख़िराज के तौर पर प्राप्त किए जाते थे। तब बसरा के पूरब में एक नमकीन दलदलोंवाला इलाक़ा था जो इसी तरह का एक बड़े पैमानेवाला कारोबारी उद्यम था। इन नमकीन दलदलों को सुखाने के काम पर लाखों ग़ुलाम लगाए गए थे ताकि इन ज़मीनों को आगे खेती के काम में लाया जा सके और वहाँ से बिक्री के लिए नमक प्राप्त किया जा सके। लगता है कि उनकी हालत बहुत बुरी थी। इससे भी बदतर बात यह थी कि नए-नए आनेवाले ये ग़ुलाम यहाँ की भाषा तक से परिचित नहीं थे और इसलिए इस समाज और उसके धर्म के लिए विजातीय थे। किसी अली बिन मुहम्मद ने, जो साहिबुल-ज़ंज (ज़ंज का नेता) कहलाता था, इन ग़ुलामों को उनके मालिकों के खिलाफ़ संगठित किया। (यह नहीं पता कि वह अरब था या फ़ारसी था; कुछ इतिहासकारों ने उसे वर्णसंकर कहा है।) उसने किसी सुधार की बात नहीं की, न ही दास-प्रथा उन्मूलन का आह्वान किया। वह गूढ़ रहस्यवाले सपनों के सहारे उनकी निजात की बातें करता था और बग़ावत के बाद उनके हालात में सुधार का वादा करता था। तबरी ने उसे एक धूर्त और अल्लाह का दुश्मन कहकर उसकी निन्दा की है।[30] ग़ुलाम यक़ीनन उसे अपने मसीहा मानने लगे और उसके परचम तले एकजुट हो गए। ख़ुद को पैग़म्बर के दामाद अली का अनुयायी कहनेवाले इस नेता ने शियों से हाथ नहीं मिलाया—सम्भवतः इसलिए कि इन ग़ुलामों की समस्या बिल्कुल अलग थी। अलवी होने का दावा करते हुए भी शियों की बजाय ख़ारिजियों से हाथ मिलाने को उसने वरीयता दी। इसका कारण यह लगता है कि ख़ारिजी मूलतः समतावादी अराजकपन्थी थे जो हर प्रकार के ख़ानदानी भेदों का विरोध करते थे और नेतृत्व के एकमात्र मानदंड के रूप में निजी गुण के विचार का समर्थन करते थे, जबकि शिया जन्म पर आधारित सोपान और नेतृत्व में विश्वास रखते थे। ख़ारिजी दूसरे सभी मुसलमानों को काफ़िरों जैसा ही समझते थे, और ज़ंज ने उनका अनुकरण किया। इस दृष्टिकोण से सभी मुसलमान इस क़ाबिल थे कि पकड़े जाने पर ग़ुलाम बना लिए जाएँ या मार डाले जाएँ।

आन्दोलन काफ़ी, बल्कि उल्लेखनीय सीमा तक सफल रहा, और तेज़ी से फैला। इसकी गहरी क्रान्तिकारी भावना के बारे में सबसे अहम बात यह थी कि बग़ावत को कुचलने के लिए भेजी गई हब्शी फ़ौजें उससे जा मिलीं। कुछ स्वतन्त्र किसान भी, सम्भवतः भूस्वामी वर्ग के ख़िलाफ़ अपने असन्तोष के चलते, उसमें शामिल हो गए। 870 ईस्वी में महत्त्वपूर्ण उबुल्लाह बन्दरगाह पर कब्ज़ा करने तथा फिर दक्षिण-पश्चिम फ़ारस में पाँव फैलाने के बाद ज़ंज विद्रोह इस्लामी सल्तनत के लिए एक बड़ा ख़तरा बन गया। एक साल बाद वे बसरा शहर पर कब्ज़ा करने में भी कामयाब रहे। उन्होंने इसे लूटा और फिर चले गए। 879 ईस्वी तक वे शाही राजधानी बग़दाद से 17 मील की दूरी तक धावे बोलने लगे थे।[31] इस ख़तरनाक बग़ावत को कुचलने के लिए ख़लीफ़ा के भाई अल-मुवफ़्फ़क़ ने कार्रवाई की कमान सँभाली। आख़िर 883 ईस्वी में बग़ावत के नेता द्वारा बनाया गया क़िला अल-मुख़्तरा तबाह कर दिया गया और उसे भी क़त्ल कर दिया गया। इस तरह मुस्लिम इतिहास में दर्ज सबसे भयानक और सबसे ख़ूनी

क्रान्तिकारी उभारों में से एक का अन्त हुआ। ताक़तवर शाही सेना के मुक़ाबले यह विद्रोह 15 साल से अधिक समय तक जारी रहा, यही तथ्य उसकी क्रान्तिकारी अपील को दर्शाता है।

दूसरे छोटे-बड़े विद्रोह भी हुए। उनमें लगभग सभी के केन्द्र इराक़ और फ़ारस में थे; शायद ही किसी का केन्द्र अरब के केन्द्रीय भाग में रहा हो जहाँ इस्लाम का जन्म हुआ। सबसे सम्भावित कारण मुस्लिम सल्तनत की ग़ैर-अरब जनता पर अरब वर्चस्व विरोधी असन्तोष लगता है। 'द नेचर ऑफ़ द ईरानियन रिवोल्ट्स इन द अर्ली अब्बासिड पीरियड' शीर्षक लेख में फ़ारूक़ उमर कहते हैं: 'सत्ता में अब्बासियों के आने के बाद, जनता, चाहे वह अरब हो या ग़ैर-अरब, समानता और समृद्धि के एक नए युग को आरम्भ होते देखना चाहती थी। इस नई चेतना और उनकी आकांक्षाओं को कुचलना असम्भव था। ईरान में केन्द्रीय सरकार के सामने दोहरी समस्या थी : (1) विद्रोह जो अब्बासियों के विद्रोह के पीछे-पीछे ही फूटे और एक तरह से उसके स्वाभाविक परिणाम थे क्योंकि महान अब्बासी क्रान्ति ने जनता को झकझोर दिया था जो अब जीवन की बेहतर दशाओं की आशा कर रही थी। (2) केन्द्रीय सरकार तथा कैस्पियन सागर क्षेत्र अर्थात् तगारिस्तान, दयलाम और आक्सपारी क्षेत्र (ट्रांस-आक्सेनिया) के स्थानीय सरदारों के बीच टकराव जो मुख्यतः एक अधिग्रहण का युद्ध था...अरब शासन की स्थापना स्वाभाविक रूप से इस्लाम के प्रचार के समतुल्य थी जिसके प्रसार का स्थानीय लोग विरोध करते थे क्योंकि वे इसे शासक वर्ग और फलस्वरूप दमन से जोड़ते थे। मुस्लिम विजय के बाद भी सामाजिक संस्तरण को सुरक्षित रखा गया। ईरानी दहक़ानों (ग्रामीण भूस्वामियों) ने इस्लाम ग्रहण कर लिया और शासक अरबों से सहयोग किया।'[32] पाद-टिप्पणी में लेखक ने **किताबुल-अरब** से क़ुतैयबा को उद्धृत किया है कि अरब शासक वर्ग से कुलीन नहीं, साधारणजन नफ़रत करते थे। यही कारण था कि अब्बासियों के ख़िलाफ़ अधिकांश आन्दोलनों में दबे-कुचले लोग इतनी बड़ी संख्या में शामिल हुए।

फ़ारूक़ उमर आगे कहते हैं: 'अगर कोई सोंबज़, उस्ताज़ सीस, अल-मुक़न्ना आदि की गतियों का अध्ययन करें तो देखेगा कि ये पददलित जनता के, चाहे उसका नस्ली मूल कुछ भी हो, तथा मौजूद शासन के प्रतिनिधियों के, चाहे अरब हों या ग़ैर-अरब, आपसी टकरावों को व्यक्त करती हैं, तथा आमतौर पर उनकी प्रेरणाएँ नस्ली नहीं, सामाजिक और आर्थिक होती थीं। लोगों ने या तो बीहाफ़रीद, उस्ताज़ सीस, सोंबज़, इसहाक़ अल तुर्क और अल-मुक़न्ना जैसे स्थानीय विद्रोहियों के नेतृत्ववाले आन्दोलनों में भाग लिया या फिर सीस्तान और कुरासान के ख़ारिजियों या खुरासान और दयलाम के अलवियों का साथ दिया। दूसरी ओर उन्होंने जौहरुल-इज्ली, अब्दुल जब्बार अल-अज़्दी और रफ़ी बिन अल-लैस जैसे अरब विद्रोहियों का समर्थन भी किया : सूबेदार अगर केन्द्रीय सरकार का वफ़ादार होता तो वे उसका विरोध करते और अगर बग़ावत करता तो उसका साथ देते।'[33] फ़ारूक़ उमर का यह कहना बहुत सही है कि उन विद्रोहों

का मात्र नस्ली चरित्र नहीं था, जैसाकि इस्लाम के अनेक पश्चिमी विद्वान हमें विश्वास दिलाना चाहते हैं; ये मुख्यतः सामाजिक और आर्थिक कारकों से प्रेरित थे, जैसाकि हमने ज़ंज विद्रोह के सिलसिले में देखा।

पहले के एक अध्याय में कहा गया है कि सत्ता में आने के बाद अब्बासियों ने अपने प्रमुख प्रचारक अबू मुस्लिम ख़ुरासानी का सर कटवा डाला था जिसने ख़ुरासान में उनके लिए समर्थन जुटाया था। लेकिन फ़ारस के लोगों ने अब्बासी हुकूमत के शोषक चरित्र को बहुत जल्द महसूस किया और अबू मुस्लिम उनकी निगाहों में एक नायक बन गया। उसके व्यक्तित्व से कहानियाँ जुड़ने लगीं और वह ईरानी आकांक्षाओं का प्रतीक बन गया। उनमें से कुछ ने तो यही मानने से इनकार कर दिया कि वह मारा जा चुका है। अब्बासियों के ख़िलाफ़ अनेक विद्रोहों में यही दावा किया गया कि अब्बासी अबू मुस्लिम को मारने में कामयाब नहीं हुए और उन्होंने उसकी जगह किसी और व्यक्ति को मार डाला है। उनको विश्वास था कि वह एक दिन वापस आएगा। राजनीतिक स्थिति बदतर हुई तो यह विश्वास और भी जड़ें पकड़ता गया। कुछ लोगों ने उन्हें एक सिद्ध पुरुष तथा अपने रक्षक ज़रतुस्त्र का उत्तराधिकारी भी बना दिया। दिलचस्प बात यह है कि इस्लाम हालाँकि फ़ारस में पारसी धर्म को विस्थापित कर चुका था, पर अनेक फ़ारसवासी या तो ज़रतुस्त्र या उनके द्वारा नियुक्त किसी व्यक्ति के आगमन में विश्वास करते ही रहे। मसलन आक्स-पारी क्षेत्र में इसहाक़ बिन तुर्क के नेतृत्ववाले विद्रोह की प्रमुख विशेषता यह विश्वास थी कि अबू मुस्लिम ज़रतुस्त्र का भेजा हुआ एक पैग़म्बर है जो ख़ुद जीवित हैं और एक दिन अपने धर्म की पुनर्स्थापना के लिए वापस आएँगे।[34]

फ़ारस ने किन कारणों से इस्लाम क़ुबूल किया ? क्या यह आर्थिक परिवर्तन था? हाँ, तो वह आर्थिक परिवर्तन क्या था? माँटगुमरी वाट के पास एक रोचक प्रस्थापना है जिसकी विवेचना हम पहले के एक अध्याय में कर चुके हैं : 'अगर आगे कोई पूछे कि क्या आर्थिक परिवर्तन हमेशा धार्मिक परिवर्तनों को जन्म देते हैं तो एक संक्षिप्त सर्वेक्षण से निम्नलिखित उत्तर प्राप्त होगा : जहाँ आर्थिक परिवर्तन उत्पादन के साधनों या पद्धतियों में परिवर्तित होता है वहाँ आमतौर पर इसके सामाजिक परिणाम होते हैं तथा फिर ये एक धार्मिक परिवर्तन को जन्म देते हैं। दूसरी ओर आर्थिक परिवर्तन जहाँ शासक का परिवर्तन होता है वहाँ लगता है कि परिणामों का दारोमदार इस बात पर होता है कि नया शासक क्या पुराने शासक जैसा है या एक भिन्न प्रकार का है। इस अर्थ में मध्यकालीन यूरोप के सामन्त लार्ड एक ही श्रेणी में आएँगे, और ओवरलार्ड के बदल जाने से आमतौर पर कोई धार्मिक परिवर्तन नहीं होता था। लेकिन फ़ारस के मुस्लिम विजेता इसके फ़ारसी शासकों से भिन्न एक समाज व्यवस्था से आए थे, और इस विजय ने कालक्रम में एक धार्मिक परिवर्तन को जन्म दिया।'[35] प्रोफ़ेसर वाट की प्रस्थापना फ़ारस पर तो लागू होती दिखाई देती है, पर जब हम इसे स्पेन पर लागू करते हैं तो कठिनाई पैदा हो जाती है। स्पेन के अरब शासक भी अपने पिछले शासकों और स्थानीय जनता से भिन्न एक समाज व्यवस्था से आए थे। फिर भी स्पेन में अरबों का

प्रभाव शहरों की सीमाओं से आगे नहीं बढ़ा तथा स्पेनी किसानों ने इस्लाम को नहीं अपनाया। यही कारण था कि जब अरबों की हुकूमत उखाड़ फेंकी गई तो स्पेन से इस्लाम का भी ख़ात्मा हो गया। इस तरह प्रोफ़ेसर वाट की प्रस्थापना जितनी दिखाई है, समस्या उससे बहुत अधिक पेचीदा है। मेरा ख़याल है कि प्रोफ़ेसर वाट की प्रस्थापना में एक और तत्त्व जोड़ दिया जाए तो हमारी समस्या का बेहतर समाधान मिल सकता है : एक भिन्न समाज व्यवस्था से सम्बन्धित शासक का परिवर्तन धार्मिक परिवर्तन को जन्म देता है। बशर्ते पिछला शासक जनता की निगाहों में राज्य के दमनतन्त्र से गहराई से जुड़ा हुआ हो। अब हम देखते हैं कि फ़ारस में इस्लाम के आगमन से पहले पारसी धर्म फ़ारस के शासकवर्ग के हाथों में दमन का साधन था जबकि स्पेन में इस्लाम के आगमन से पहले ईसाइयत की यह हैसियत नहीं थी। जैसाकि हमने देखा, फ़ारस में इस्लाम दमन का साधन बन गया और वह भी विजातीय शासकों के हाथों में। इस तरह एक प्रतिक्रिया के रूप में ज़रतुस्तवाद तथा मज़्दक जैसे दूसरे स्थानीय सम्प्रदाय फ़ारस में फिर से लोकप्रियता ग्रहण करने लगे। हम पहले ही देख चुके हैं कि विभिन्न प्रतिरोध आन्दोलनों ने अबू मुस्लिम को भी ज़रतुस्त्र के भेजे हुए एक पैग़म्बर के रूप में पेश किया।

हमने उमैया और अब्बासी शासकों के ख़िलाफ़ कुछेक ऐसे क्रान्तिकारी उभारों या असफल विद्रोहों का संक्षेप में वर्णन किया है जिनमें शोषित और उत्पीड़ित जनता ने भाग लिया था लेकिन ग़ैर-अरब जनता के उच्च वर्ग, जो अपने वर्गीय चरित्र के ऐन मुताबिक़ अब्बासी दौर में शासक वर्ग के क़रीब आ चुके थे, इन उभारों या विद्रोहों में शामिल नहीं हुए। उन्होंने बल्कि प्रतिरोध के हल्के रूप विकसित किए। मसलन उन्होंने उस चीज़ का विकास किया जिसे शऊबिया आन्दोलन कहा जाता है। यह उनके पास अपनी क़ौमी भावनाओं को, जो अरब वर्चस्व से आहत हुई थीं, पेश करने का एक साहित्यिक अभियान था। शऊबिया आन्दोलन का व्यापक प्रसार हुआ और वह ग़ैर-अरब जनता के पूरे सांस्कृतिक जीवन में व्यक्त होने लगा। ग़ैर-अरब शासक सोपान के उच्चतम स्तरों पर भी उसे स्वीकृति मिली। **मुस्लिम स्टडीज़** में गोल्डज़ीहेर ने अरब वर्चस्व के ख़िलाफ़ इस सांस्कृतिक विरोध का एक उत्तम अध्ययन प्रस्तुत किया है। अब्बासियों के एक सोग़दी सिपहसालार अफ़शीन के अत्यन्त प्रसिद्ध उदाहरण पर टिप्पणी करते हुए वे कहते हैं: 'पर इस इतिहास में प्रमुख कोई भी पात्र शिक्षित ग़ैर-अरब हलक़ों में इस्लाम के सतही प्रवेश को अफ़शीन से अधिक स्पष्टता के साथ नहीं दिखता जिसे अन्यथा ख़ैज़र बिन काऊस कहा जाता था। अल-मुअतसिम का यह सिपहसालार जो सोग्दियाना का रहनेवाला था और जिसने इस्लाम के लिए बेहद ख़तरनाक बबक की क्रान्ति को कुचला था, जिसने ईसाइयों के ख़िलाफ़ जंग में ख़लीफ़ा की फ़ौजों का नेतृत्व किया था और जिसने इस्लाम की अनेक मज़हबी जंगों में एक प्रमुख भूमिका निभाई थी, इतना कम मुसलमान था कि उसने इस्लाम के दो प्रचारकों के साथ बहुत बेरहम सुलूक किया जो काफ़िरों के एक मन्दिर को मस्जिद में बदलना चाहते थे। उसने

इस्लामी क़ानूनों का मख़ौल उड़ाया और—जैसाकि उसके इस्लाम अपनानेवाले एक देशवासी ने अपनी आँखों देखा था—झटका किए हुए जानवरों का मांस खाया (जो इस्लाम में हराम समझा जाता है) तथा यह कहकर दूसरों को भी इसके लिए प्रेरित किया कि ऐसा गोश्त इस्लामी रिवाज के अनुसार हलाल किए गए जानवरों के गोश्त से ताज़ा होता है...उसने ख़तना और दूसरे मुस्लिम रिवाजों का मज़ाक उड़ाया और उन पर कोई ध्यान नहीं दिया। एक मुस्लिम होकर भी उसने अपने वतन के धर्मग्रन्थों को पढ़ना बन्द नहीं किया और उनकी ख़ूबसूरत, सोने और जवाहरात जड़ी प्रतियाँ अपने पास रखता रहा। जहाँ उसने मुस्लिम रियासतों के दुश्मनों से लड़ने में ख़लीफा की मदद की वहीं वह फ़ारसी साम्राज्य और 'श्वेत क्षेत्र' के पुनरुत्थान के सपने देखता रहा, तथा अरबों, मग़रिबियों तथा मुसलमान तुर्कों का मख़ौल उड़ाता रहा।'[36] उसने अरबों को कुत्ते कहा जिनके आगे बोटियाँ डालकर कोई उनके सरों को पीट-पीटकर काला-नीला कर सकता था। (तबरी, जिल्द तीन, पृ. 1309-1313 देखें।) क़ुरआन (सूरा 49, आयत 13) के अनुसार शऊबी कहते थे कि सभी मुसलमानों को बराबरी का दर्जा हासिल है चाहे वे अरब क़बीलों (क़बाइल) के हों या दूसरी नस्लों व क़ौमों के हों। इस्लाम के परचम तले इस सार्वभौम समानता के सबसे जोशीले समर्थक फ़ारसी बुद्धिजीवी वर्ग के थे जो अपनी प्राचीन सभ्यता और अपने ज्ञान-विज्ञान पर गर्व करते थे। उनके रुख़ को समर्थन उन दीनदार अरब मुसलमानों से मिला जो जीवन के सभी पक्षों में क़ुरआन के वचन को सबसे महत्त्वपूर्ण मानते थे। शऊबियों का नरमपन्थी धड़ा अरब कुलीनों के विशेषाधिकारों की भर्त्सना करके सन्तुष्ट था लेकिन अधिक उग्र धड़ा इससे काफ़ी आगे बढ़ गया। उन्होंने उच्चतर सभ्यता के क्षेत्र में अपनी उपलब्धियों पर ज़ोर दिया तथा उन रेगिस्तानी क़बायलियों के वंशजों पर अपनी श्रेष्ठता का दावा किया जो उनकी निगाहों में अनपढ़, भोंडे और उबा देनेवाले नौदौलती थे और अपने आदिम बद्दू पूर्वजों से ज़रा सा भी बेहतर नहीं थे। कुछ हलकों में दुश्मनी की भावना इतनी तीखी थी कि नवीं सदी के आरम्भ में एक फ़ारसी लेखक ने मेहनत करके हजवियात (निन्दा-काव्य) से, जो इस्लाम से पहले की शायरी की बहुप्रचलित विधा थी, ऐसी रंग-बिरंगी गालियाँ और अपमान के शब्द ढूँढ़ निकाले जिनका शायरों के मुँह से दुश्मन क़बीलों के बीच आदान-प्रदान होता रहता था। इनका उपयोग फिर अरबों के आत्मवर्णन को दर्शाने के लिए किया। शऊबिया विवाद मूलतः एक साहित्यिक विवाद था लेकिन दोनों पक्ष जमकर इसमें भाग लेते रहे। कभी-कभार उन्होंने धर्मशास्त्र के क्षेत्र की विरोधी-प्रवृत्तियों से भी इसका समन्वय किया और अनेक राजनीतिक दुस्साहसियों व विभिन्न प्रकार के असन्तोष के नेताओं के विद्रोही कार्यकलापों व प्रचार सम्बन्धी तर्कों तक का सहारा लिया। (ये लोग मवाली अर्थात् विदेशी मूल के मुसलमान कहे जाते थे।)[37]

इस तरह हम देख सकते हैं कि उच्चवर्गीय कुलीनों ने दबी-कुचली जनता के विभिन्न विद्रोही या क्रान्तिकारी आन्दोलनों में भाग नहीं लिया बल्कि स्वयं को अनगढ़ अरबों पर अपनी सांस्कृतिक श्रेष्ठता के दावों तक सीमित रखा और इस तरह एक प्रकार का

सन्तोष पाते रहे, जबकि किसानों, दस्तकारों, कामगारों और ग़ुलामों ने अपने निर्मम शोषण के ख़िलाफ़ हथियार उठाए। ऊपर हम इन विद्रोही या क्रान्तिकारी आन्दोलनों की चर्चा कर चुके हैं। ऐसा एक और आन्दोलन भी था जो बाबकी आन्दोलन कहा गया। बबक का विद्रोह (1816-37), जो किसानों पर आधारित था, अपनी व्यापकता और गतिशीलता के कारण उल्लेखनीय था। एशियाई या अफ़्रीकी देशों में आज के किसी भी किसान आन्दोलन की माँगों से बबक की माँगों की बख़ूबी तुलना की जा सकती है। उसने बड़ी जागीरों के तोड़े जाने और किसानों में उनके वितरण की पैरवी की। यह बात ध्यान में रखने योग्य है कि बबक का समर्थन फ़ारसी दहक़ानों (भूस्वामियों) तक ने किया जो अब तक गिरकर किसानों के स्तर पर आ गए थे, हालाँकि उन्होंने कुछ मतभेदों के साथ अपना कुलीनोंवाला दिखावा बनाए रखकर इसका समर्थन किया। इस आन्दोलन का केन्द्र अज़रबैज़ान था जहाँ से यह दक्षिण-पूर्व फ़ारस में फैला जहाँ उसे कुर्द कहलानेवाले पहाड़ी लोगों का समर्थन मिला। यहाँ से फैलकर यह उत्तर के कैस्पियन क्षेत्र में और फिर पश्चिम की तरफ़ आर्मेनिया में पहुँचा।

बबक एक खुल्लमखुल्ला इस्लाम-विरोधी, उल्लेखनीय प्रतिभाओं का धनी तथा प्रखर संगठनकर्त्ता था। अपने लक्ष्य को पाने के लिए उसने बैजन्तीनी सम्राट तक से हाथ मिलाया जो अब्बासी सल्तनत का दुश्मन था। मामून के चार सिपाहसालारों से बबक सात साल तक मुक़ाबला करता रहा। मुअतसिम के सत्ता सँभालने के बाद ही ऐसा हुआ कि बबक का आन्दोलन अज़रबैज़ान तक सिमटकर रह गया और आख़िर कुचल दिया गया।

आरम्भिक इस्लामी इतिहास के इस संक्षिप्त सर्वेक्षण के बाद कुछ बातों पर ध्यान देना आवश्यक है। इस्लाम के पक्षधरों ने हमेशा यही कहा है कि इस्लाम समानता की शिक्षा देता है तथा जाति, पन्थ या नस्ल के सभी भेदों को मिटा देने के प्रयास करता है, कि अकेले इस्लाम ही आधुनिक युग की आवश्यकताएँ पूरी करने में समर्थ है। डॉ. इक़बाल जैसे यशस्वी मुस्लिम विचारकों तक का पक्का विश्वास इसी प्रस्थापना में था और उन्होंने इस बारे में विस्तार से लिखा है। इस्लाम की समानता (सम्पत्ति तथा जाति-नस्ल-पन्थ, दोनों की समानता) की धारणा अरब की ऐतिहासिक परिस्थिति को प्रतिबिम्बित करती थी जहाँ पैग़म्बरे-इस्लाम ने नए धर्म के प्रचार का काम शुरू हुआ। हम यह बात दिखा चुके हैं। एक ओर सम्पत्ति के संचय के कारण तथा दूसरी ओर का काम शुरू हुआ। हम यह बात दिखा चुके हैं। एक ओर सम्पत्ति के संचय के कारण तथा दूसरी ओर जनता के बड़े-बड़े भागों (विदेशों मूल के ग़ुलामों समेत) की गरीबी और बदहाली से मक्का में जो विस्फोटक स्थिति पैदा हुई थी उसे समानता के सिद्धान्त का प्रचार करके ही दूर किया जा सकता था। यह इतिहास में कोई नई बात नहीं थी। पैग़म्बर मुहम्मद से पहले फ़ारस में मज़्दक और उससे भी पहले बहुत से लोग ऐसा ही

कर चुके थे। उनकी कामयाबी या नाकामी ऐतिहासिक स्थितियों पर निर्भर थी। इस्लाम की समानता की शिक्षा एक बहुत सीमित काल तक ही लागू की जा सकी। (तब भी वह अनेक शर्तों पर निर्भर थी।) यह वह काल था जब नए धर्म के अनुयायी एक ओर मक्कावालों के ख़िलाफ़ तथा दूसरी ओर और भी क़रीब में मदीना के यहूदियों के ख़िलाफ़ ज़िन्दगी और मौत की लड़ाई लड़ रहे थे। भौतिक साधन दुर्लभ थे और मुश्किल से प्राप्त होते थे। जो कुछ उपलब्ध था उसको बराबर-बराबर बाँटना आवश्यक था लेकिन पैग़म्बर मुहम्मद के जीवन के अन्तिम दिनों में कुछ ज़ायद उपलब्ध हो चुकी थी। माले-ग़नीमत के वितरण में पैग़म्बर मुहम्मद के लिए राजनीतिक दृष्टि से महत्त्वपूर्ण कुछ लोगों को वरीयता देना आवश्यक था जिनको राजनीतिक कारणों से दूसरों की अपेक्षा अधिक माल देना पड़ा। विदेश-विजय का क्रम अबू-बक्र के दौर से आरम्भ हुआ और उसके बाद नवजात इस्लामी राज्य के खज़ानों में भारी दौलत आने लगी।

उमर ने सादगी और समानता को लागू करने की कोशिश की पर उनका सामना समाज में जन्म ले रही ताक़तवर शक्तियों से था। तीसरे ख़लीफ़ा उस्मान की कमज़ोर शख़्सियत को आख़िर इन नई ऐतिहासिक शक्तियों ने परास्त कर दिया और मुस्लिम एक गृहयुद्ध में फँस गए। अरबों की परम्परा के अनुसार चुने गए चौथे और आख़िरी ख़लीफ़ा अली ने 'इस्लाम के उसूलों' के अनुसार हुकूमत चलाने की दिली कोशिशें कीं और नाकाम रहे क्योंकि शक्तियों के समीकरण को विदेश-विजय ने पूरी तरह बदलकर रख दिया। पहला इस्लामी गणराज्य एक राजतन्त्र बन गया और उसके बाद वे 'पुराने सुनहरी दिन' कभी वापस नहीं आए। डॉ. इक़बाल जैसे आदर्शवादी इस्लाम के पहले 30 वर्षों में मौजूद समाज की तर्ज़ पर एक इस्लामी समाज क़ायम करने में पक्का विश्वास करते हैं। ये आदर्शवादी ऐतिहासिक शक्तियों को पूरी तरह अनदेखा करते हैं तथा यह नहीं समझते कि वैसी ही ऐतिहासिक परिस्थितियाँ पैदा किए बिना वैसा राज्य और समाज स्थापित नहीं किया जा सकता, और यह असम्भव है। इसके अलावा उस समाज को 'आदर्श' या 'स्वर्णिम' समाज के रूप में प्रस्तुत करना भी ग़लत होगा क्योंकि, जैसाकि हमने पिछले अध्यायों में देखा, वह समाज टकरावों और सामाजिक तनावों से मुक्त नहीं था।

इस्लामी भाईचारा इन आदर्शवादियों का गढ़ा हुआ एक और मिथक है। आरम्भ से ही इस्लामी समाज वर्गों और श्रेणियों में बँटा हुआ रहा है। इसमें आक़ा और ग़ुलाम भी थे, सम्पत्तिशाली और सम्पत्तिहीन वर्ग थे, अरब और ग़ैर-अरब थे, जिनके बीच तीखी आपसी दुश्मनियाँ पाई जाती थीं। हमारे दौर में जो लोग इस्लामी भाईचारे की बात करते हैं वे भी सामाजिक वास्तविकताओं से तथा समाज के विभिन्न भागों और वर्गों के बीच मौजूद आपसी टकरावों से अनजान हैं। इसलिए यह कहना शुद्ध आदर्शवाद होगा कि मुकम्मल भाईचारा सिर्फ़ धर्म के आधार पर क़ायम किया जा सकता है जो ऐसे भाईचारे को जारी रखने के लिए आवश्यक दशा तो हो सकता है, पर्याप्त दशा नहीं हो सकता। सामान्य धर्म का और विशेषकर इस्लाम का इतिहास इसे साफ़ साबित करता है। लेकिन

तथ्यों के नाक के सामने होते हुए भी इस्लाम के पैरोकार इस्लामी भाईचारे के मिथक को बनाए रखने की कोशिशें करते आए हैं। मेरी राय में इस्लाम के ये पैरोकार उसके लक्ष्य की सेवा नहीं कर रहे। जो लोग इस्लाम को उसके सही ऐतिहासिक परिप्रेक्ष्य में देखते हैं और विभिन्न सामाजिक शक्तियों पर ध्यान देते हैं, आज दुनिया-ए-इस्लाम के सामने मौजूद स्थिति का सही-सही विश्लेषण कर सकते हैं।

इस्लाम के जीवनमूल्यों और समाजवाद के जीवनमूल्यों में बहुत कुछ साझा है। इस्लाम की हो या समाजवाद की, एक मूल्यों की प्रणाली दूसरी संस्थाओं से अपेक्षाकृत अधिक समय तक जीवित रहती है। बदलती ऐतिहासिक स्थिति तथा उससे जुड़ी सामाजिक-आर्थिक संरचनाओं के साथ ये संस्थाएँ अपनी वैधता से वंचित हो जाती हैं। वास्तव में जीवनमूल्य किसी विचारधारा या धर्म को एक कालातीत आयाम प्रदान करते हैं। निश्चित ही आदर्शवादी ढंग से नहीं बल्कि आधुनिक ऐतिहासिक शक्तियों को ध्यान में रखकर इन जीवनमूल्यों पर ज़ोर दिया जाए तो इस्लाम और समाजवाद के बीच एक रचनात्मक समन्वय किया जा सकता है। अधिकांश मुस्लिम देश औद्योगिक दृष्टि से पिछड़े तथा साम्राज्यवाद के शिकार हैं। कामयाबी से किया जाए तो ऐसा समन्वय इन देशों की ग़रीब और शोषित जनता को स्वीकार्य हो सकता है जिसे इस आधार पर प्रगतिशील शक्तियों का साथ देने और साम्राज्यवाद के जुए से स्वयं को स्वतन्त्र कराने के मक़सद से संघर्ष छेड़ने के लिए प्रेरित किया जा सकता है। मुसलमानों के मनों पर धर्म की जो गहरी पकड़ है उसे देखते हुए मैं ऐसा एक दृष्टिकोण अपनाने की गुज़ारिश करता हूँ।

मुस्लिम देशों के प्रतिक्रियावादी शासक अपने शोषण के शासन को बनाए रखने के लिए मुसलमानों की धार्मिक भावनाओं से निश्चित ही खेलते हैं। वे जिन लोगों पर शासन करते हैं उनके मनों में भ्रान्तियाँ पैदा करने के लिए 'स्वर्णयुग' की बातें दोहराते रहते हैं।

दुनिया-भर के मुस्लिम बुद्धिजीवियों ने आधुनिक समाजविज्ञानों की रौशनी में आरम्भिक इस्लाम के विश्लेषण के आवश्यक मगर कठिन कार्य को अनदेखा किया हालाँकि कुछ पश्चिमी प्राच्यवादियों ने ऐसा किया है। अगर इस पुस्तक को इस दिशा में पहला क़दम समझा गया तो मैं अपने श्रम को सार्थक समझूँगा।

सन्दर्भ और टिप्पणियाँ

अध्याय-1

1. डब्ल्यू मॉंटगुमरी वाट, द सोशियोलाजिस्ट एंड द प्राफेट : रिफ़्लेक्शंस आन द ओरिजिन ऑफ इस्लाम, मालिकराय और एम.डी. अहमद (सं.) : **अर्शी प्रेज़ेंटेशन वाल्यूम** में संकलित, पृ. 31
2. उपरोक्त, पृ. 34

अध्याय-2

1. फिलिप के. हित्ती, **हिस्टरी ऑफ़ द अरब्स,** लन्दन, 1965, आठवाँ संस्करण, पृ. 7
2. उपरोक्त, पृ. 10
3. अली मुहम्मद फ़ह्मी, **मुस्लिम सी पावर इन द ईस्टर्न मेडिटेरेनियन,** लन्दन, 1950, पृ. 57
4. इब्न-ख़ल्दून, द **मुक़दमा,** अरबी से अनुवाद : एफ़ रोज़ेन्थल, संक्षेप : एन. जे. दाऊद, लन्दन, 1958, पृ. 83
5. उपरोक्त, पृ. 119
6. **हम्ज़ा** से आर.ए. निकल्सन द्वारा **ए लिटरेरी हिस्टरी ऑफ द अरब्स,** कैंब्रिज, 1907 में पृ. 83 पर उद्धृत।
7. उपरोक्त, पृ. 83
8. डब्ल्यू मांटगुमरी वाट, **मुहम्मद : प्राफेट एंड स्टेट्समैन,** लन्दन, 1961, पृ. 51
9. जान बागोट ग्लब (ग्लब पाशा), द **लाइफ़ एंड टाइम्स ऑफ़ मुहम्मद,** लन्दन, 1970, पृ. 31-32
10. उपरोक्त, पृ. 32-33
11. जोएल कामाईकेल, **द शेपिंग ऑफ़ द अरब्स : ए स्टडी इन एथनिक आइडेंटिटी**, लन्दन, 1969, पृ. 10
12. इब्न-ख़ल्दून, **द मुक़द्दमा**, पूर्वोक्त, पृ. 93
13. **क़ुरआन,** सूरा अल-तौबा, आयत 97-98
    क़ुरआन में सूरा अध्याय के और आयत पद के समकक्ष हैं। – अनुवादक।
14. **क़ुरआन,** सूरा अल-नह्ल (मक्खी), आयत 80
15. उपरोक्त, आयत 66-67
16. मैक्सिम रोदिंसन, **मुहम्मद**, फ्रांसीसी से अनुवाद : ए. कार्टर, लन्दन, 1974, पृ. 22
17. **क़ुरआन,** सूरा 27, आयत 44
18. उपरोक्त, आयत 34
19. हित्ती, **हिस्टरी ऑफ़ द अरब्स**, पूर्वोक्त, पृ. 46
20. इब्न-हिशाम, **सीरा,** सं. एफ़ वुस्टेनफ़ेल्ड, 1858-60, पृ. 20-22
21. तबरी, **तारीख़ुल-रसूलुल-मुलूक**, सं. एम.जे.दे. गोये, खंड एक, लाइडेन, 1897 और आगे, पृ. 919-25
22. उपरोक्त, पृ. 124-25

23. **क़ुरआन**, सूरा 105
24. निकल्सन, **ए लिटरेरी हिस्टरी ऑफ द अरब्स**, पृ. 63
25. कार्ल मार्क्स और फ्रेडरिख़ एंगेल्स, **आन रिलिजन**, न्यूयार्क, पृ. 124-25
26. मार्क्स के नाम एंगेल्स का पत्र, **आन रिलिजन** में संकलित, पृ. 124-25
27. **द बाइबिल**, जेनेसिस, अध्याय-10, पद 30
28. मैक्सिम रोदिंसन, **मुहम्मद**, पृ. 230
29. ए.जे. मैनफ्रेड, **ए शार्ट हिस्टरी ऑफ़ द वर्ल्ड**, पृ. 183-84
30. **क़ुरआन**, सूरा 24, आयत 61
31. डब्ल्यू मॉंटगुमरी वाट, **इस्लाम एंड द इंटरप्रेटेशन ऑफ़ सोसायटी**, लन्दन, 1961, पृ. 12
32. अल-तबरी, **तारीख़ुल-रसूल**, उर्दू अनुवाद : सैयद मुहम्मद इब्राहीम, कराची, 1967, पृ. 27
33. तोर आन्द्रेई **मुहम्मद : द मैन एंड हिज़ फ़ेथ**, लन्दन, पृ. 17
34. उपरोक्त, पृ. 17-18
35. अल्फ्रेड ग्विलोम, **इस्लाम**, लन्दन, 1969, पृ. 8-9
36. ग्विरां (सं.) : **न्यू लैरोस इनसाइक्लोपेडिया ऑफ़ माइथोलोजी**, अनुवाद : आर.एल्डिंगटन और डी.एमीज़, लन्दन, 1969, पृ. 323
37. **क़ुरआन**, सूरा 114
38. **क़ुरआन**, सूरा 89
39. **क़ुरआन**, सूरा 7, आयत 76

अध्याय-3

1. जोएल कार्माइकेल, **द शेपिंग ऑफ़ द अरब्स**, लन्दन, 1969, पृ. 21
2. इब्न-ख़ल्दून, **द मुक़द्दमा**, पूर्वोक्त, पृ. 83
3. एच.ए.आर. गिब, **मुहम्मडनिज़्म**, लन्दन, 1969, पृ. 17
4. जहीज़, **महासिन**, पृ. 165 देखें।
5. डी.एस. मार्गोलियोथ, **मुहम्मद एंड द राइज़ ऑफ़ इस्लाम**, 1905, तीसरा संस्करण, पृ. 14
6. **इमाम हम्बल, मसनद**, एक, पृ. 255
7. डब्ल्यू मॉंटगुमरी वाट, **मुहम्मद ऐट मक्का**, लन्दन, पृ. 3
8. डी.एस. मार्थोलियोथ, पूर्वोक्त, पृ. 30-31
9. तबरी, **तारीख़े-तबरी**, उर्दू अनुवाद : सैयद मुहम्मद इब्राहीम, नफ़ीस अकादमी, कराची, खंड-1, पृ. 134
10. उपरोक्त, पृ. 40-45
11. इब्न-खुर्दादबेह, **अल-मसालिकुल-मुमालि़क**, पृ. 16-17
12. ताहा हुसैन, **अल-फ़ित्नतुल-कुबरा**, उर्दू अनुवाद : अब्दुल हमीद नुमानी, खंड एक, पृ. 11
13. एच.ए.आर. गिब, पूर्वोक्त, पृ. 18
14. **तारीख़े-तबरी**, खंड-1, पृ. 103
15. याक़ूत, चार-10 देखें।
16. बी. लेविस, पेलेट और जो शाख़्ट (सं.) : **इनसाइक्लोपेडिया ऑफ़ इस्लाम में ज़ू क़ार पर एल वेशिया** वागलिएरी का लेख, पृ. 241 देखें।
17. मुहम्मद हबीब और ख़लीक़ अहमद निज़ामी, **ए कंप्रेहेंसिव हिस्टरी ऑफ़ इंडिया, खंड पाँच : द देलही सल्तनत**
18. डब्ल्यू मॉंटगुमरी वाट, **मुहम्मद**, पृ. 45-46

19. मुहम्मद हमीदुल्लाह, **मुहम्मद रसूलल्लाह,** पेरिस, 1974, पृ. 7
20. डब्ल्यू मॉंटगुमरी वाट, **मुहम्मद : प्राफेट एंड स्टेट्समैन,** लन्दन, 1961, पृ. 9
21. **क़ुरआन,** सूरा 35, आयत 18
22. **बुद्धिज़्म,** पीपुल्स पब्लिशिंग हाउस, मुम्बई, विशेषकर, देवीप्रसाद चट्टोपाध्याय और राहुल सांकृत्यायन के लेख देखें।
23. एच.ए.आर. गिब, **मुहम्मडनिज़्म,** पृ. 17
24. **द क़ुरआन,** अनुवाद : एन.जे. दाऊद, लन्दन 1970, द इमरांस, पृ. 412
25. उपरोक्त, पृ. 406
26. **क़ुरआन,** सूरा 4, आयत 29
27. **क़ुरआन,** सूरा 24, आयत 37
28. रेमन्द एरों, **मेन करेंट्स इन सोशियोलाजिकल थाट्स,** खंड दो, फ्रांसीसी से अनुवादः आर. हावर्ड और एच. वीवर, लन्दन, 1970, पृ. 217-18
29. रोलैंड राबर्टसन (सं.) : **सोशियोलाजी ऑफ़ रिलिजन,** लन्दन, 1969, पृ. 33
30. **क़ुरआन,** सूरा 39, आयत 21
31. **क़ुरआन,** सूरा 39, आयत 42
32. **क़ुरआन,** सूरा 39; एन.जे. दाऊद कृत अनुवाद में द होर्ड्स, पृ. 277
33. राबर्टसन (सं.) : **सोशियोलाजी ऑफ़ रिलिजन,** पृ. 38
34. **तारीख़े-तबरी,** पूर्वोक्त, पृ. 34
35. **क़ुरआन,** सूरा 104 (अल-हुम्ज़ा)
36. **क़ुरआन,** सूरा 107 (अल-माऊन)
37. **अल-मुंजीद,** मत्बउल-कसूलीक, बेरूत, इलियास एन्तिम (इलियास माडर्न प्रेस, क़ाहिरा) में शब्द 'हतम' और शब्द 'क़मूस अल-अस्री' देखें।
38. अब्दुल हकीम ख़फ़ीफ़, **इस्लामिक आइडियोलाजी,** इंस्टीट्यूट ऑफ इस्लामिक कल्चर, पृ. 273
39. **तारीख़े-तबरी,** खंड चार, पृ. 1722
40. एन.जे. दाऊद ने मुअल्लफ़तूल-कुलूब का अनुवाद 'वे जो दीन को अपना चुके हैं' किया है जो मेरी राय में बहुत उपयुक्त नहीं है। 'वे जिनके हृदय मेलमिलाप से भर चुके हैं' इसका बेहतर अनुवाद होगा। वास्तव में मुअल्लफ़तूल-क़ुलूब वे लोग थे जो बहुत बाद तक मुस्लिमों के दुश्मन बने रहे पर जिन्होंने आगे चलकर इस्लाम को अपना लिया या मुसलमानों के साथ मिलजुलकर रहने का समझौता किया। उनका समर्थन पाने और उन्हें अपने साथ रखने के लिए पैग़म्बर ने उन्हें बड़े-बड़े तोहफ़े दिए। अब्दुल फ़िदा के अनुसार हुनैन की जंग के बाद मिलनेवाले माले-ग़नीमत (लूट का माल) में से पैग़म्बर मुहम्मद ने क़ुरैश क़बीले के सरदार को जी खोलकर तोहफ़े दिए।
41. **क़ुरआन,** सूरा 9, आयत 60
42. शिबली नुमानी, **अल-फ़ारूक़,** पृ. 68-69; उन्होंने इब्न-हिशाम और तबरी से भी उद्धरण दिए हैं।
43. **तारीख़े-तबरी,** खंड चार, उर्दू अनुवाद : सैयद हैदर अली तबातबाई, नफ़ीस अकादमी, कराची, पृ. 182
44. वाट, **इस्लाम एंड द इंटीग्रेशन ऑफ सोसायटी,** लन्दन, 1966, पृ. 12
45. अब्दुल मुतआल अस्सादी, **शबाबुल-क़ुरैश,** क़ाहिरा, 1947
46. इब्न-हिशाम, **सीरा,** सं. एफ़ बुस्टेनफ़ेल्ड, गोटिंगेन, 1858-60, पृ. 143 और आगे।
47. वाट, **इस्लाम एंड इंटीग्रेशन ऑफ़ सोसायटी,** पृ. 13-14
48. मार्क्स व एंगेल्स; ब्रूनो बावेर एंड अर्ली क्रिश्चियानिटी, **आन रिलिजन,** पृ. 197
49. डी.एस. रिचर्ड्स, **इस्लाम एंड द ट्रेड ऑफ़ एशिया,** लन्दन, 1970, पृ. 4

50. आर्नल्ड टायनबी, **ए स्टडी ऑफ़ हिस्टरी**, खंड एक, संक्षेप : डी.सी. सोमरबेल, लन्दन, 1946, पृ. 174
51. उपरोक्त, पृ. 175
52. कमाईकेल, पूर्वोक्त, पृ. 64-65
53. अल्फ्रेड ग्विलोम, **इस्लाम**, लन्दन, 1969, पृ. 16
54. उपरोक्त, पृ. 17
55. **क़ुरआन**, सूरा 24, आयत 27-29
56. **तारीख़े-तबरी**, खंड एक, पृ. 154
57. हित्त, **हिस्टरी आफ द अरब्स**, पूर्वोक्त, पृ. 235
58. **क़ुरआन**, सूरा 47, आयत 4
59. इब्न रुश्द, **बिदअतुल-मुज्तहिद** एक : 351, सं. : मुस्तफा अल-बाबी, क़ाहिरा
60. इब्न-हिशाम, पूर्वोक्त, पृ. 729
61. उपरोक्त, 877-78
62. उपरोक्त, पृ. 983
63. मक़्क़री, खंड एक, पृ. 148
64. इब्न-अल-आसिर, खंड चार, पृ. 448
65. उपरोक्त, पृ. 454
66. मसऊदी, खंड चार, पृ. 448
67. हित्ती, पूर्वोक्त, पृ. 235; ऊपर की टिप्पणियाँ 61-64, इसी पुस्तक में उद्धृत हैं।
68. शिबली नुमानी, **अल-फ़ारूक़**, पृ. 241
69. बलज़ूरी, **अंसबुल-अशराफ़**, पृ. 48
70. **क़ुरआन**, सूरा 76, आयत 11-12
71. अल-वक़ीदी, अल-बलज़ूरी द्वारा **फुतूहुल-बुल्दान** (सं. दे गोये) में पृ. 471-72 पर उद्धृत।
72. मुहम्मद हमीदुल्लाह, **मुहम्मद रसूलल्लाह**, पेरिस, 1974, पृ. 43
73. इब्न-हिशाम, पूर्वोक्त, पृ. 178

अध्याय-4

1. **तारीख़े-तबरी**, खंड एक, उर्दू अनुवाद : सैयद मुहम्मद इब्राहीम, कराची, 1967, पृ. 96-97
2. तबरी, खंड एक, 3, पृ. 1180 और आगे; रोदिंसन, **मुहम्मद**, लन्दन में पृ. 114 पर उद्धृत।
3. मुहम्मद हमीदुल्लाह, **मुहम्मद रसूलल्लाह**, पेरिस, 1974, पृ. 54
4. इब्न-हिशाम, पूर्वोक्त, पृ. 286 और आगे।
5. **तारीख़े-तबरी**, खंड एक, उर्दू अनुवाद, पृ. 115
6. मांटगुमरी वाट, **मुहम्मद : प्राफेट एंड स्टेट्समैन**, लन्दन, 1961, पृ. 84-85
7. **तारीख़े-तबरी**, खंड एक, उर्दू अनुवाद, पृ. 142-43
8. उपरोक्त, पृ. 146; वाट, **मुहम्मद**, पृ. 92 भी देखें।
9. **क़ुरआन**।
10. हमीदुल्लाह, पूर्वोक्त, पृ. 62
11. इब्न-हिशाम, पूर्वोक्त, पृ. 278
12. मैक्सिम रोदिंसन, **मुहम्मद**, पृ. 153-54
13. आर.ए. निकल्सन, **ए लिटरेरी हिस्टरी ऑफ़ द अरब्स**, कैम्ब्रिज, 1907, पृ. 173
14. वाट, **मुहम्मद : प्राफेट एंड स्टेट्समैन**, पृ. 95-96

15. रोदिंसन, पूर्वोक्त, पृ. 160
16. मौलाना हकीम अबुल बरकत, **असहुल-सियर**, पृ. 115
17. **क़ुरआन**, सूरा 5, आयत 41-42
18. उपरोक्त, आयत 51
19. **तारीख़े-तबरी**, खंड एक, उर्दू अनुवाद, पृ. 149
20. उपरोक्त, पृ. 150
21. **असहुल-सियर**, पृ. 126-27
22. **क़ुरआन**, सूरा 2, आयत 217
23. अल-तबरी, **ऐनल्स**, एक-3, पृ. 1285; **असहुल-सियर**, पृ. 128
24. **असहुल-सियर**, पृ. 133
25. उपरोक्त, पृ. 144
26. उपरोक्त, पृ. 218-20
27. एम.टी. होत्स्मा व अन्य (सं.) : **इनसाइक्लोपेडिया ऑफ़ इस्लाम**, लन्दन, 1913-36, खंड दो, पृ. 869
28. बलज़ूरी, **फ़ुतूहुल-बुल्दान**, खंड एक, उर्दू अनुवाद : सैयद अबुल-ख़ैर मौदूदी, पृ. 35
29. उपरोक्त, पृ. 37
30. बी. लेविस, पेलेट व जे शाख़्ट (सं.) : **इनसाइक्लोपेडिया ऑफ़ इस्लाम**, लन्दन, 1913-36, खंड दो, फासीक्यूलस 33, पृ. 725-26, एल वेशिया वागलिएरी द्वारा
31. नासिर अहमद शेख़, **सम एस्पेक्ट्स ऑफ़ द कंस्टीट्यूशन एंड इकानमी ऑफ़ इस्लाम**, वोकिंग, 1961, पृ. 139-229, मैक्सिम रोदिंसन द्वारा **इस्लाम एंड कैपिटलिज़्म** (अनुवाद : ब्रायन पियर्स) में पृ. 19 पर उद्धृत
32. साहिब मुस्लिम, **किताबुल-बूयू**, **बाब किरअल-अर्ज़** देखें; रिबा पर डॉ. फ़ज़लुर्रहमान का लेख, **फ़िक्रो-नज़र**, वर्ष एक, अंक 4, कराची, नवम्बर, 1963, पृ. 72 देखें।
33. डॉ. फ़ज़लुर्रहमान, उपरोक्त, पृ. 72
34. उपरोक्त, पृ. 74; डॉ. फ़ज़लुर्रहमान ने इमाम अबू हनीफ़ा कृत **उम्दतुल-क़ारी लिल-ऐनी**, खंड चार, इस्तम्बूल, 1310 हिजरी, पृ. 274 से उद्धरण दिया है।
35. उपरोक्त
36. इमाम मालिक, **मुक्ता**, **किताबुल-बूयू**, संख्या 38
37. **तफ़सीरुल-तबरी**, खंड सात, पृ. 204-05
38. **आलमुल-मुक़ैन**, खंड एक, देहली, 1313 हिजरी, पृ. 200-01
39. अल्लामा हजर अस्क़लानी, **फ़तहुल-बारी**, खंड चार, क़ाहिरा, 1319 हिजरी, डॉ. फ़ज़लुर्रहमान द्वारा पूर्वोक्त में पृ. 93-94 पर उद्धृत।
40. आर.एच. टानी, **रिलिजन एंड द राइज़ ऑफ़ कैपिटलिज़्म**, लन्दन, 1969, पृ. 91
41. मुहम्मद हमीदुल्लाह, **मुहम्मद रसूलल्लाह**; उन्होंने हिशाम का यह कथन पृ. 8 पर उद्धृत किया है।
42. आर.ए. निकल्सन, पूर्वोक्त, पृ. 87-88
43. **तारीख़े-तबरी**, खंड एक, उर्दू अनुवाद, पृ. 27
44. र्यूबेन लेवी, **सोशल स्ट्रक्चर ऑफ़ इस्लाम**, कैंब्रिज, 1957, पृ. 94
45. शेख़ नफ़ज़वी, **द परफ़्यूम्ड गार्डेन**, अनुवाद : सर रिचर्ड एफ़ बर्टन, न्यूयार्क, 1964, पृ. 97; बर्नल एल वुलफ द्वारा **द सबार्डिनेट सेक्स : ए हिस्टरी ऑफ़ ऐटीट्यूड्स टुवर्ड्स वुमेन**, शिकागो, 1974 में उद्धृत।

46. जी.ई.फ़ान ग्रुनबाम, **इस्लाम, एस्सेज इन द नेचर एंड ग्रोथ ऑफ ए कल्चरल ट्रेडीशन,** लन्दन, 1961, पृ. 32
47. रियाज़ हसन, द नेचर ऑफ़ इस्लामिक अर्बनाइज़ेशन : ऐन हिस्टारिकल पर्सपेक्टिव, **इस्लामिक कल्चर,** वर्ष तैंतालीस, अंक 3, जुलाई, 1969, पृ. 234
48. मोहसिन मेहदी, **इब्न-ख़ल्दून्स फिलासफी ऑफ़ हिस्टरी,** लन्दन, 1957, अध्याय-4

अध्याय-5

1. **फ़त्हुल-बारी,** खंड आठ, पृ. 13
2. अल-शहरिस्तानी, पृ. 12
3. **अल-मंजीद,** मत्बउल-कसूलीक, बेरुत, पृ. 57, शब्द : बैया
4. सैयद अतहर हुसैन, द **ग्लोरियस कैलिफेट,** पृ. 19
5. मौलाना शिबली नुमानी, **अल-फ़ारूक़,** पृ. 99
6. **मुहम्मडेन स्टुडिएन** (जर्मन), भाग 1, पृ. 1-39 में गोल्डज़ीहेर का प्रारम्भिक लेख 'मुख्वा उंड दीन' देखें।
7. आर.ए. निकल्सन, **ए लिटरेरी हिस्टरी ऑफ़ द अरब्स,** कैम्ब्रिज, 1930, पृ. 178-79
8. बलज़ूरी, **फ़ुतूहुल-बुल्दान,** उर्दू अनुवाद : सैयद अबुल-ख़ैर मौदूदी, खंड एक, पृ. 150-51
9. हकीम अबुल-बरकत, **असहुल-सियर,** पृ. 433
10. बलज़ूरी, पूर्वोक्त, पृ. 97-98
11. **ऐनल्स,** खंड दो, पृ. 831-61, हित्ती, **हिस्टरी ऑफ़ द अरब्स,** पृ. 144 पर उद्धृत
12. **कैम्ब्रिज मेडिवल हिस्टरी,** न्यूयार्क 1913, खंड दो, अध्याय 11 में।
13. बलज़ूरी, पूर्वोक्त, पृ. 173
14. उपरोक्त, पृ. 443
15. उपरोक्त, पृ. 348-49
16. **तारीख़े-तबरी,** खंड दो, उर्दू अनुवाद, पृ. 402-03
17. बलज़ूरी, पूर्वोक्त, पृ. 221-22
18. शिबली नुमानी, **अल-फ़ारूक,** पृ. 116
19. इब्न-ख़ल्दून, द **मुक़द्दमा,** पूर्वोक्त, पृ. 109
20. शिबली नुमानी, पूर्वोक्त, पृ. 116
21. **तारीख़े-तबरी,** खंड तीन, उर्दू अनुवाद : रशीद अहमद अरशद, पृ. 70
22. बलज़ूरी, पूर्वोक्त, पृ. 324
23. अबुल-फ़ारी, **किताबुल-ख़राज,** सं. : दे गोये, उर्दू अनुवाद : सैयद अबुल-ख़ैर मौदूदी, पृ. 250
24. इब्न-ख़ल्दून, पूर्वोक्त, पृ. 163
25. अग़ानी, खंड चार, पृ. 80 भी देखें।
26. फिलिप के. हित्ती, **हिस्टरी ऑफ़ द अरब्स,** पृ. 215
27. मैक्सिम रोदिंसन, **इस्लाम एंड कैपिटलिज़्म,** अंग्रेजी अनुवाद : ब्रायन पियर्स, लन्दन, 1974, पृ. 25
28. उपरोबलज़ूरीक्त, पृ. 25
29. डॉ. ताहा हुसैन, **अल-फ़ित्नतुल-कुबरा,** उर्दू अनुवाद : अब्दुल हमीद नुमानी, खंड एक, पृ. 56
30. उपरोक्त, पृ. 113-25
31. इससे आगे **अल-फ़ित्नतुल-कुबरा,** पृ. 146-50 का सारसंक्षेप दिया गया है।
32. मक़रीज़ी, खंड एक, पृ. 76
33. शिबली नुमानी, **अल-फ़ारूक़,** पृ. 304

34. **अल-फ़िल्तुल-कुबरा**, खंड दो, पृ. 47
35. उपरोक्त, पृ. 311-12
36. इब्न-ख़ल्दून, **मुक़द्दमा**, खंड तीन, पृ. 4, 1.24; हित्ती, **हिस्टरी ऑफ़ द अरब्स** में उद्धृत।
37. रयूबेन लेवी, **सोशल स्ट्रक्चर ऑफ़ इस्लाम**, पृ. 23-24
38. **इक़्द**, खंड तीन, पृ. 403; नुवैरी, **निहाया**, खंड चार, पृ. 91 भी देखें।
39. अल-नवाजी, **हलबतुल-कुमैत**, क़ाहिरा, 1299 हिजरी, पृ. 98; हित्ती द्वारा उद्धृत
40. हित्ती पूर्वोक्त में पृ. 227 पर उद्धृत।
41. उपरोक्त, पृ. 226
42. ये ब्यौरे जान वाकर कृत ए **कैटेलाग ऑफ़ मुहम्मडन क्वायंस इन द ब्रिटिश म्यूज़ियम**, लन्दन, 1956, पृ. अट्ठाईस-बत्तीस, पृ. 22-43 और कैटेलाग दो, पृ. इक्यावन-तिरपन, पृ. 81-83 में उपलब्ध हैं।

अध्याय-6

1. डब्ल्यू मांटगुमरी वाट, **इस्लाम एंड द इंटिग्रेशन ऑफ़ सोसायटी**, लन्दन, 1966, पृ. 33
2. उपरोक्त, पृ. 33
3. तबरी, दो, 40, पृ. 13 और आगे; आर.ए. निकल्सन द्वारा **ए लिटरेरी हिस्टरी ऑफ़ द अरब्स**, कैम्ब्रिज, 1930 में, पृ. 210 पर उद्धृत।
4. माँटगुमरी वाट, पूर्वोक्त, पृ. 99
5. तबरी, एक : 3310, 3339, 3380; दो : 10, 15 और आगे 20 और 27, 29 35 और आगे, 40-59, 61, 64, 67, 78, 83, 90 और आगे; इब्न-अल-आसिर, तीन : 205-7, 209-17, 225 और आगे, 229, 244, 254-56 आदि; वाट द्वारा पूर्वोक्त में उद्धृत।
6. **हादीरुल-अलभुल-इस्लाम**, अरबी में ईजाल नुवैहिस द्वारा अनूदित, खंड दो, क़ाहिरा, 1343 हिजरी, पृ. 351-66; परिशिष्ट में ख़ारिजियों पर अल-अमीर शकेब अर्सलां की एक विस्तृत टिप्पणी भी है।
7. इब्न-ख़ल्दून, **द मुक़द्दमा**, लन्दन, 1958, पृ. 130-31
8. डॉ. ताहा हुसैन, **अल-फ़िल्तुल-कुबरा**, खंड दो, पृ. 288
9. उपरोक्त, पृ. 296-97
10. निकल्सन, पूर्वोक्त, पृ. 198
11. वाट, पूर्वोक्त, पृ. 106
12. कामिल बिन-आसिर, **तारीख़**, खंड तीन-चार, उर्दू, अनुवाद : मौलवी मुहम्मद जमीलुर्रहमान, जामिया उस्मानिया, पृ. 381
13. उपरोक्त, पृ. 397
14. उपरोक्त, पृ. 369
15. निकल्सन, पूर्वोक्त, पृ. 250; निकल्सन ने बेलहाउसेन, **डास अरबिशे राइख़**, पृ. 307 से हवाला दिया है।
16. उपरोक्त, पृ. 307
17. निकल्सन ने ये पंक्तियाँ **दीनवरी** (सं. : ग्वीरगास), पृ. 356 से उद्धृत की हैं।
18. फिलिप के. हित्ती, **हिस्टरी ऑफ़ द अरब्स**, लन्दन, 1965, पृ. 443
19. अमीर अली, **ए शार्ट हिस्टरी ऑफ़ द सरासेंस**, पृ. 278-79
20. एच.ए.आर. गिब, **मुहम्मडनिज़्म**, लन्दन, 1969, पृ. 78
21. डी.बी. मैकडोनल्ड, **डवलपमेंट ऑफ़ मुस्लिम थियोलाजी**, पृ. 140; एच.ए.आर. गिब द्वारा पूर्वोक्त में उद्धृत।

22. आज़ाद, मौलाना अबुल कलाम, **तरजुमानुल-कुरआन**, अंग्रेज़ी अनुवाद और सम्पादन : सैयद अबुल लतीफ़, पृ. 36
23. हमीदुद्दीन किरमानी, **राहतुल-अक़्ल**, पृ. 27, 30-32
24. पैनइयोतिस जे वति कियोतिस, **द फ़ातिमिड थ्योरी ऑफ़ स्टेट**, ओरिएंटल पब्लिशर्स, लाहौर, पृ. 37
25. हित्ती, पूर्वोक्त, पृ. 445
26. अमीर अली, पूर्वोक्त, पृ. 298
27. स्टीफेन और नैंडी रोनर्ट, **कनसाइज़ इनसाइक्लोपेडिया ऑफ़ अरबिक सिविलाइज़ेशन**, एम्सटर्डम, 1966, पृ. 433-34 से उद्धृत।
28. डॉ. ज़ाहिद हुसैन, **तारीख़े-फ़ातिमिईने-मिस्र**, पृ. 436-37
29. जोएल कार्माइकेल, **द शेपिंग ऑफ़ द अरब्स**, पृ. 239-40
30. तबरी, खंड तीन, पृ. 1785-86
31. कार्माइकेल, पूर्वोक्त, पृ. 237-38
32. फ़ारूक़ उमर, द नेचर ऑफ़ द इरानियन रिवोल्ट्स इन द अर्ली अब्बासिड पीरियड, **इस्लामिक कल्चर**, वर्ष अड़तालीस, अंक 1, जनवरी, 1974 देखें। लेखक ने तबरी, **तारीख़**, खंड तीन, ल्लेडेन, 1881, पृ. 458, 995, 1470; नर्श की, **तारीख़े-बुख़ारा**, पृ. 58; सदीग़ी, **लेस मूवेमेंटस**, पेरिस, 1938, पृ. 42 ओर आगे से उद्धरण दिए हैं।
33. इब्न-अल-नादिम, **फ़िहिरस्त**, खंड एक, पृ. 344 और आगे; तबरी, खंड तीन, पृ. 147 भी देखें।
34. उपरोक्त, पृ. 344-45
35. डब्ल्यू मॉंटगुमरी वाट, पूर्वोक्त, पृ. 33
36. इग्नाज़ गोल्डज़ीहेर, **मुस्लिम स्टडीज़**, लन्दन 1967, पृ. 139-40
37. स्टीफेन और नैंडी रोनर्ट, पूर्वोक्त, पृ. 493-94

इस्लाम का जन्म और विकास आरम्भिक इस्लाम और मुस्लिम समुदाय के जन्म और विकास का उसके सामाजिक, आर्थिक और राजनीतिक सन्दर्भ में रखकर किया गया एक अध्ययन है। अनेक भाषाओं से ऐतिहासिक सामग्री लेकर लेखक ने :

* इस्लाम के उदय से पहले मक्का के अरब समाज का,
* पैग़म्बर के नेतृत्व में मक्का में इस्लाम के उदय का,
* उनके नेतृत्व में आगे चलकर मदीना में हुए विकासक्रमों का,
* पहले चार ख़ुलफ़ा-ए-राशिदा के शासनकाल में हुए रूपान्तरणों का,
* मुस्लिम सल्तनत के जन्म लेने और जड़ें जमाने से बाद में पैदा हुए परिवर्तनों का विश्लेषण किया

है।

पुस्तक में प्रस्तुत ऐतिहासिक और सन्दर्भमूलक विश्लेषण इस्लाम की समकालीन प्रासंगिकता में वृद्धि के प्रयासों के लिए बहुत ही महत्त्वपूर्ण है।

असग़र अली इंजीनियर इस्लामी अध्ययन संस्थान, मुम्बई, के निदेशक तथा इस्लाम पर अनेक पुस्तकों के रचयिता हैं। इनमें **इस्लाम एंड इट्स रेलेवेंस टू अवर एज** (इकराक़, 1987) भी शामिल है।

●●●